Arturo Gómez Gilaberte
Eva Parramón Ponz

Tecnologías de la Información y la Comunicación

4º E.S.O.

EDITORIAL DONOSTIARRA

Pokopandegi, nº 4 - Pabellón Igaralde - Barrio Igara
Apartado 671 - Teléfonos 943 215 737 - 943 213 011 - Fax 943 219 521
20018 - SAN SEBASTIÁN
info@editorialdonostiarra.com - www.editorialdonostiarra.com

Arturo Gómez Gilaberte
Eva Parramón Ponz

Maquetación: Francisco Sáez
Alberto Arranz

Corrección: David Aguilar España

Edita: Editorial Donostiarra
Pokopandegi, 4, 20018 - San Sebastián (España)

Imprime: Gráficas CEMS, S.L.
Polígono Industrial San Miguel
31132 VILLATUERTA (Navarra)

ISBN: 978-84-7063-544-1
Depósito legal: SS-609-2016
Impreso en España - Printed in Spain

Presentación

Este libro incorpora los nuevos contenidos de la LOMCE, manteniendo la línea pedagógica seguida por los autores en anteriores ediciones. En esta publicación se utilizan las nuevas versiones de aplicaciones y programas como Windows 7, Office 2010, LibreOffice, Windows Movie Maker, etc.

Los dos **objetivos principales** de este libro son:

- Primero: aportar a los alumnos una formación de alto nivel que abarque todos los aspectos básicos de las tecnologías de la información y la comunicación en la actualidad y que se adapte a las distintas realidades.
- Segundo: facilitar al máximo la labor del profesor de impartir la materia de una forma práctica en el aula de informática (la asignatura es muy amplia y resulta difícil especializarse en todos los campos).

Los contenidos están organizados en unidades didácticas, y cada unidad se divide en bloques claramente diferenciados: **Conoce**, **Practica paso a paso**, **Amplía y profundiza**, **Repasa**, **Actividades de refuerzo**, **Enlaces de interés** y **Actividades en Internet**.

El libro apuesta por el uso del software libre sin olvidar los programas comerciales, con objeto de que el alumno tenga una amplia perspectiva del software actual y pueda así elegir en cada momento los mejores recursos.

"Conoce"

En esta sección, marcada con el color azul, se recogen los distintos aspectos teóricos fundamentales del tema. Constituye así una exposición de muchos contenidos que luego se desarrollan en las prácticas.

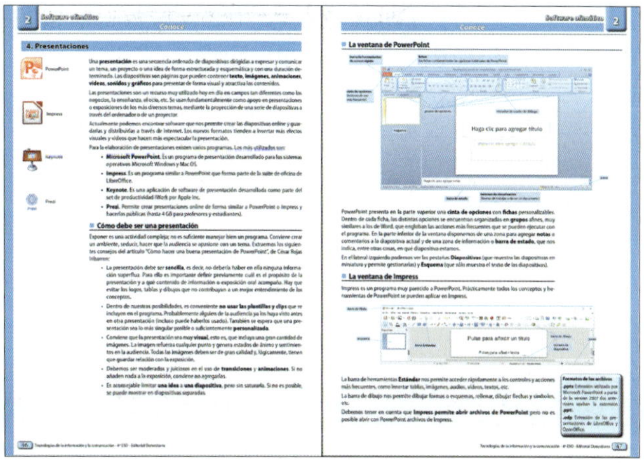

"Practica paso a paso"

Practica paso a paso (color salmón) es la sección más importante en la mayoría de los temas. En ella, practicando ejercicios de forma guiada, el alumno aprende nuevos contenidos y adquiere habilidades progresivamente. Además, se ha hecho un esfuerzo para que los distintos ejercicios, además de cumplir con los objetivos didácticos pretendidos, aporten al alumno un criterio estético adecuado para la elaboración y presentación de los resultados.

Debido a la naturaleza práctica de los contenidos, algunos se explican directamente en esta sección, sin haber sido descritos o desarrollados antes en la parte de teoría.

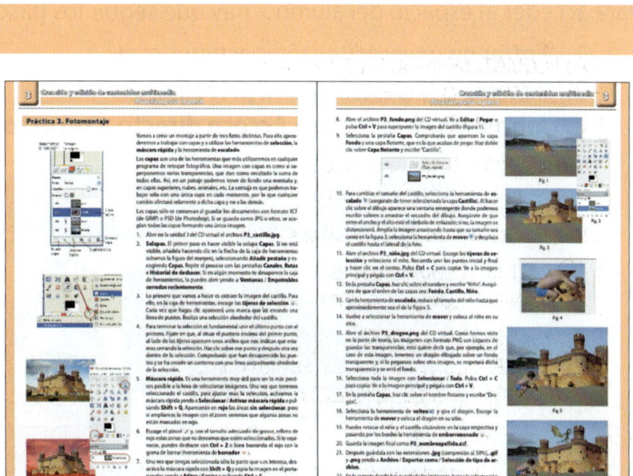

"Amplía y profundiza"

La sección **Amplía y profundiza** (identificada con el color verde) proporciona al alumnado que avanza más deprisa, o que quiere ampliar su formación dentro o fuera del aula, ejercicios que profundizan en la materia y la completan aún más. Las actividades se han diseñado de forma que fomenten la autonomía del alumnado.

"Repasa" y "Actividades"

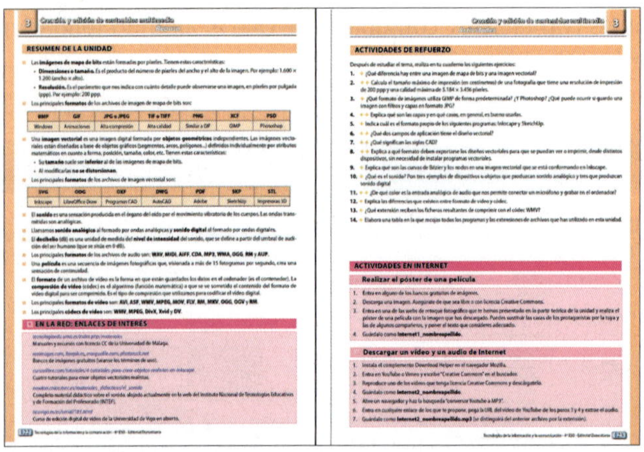

En el apartado **Repasa** se incluyen un resumen de los principales contenidos del tema y un breve listado de webs recomendadas. El apartado **Actividades** consta de ejercicios para ir asimilando los contenidos de la unidad de forma reflexiva e individual (para realizar en clase o en casa) y actividades en Internet que completan el aprendizaje del alumno.

CD virtual

El proyecto se completa con un **CD virtual** que contiene todos los archivos necesarios para realizar los ejercicios que se ponen en el libro.

Para acceder al espacio del alumno, hay que seguir los pasos siguientes:

1. Entrar en *www.editorialdonostiarra.com*.
2. Acceder a la pestaña **Zona privada**.
3. Introducir en el espacio **Acceso directo a recursos online** el código que se muestra a continuación:

Índice

2. Software ofimático......34

3. Creación y edición de contenidos multimedia 80

4. Seguridad informática..............124

5. Internet. Redes sociales 148

6. Publicación y difusión de contenidos 168

Autorización de creación de cuentas de usuarios para menores

D./Dña. ____ (padre, madre o tutor/a), con DNI ______________ ,

1. **AUTORIZO** al alumno/a ____ , del centro ____ , clase/grupo __________ , a **crear las cuentas de usuario** necesarias para que el alumno pueda realizar las prácticas de la materia Tecnologías de la Información y la Comunicación de 4º E.S.O. recogidas en el libro.

2. **CONOZCO** los sitios web en los que es necesario crear dichas cuentas de usuario y puedo consultarlos en el libro de la materia.

3. **CONOZCO** que es responsabilidad del alumno la utilización de las distintas cuentas con fines educativos y la custodia de las contraseñas.

En ________________________, a ____ de __________ del 20___

Firma: ___________________________

El alumno puede consultar sus derechos en la **Ley Orgánica 15/1999, de 13 de diciembre, de protección de datos de carácter personal**, en la cual se recoge el derecho a la protección de los datos personales, al honor, a la intimidad personal y familiar y a la propia imagen.

1 Hardware y software. Redes

1. Hardware y software

Un ordenador está constituido básicamente por hardware y software.

Podemos definir el **hardware** como la parte física del ordenador: tanto la caja y los componentes internos (placa base, disco duro, etc.) como los elementos conectados a él (teclado, ratón, monitor, impresora, etc.).

El **software** lo constituyen los programas, las instrucciones, las aplicaciones informáticas y el sistema operativo.

2. El hardware del ordenador

Placa base

La **placa base** o **placa madre** (***motherboard***) es la tarjeta con el circuito impreso más grande de las que podemos ver al abrir un ordenador. Sobre ella se insertan otros componentes del ordenador, como veremos a continuación. Lleva integrados los conectores o puertos de comunicación con los periféricos, y puede llevar también integrados dispositivos de vídeo, audio, red, etc., dependiendo de las características del ordenador.

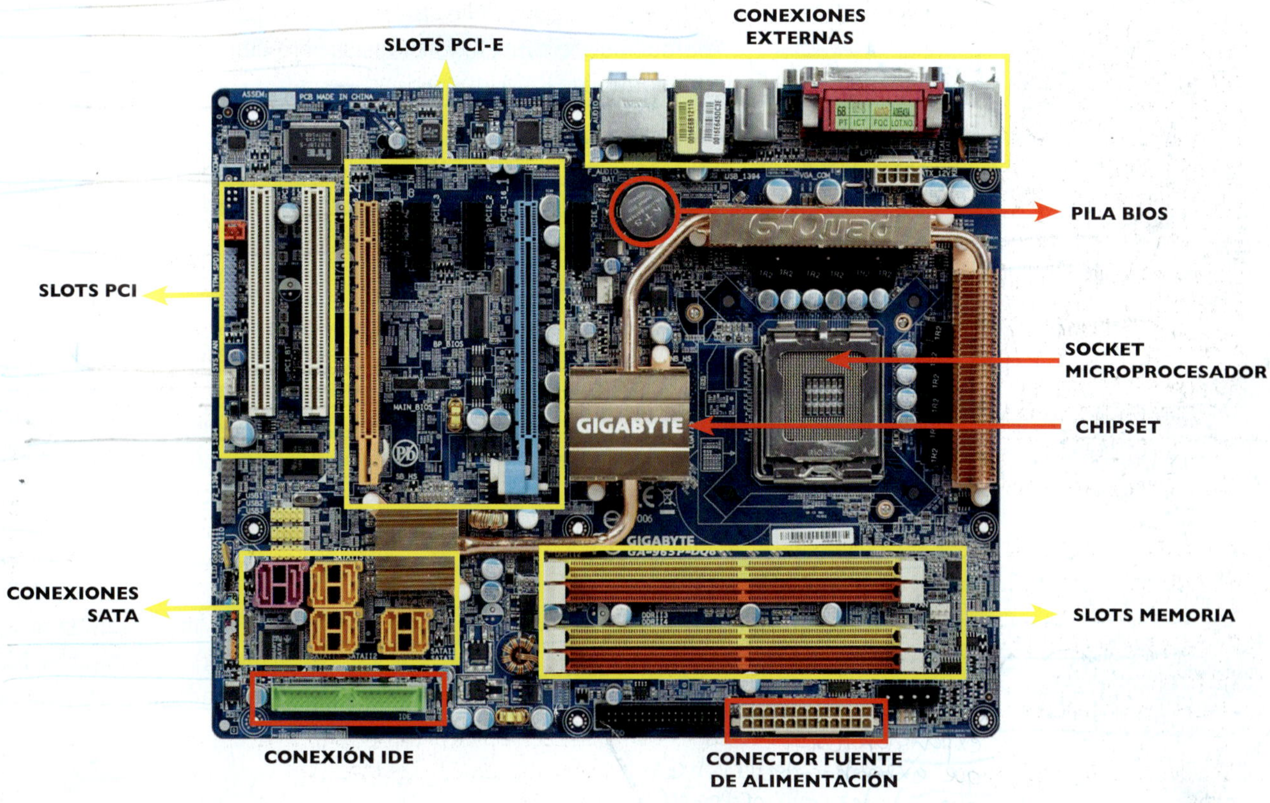

Microprocesador

El **microprocesador** es la parte más importante del ordenador. Se encarga de procesar los datos y realizar las operaciones aritmético-lógicas y de controlar el resto de los dispositivos. Se caracteriza por su frecuencia de trabajo, que se mide en hercios y determina su velocidad de funcionamiento.

Un ordenador actual puede tener un procesador de 3,6 MHz, lo que significa que puede realizar 3.600 millones de operaciones básicas en un segundo.

Físicamente, es un chip que contiene un conjunto de circuitos integrados con millones de transistores y que va montado sobre un zócalo. Suele llevar superpuesto un ventilador y un disipador de calor para refrigerarlo, así como pasta térmica, ya que si alcanza altas temperaturas se puede bloquear el ordenador.

Los principales fabricantes de microprocesadores son Intel y AMD.

Principales componentes de la placa base

	**Zócalo (*socket*) para el microprocesador**	En él se inserta el microprocesador. Cuando abrimos el ordenador, lo que habitualmente vemos es un gran ventilador con un disipador de calor de aluminio debajo. Por debajo del disipador se añade pasta térmica que mejora la disipación del calor y, por último, el microprocesador sobre el zócalo.
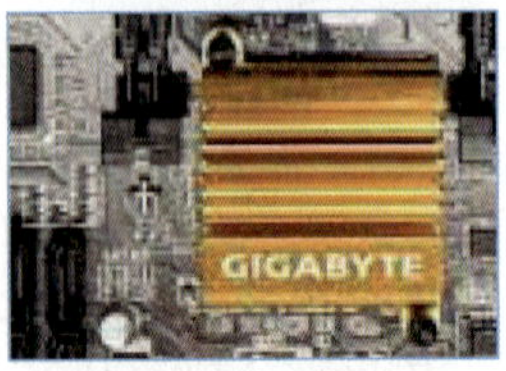	**Chipset**	Es un conjunto de chips situados sobre la placa base encargados de realizar las comunicaciones entre el microprocesador y los distintos componentes conectados a la placa base. Controla el modo de operación de la placa, por lo que determina su rendimiento y sus características. El chip más importante suele llevar encima un disipador de aluminio, más pequeño que el del microprocesador.
	**Ranuras (*slots*) para la memoria RAM**	En ellas se colocan los módulos de memoria RAM. Se distinguen de otras ranuras porque llevan unas pinzas para sujetar el módulo y porque puede haber ranuras vacías pero siempre habrá alguna con un módulo de RAM insertado.
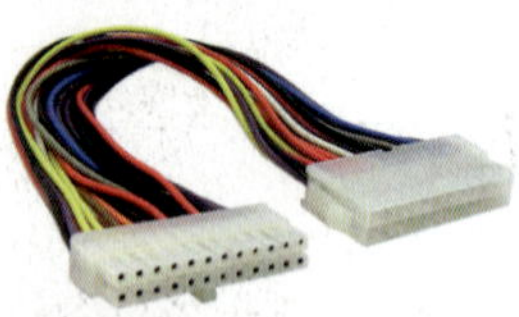	**Conector ATX**	Es el conector que une la fuente de alimentación con la placa base a través de cables como el de la imagen. Es necesario para que ésta tenga la corriente suficiente para funcionar.
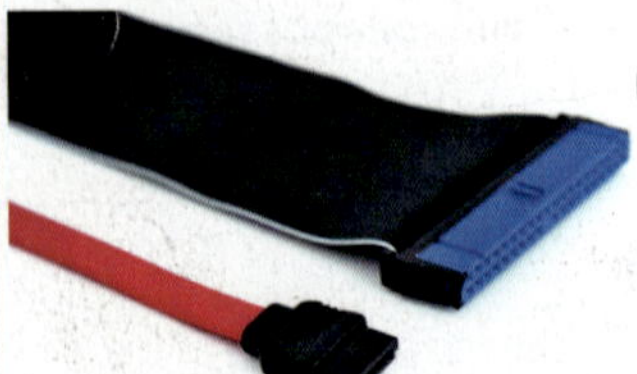	**Conexiones IDE y SATA**	Son las conexiones para las unidades de almacenamiento: el disco duro, el DVD-ROM, la grabadora de DVD, etc. Las placas pueden llevar los dos tipos de conexión, IDE y SATA, o bien uno de ellos, dependiendo de la antigüedad del ordenador. Las conexiones SATA son más modernas. En la imagen se muestra cómo son los cables de datos SATA (color rojo) e IDE (color azul) que unen la placa con las unidades de almacenamiento.
	**Ranuras de expansión**	En ellas se insertan las tarjetas de expansión, como la tarjeta gráfica, la de sonido, la de red, etc. A veces, estas tarjetas están integradas en la placa base y las ranuras pueden estar vacías. Hay varios tipos: PCI, AGP y PCI Express (PCI-E).
	**Conexiones externas**	Son los puertos en que se conectan la red (RJ45) y los dispositivos externos, como el teclado (PS2 morado), el ratón (PS2 verde), los auriculares (jacks de audio), las memorias USB, etc.
	**Chip y pila para la BIOS**	La BIOS es un circuito integrado en el que se guarda el programa de arranque del ordenador. Normalmente se identifica entre otros porque suele llevar escrita la palabra BIOS, como en la imagen. Para que no se borren ciertos parámetros de configuración, la BIOS necesita una pila.

Conoce

Conectores internos y puertos

Los **conectores internos** son todas aquellas ranuras de expansión, o *slots*, que se conectan a la placa base, además de los puertos internos o interfaces. Existen varios tipos de *slots*:

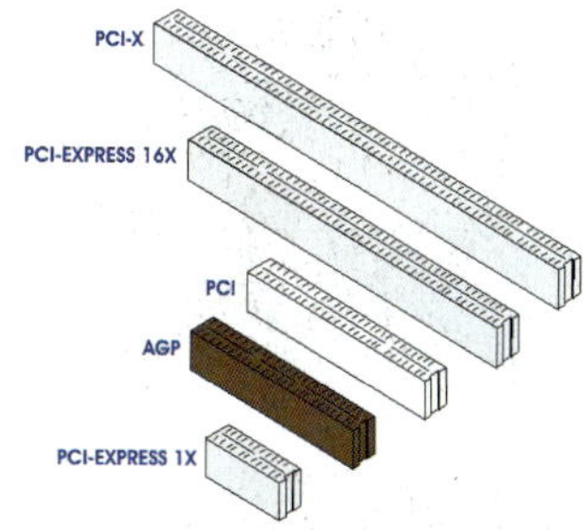

- **PCI** (*peripheral component interconnect*): su uso no está predefinido, de modo que permite añadir nuevos componentes, como tarjetas de vídeo, de sonido, de red, etc.
- **AGP** (*accelerated graphics port*): tiene como objetivo los gráficos y la conectividad. Su tasa de transferencia puede alcanzar los 2 GB/s.
- **IDE** (*integrated device electronics*) o **ATA** (*advanced technology attachment*): controla los dispositivos de almacenamiento masivo de datos, como los discos duros, CD-ROM, DVD, etc.
- **SATA** (*serial advanced technology attachment*): es una interfaz (conjunto de comandos, métodos y soporte físico) de transmisión entre la placa base y algunos dispositivos, como el disco duro. Sustituirá al resto de las interfaces.

  Existe una versión de SATA externo, **eSATA**, en fase de expansión, para discos externos y otros componentes. Será un competidor del USB.

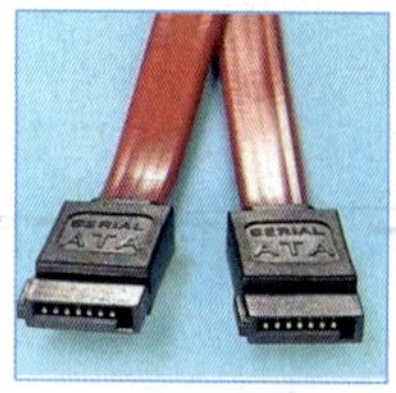

Conector SATA.

Los **puertos** sirven para conectar los periféricos de entrada/salida a la placa base.

- **USB** (*universal serial bus*): permite la interconexión de prácticamente cualquier dispositivo. Además, la conexión y el reconocimiento se realizan sin necesidad de reiniciar el dispositivo (*plug and play*). El estándar 2.0 alcanza velocidades de hasta 60 MB/s.

  Transportan datos y también corriente eléctrica. Básicamente se pueden clasificar en tipo A y tipo B (véase el esquema).

  El **USB 3.0** alcanzará los 600 MB/s. También hay que mencionar el **mini-USB** (para MP3, cámaras, etc.) y el **micro-USB**.
- **IEEE 1394** (conocido como **Firewire** por Apple y como **i.Link** por Sony): es una interfaz que permite la interconexión de cámaras, vídeos, teléfonos, discos duros externos, impresoras y escáneres al ordenador. Alcanza velocidades de 400 Mbps (hasta 800 Mbps en el caso del IEEE 1394b).

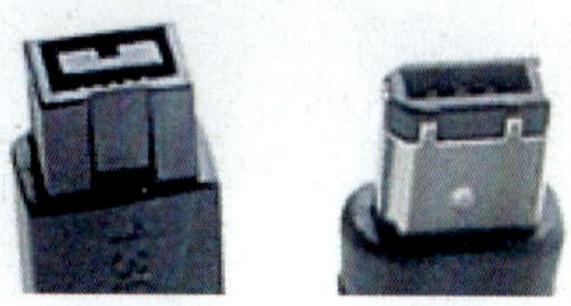
Firewire 800 y Firewire 400.

TIPOS DE U.S.B.

	Tipo A	Tipo B
USB estándar		
Mini-USB 5 pines		
Mini-USB 8 pines		
Micro-USB		
USB 3.0 estándar		
Micro-USB 3.0		

- Otros conectores son:

Conector de red **RJ-45**: permite la conexión a Internet.		**Paralelo**: transmite los datos en paralelo, como indica su nombre, y se usa para impresoras y escáneres, pero está siendo desplazado por el USB.	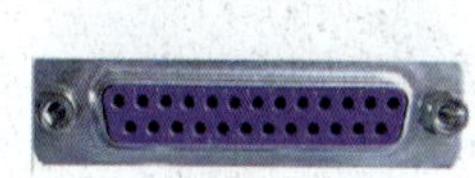
Conector de gráficos **VGA** (*video graphics adapter*)		Conector de alimentación **ATX**	
Conectores de gráficos **DVI-VGA** (1) y **HDMI** (2)	(1)  (2)	Conectores de alimentación **Molex** (3) y **Molex-SATA** (4)	 (3) (4)

Memorias

La unidad mínima de información es el bit, que representa un 1 o un 0.

Los múltiplos de éste son potencias de base 2: 2^n.

byte	8 bits
kilobyte	1.024 bytes
megabyte	1.024 KB
gigabyte	1.024 MB
terabyte	1.024 GB
petabyte	1.024 TB

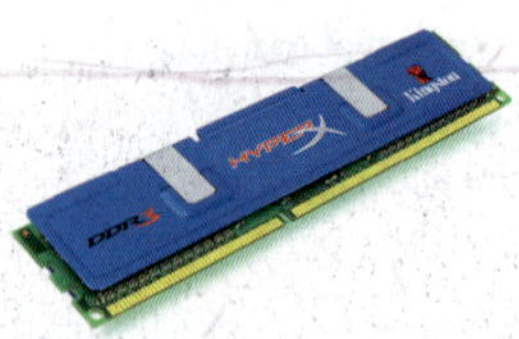

En un ordenador existen varios tipos de **memorias**.

- La **memoria RAM** (*random access memory*) es la memoria de acceso aleatorio, es decir, se puede acceder a cualquier parte de ella. Permite la lectura y la escritura. Es volátil: cuando se apaga la alimentación, la información contenida en ella se pierde. Es la única que se inserta en la placa base.

  Un ordenador actual puede tener 8 GB (gigabytes) de RAM.

- La **memoria ROM** (*read only memory*) es la memoria de sólo lectura. No es volátil: la información no se pierde al apagar el ordenador. Es ideal para almacenar las rutinas básicas del hardware, como el programa de arranque del ordenador (BIOS) o el chequeo de la memoria.

- La **memoria caché** es una memoria más rápida y de menor capacidad que la RAM. Hace de puente entre el microprocesador y la memoria RAM. Los ordenadores incluyen esta memoria dentro del propio chip del microprocesador.

  Un ordenador actual puede tener 6 MB (megabytes) de memoria caché.

Unidades de almacenamiento internas y externas

Las **unidades de almacenamiento** (o **dispositivos de almacenamiento**) se usan para guardar información. No hay que confundirlas con las memorias, vistas en el apartado anterior, que no sirven para almacenar datos.

Las **unidades de almacenamiento internas** son los discos duros. Pueden ser de dos tipos:

- **Disco duro magnético** (**HDD**, *hard disk drive*). Emplea un sistema de grabación magnética para registrar datos digitales en una serie de platos o discos mediante un cabezal que se va desplazando. La comunicación externa puede ser IDE o SATA.

Disco duro HDD.

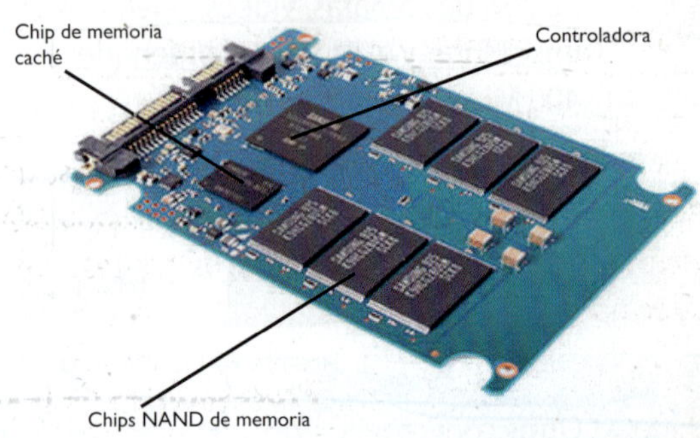

Disco duro SSD.

- **Disco duro de estado sólido** (**SSD**, *solid state disk* o *solid state drive*). Almacena la información en microchips de memoria NAND no volátiles. A diferencia de los HDD, los SSD no contienen partes móviles, por lo que son más rápidos y tienen menor consumo. Por el contrario, tienen una vida limitada a un número determinado de ciclos de lectura-escritura.

Como **unidades de almacenamiento externas** tenemos los **CD**, con una capacidad de entre 700 y 800 MB, los **DVD** (capacidad típica de 4,7 GB) y el **Blu-ray** (capacidad de hasta 400 GB). También se pueden considerar memorias externas las **memorias USB** (o **pendrives** o **USB flash drives**), que hoy en día son las más utilizadas, así como las tarjetas de memoria (**SD**, **MMC**, etc.).

3. El software del ordenador

Podemos definir el **software** como el soporte lógico del ordenador, que comprende el conjunto de los componentes lógicos que hacen posible su funcionamiento. Son software tanto el sistema operativo (Windows, Linux, MacOS) como los programas y aplicaciones que utilizamos.

En un ordenador, el primer software que funciona cuando se enciende es el de la BIOS. Luego se carga el sistema operativo y, para finalizar, las aplicaciones.

Pila CR2032 y chip para la BIOS.

BIOS

La **BIOS** (*basic input output system*) es el sistema básico de entrada y salida del ordenador. Se trata de un programa especial guardado en la pequeña memoria de la placa base, como hemos visto anteriormente. Una vez que se han inicializado los componentes hardware, la BIOS toma el control del ordenador. Cuando la BIOS termina de realizar su tarea, cede el control del ordenador al siguiente nivel: el sistema operativo.

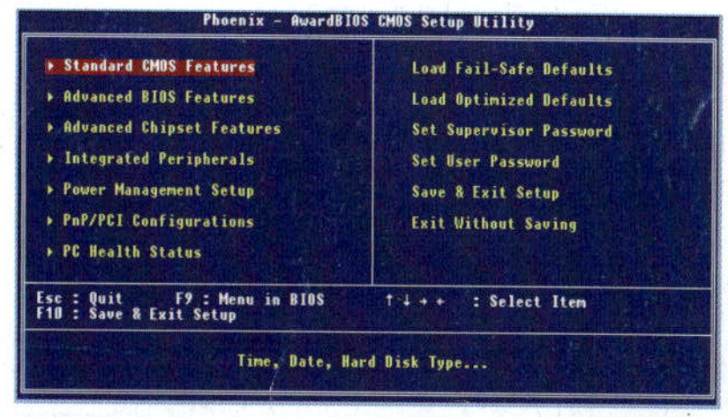

Menú principal del programa Setup de la BIOS.

Sistemas operativos

Son programas, dispuestos ya en el software o en la memoria fija, que hacen que el hardware sea utilizable. Su misión es servir de interfaz entre el usuario y el ordenador, interpretando las instrucciones del usuario y transmitiéndoselas al hardware. Además, se encargan de controlar y hacer funcionar todo el hardware y los programas del ordenador. Otras funciones son:

- Permitir a los usuarios compartir el hardware
- Permitir a los usuarios compartir datos
- Permitir a los usuarios la planificación de recursos
- Facilitar la entrada y salida de datos

Los sistemas operativos más utilizados son Windows (en sus distintas versiones: Windows 8, 10, Vista, XP...), Linux (distribuciones Debian, Ubuntu, Red Hat, MAX, Linex, Molinex, Guadalinex...) y Mac OS, Symbian OS y WAP.

Windows 10

Programas y aplicaciones

Una aplicación informática es un programa diseñado para facilitar un determinado tipo de trabajo, mientras un programa se puede definir como una secuencia de instrucciones que un ordenador es capaz de interpretar y ejecutar. Por ejemplo; la BIOS (el software almacenado en la memoria ROM que hace que el ordenador arranque y funcione) es un programa, como el firmware de los chips. En cambio, un procesador de texto o un reproductor de vídeo son, técnicamente hablando, aplicaciones informáticas.

Ofimática	**Procesadores de texto**	Microsoft Word, LibreOffice Writer
	Hojas de cálculo	Microsoft Excel, LibreOffice Calc
	Presentaciones de diapositivas	Microsoft PowerPoint, LibreOffice Impress
	Gestores de bases de datos	Microsoft Access, LibreOffice Base
Navegadores	Internet Explorer, Mozilla Firefox, Google Chrome, Opera Browser, Safari	
Diseño gráfico	Adobe Photoshop, LibreOffice Draw, Inkscape, GIMP	
Dibujo técnico	Autodesk AutoCAD, QCAD, SketchUp	
Utilidades	Antivirus, compresores (WinZIP, WinRAR, 7-Zip), grabadores (Nero, ImgBurn), etc.	
Juegos	*Minecraft, Clash of Clans, World of Warcraft, Call of Duty, FIFA*, etc.	

4. La estructura física y lógica de la información

Un disco duro con 2 particiones y 4 unidades lógicas

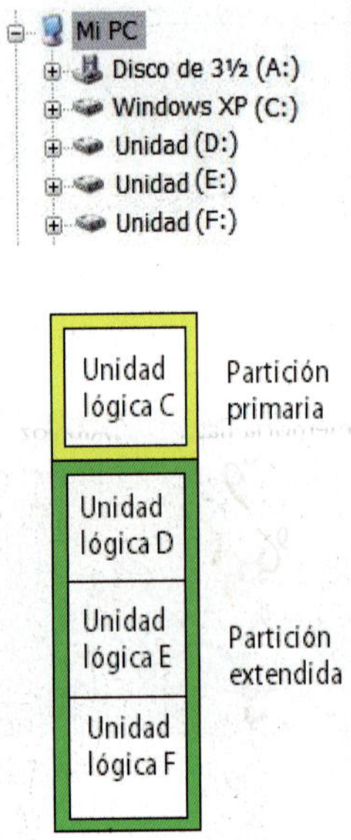

La estructura lógica del disco duro

Desde el punto de visto lógico, los discos duros están formados por un **sector de arranque** y una o varias **particiones.**

En el sector de arranque se almacenan la tabla de particiones y un pequeño programa de inicialización, llamado también *master boot record* (MBR).

Las particiones actúan como zonas o divisiones del disco. Las razones para crear más de una partición son diversas. Por ejemplo, se pueden crear particiones separadas para datos accesibles por distintos usuarios, o para tener más de un sistema operativo en un mismo disco. También es frecuente hoy en día que el fabricante del equipo incluya una partición destinada a la recuperación de fábrica del ordenador.

Las particiones pueden ser **primarias** (contienen el sistema operativo) o **extendidas**.

El sistema de ficheros

El sistema de archivos es una estructura que permite tanto el almacenamiento de información en una partición como su modificación y recuperación. Para que sea posible trabajar en una partición y sus unidades lógicas es necesario asignarle previamente un sistema de archivos. Esta operación se denomina **dar formato**. Generalmente, cada sistema de archivos ha sido diseñado para obtener el mejor rendimiento con un sistema operativo concreto o con un soporte específico.

Sistema operativo	Sistema de archivos
Windows	NTFS , FAT32
Linux	Ext3, Ext4, ReiserFS
Mac OS	HFS, HFS+
Sistemas UNIX	UFS, ZFS

Archivos y carpetas

Los **archivos** o **ficheros** son conjuntos de información que se almacenan en una unidad de disco y se identifican por un nombre representativo (nombre del fichero). Los archivos pueden ser creados por el usuario, para almacenar los trabajos que realiza, o pueden ser propiedad del sistema operativo o de las aplicaciones del usuario para su propio funcionamiento.

Cada archivo es único dentro de su **directorio** o **carpeta** y es identificable por un **nombre** y una **extensión** que suele indicar su tipo de contenido. Los nombres de archivos están sujetos a unas normas que dependen de cada sistema operativo. Además del nombre y la extensión, el sistema también guarda de cada archivo las fechas de creación, modificación y último acceso. También pueden poseer atributos como "oculto", "de sistema", "de solo lectura", etc. Los archivos pueden clasificarse en dos grandes grupos: **ejecutables** y **no ejecutables**. Un archivo ejecutable es un archivo que contiene un programa o aplicación.

Ruta en Windows:

c:\trabajos\ana\carta.txt

Ruta en Linux:

/trabajos/ana/carta.txt

Las carpetas son contenedores de archivos necesarios para poder organizar la información de forma ordenada y eficiente. Puesto que en una unidad lógica caben miles de archivos, es necesario agruparlos en carpetas para poder acceder a ellos adecuadamente. Las carpetas se identifican también por un nombre y forman una estructura arborescente. Partiendo de la propia unidad de disco (directorio raíz), podemos crear una serie de carpetas en un primer nivel; a su vez, de estas carpetas pueden surgir otras (subcarpetas o carpetas hijas del primer nivel), y así sucesivamente, conformando una estructura en forma de árbol.

La **ruta** (en inglés, *path*) designa la posición exacta de un archivo o una carpeta dentro de la estructura arborescente. Los sistemas operativos utilizan reglas distintas para escribir la ruta de un determinado archivo o carpeta (como puedes ver en la figura).

5. Hardware y software en los dispositivos móviles

Los **dispositivos móviles** tienen una serie de condicionantes que hacen que el **hardware** y el **software** de estos dispositivos no sean iguales que en los ordenadores tradicionales:

- El **procesador** de un dispositivo móvil tiene menos capacidad, debido a su menor tamaño y a la necesidad de un bajo consumo.
- Los dispositivos móviles incorporan diferentes **sensores**, como GPS, cámara, acelerómetro, giroscopio, etc.
- En los dispositivos móviles se necesita **conectividad**, es decir, una conexión por **Wi-Fi** o **GPRS**, **3G**, **4G**..., lo que implica un hardware y un sistema operativo específicos que recojan esta particularidad.
- Las **pantallas** de los dispositivos móviles son de menor tamaño y de ellas depende la **interacción con el usuario** (se produce a través de las **pantallas táctiles**). Las más extendidas son las capacitivas.
- Los dispositivos móviles deben tener un **bajo consumo de energía**, ya que están alimentados por una **batería**.

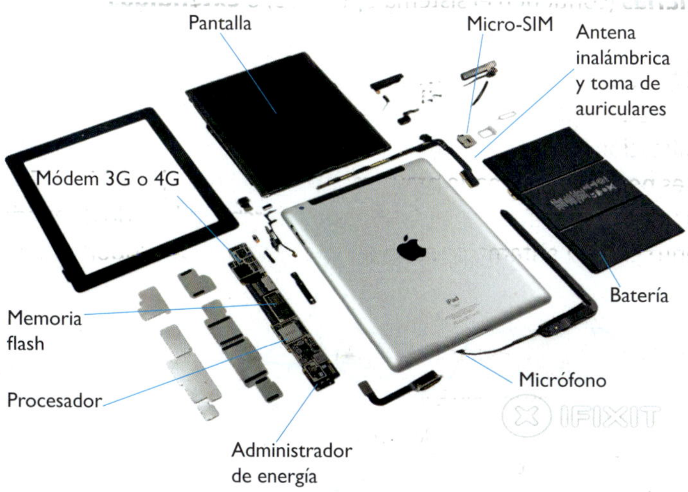

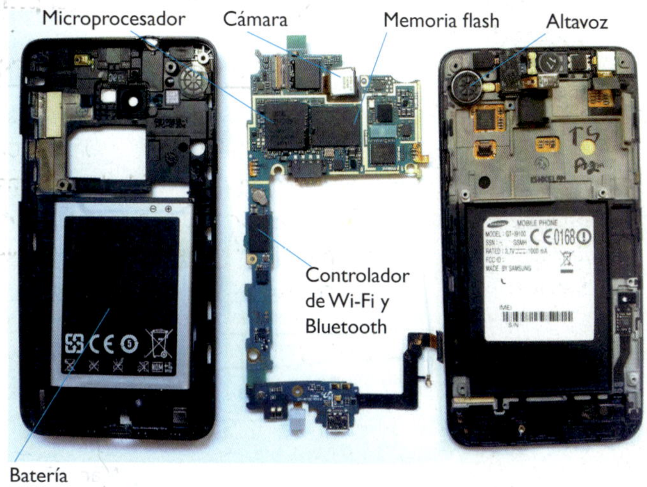

Sistemas operativos de los dispositivos móviles

El **sistema operativo** es el software que nos permite usar el hardware del teléfono o la tableta y las aplicaciones.

Los tres sistemas operativos dominantes en el mercado de dispositivos móviles son:

- **Android.** Desarrollado por Google, está basado en Linux y es de código abierto. Es el más extendido.
- **iOS.** Es el sistema operativo perteneciente a Apple, para dispositivos como iPod, iPhone, iPad, etc. Destaca por su simplicidad y su fiabilidad.
- **Windows 10.** Es un sistema operativo propietario de Microsoft, diseñado para que las versiones de escritorio sean similares en todos los dispositivos: ordenadores, tabletas, móviles, etc.

android

iOS

Windows 10

Google play

Aplicaciones de los dispositivos móviles

Los programas o aplicaciones (**apps**) instalados en los dispositivos móviles deben ser específicos para ellos, ya que, como hemos visto, son muchos los condicionantes especiales (menor consumo, menor tamaño de la pantalla, interacción táctil por pantalla con el usuario, etc.).

Las apps pueden ser gratuitas o de pago, algunas necesitan tener conexión a Internet para funcionar, ocupan poco espacio y son fáciles de descargar (se pueden descargar de las tiendas virtuales, como Google Play o App Store, si bien también las hay que son accesibles escribiendo su dirección URL en el navegador del dispositivo).

App Store

Available on the App Store

6. Qué es una red informática

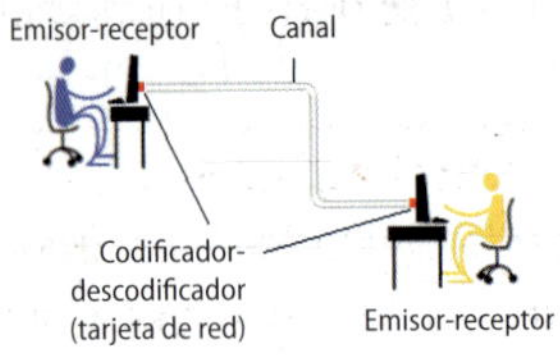

Una **red informática** es un conjunto de ordenadores y dispositivos conectados entre sí con el propósito de compartir información y recursos. Los recursos que se pueden compartir en una red son discos duros, impresoras, etc., pero, además, en una red podemos compartir la información de los programas y los datos que manejan los distintos usuarios.

En cualquier tipo de red o sistema de comunicación, podemos encontrar un **emisor** y un **receptor** de la información. Asimismo, la información viaja a través de un **canal** o línea de comunicación. Finalmente, para que la información pueda transmitirse por esa línea, debe someterse a un proceso de **codificación** (cuando se emite) y **descodificación** (cuando se recibe).

7. El tamaño de las redes

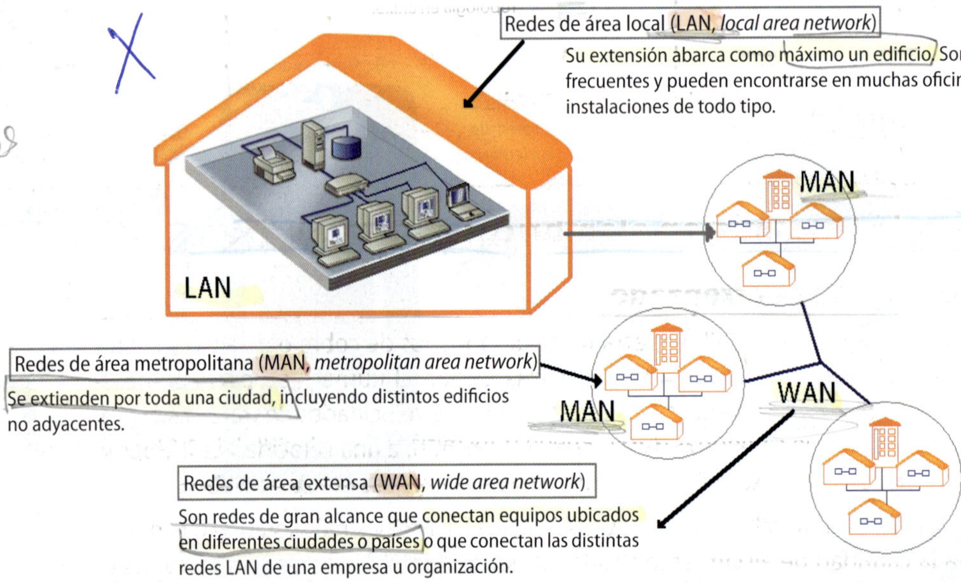

8. Propiedad de las redes

Según su nivel de acceso o privacidad, las redes pueden ser:

- **Redes públicas.** Son aquellas redes cuyo acceso es público y global, de modo que permiten a sus usuarios comunicarse y compartir información y servicios dentro del área pública que abarcan. El ejemplo más claro de red pública y de ámbito mundial es **Internet**.
- **Redes privadas.** Son redes restringidas al propietario o a los usuarios que las utilizan (son redes LAN en su mayoría). Cuando en estas redes se utilizan herramientas típicas de la red pública Internet (web, correo electrónico, FTP, etc.) se denominan **intranets**.
- **Redes privadas virtuales (VPN).** Son un tipo de redes resultante de la interconexión de varias redes privadas entre sí, aprovechando la infraestructura de una red global.

9. Redes entre iguales y redes cliente-servidor

Las redes pueden organizarse de acuerdo con dos tipos de planteamientos funcionales:

- **Redes cliente-servidor.** Un **servidor** es un ordenador encargado de centralizar o gestionar una determinada función necesaria dentro de una red. Puede compartir la información, aplicar las normas de acceso a dicha información, definir qué usuarios acceden a la red, controlar el acceso a los recursos y dispositivos, etc. El resto de los ordenadores de la red se denominan **clientes** o **terminales** y son los puestos desde los cuales los usuarios se comunican con el ordenador central.
- **Redes punto a punto.** También se denominan **redes peer to peer** o **redes entre iguales**. En este tipo de redes, todos los nodos o estaciones de trabajo se comportan simultáneamente como clientes y como servidores.

10. Las topologías

La **topología** es la forma en que podemos conectar las distintas estaciones de trabajo y los diferentes medios de transmisión (cables y otros dispositivos de la red) dentro de una red de área local. Existen varias topologías, pero todas derivan principalmente de tres tipos: bus, estrella y anillo.

Topología en bus. Las redes comparten un mismo canal, llamado *bus*, con un único cable. En desuso.

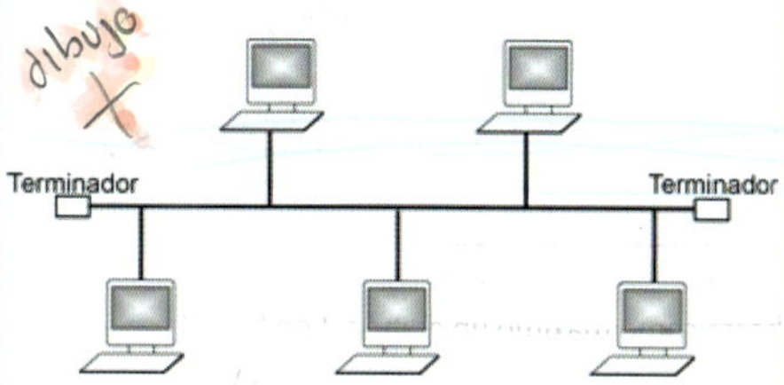

Topología en bus.

Topología en anillo. La información circula en un sentido y cada ordenador analiza si él es el destinatario de la información.

Topología en anillo.

Topología en estrella. Todos los ordenadores están conectados a un **concentrador** (**hub**) o un **conmutador** (**switch**) que transmite la información.

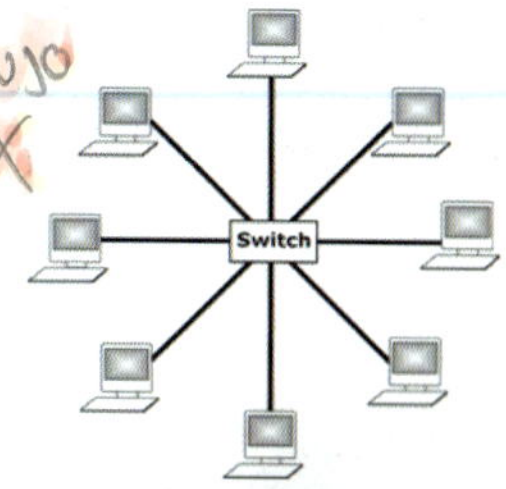

Topología en estrella.

11. Medios de transmisión alámbricos e inálambricos

Redes con cable de par trenzado

El **cable UTP** (par trenzado no apantallado) está formado por hilos de cobre o de aluminio entrelazados entre sí por parejas para evitar interferencias. Según el número de pares de hilos utilizados y la longitud de cada trenzado, se obtienen diferentes velocidades de transmisión, lo que la industria ha denominado categorías (**CAT**). Puede transmitir a una velocidad de 1 Gbps y la distancia de propagación suele ser de 150 metros. El conector que se utiliza es el **RJ45**.

El **cable STP** (par trenzado apantallado) es una variante del UTP todavía más segura en la transmisión. Aumenta la cantidad de aislamiento alrededor del conjunto de cables y su inmunidad al ruido. Es más caro.

La fibra óptica

Un cable de fibra óptica está compuesto por un grupo de hilos muy finos de material transparente (vidrio o material plástico) por el que se envían pulsos de luz que representan los datos a transmitir. La fuente de luz puede ser láser o un led.

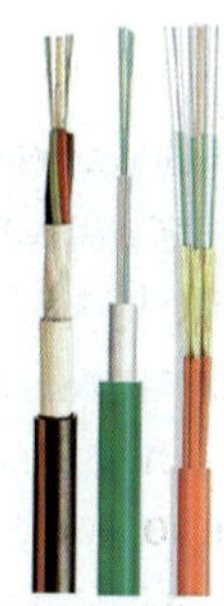

Su ancho de banda es muy grande: con velocidades de 10 Gbps por cada fibra, se pueden llegar a obtener velocidades de transmisión totales de 10 Tbps. Su desventaja principal es el coste.

La tecnología Wi-Fi

Wi-Fi es un sistema de envío de datos sobre redes computacionales que utiliza ondas de radio. Las redes Wi-Fi operan en una banda de frecuencia de 2,4 GHz con una velocidad de hasta 11 Mbps (para la especificación 802.11b) y 54 Mbps (para la 802.11g). Existen varios dispositivos que permiten interconectar elementos Wi-Fi:

- Los **routers Wi-Fi** son los que reciben la señal de la línea ofrecida por el operador de telefonía y efectúan el reparto de ésta entre los dispositivos de recepción Wi-Fi que se encuentran a su alcance. Es muy frecuente que el router que suministra el proveedor de Internet a los hogares o a las empresas tenga integrada ya la tecnología Wi-Fi.
- Los **puntos de acceso** funcionan a modo de emisor remoto, es decir, en lugares donde la señal Wi-Fi del router no tiene suficiente radio. También se emplean en instalaciones donde el router no posee esta tecnología y se desea disponer de ella.

Los **dispositivos de recepción** pueden ser de tres tipos: tarjetas Wi-Fi integradas en las placas base de los ordenadores, tarjetas de red PCI y tarjetas USB.

12. Elementos típicos de una red LAN

La tarjeta de red

Las tarjetas de red son los dispositivos que conectan los ordenadores a la red. Suelen estar integradas en las placas base de los ordenadores actuales.

Cada tarjeta de red posee un identificador único denominado **dirección MAC** (*media access control*). No puede haber dos tarjetas con la misma dirección MAC. Esto es útil para configurar, entre otras cosas, sistemas de seguridad en las redes (por ejemplo, para identificar qué ordenadores pueden acceder a una determinada red Wi-Fi).

El switch o conmutador

Es el dispositivo que centraliza el cableado de una red en estrella y constituye, así, su nodo central de ésta. El switch recibe la señal de una estación de trabajo emisora y la redirige al puerto de la estación destinataria. Un switch también puede actuar como dispositivo de interconexión de redes o segmentos de redes LAN, conectándose a su vez a otro switch.

El router o enrutador

Es un dispositivo de interconexión de redes de computadoras. Su principal función es encaminar la información por la ruta óptima, es decir, decide la dirección de la red hacia la que va destinada la información.

Generalmente, en la mayoría de las redes LAN, el router es el dispositivo que conecta la red a Internet. Es habitual que los routers incorporen tecnología Wi-Fi.

13. El protocolo de comunicación TCP/IP

El protocolo de una red es el software necesario para que dos equipos de una red puedan comunicarse entre sí. Como ya sabes, los ordenadores deben hablar el mismo lenguaje para poder compartir la información y los recursos de una red: este lenguaje es el **protocolo de comunicación**.

Existen varios tipos de protocolos, pero hoy en día lo normal es que todos los sistemas operativos trabajen con el **protocolo TCP/IP** (*transmission control protocol / Internet protocol*), ya que éste fue el precursor de la red internet. El protocolo TPC/IP permite que redes heterogéneas y con distintos sistemas operativos pueden comunicarse. Está formado por la unión de dos protocolos: IP y TCP.

El protocolo **TCP/IP** se ocupa exclusivamente del transporte y el control de estos paquetes (datagramas), ordenándolos de la forma adecuada y emitiendo los posibles errores que se detecten.

El protocolo **IP** se encarga del direccionamiento y los puertos. Cada nodo o elemento de una red (**host**) debe estar identificado mediante una **dirección IP exclusiva**. El número IP está formado por un conjunto de cuatro cifras decimales de un byte separadas por puntos, que puede tomar valores entre 0 y 255. Por ejemplo, la siguiente sería una dirección IP: 195.235.165.34.

14. Enrutamiento o puerta de enlace

Cuando dos ordenadores o hosts se encuentran en la misma red, el direccionamiento de paquetes es inmediato, pero si no pertenecen a la misma red, los ordenadores deben tener asignada la dirección de un nodo o dispositivo que se encargue de buscar fuera de su red la dirección del destinatario. A la dirección IP de ese nodo la denominamos **puerta de enlace** o **gateway**. Normalmente, este cometido de encaminar las direcciones fuera de la red lo realiza un router.

Cada vez que el router se conecta a Internet, el proveedor de Internet (ISP) le asigna una dirección IP dentro de su red pública. De esta forma, el router trabaja con dos direcciones IP: la IP LAN y la IP WAN. Con la **IP LAN** (o dirección de puerta de enlace), el router se comunica con el resto de los equipos de la LAN; y con la **IP WAN** (o dirección IP pública), que es la que el router obtiene del ISP, se comunica con los demás nodos de Internet.

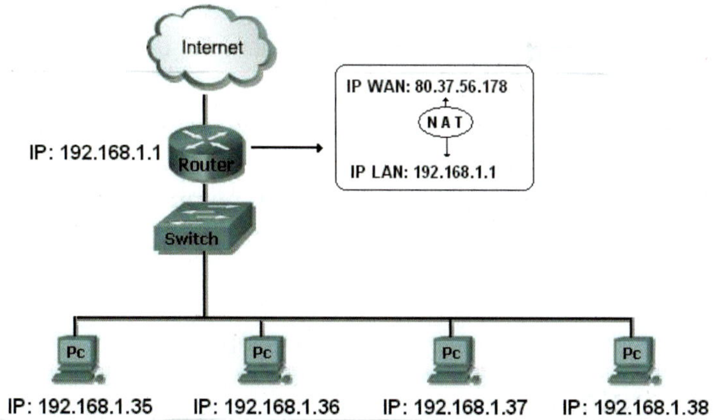

15. Los servicios TCP/IP

El servicio DNS de resolución de nombres

Conocer los distintos números IP de los servidores de Internet resulta demasiado complicado. El **DNS** (*domain name system*) es un sistema parecido a la guía de teléfonos. En lugar de recordar direcciones IP complicadas, podemos conectar con un host mediante su nombre DNS, de manera más sencilla.

Por ejemplo, podemos referirnos de la misma forma a la dirección 147.96.1.15 que a la dirección *www.ucm.es*. Pero también es necesario resolver los nombres DNS en redes más pequeñas, como las LAN, especialmente si los equipos de éstas están integrados en un dominio.

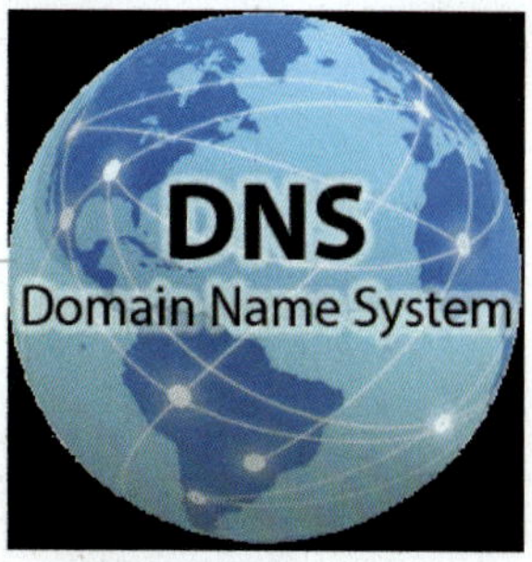

Los servicios de puerto fijo: HTTP, FTP, POP3, etc.

TCP/IP da soporte a las aplicaciones más populares de Internet, como transferencia de ficheros (FTP), correo electrónico, web, etc. Cuando un ordenador desea transmitir datos de alguna de estas aplicaciones a otro, el protocolo TCP/IP transmite la dirección de destino (IP) y el puerto identificativo de la aplicación. A esta combinación de dirección IP más puerto se la llama **socket**.

Algunos puertos correspondientes a las aplicaciones más usadas son:

Puerto	Protocolo	Propósito
80	http	Acceso a páginas web
21	ftp	Transferencia de ficheros
23	telnet	Acceso remoto
110	pop3	Correo entrante
25	smtp	Correo saliente

Práctica 1. Descubre el hardware

Ejercicio 1. Conoce tu equipo

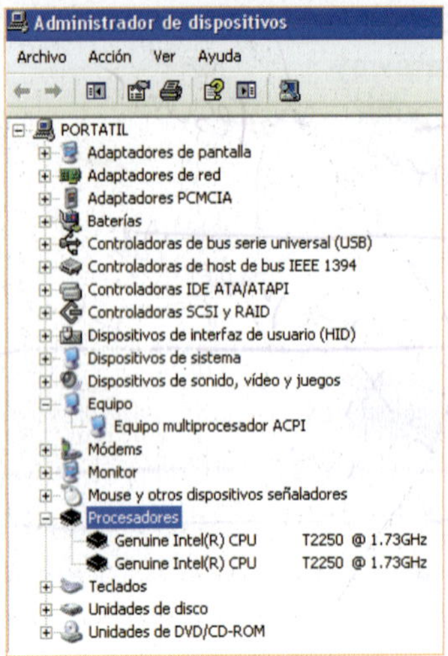

En este ejercicio vas a aprender cuáles son las características del ordenador en que estás trabajando y los componentes instalados en él. Para ello, primero abriremos un documento con una plantilla donde aparecen sombreadas las celdas que debemos rellenar y, a continuación, investigaremos cómo es nuestro equipo

1. Abre en el CD virtual el ejercicio **P1_E1_tuequipo.doc**.
2. En tu ordenador, ve a **Mi PC** y, en la ventana de la izquierda, selecciona **Ver información del sistema**.
3. Selecciona la pestaña **Hardware** y haz clic en **Administrador de dispositivos**. Aparecerá un menú desplegable como el de la figura. Pulsando el signo + de cada uno de ellos, completa las celdas sombreadas en gris de tu documento, donde se te pide información sobre dichos componentes.
4. Guarda el archivo como **P1_E1_nombreapellido.doc**.

Ejercicio 2. Análisis de los componentes de un ordenador

En este ejercicio completarás una tabla en que aparecen ordenados los componentes principales que necesita un ordenador. Debes buscar en Internet cuáles son las características más deseables que debe tener cada componente.

1. Abre en el CD virtual el ejercicio **P1_E2_componentes.doc**.
2. Lee detenidamente el enunciado de la práctica, especialmente la primera columna, y fíjate en los elementos sobre los que debes buscar información.
3. Busca la información y responde las cuestiones planteadas:
   - ¿Para qué sirve?, ¿qué función realiza?
   - ¿Qué medidas o tamaño aproximado tiene?
   - ¿Qué tipo de conexión utiliza?
   - Características: velocidad, capacidad, ancho de bits.
4. Busca en Internet una foto de cada componente y pégala en la última columna. Utiliza el programa Paint para recortar las imágenes, si es necesario.
5. Guarda el archivo como **P1_E2_nombreapellido.doc**.

Ejercicio 3. Compara y compra a tu medida

Supón que dispones de 350 € para comprar un ordenador. Lógicamente, querrás conseguir uno con las mejores características del mercado. Para ello, deberás buscar a través de Internet en diversas tiendas e ir comparando uno por uno todos los componentes del ordenador.

1. Abre en el CD virtual el ejercicio **P1_E3_comparando.doc**.
2. Completa la tabla con el precio y la tienda que elijas para cada uno de los componentes. Recuerda que el precio final (con IVA) no debe superar los 350 €.
3. Guarda el archivo como **P1_E3_nombreapellido.doc**.

Práctica 2. BIOS, sistemas operativos, particiones

Ejercicio 1. Averigua cómo se entra en la BIOS de tu ordenador

La **BIOS** de un ordenador es un programa que reside en una memoria especial insertada en un chip de la placa base del ordenador y que es de tipo firmware. La palabra BIOS es una sigla del inglés *basic input/output system* ("sistema básico de entrada y salida de datos").

1. Crea un documento de texto y explica en él cuál es el cometido fundamental de la BIOS, después de ayudarte de Internet para averiguarlo.
2. Guarda el documento como **P2_E1_nombreapellido**.

Para entrar en la BIOS de tu ordenador (también se suele decir "entrar en la *setup*") has de pulsar una tecla o una combinación de teclas cuando el ordenador está arrancando. Esa tecla o combinación de teclas será una u otra dependiendo del fabricante de la máquina. Averigua cómo se entra en la BIOS del ordenador de tu casa.

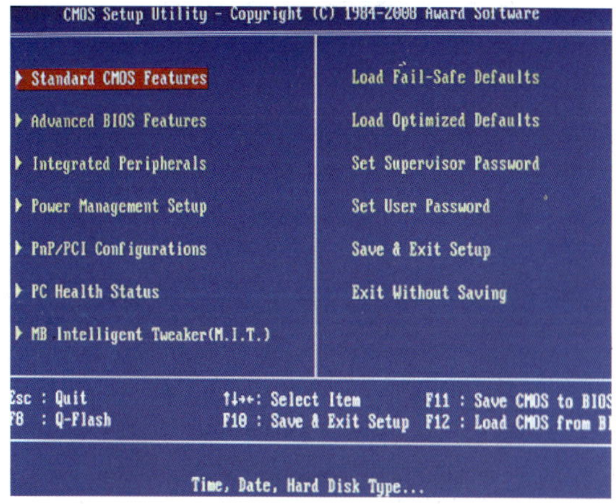

La BIOS es el primer programa que se ejecuta cuando se enciende el ordenador, justo antes de que aparezca el sistema operativo.

Ejercicio 2. Comparativa de sistemas operativos

En este ejercicio vamos a realizar, a modo de introducción, una comparativa de los distintos sistemas operativos, sus diferencias, versiones, etc.

1. Abre en el CD virtual el ejercicio **P2_E2_ssoo.doc**.
2. En la primera columna de la tabla encontrarás los nombres de distintos sistemas operativos. Busca en Internet información suficiente para completar las demás columnas. Pueden serte útiles las siguientes páginas web:
   - *es.wikipedia.org/wiki/Portal:Linux*
   - *www.microsoft.com/es/esdefaul.aspx*
   - *www.android.com/intl/es_es/history*
3. Guarda el archivo como **P2_E2_nombreapellido.doc**.

Ejercicio 3. Identificar las particiones y las unidades de un disco

1. Abre en el CD virtual el archivo **P2_E3_particiones.doc**. Este documento muestra tres figuras con distintas distribuciones de particiones de discos duros. Responde las preguntas que se formulan posteriormente y guarda el documento como **P2_E3_nombreapellido**.
2. Pulsa el botón derecho del ratón sobre el icono **Mi PC** o **Equipo** y elige la opción **Administrar**. En la ventana que aparece, selecciona **Administración de discos**. Esta es la herramienta que posee Windows para ver y gestionar las unidades físicas y lógicas de tu equipo. Describe en la segunda parte del documento **P2_E3_nombreapellido** el tipo de unidades encontradas y sus correspondientes sistemas de archivo.

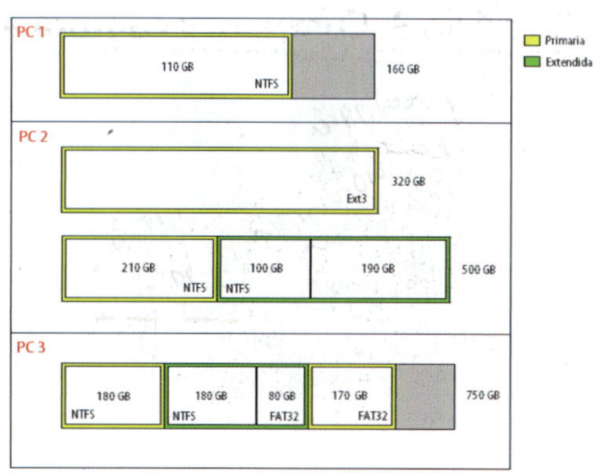

Práctica 3. El panel de control

Ejercicio 1. Instalar y desinstalar programas

La herramienta del panel de control **Programas y características** (**Agregar o quitar programas**, en Windows XP) muestra todos los programas que se han instalado en el equipo. Sin embargo, el método para instalar una aplicación consiste en ejecutar su programa de instalación. Por ejemplo, si queremos instalar el navegador **Firefox** seguiremos estos pasos:

1. Entra en Google (*www.google.es*) y teclea "descargar firefox" en el cuadro de búsqueda.
2. Haz clic en el primer enlace encontrado, que corresponde al sitio oficial de descarga (*www.mozilla-europe.org*), y después haz clic en **Descarga gratuita**.
3. Si tu navegador bloquea la ejecución de la descarga, pulsa sobre la etiqueta emergente que señala esa protección y elige la opción **Descargar archivo**. Cuando aparezca el cuadro para ejecutar la instalación, pulsa el botón **Ejecutar** y espera a que se produzca la descarga y comience la instalación.
4. Sigue los pasos del asistente de instalación y al final comprueba que este programa ya se muestra en **Inicio / Todos los programas**. Ejecútalo para comprobar su funcionamiento.
5. Regresa a **Programas y características**, en el panel de control. Localiza la instalación de **Mozilla Firefox** y pulsa **Quitar** para desinstalar este programa.

Enlace de descarga de Firefox.

En general, la instalación de un determinado programa se produce cuando se ejecuta un archivo con nombre Setup, Instalar, Install o similar.

Ejercicio 2. Programar y restaurar copias de seguridad

Windows dispone de una utilidad para planificar la realización de copias de seguridad.

Hay diferencias en la forma de crear y restaurar copias de seguridad entre las distintas versiones de Windows. En cualquier caso, debes tener presentes estos tres aspectos fundamentales:

- Determinar qué se quiere respaldar: documentos, configuraciones o incluso todo el sistema.
- Especificar el soporte o destino de la copia: en función del tamaño de los datos a respaldar, deberás escoger el soporte más apropiado.
- Elegir la planificación o periodicidad de la copia.

1. En Windows XP, accede a **Inicio / Todos los programas / Accesorios / Herramientas del sistema / Copia de seguridad**. (En Windows Vista y Windows 7, esta opción se encuentra en el grupo de programas denominado **Mantenimiento**.)
2. Sigue los pasos del asistente para planificar una copia de seguridad de una carpeta cualquiera dentro de **Mis documentos** para que se guarde en un disco USB externo todos los viernes a las 15.00 horas.
3. Puedes cambiar la fecha y la hora de tu PC temporalmente para comprobar su funcionamiento o acceder al **programador de tareas del sistema** para forzar su ejecución. Después elimina la carpeta que has seleccionado para hacer la copia de seguridad y vuelve a restaurarla ejecutando nuevamente la utilidad de copia de seguridad y restauración.

Tipos de copias de seguridad programadas:

- **Total.** Es una copia completa de todos los datos seleccionados.
- **Diferencial.** Se copian únicamente los datos nuevos o modificados desde la última ejecución de una copia total.
- **Incremental.** Se copian sólo los datos nuevos o modificados desde la última ejecución de una copia total o una copia diferencial.

Práctica 4. Ámbito de las instalaciones de voz y datos

Ejercicio 1. Identificar el ámbito y la propiedad de las redes

1. Abre en el CD virtual el archivo **P4_E1_ambitoredes.doc** y estudia las características de las redes que se describen en la tabla.
2. Completa la columna correspondiente al ámbito escribiendo "LAN", "MAN" o "WAN" según la extensión que abarca cada ejemplo de red propuesto. Escribe "Privada", "Pública" o "VPN" en la columna sobre su propiedad, según corresponda.
3. Encuentra información sobre los conceptos de redes PAN y CAN y haz una breve descripción de ellas en los apartados correspondientes, al final del documento.
4. Guarda el documento como **P4_E1_nombreapellido**.

Ejercicio 2. Instalaciones de voz y datos

Busca información en Internet sobre las instalaciones de cableado estructurado (voz y datos). A continuación, abre en la unidad 1 del CD virtual el archivo **P4_E2_cableadoestructurado.doc** e identifica cada uno de los elementos, que están señalados mediante una letra en la siguiente ilustración.

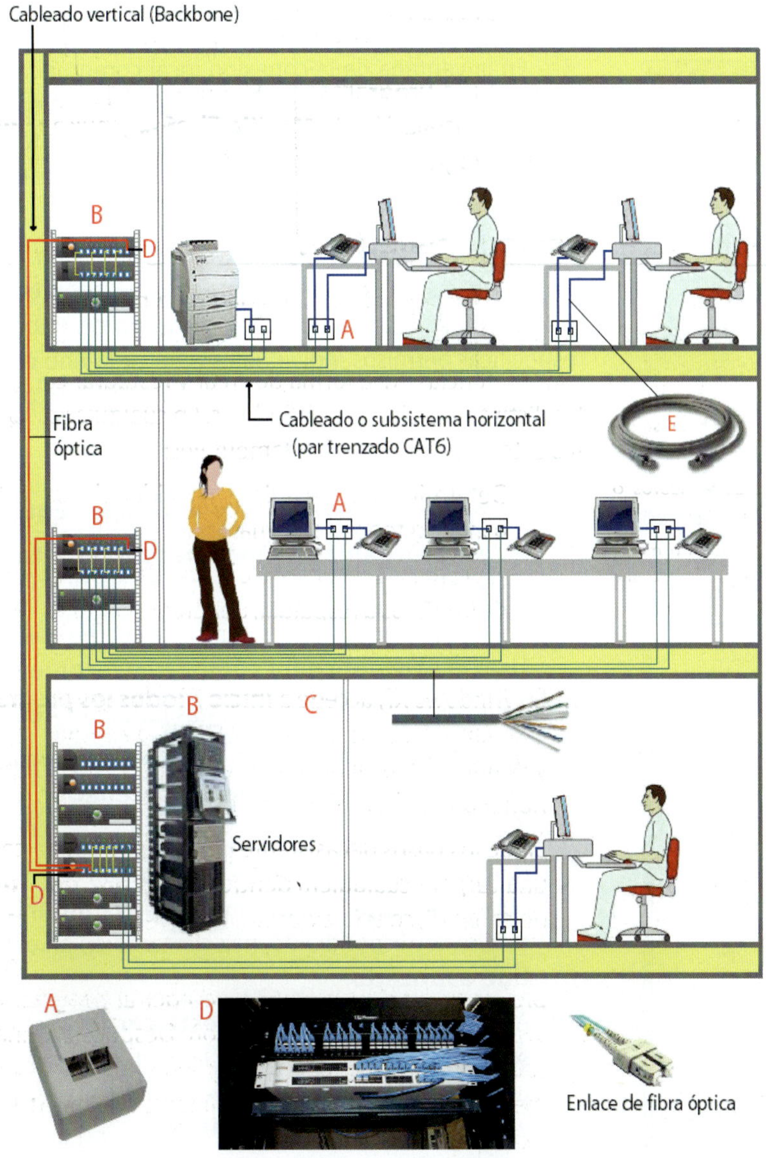

El **cableado estructurado** es la forma en que se organizan o estructuran los cables que sirven de soporte para las comunicaciones (voz y datos) de una red de área local, teniendo presentes las necesidades del momento y las posibles ampliaciones.

Cuando se decide instalar una red en todo un edificio, interconectando sus plantas, se obtienen **topologías híbridas**. Por ejemplo, la disposición dentro de cada planta suele ser en estrella (**subsistema horizontal**) y la conexión de las redes de cada planta se suele realizar con uno o varios cables que forman un bus que recorre el edificio de arriba abajo (**subsistema vertical**). Este cableado vertical recibe el nombre de **backbone**.

Práctica 5. Compartir recursos en Windows: carpetas e impresoras

Ejercicio 1. Compartir carpetas

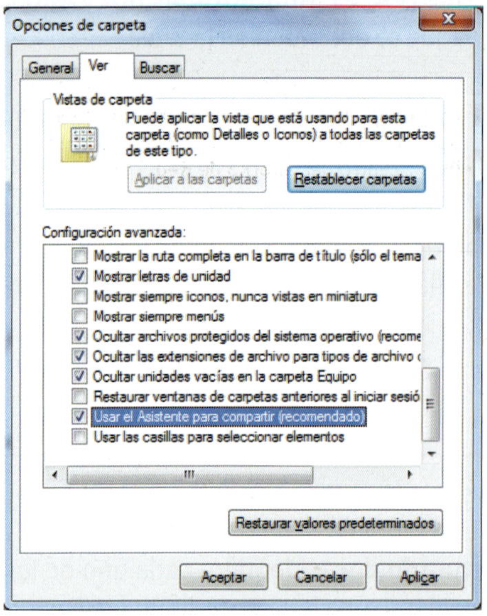

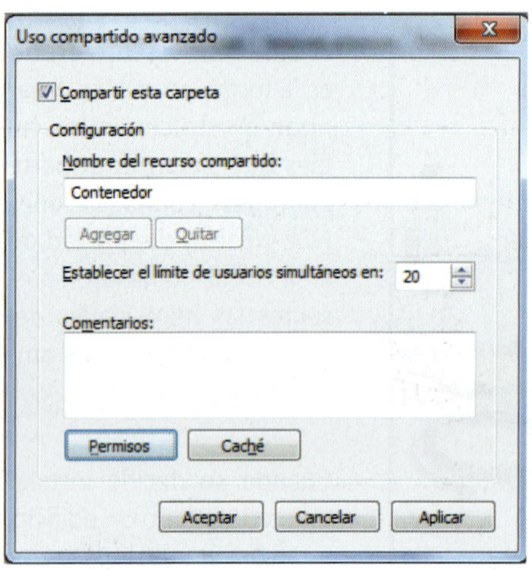

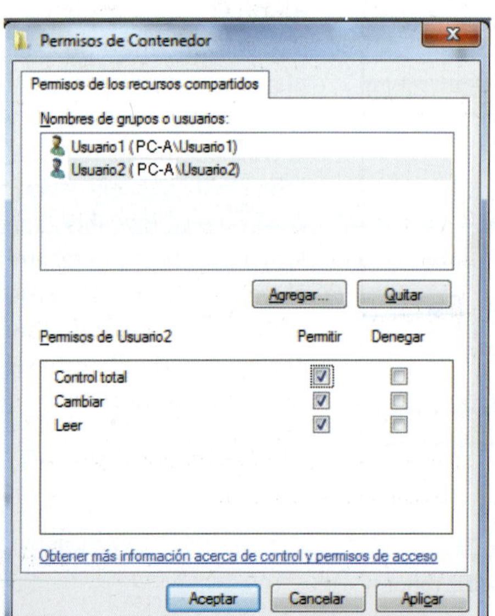

Los recursos que se pueden compartir en las redes son principalmente las carpetas y las impresoras. Como es lógico, también se pueden compartir ciertos programas y bases de datos, pero en este caso es el fabricante de cada programa el que establece cuál es el procedimiento adecuado y qué tipo de instalaciones deben realizarse para que ese software trabaje en red.

Vamos a compartir en un ordenador una carpeta y a configurar el acceso a ella desde otro. Podéis hacer este ejercicio por parejas de ordenadores. Llamaremos **PC-A** al ordenador que comparte y **PC-B** al ordenador que accede.

El uso compartido de archivos y carpetas es un servicio que por defecto ya viene activado en Windows. Para comprobar que estas configuraciones están activas tenemos que seguir estos pasos:

1. Ve a **Inicio** / **Panel de control** / **Redes e Internet** / **Centro de redes y recursos compartidos**.
2. Haz clic con el botón derecho del ratón sobre el enlace **Conexión de área local** y elige **Propiedades**.
3. En la ventana de la conexión local comprueba que está instalado el servicio **Compartir impresoras y archivos para redes Microsoft**. Si no es así, este servicio se puede instalar pulsando el botón **Instalar** (aunque Windows lo suele instalar automáticamente cuando se agrega un adaptador de red).

Por defecto, el sistema Windows establece una forma simplificada de compartir carpetas, que consiste en que acceden a una carpeta compartida todos los miembros de un grupo de trabajo, sin posibilidad de especificar permisos individuales para cada uno ellos. Tampoco permite establecer los permisos de otros usuarios que no pertenecen al grupo. Es recomendable desactivar esta opción para poder definir los permisos de una forma más completa.

4. Cierra las ventanas abiertas y ve a **Inicio** / **Equipo**.
5. Accede a **Organizar** / **Opciones de carpeta y búsqueda** y escoge la solapa **Ver**.
6. Comprueba en las opciones de este cuadro que está activada la casilla **Usar el asistente para compartir (recomendado)** y desactívala.
7. Cierra el cuadro de herramientas pulsando **Aceptar**.
8. Mediante el explorador de Windows, crea una nueva carpeta en el disco duro del PC-A y llámala **Contenedor**. Genera dentro de ella dos archivos.
9. Haz clic con el botón derecho del ratón sobre esta carpeta, elige la opción **Compartir con** y luego **Uso compartido avanzado**. En el cuadro correspondiente, haz clic también en el botón **Uso compartido avanzado**.
10. Activa la casilla **Compartir esta carpeta** y pulsa el botón **Permisos**, con el que accederás a la ventana donde puedes elegir a qué usuarios quieres dar permisos. Primero haz clic sobre el grupo **Todos** y pulsa después el botón **Quitar**.

11. Después haz clic en **Agregar**, escribe el nombre "**Usuario1**" y pulsa **Aceptar**. Para este usuario, activa todos los permisos (control total, cambiar y leer).
12. Agrega también a **Usuario2**. Pero para este usuario activa sólo el permiso de lectura. Finalmente, pulsa **Aceptar**. 1
13. En el PC-B, inicia sesión como **Usuario1** y entra en el explorador de Windows.
14. Despliega en el árbol de carpetas (parte izquierda) el icono **Red**. A su vez despliega el nombre del ordenador que comparte la carpeta (**PC-A**).
15. Dentro de **PC-A** aparece el recurso **Contenedor**. Ahora puedes acceder a los ficheros creados en esta carpeta. Podrás modificarlos y cambiarles el nombre, así como añadir nuevos archivos.
16. Cierra la sesión de **Usuario1** en el PC-B y abre en este mismo ordenador la sesión de **Usuario2**.
17. Accede otra vez a la carpeta compartida del **PC-A**. Ahora comprueba que sólo puedes abrir los ficheros, pero no alterarlos o borrarlos, puesto que a **Usuario2** le hemos restringido los permisos.

La carpeta compartida **Contenedor** se muestra como un elemento dependiente del equipo **PC-A**, dentro del entorno de **Red**.

Ejercicio 2. Compartir una impresora

1. En el PC-A, accede a **Inicio** / **Dispositivos e impresoras**.
2. Haz clic con el botón derecho del ratón sobre el icono de la impresora de este ordenador y escoge la opción **Propiedades de la impresora**.
3. En el cuadro siguiente, escoge la ficha **Compartir**, activa la casilla **Compartir esta impresora** y escribe como nombre para compartir "**Imp_com**". Por defecto se propone el nombre completo. Después pulsa **Aceptar**.
4. En el PC-B, inicia sesión como **Usuario1**, ya que tiene todos los permisos.
5. En este ordenador, accede a **Inicio** / **Dispositivos e impresoras**. Ahora vamos a instalar en él la impresora que el PC-A comparte.
6. Pulsa el botón **Agregar una impresora** (lo encontrarás en la barra de comandos de la parte superior de la ventana) y a continuación escoge la opción **Agregar una impresora de red, inalámbrica o Bluetooth**.
7. Windows encontrará en la red la impresora compartida del PC-A. Automáticamente estará seleccionada. Pulsa **Siguiente**.
8. En la siguiente pantalla del asistente pulsa **Siguiente** para aceptar el nombre propuesto, que es el mismo que tiene la impresora en el equipo al que está conectada.
9. En el último paso, puedes imprimir una página de prueba. Pulsa **Finalizar**.

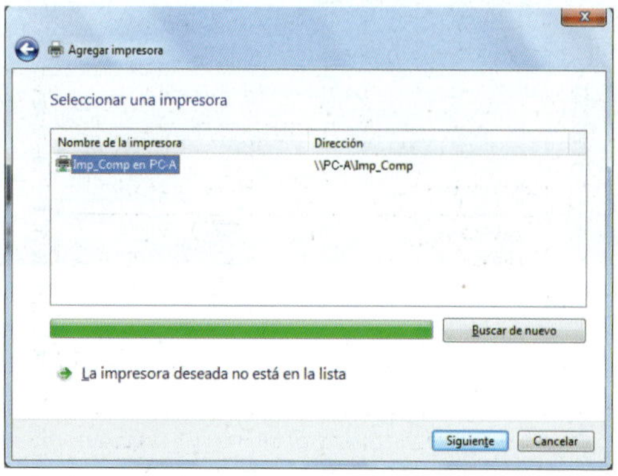

Práctica 6. Visualizar nuestros datos de red

Ejercicio 1. Comando ipconfig

```
C:\Users\Arturo>ipconfig
Configuración IP de Windows
Adaptador de Ethernet Conexión de área local:

   Sufijo DNS específico para la conexión. . : Home
   Vínculo: dirección IPv6 local. . . : fe47::176d:9ab2:1d2a:471f%10
   Dirección IPv4. . . . . . . . . . . . . . : 192.168.1.65
   Máscara de subred . . . . . . . . . . . . : 255.255.255.0
   Puerta de enlace predeterminada . . . . . : 192.168.1.1
```

El comando **ipconfig** nos permite conocer toda la información y los datos de configuración del equipo para el protocolo TCP/IP. Para utilizarla debemos abrir la consola de comandos CMD o intérprete de comandos.

1. Abre la consola yendo a **Todos los programas** / **Accesorios** / **Símbolo de sistema**, o bien en **Inicio** ve a **Ejecutar**, escribe "CMD" (sin comillas) y pulsa **Intro**.
2. Escribe el comando **ipconfig** y pulsa **Intro**. Completa la primera tabla que encontrarás en el archivo **P6_E1_ipconfig.docx** del CD virtual.
3. Ahora escribe **ipconfig/all** y pulsa **Intro** para que te devuelva la configuración avanzada. Completa la segunda tabla del mismo archivo.
4. Guarda el archivo como **P6_E1_nombreapellido.docx**.

Ejercicio 2. Comando ping

```
C:\Users\Arturo>ping www.museoreinasofia.es
Haciendo ping a www.museoreinasofia.es [212.166.69.5] con
Respuesta desde 212.166.69.5: bytes=32 tiempo=32ms TTL=52
Respuesta desde 212.166.69.5: bytes=32 tiempo=32ms TTL=52
Respuesta desde 212.166.69.5: bytes=32 tiempo=32ms TTL=52
Respuesta desde 212.166.69.5: bytes=32 tiempo=32ms TTL=52

Estadísticas de ping para 212.166.69.5:
    Paquetes: enviados = 4, recibidos = 4, perdidos = 0
    (0% perdidos),
Tiempos aproximados de ida y vuelta en milisegundos:
    Mínimo = 32ms, Máximo = 32ms, Media = 32ms
```

Los equipos se identifican con la dirección IP. En algunos casos utilizan nombres de dominio (por ejemplo, *www.museoreinasofia.es*). Cuando escribimos la dirección en el navegador, el servidor DNS relaciona cada nombre de dominio con su dirección IP.

Mediante el comando **ping** lanzamos unos paquetes de comprobación a la dirección IP indicada y, si está disponible, el tiempo de respuesta nos permite comprobar la calidad de las comunicaciones entre nuestro equipo y el ordenador al que lanzamos la IP.

1. Abre la consola de comandos como en el ejercicio anterior.
2. Escribe "ping www.museoreinasofia.es" y pulsa **Intro**.
3. Abre el documento **P6_E2_ping.docx** y contesta a las preguntas sobre el tiempo de comunicación.
4. Después vamos a comprobar cómo el servidor DNS asocia a cada nombre de dominio una dirección IP y además vamos a ver el tiempo que tardamos en comunicarnos con dicha dirección IP. Para ello haz un ping a las siguientes direcciones y anota las IP y el tiempo medio de respuesta. En la segunda hoja del documento encontrarás dicha tabla, complétala.
5. Guarda el archivo como **P6_E2_nombreapellido.docx**.

Ejercicio 3. Comando tracert

```
C:\Users\Arturo>tracert www.museoreinasofia.es
Traza a la dirección www.museoreinasofia.es [212.166.69.5]
sobre un máximo de 30 saltos:

  1     1 ms    <1 ms    <1 ms  homestation.Home [192.168.1.1]
  2    31 ms    31 ms    31 ms  101.red-80-58-67.staticip.rima-td
  3    32 ms    31 ms    32 ms  173.red-80-58-88.staticip.rima-td
  4    33 ms    35 ms    35 ms  86.red-81-46-8.customer.static.cc
  5    34 ms    49 ms    31 ms  et-15-0-0-1-401-grtmadpe3.net.tel
  6    32 ms    32 ms    32 ms  xe5-0-1-0-gramadte1.net.telefonic
  7    32 ms    32 ms    33 ms  4.68.72.1
  8    32 ms    32 ms    31 ms  ae-1-3101.bar1.Madrid2.Level3.net
  9    32 ms    38 ms    35 ms  ae-1-3101.bar1.Madrid2.Level3.net
 10    32 ms    31 ms    32 ms  213.242.113.26
 11    33 ms    32 ms    31 ms  secuoya1.ibercomtelecom.es [212.1
 12    33 ms    32 ms    3  ms  static.5.69.166.212.ibercom.com [

Traza completa.
```

El comando **tracert** envía paquetes y nos muestra la ruta que siguen los paquetes en la red. Cada vez que da un salto quiere decir que el paquete pasa a un equipo distinto, que puede estar en cualquier parte del mundo. En este caso se muestran el servidor, la dirección IP y los tiempos.

1. Abre la consola de comandos como en los ejercicios anteriores.
2. Escribe "tracert www.museoreinasofia.com" y pulsa **Intro**.
3. Si repites el proceso con varias direcciones comprobarás que los primeros saltos se repiten, ya que se refieren a la salida por el router.
4. Abre el documento **P6_E3_tracert.docx** y completa la tabla indicando cuántos saltos se requieren para cada una de las direcciones.
5. Escribe en la última columna las direcciones IP que son comunes a todos los saltos.
6. Guarda el archivo como **P6_E3_nombreapellido.docx**.

Práctica 7. Trabajar con el escritorio GNOME

Ejercicio 1. Crear un lanzador

Los iconos de las aplicaciones o elementos utilizados con mayor frecuencia se llaman **lanzadores** y los podemos situar en el escritorio. A continuación, crearemos un lanzador para el gestor de fotos **Shotwell**, que viene incorporado con el sistema.

1. La forma más sencilla consiste en ir a **Aplicaciones / Gráficos**.
2. Pulsa ahora el botón derecho sobre el programa **Gestor de gráficos Shotwell** y elige la opción **Añadir este lanzador al escritorio**.

Los lanzadores también pueden referirse a ubicaciones de archivos, y no necesariamente a programas. Como ejemplo, crearás un lanzador para acceder directamente a las imágenes guardadas en el ordenador:

3. Haz clic con el botón derecho del ratón sobre el área del escritorio y elige la opción **Crear un lanzador**.
4. En la opción **Tipo**, escoge **Lugar**, y en el nombre del lanzador teclea "Mis imágenes". En la caja de texto **Lugar** debes escribir ahora la siguiente ruta: /home/nombre_usuario/Imágenes. Finalmente, pulsa **Aceptar**.

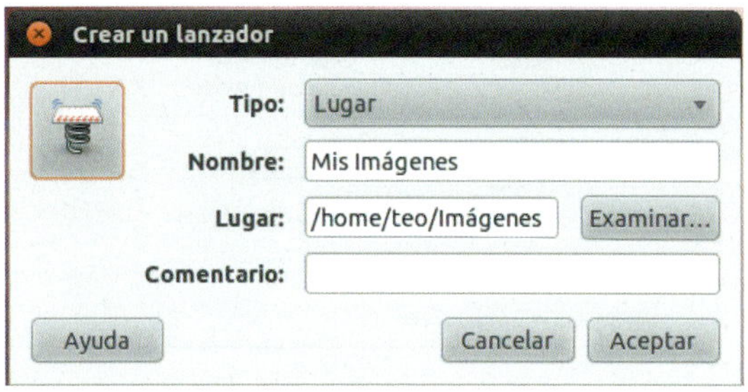

Ten especial cuidado al escribir las rutas de los archivos y aplicaciones porque Linux distingue entre mayúsculas y minúsculas, letras con o sin acento, etc.

Ejercicio 2. Personalizar los paneles y las áreas de trabajo

Los paneles se pueden personalizar fácilmente. Esto permite añadir y quitar objetos para que se adapten a tus preferencias. Por ejemplo, vamos a añadir el lanzador de la aplicación **Impress** de **LibreOffice** al panel superior:

1. Pulsa el botón derecho del ratón sobre un sitio vacío del panel superior y elige la opción **Añadir al panel**.
2. En la ventana correspondiente, escoge el elemento **Lanzador de aplicaciones** y pulsa **Adelante**.
3. A continuación, baja en la lista de aplicaciones hasta el grupo **Oficina** y despliégalo haciendo clic en la flecha que lo precede. Después escoge la aplicación **LibreOffice Presentaciones** y pulsa el botón **Añadir**.
4. Puedes modificar el aspecto de un panel pulsando el botón derecho del ratón sobre un sitio libre de dicho panel y eligiendo **Propiedades**. Practica con las distintas opciones que encontrarás en esa ventana.
5. De la misma forma podemos proceder para crear un panel nuevo o para eliminar un panel. Los nuevos paneles que generes se situarán en alguno de los lados del escritorio que todavía se encuentren vacíos. Después podrás moverlos a otra zona de la pantalla arrastrándolos con el ratón.

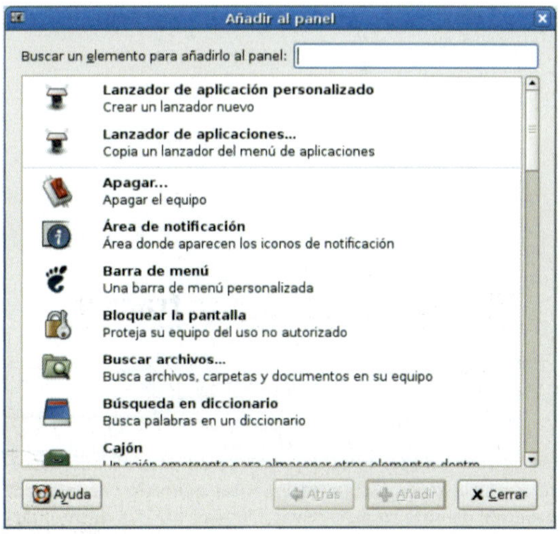

Las **áreas de trabajo** son un recurso de GNOME muy útil cuando el panel inferior se llena de aplicaciones minimizadas. Puedes encontrarlas en la esquina inferior derecha (por defecto, hay cuatro) y en sí representan cuatro escritorios distintos. Puedes practicar abriendo distintos programas, situándote antes en un área distinta cada vez. Para cambiar los nombres y el número de áreas de trabajo, accede a la opción **Preferencias** pulsando con el botón derecho del ratón sobre los cuadros selectores.

Práctica 8. Trabajar con la información en Linux

Las diferentes distribuciones de Linux poseen distintos programas para administrar la información del ordenador. En concreto, dentro del escritorio GNOME tenemos la aplicación **Navegador de archivos (Nautilus)**, que está en **Aplicaciones / Herramientas del sistema**. En Ubuntu lo puedes encontrar bajo el nombre de **Equipo**, dentro del menú **Lugares**. Otro programa presente en la mayoría de las distribuciones para este propósito es **Konqueror**. Todos suelen ser equivalentes al explorador de Windows.

Como ya has estudiado anteriormente, la forma en que Linux estructura la información del disco duro es distinta a la de Windows. Todo el sistema de archivos tiene un origen único: la raíz (*root*) representada por el símbolo **/** (a este directorio raíz no se le asigna letra). Recuerda que el camino (*path*) de un fichero o directorio en Linux se escribe con el símbolo de barra inclinada a la derecha (/) para separar cada nivel.

Especial atención merece el directorio **home**, que es donde cada usuario del sistema almacena sus ficheros. Por ejemplo, un ejemplo de ruta de un archivo de usuario sería */home/Sonia/resumen.txt*.

Ejercicio 1. Manejar archivos y carpetas

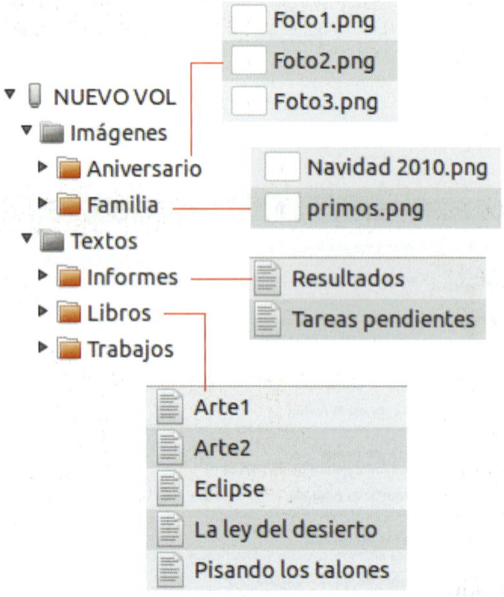

Para poder acceder a los archivos de un determinado soporte extraíble tenemos que realizar una operación denominada **montaje** del sistema de archivos. Después hay que **desmontarlo** si queremos desconectarlo adecuadamente.

Vamos a crear la estructura de archivos y directorios que se muestra en la figura dentro de una memoria USB extraíble.

1. Inserta la memoria USB en tu ordenador y accede al **navegador de archivos** (por ejemplo, mediante **Lugares / Equipo**, si utilizas Ubuntu). En la parte izquierda de la aplicación se mostrará el dispositivo con el nombre identificativo que le hayas dado o, por ejemplo, con el identificador **NUEVO VOL**. Accede a esta ubicación.
2. Para crear la carpeta **Imágenes**, accede al menú **Archivo** y escoge la opción **Crear una carpeta**. Escribe "Imágenes" y pulsa **Intro**. Procede de la misma forma para crear el resto de las carpetas, hasta completar el árbol de la figura. Para apreciar mejor la estructura de carpetas, haz clic en el botón **Lugares** del panel lateral y escoge la opción **Árbol**.
3. Para crear los archivos de texto, utiliza alguno de los procesadores de texto que tengas instalados o elige la opción **Archivo / Crear un documento / Archivo vacío**, que genera un documento al que tienes que asignar un nombre. La aplicación asociada para abrir archivos de texto es por defecto **Gedit**. Para crear los archivos de imágenes, puedes usar el programa **KolourPaint** o cualquier otro que tengas en tu ordenador.
4. Una vez terminado el árbol de archivos y directorios, mueve los archivos **Arte1** y **Arte2** de la carpeta **Libros** a la carpeta **Trabajos**. Puedes utilizar las mismas técnicas de selección y copia de archivos que en Windows.
5. Cambia el nombre del archivo **Foto1** que se encuentra en la carpeta **Aniversario**, de modo que ahora se llame **Cumpleaños**. Utiliza para ello el botón derecho del ratón.
6. Elimina los archivos **Foto2** y **Foto3** con una sola acción, mediante la opción **Mover a la papelera**.
7. Extrae el dispositivo de memoria USB pulsando el botón derecho sobre su icono y ejecutando la opción **Extraer unidad de forma segura**.

Amplía 1. Desmonta tu equipo e identifica sus partes

Necesitarás las siguientes herramientas: destornillador de estrella, cuaderno y bolígrafo (para tomar nota del orden y la ubicación de las piezas).

1. Antes de desmontar cualquier pieza dibújala en tu cuaderno y haz las anotaciones necesarias sobre su ubicación, la forma de colocarla, etc., para después poder ponerla de nuevo en su sitio.
2. Ve desmontando cada una de las partes del ordenador.
3. Elabora una tabla donde anotes: en la primera columna, el nombre de la pieza (modelo y versión); en la segunda, el tipo de conector (si lo tiene); en la tercera, dónde se conecta; y en la última, un pequeño dibujo de la pieza. Guarda el documento como **A1_nombreapellido**.
4. Vuelve a montar el ordenador y comprueba que funciona.

Amplía 2. El comando netstat

El comando **netstat** muestra un listado de las conexiones activas del ordenador (tanto entrantes como salientes) que nos permite saber su origen (dirección IP). Además, podemos detectar las conexiones entrantes y las intrusiones de red en nuestro sistema.

1. Abre la consola de comandos y escribe "netstat". En la respuesta se nos muestra la dirección IP seguida de dos puntos y el número de puerto. El puerto es un número que indica la aplicación o protocolo que se está utilizando (por ejemplo, el 80 es protocolo http de páginas web).
2. Escribe en un documento en blanco los puertos que están abiertos (*listening*) y los que están conectados (*established*).
3. Guarda el documento como **A2_nombreapellido**.

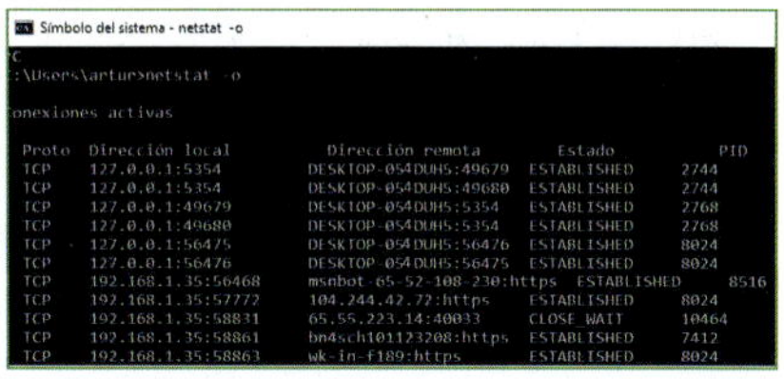

Amplía 3. Usar la versión Live DVD de MAX (Madrid Linux)

MAX es una distribución Linux promovida por la Consejería de Educación de la Comunidad de Madrid para su utilización en centros educativos de Primaria y Secundaria.

MAX tiene las aplicaciones de software libre necesarias para impartir los contenidos de informática incorporados en el currículo de la enseñanza no universitaria.

Existe una versión llamada Live DVD que se graba en una unidad extraíble y puede ejecutarse temporalmente cada vez que se arranca el ordenador sin necesidad de instalar nada en el disco duro.

Entra en *external.educa2.madrid.org/web/max/descargas*, descarga una versión portable y pruébala.

Amplía 4. Crear usuarios en Windows

Para crear un usuario en Windows:

1. Accede al panel de control y elige la opción **Cuentas de usuario** (Windows XP) o **Agregar o quitar cuentas de usuario** (Windows 7).
2. Elige la opción **Crear una cuenta nueva**.
3. Crea una cuenta de **administrador** con la contraseña **tomate** y dos cuentas de **usuario1** y **usuario2** con las contraseñas **lechuga** y **cebolla**, respectivamente. Prueba a cerrar sesión y entrar desde todas las cuentas.

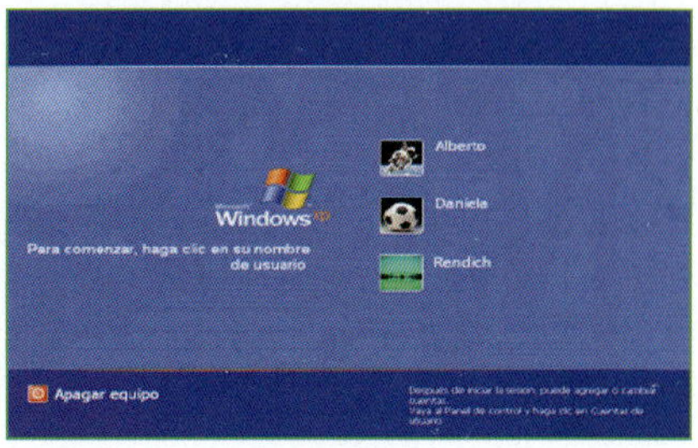

RESUMEN DE LA UNIDAD

- Los **componentes internos** de un ordenador son:
  - **Placa base**. Es una placa de circuito impreso sobre la que se insertan otros componentes del ordenador.
  - **Microprocesador**. Realiza todas las operaciones de cálculo y controla el resto de los dispositivos.
  - **Memorias**. Hay varios tipos: RAM, caché, ROM...
  - **Tarjeta gráfica**. Transmite la información a la pantalla.
  - **Unidades de almacenamiento**. Sirven para guardar información. El disco duro es la más importante.
  - **Fuente de alimentación**. Suministra alimentación eléctrica al resto de los componentes.
  - Los **dispositivos móviles** tienen una serie de condicionantes que hacen que su hardware y su software no sean iguales que en los ordenadores: procesador con menor capacidad, sensores incorporados, necesidad de conectividad, pantalla de menor tamaño y táctil, necesidad de un bajo consumo de energía...
- Una **red informática** es un conjunto de ordenadores y dispositivos conectados entre sí con el propósito de compartir información y recursos: discos duros, impresoras, etc.
- El **protocolo** (sistema común de reglas) más utilizado hoy en día en las redes informáticas es el TCP/IP, que es propio de la red Internet.
- Las redes se pueden **clasificar** atendiendo a distintas categorías:

Por **extensión**	Redes de área local (LAN, *local area network*) y redes WLAN (*wireless LAN*) Redes de área metropolitana (MAN, *metropolitan area network*) Redes de área extensa (WAN, *wide area network*)
Por **propiedad**	Redes públicas Redes privadas Redes privadas virtuales (VPN)
Por **método de conexión**	Por medios guiados (alámbricas) Por medios no guiados (inalámbricas)
Por **relación funcional**	Redes cliente-servidor Redes punto a punto
Por **topología**	Topología en bus Topología en anillo Topología en estrella

- Elementos típicos de una **red LAN** son:
  - Un **conmutador** (o **switch**): dispositivo que centraliza el cableado de una red en estrella y constituye su nodo central.
  - Un **repetidor**: dispositivo hardware encargado de amplificar o regenerar la señal de transmisión.
  - Un **router** (o **enrutador**): dispositivo hardware o software de interconexión de redes de computadoras.
- La **ventana de comandos** (o **ventana de MS-DOS**) permite saber rápidamente la configuración de red de un ordenador (IP, máscara de subred, puerta de enlace, DNS). Para ello usamos el comando **ipconfig**. Para comprobar la red, utilizamos el comando **ping**.

EN LA RED: ENLACES DE INTERÉS

www.euskalnet.net/apetxebari/topologias.htm
Trabajo centrado en el hardware y en las topologías de las redes.

www.uv.es/~montanan
Cursos sobre redes de Rogelio Montañana, analista del Servicio de Informática de la Universidad de Valencia.

www.educa2.madrid.org/web/albor La comunidad virtual ALBOR (Acceso Libre de Barreras al Ordenador) da soluciones y ayuda técnica para el acceso al ordenador a las personas con discapacidad.

isa.uniovi.es/docencia/SIGC Estupenda web del Departamento de Sistemas Informáticos de Gestión y Control de la Universidad de Oviedo, con multitud de materiales.

ACTIVIDADES DE REFUERZO

Después de estudiar el tema, realiza en tu cuaderno los siguientes ejercicios:

1. ✦ Explica brevemente cuál es la función de cada uno de los siguientes componentes internos del ordenador: disco duro, tarjeta de memoria RAM, tarjeta de expansión, microprocesador.
2. ✦✦ Dibuja la parte trasera de la CPU de un ordenador e identifica los puertos que conoces.
3. ✦✦ Explica qué diferencia hay entre los conectores ATX, IDE y SATA.
4. ✦✦ ¿Qué se conecta en las ranuras de expansión y qué en las ranuras de la RAM?
5. ✦ Indica qué elemento conectarías en cada una de las siguientes conexiones de la placa base: zócalo, ranura de memoria, ranura AGP, ranura PCI.
6. ✦ ¿En qué se diferencia una memoria de un dispositivo de almacenamiento?
7. ✦ Explica qué es una red informática. Enumera las redes informáticas que utilizas en tu vida cotidiana.
8. ✦ Explica las diferentes áreas de alcance de una red LAN, una MAN y una WAN. Pon un ejemplo de cada una.
9. ✦ Haz un esquema que represente la conexión en los siguientes tipos de redes: en bus, en anillo y en estrella.
10. ✦ ¿Qué es un cable de par trenzado? ¿Y un conector RJ45?
11. ✦✦ ¿Qué elementos se necesitan como mínimo para montar una red LAN?
12. ✦✦ Explica qué son la puerta de enlace y el DNS.
13. ✦✦ Documenta la red informática de tu aula de ordenadores, recogiendo en una tabla la configuración de todos los ordenadores (IP, máscara de subred, puerta de enlace, DNS). Para ello, accede al menú de configuración de tu red local. También puedes usar capturas de pantalla. Recoge también el grupo de trabajo al que pertenece y las carpetas e impresoras compartidas.
14. ✦✦ Explica los comandos de MS-DOS **ping e ipconfig**. Abre la ventana de comandos y escribe el comando **ipconfig/all**. ¿Qué diferencia observas con respecto al comando **ipconfig**?

ACTIVIDADES EN INTERNET

Comprar y montar ordenadores

1. Abre un procesador de texto y crea un documento nuevo en blanco. Busca en Internet información sobre **precios de ordenadores**. Elige dos ordenadores que puedan ser comparables (ambos portátiles o ambos de sobremesa) pero con precios muy dispares. Confecciona una tabla en la que compares las prestaciones de ambos. Explica la razón, según tu opinión y con argumentos técnicos, de la disparidad de precios.
2. Luego entra en alguna web que te permita **confeccionar tu propio ordenador** por piezas (por ejemplo, en la página web *www.pccomponentes.com/configurador.php*). Ve descargando imágenes de las piezas que necesitas y pégalas en el documento de texto.
3. A continuación, en una hoja de cálculo, escribe el nombre de cada uno de los componentes y su precio individual y calcula el precio total.
4. Guarda ambos archivos como **Internet1_nombreapellido**.

Buscar y descargar objetos para SketchUp

1. Abre SketchUp y ve a **Ayuda / Comunidad de usuarios**. Se abrirá una página en tu navegador (si tu versión de SketchUp no tiene esta opción, o no lo tienes instalado, entra directamente en *3dwarehouse.sketchup.com*).
2. En la caja de búsqueda escribe "placa base". Explora las opciones diseñadas en SketchUp por otros usuarios y descarga el modelo que te parezca más completo.
3. Puedes completar el dibujo de la placa base con una carcasa o con componentes que se te ocurran, o descargarte otros modelos, hasta completar tu dibujo de un ordenador.
4. Guarda el archivo como **Internet2_nombreapellido.skp**.

2 Software ofimático

1. Organización, diseño y producción de información digital

En la sociedad hiperconectada en que vivimos, podemos crear fácilmente documentos con el teléfono móvil o la tableta, insertar fotos en ellos y compartirlos al instante con quienes queramos.

Continuamente surgen nuevas aplicaciones que nos permiten crear mejor y más rápidamente esos documentos.

En este tema nos centraremos en conocer el **software ofimático básico de las familias Microsoft y LibreOffice** en cuatro apartados: **procesadores de texto**, **presentaciones**, **hojas de cálculo** y **bases de datos**. Además, dedicaremos la última página de cada apartado a Google Docs, que nos permitirá trabajar online y con varios usuarios a la vez con los programas que hemos comentado.

Cuando tengas un manejo básico de estas herramientas podrás utilizar cualquier otra que encuentres, ya que son todas parecidas.

2. Presentación de trabajos: consejos prácticos X RESUMEN / ESQUEMA

Una de las principales finalidades de esta unidad es la de adquirir un nivel de usuario avanzado con los procesadores de texto, para ser capaz de elaborar todo tipo de trabajos en las mejores condiciones de presentación. Aquí te sugerimos una serie de trucos que sin duda te ayudarán.

1. La portada es fundamental

Es la primera impresión de la persona que recibe el documento. Una portada trabajada es la carta de presentación de un buen trabajo.

- Huye de las portadas básicas que llevas haciendo desde tu infancia.
- Usa fuentes originales y acordes con el tema que presentas. Elige un color y mantenlo en las imágenes, la tipografía y los detalles.
- Juega con imágenes superpuestas o efectos de imagen, algo que sea distinto de lo habitual.
- Intenta que las imágenes sean de calidad (que no se vean pixeladas) y lo más bonitas posibles, dentro del tema del contenido del trabajo.
- Al principio, si no sabes cómo hacerla, fíjate en las portadas que te gusten. Verás cómo poco a poco creas tu propio estilo.

2. No pueden faltar: el índice y la bibliografía/webgrafía

- Trabaja el índice para que tenga un diseño acorde con el resto de la unidad.
- Recuerda que el índice, en los procesadores de texto, se llama *tabla de contenidos* o *índice de contenidos*.
- Recuerda que, si van a valorar tu trabajo, lo primero que mirarán serán el índice (para ver qué contiene) y la bibliografía y/o webgrafía (para valorar la calidad de la búsqueda de información). Así, pues, te conviene cuidarlos ambos.
- El índice y la bibliografía/webgrafía deben estar muy localizables (se espera que estén en la segunda y la última página, respectivamente).

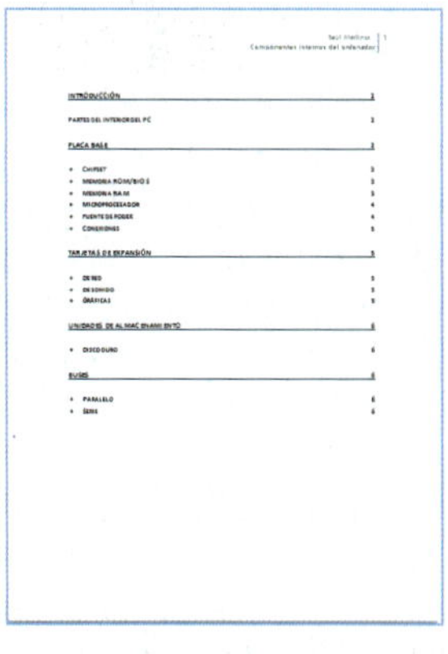

3. Diseña y trabaja el interior

- Si has elegido un color, puedes mantenerlo en los títulos y subtítulos, en las tablas, etc.
- Pon siempre un encabezado con tu nombre y el título del trabajo, en tamaño más pequeño que el texto. Y no olvides los números de página.
- Para colocar texto e imágenes y que todo quede en su sitio, utiliza tablas y luego haz que los bordes queden ocultos.

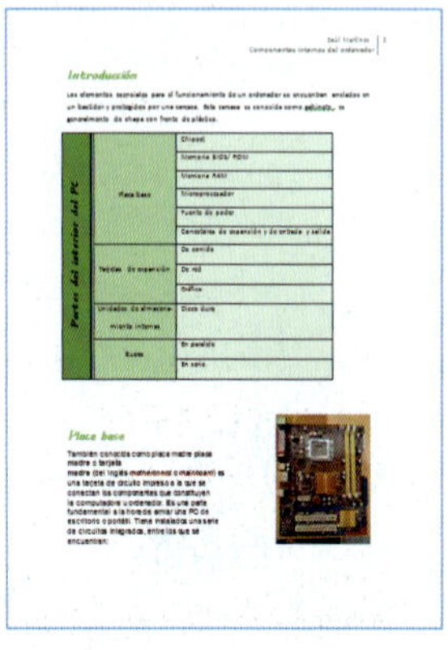

3. Procesadores de texto

LibreOffice
The Document Foundation

Un **procesador de texto** es una aplicación destinada a la creación y el tratamiento de documentos. Los procesadores de texto actuales también nos permiten importar y editar imágenes, hojas de cálculo, bases de datos, etc.

Los más utilizados son Word (Microsoft), Writer (existen dos versiones: LibreOffice y OpenOffice, ambas libres), WordPerfect (Corel), NotePad, WordPad, PDF Writer (Adobe), etc.

En este tema nos centraremos en Microsoft Word y Writer de LibreOffice.

Los procesadores son muy parecidos, en general. La principal diferencia radica en la ubicación de las diferentes opciones en los menús, las barras de herramientas y las combinaciones de teclas. Todos los ejercicios de esta unidad se podrían hacer indistintamente con Word o con Writer.

Entorno de trabajo de Writer

LibreOffice fue creado en el año 2010 como una bifurcación de OpenOffice, al convertirse éste en software con copyright perteneciente a la marca Apache.

En realidad, no existe prácticamente diferencia entre la forma de trabajar de Word y la de Writer de LibreOffice u OpenOffice. Como podemos apreciar en la imagen, la ventana de trabajo es muy similar. Puedes descargar LibreOffice desde la página *es.libreoffice.org*.

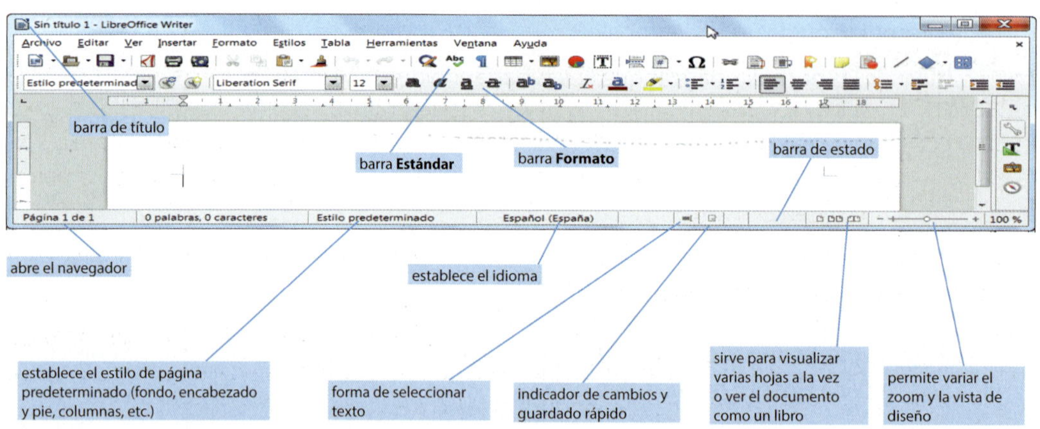

Formatos de los archivos

.docx Extensión utilizada por Microsoft Word a partir de la versión 2007 (las anteriores usaban la extensión **.doc**).

.odt Extensión de los documentos de texto de LibreOffice y OpenOffice.

.rtf Formato de texto universal que permite abrir el documento con cualquier procesador de texto.

Entorno de trabajo de Word

Aquí utilizaremos la versión **2010** de **Office**, aunque también se pueden seguir los ejercicios con Office 2007, 2013 o 2016, al ser una versión muy similar.

La ventana de Word tiene una **cinta de opciones** con **fichas** personalizables; es decir, podemos crear nuestra propia cinta de opciones con los botones que usamos más a menudo en cada ficha. Dentro de cada ficha, las distintas opciones se encuentran organizadas en **grupos** afines.

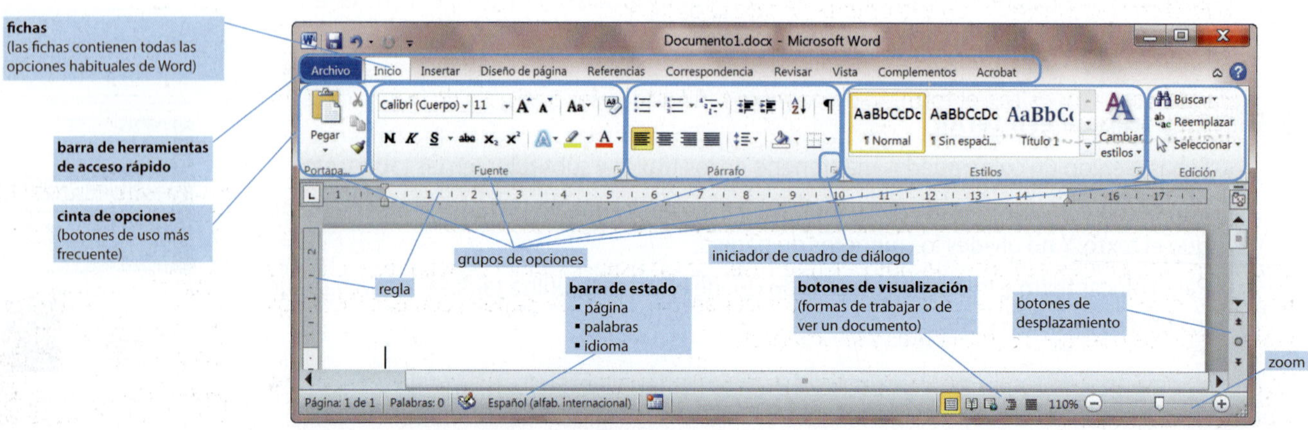

Sangrías

Las sangrías determinan la anchura de los párrafos. Son algo así como los márgenes temporales. Se usan para resaltar párrafos y hacer más fácil su lectura, y están presentes también en los listados con numeración o viñetas.

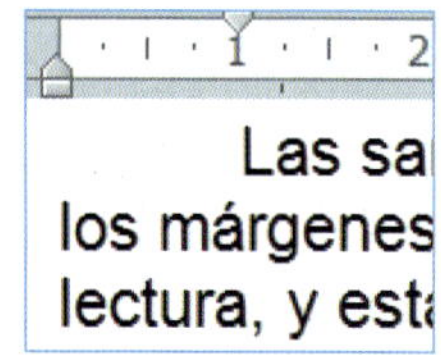
Sangría de primera línea.

Existen cuatro tipos de sangrías:

- **Primera línea**: la primera línea del párrafo comienza en una posición más interior que las demás líneas.
- **Izquierda**: todas las líneas del párrafo comienzan en una posición más interior, desplazadas respecto del margen izquierdo.
- **Derecha**: todas las líneas del párrafo terminan en una posición más interior, avanzada respecto del margen derecho.
- **Sangría francesa**: la primera línea del párrafo comienza en una posición más exterior que las demás líneas.

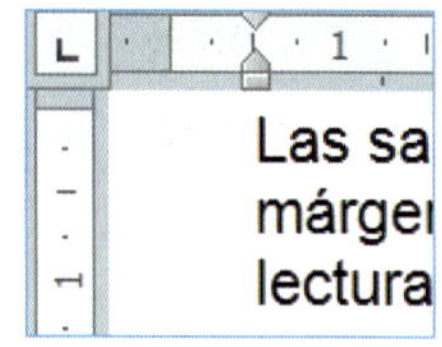
Sangría izquierda.

Se puede sangrar un texto utilizando dos técnicas distintas: desde la regla o desde desde la ficha **Inicio**.

Además, el procesador de texto dispone de dos botones para sangrar automáticamente hasta la siguiente marca de tabulación, ya sea por la izquierda o por la derecha:

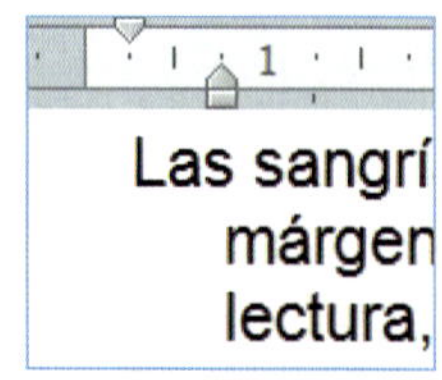
Sangría francesa.

Columnas

Es habitual encontrar en periódicos y revistas el texto distribuido en columnas. En Word, para poder trabajar con ellas de forma cómoda utilizaremos la vista de impresión. Podemos escoger el número de columnas que deseamos y el espacio que dejaremos entre ellas, así como poner una línea divisoria que las separe.

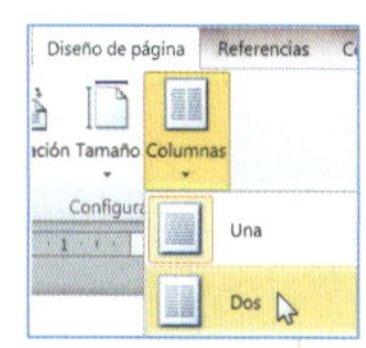

Para activar las columnas seleccionamos en la ficha **Diseño de página** la opción **Columnas** y escogemos el número de columnas deseado.

Podemos escribir el texto, seleccionarlo y crear después las columnas, o bien crear primero las columnas y después ir escribiendo el texto. Siempre que sea posible esta segunda opción, será la más cómoda, para evitar que se desconfigure el resto del texto.

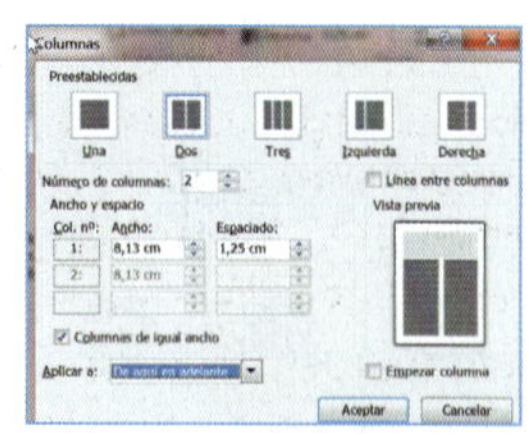

Se pueden aplicar las columnas a todo un documento, a las secciones seleccionadas o al texto que haya situado tras el cursor (**De aquí en adelante**), en la opción **Más columnas**.

Configurar una página

Las opciones más utilizadas a la hora de configurar una página (que aparecen en la ficha **Diseño de página**) son:

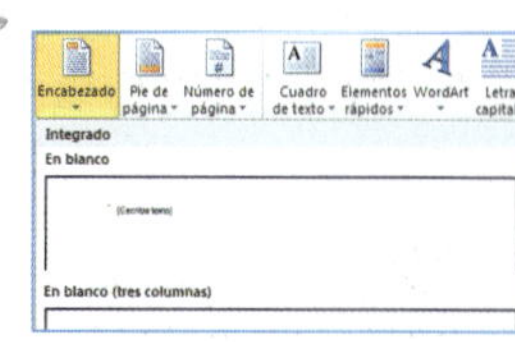

- **Márgenes**: aparecen los márgenes por defecto (superior: 2,5 cm; inferior: 2,5 cm; derecho: 3 cm; izquierdo: 3 cm) y la orientación de la página.
- **Orientación**: vertical u horizontal.
- **Tamaño**: se muestran el formato de papel (A4, A3, etc.) y las opciones de impresión (borrador, doble cara, etc.)
- **Columnas.**
- **Saltos**: nos permite crear saltos de páginas y de sección, y personalizarlos.

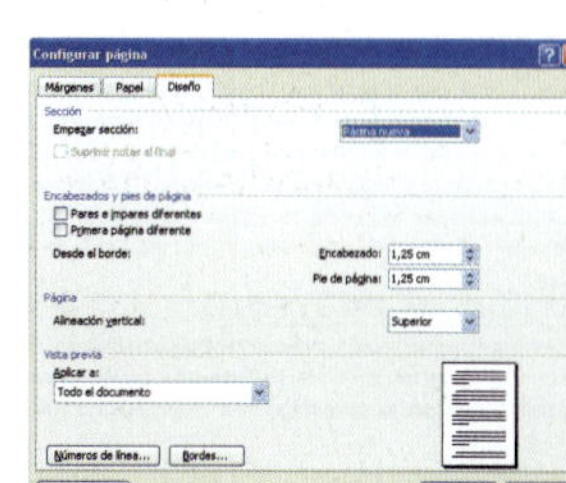

La opción **Márgenes reflejados** nos permite reservar un espacio para la encuadernación de un libro o revista. Se usa en documentos escritos por ambas caras del papel y con encabezados y pies distintos para las páginas pares y las impares.

En la ficha **Insertar** encontramos las opciones para crear un encabezado, crear un pie de página y numerar las páginas.

Práctica 1. Mejorar el aspecto del texto (darle formato)

Fig. 1

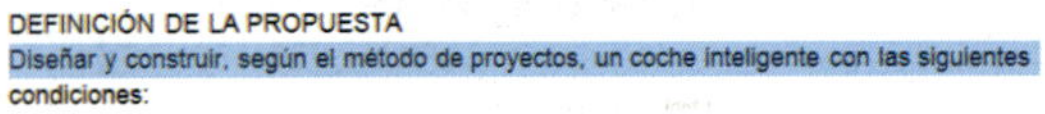

Fig. 2

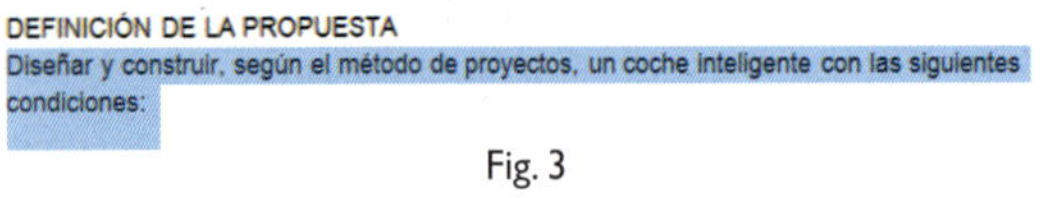

Fig. 3

Abre el programa Word yendo a **Inicio / Todos los programas / Microsoft Office / Word**. (También puedes hacer estas prácticas con Writer de LibreOffice. Los pasos serán muy similares.)

Ejercicio 1. Abrir documentos

1. Para abrir un documento en Word, ve al menú **Archivo** y elige **Abrir**, o bien directamente pulsa el icono de la figura 1.
2. Abre en la unidad 2 del CD virtual el archivo **P1_Proyectocoche.doc**.

Ejercicio 2. Seleccionar texto

1. Para **seleccionar una palabra**, hacemos **doble clic** sobre ella. Sitúate sobre la palabra "Diseñar", en el primer párrafo, y selecciónala así. Otra forma de hacerlo es hacer clic con el cursor al principio de la palabra y arrastrar el puntero hacia la derecha.
2. Para **seleccionar una línea** (figura 2), situamos el puntero en el **margen izquierdo** de la línea y hacemos **un clic** cuando el puntero ha adoptado forma de flecha: .
3. Para **seleccionar un párrafo** (figura 3) podemos seguir dos procedimientos. Uno es hacer **triple clic** sobre cualquier palabra del párrafo. El otro es situar el puntero en el **margen izquierdo** y hacer **doble clic** cuando el puntero se cambie por la flecha.

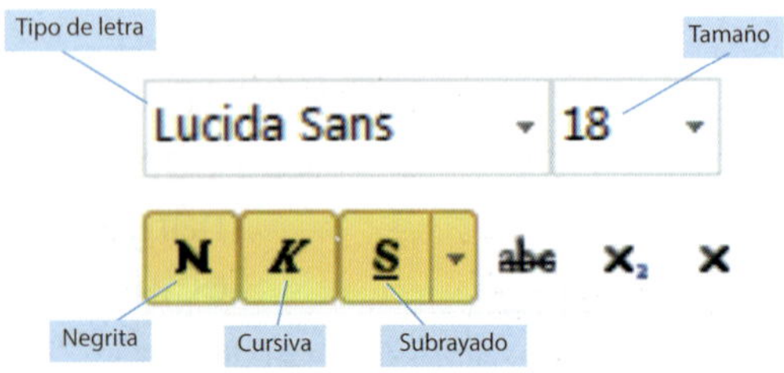

Fig. 4

Ejercicio 3. Cambiar la fuente, el tamaño y el color

Para aplicar los siguientes formatos, deberás seleccionar primero el trozo de texto que sea necesario y después pulsar el icono correspondiente a cada opción de formato (figura 4).

Fig. 5

1. Selecciona el título "PROYECTO TÉCNICO: EL COCHE INTELIGENTE", aplícale el tipo de letra **Lucida Sans**, dale el tamaño **18** y ponlo en **negrita**, **cursiva**, **subrayado** y color de texto **naranja** (figura 5).
2. Centra el texto a lo ancho de la página con el botón **Centrar**.
3. A continuación vamos a dar formato a los subtítulos del documento. Selecciona el subtítulo "OBJETIVOS", aplícale el tipo de letra **Arial**, dale el tamaño **14** y ponlo en **negrita**, **subrayado** y color de texto **verde**. Debe quedar como en la figura 6.
4. Dale el mismo formato al resto de los subtítulos: "DEFINICIÓN DE LA PROPUESTA", "SOLUCIONES POSIBLES" y "SOLUCIÓN PROPUESTA".
5. Para dar formato al resto del texto (los párrafos entre subtítulos), primero debemos seleccionar cada uno de los grupos de párrafos. Para **seleccionar varios párrafos seguidos** podemos hacer clic al principio de la primera palabra y arrastrar el puntero hasta el final del grupo de párrafos; o bien hacer **clic** al principio de la primera palabra, pulsar la tecla **Shift** (mayúsculas) y hacer **clic** al final de la **última palabra**.
6. Selecciona cada uno de los grupos de párrafos, aplícales el tipo de letra **Comic Sans** y dales el tamaño **10**, como en la figura 7.
7. Guarda el archivo con otro nombre. Para ello, ve al menú **Archivo**, elige **Guardar** como y llámalo **P1_nombreapellido**.
8. Puedes comprobar cuál debe ser el resultado final abriendo el documento PDF llamado **P1_Proyectocoche_solucion.pdf**.

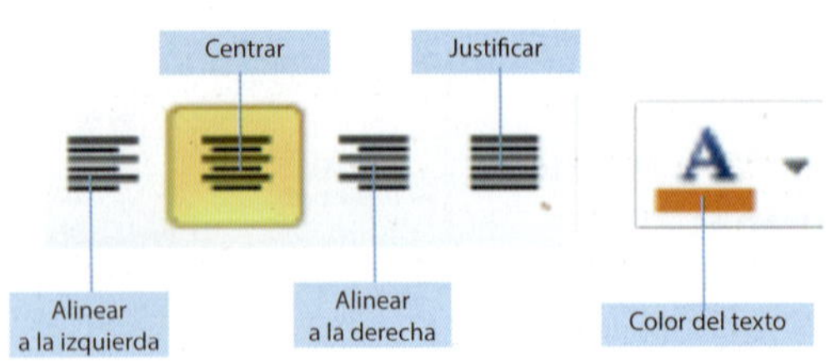

Fig. 6

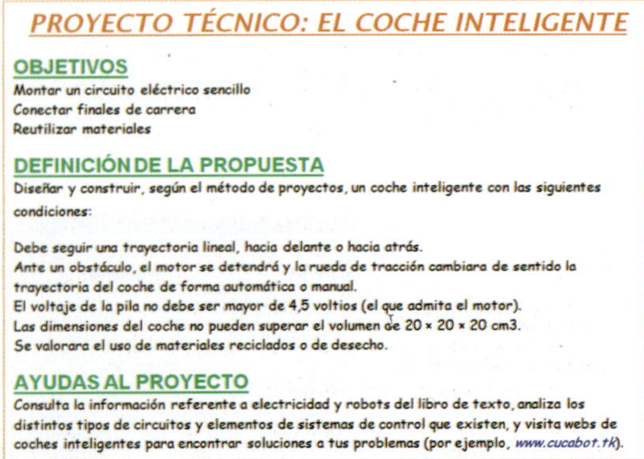

Fig. 7

Práctica 2. Mejorar el aspecto de un párrafo

Ejercicio 1. Numeración y viñetas

Numeración y viñetas

1. Abre en la unidad 2 del CD virtual el archivo **P2_Proyectocoche**.
2. En el apartado "PLANIFICACIÓN", sitúate sobre la línea "Lista de materiales" y pulsa el botón **Numeración**. Comprobarás que queda numerado con un 1 delante.
3. Repite este paso para los otros dos subapartados: "Lista de herramientas" y "Construcción paso a paso". Comprueba que obtienes un resultado como el de la figura 8.
4. Una **viñeta** es un icono que se utiliza para enumerar un listado de cosas. Sitúate sobre la línea "1 tablero de contrachapado" y haz clic sobre la flecha desplegable del icono **Viñetas**. En el cuadro que se abre, elige una viñeta como la de la figura 9 o parecida.
5. Si primero seleccionas varios elementos de un listado, aplicarás la misma viñeta a cada uno de ellos. Elige la misma viñeta que antes para todos los elementos (apartados 1, 2 y 3) del listado (también puedes hacerlo pulsando simplemente el botón **Viñetas**), hasta que te quede como en la figura 9.

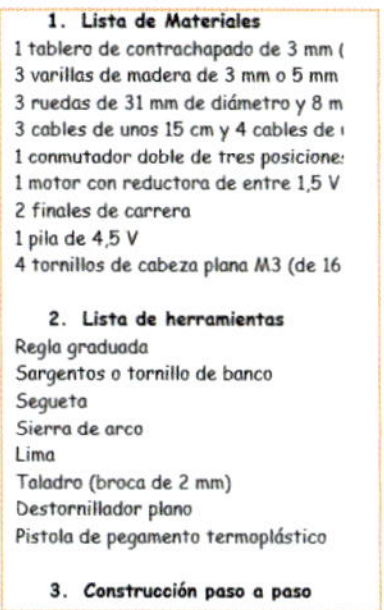

1. **Lista de Materiales**
1 tablero de contrachapado de 3 mm (
3 varillas de madera de 3 mm o 5 mm
3 ruedas de 31 mm de diámetro y 8 m
3 cables de unos 15 cm y 4 cables de
1 conmutador doble de tres posicione
1 motor con reductora de entre 1,5 V
2 finales de carrera
1 pila de 4,5 V
4 tornillos de cabeza plana M3 (de 16

2. **Lista de herramientas**
Regla graduada
Sargentos o tornillo de banco
Segueta
Sierra de arco
Lima
Taladro (broca de 2 mm)
Destornillador plano
Pistola de pegamento termoplástico

3. **Construcción paso a paso**

Fig. 8

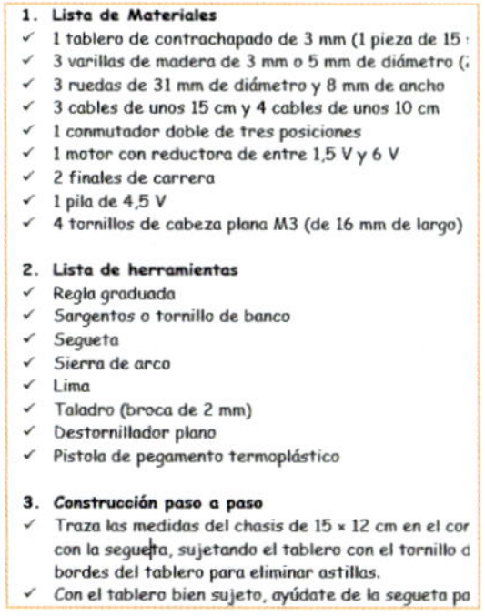

1. **Lista de Materiales**
✓ 1 tablero de contrachapado de 3 mm (1 pieza de 15
✓ 3 varillas de madera de 3 mm o 5 mm de diámetro (
✓ 3 ruedas de 31 mm de diámetro y 8 mm de ancho
✓ 3 cables de unos 15 cm y 4 cables de unos 10 cm
✓ 1 conmutador doble de tres posiciones
✓ 1 motor con reductora de entre 1,5 V y 6 V
✓ 2 finales de carrera
✓ 1 pila de 4,5 V
✓ 4 tornillos de cabeza plana M3 (de 16 mm de largo)

2. **Lista de herramientas**
✓ Regla graduada
✓ Sargentos o tornillo de banco
✓ Segueta
✓ Sierra de arco
✓ Lima
✓ Taladro (broca de 2 mm)
✓ Destornillador plano
✓ Pistola de pegamento termoplástico

3. **Construcción paso a paso**
✓ Traza las medidas del chasis de 15 × 12 cm en el cor
con la segueta, sujetando el tablero con el tornillo d
bordes del tablero para eliminar astillas.
✓ Con el tablero bien sujeto, ayúdate de la segueta pa

Fig. 9

Ejercicio 2. Alineación de párrafos, espaciado e interlineado

1. Ve al apartado "Pruebas finales y conclusiones", en la segunda página del mismo documento.
2. Selecciona todo el apartado, desde "Coloca el coche" hasta "sentido inicial". Haz clic con el botón derecho del ratón sobre el texto seleccionado y elige **Párrafo**. Vamos a aplicar la configuración de la figura 10.
3. En **Alineación**, elige **Justificada**.
4. En **Sangría izquierda**, selecciona **0,5 cm**. En **Especial**, elige **Primera línea** con **0,7 cm**. (La sangría de un texto es el espacio que hay desde el texto hasta el margen.)
5. En **Espaciado posterior**, selecciona **6 pto**, y el apartado **Interlineado** déjalo con la opción **Sencillo**. (El espaciado es la distancia que existe entre dos párrafos.) Debería quedarte el texto como en la figura 11.
6. Guarda el archivo con otro nombre. Para ello, ve al menú **Archivo**, elige **Guardar como** y llámalo **P2_nombreapellido**.
7. Puedes comprobar cuál debe ser el resultado final abriendo el documento PDF llamado **P2_Proyectocoche_solucion.pdf**.

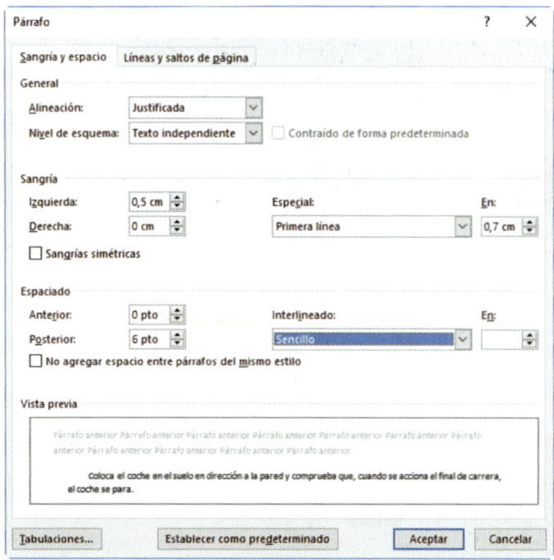

Fig. 10

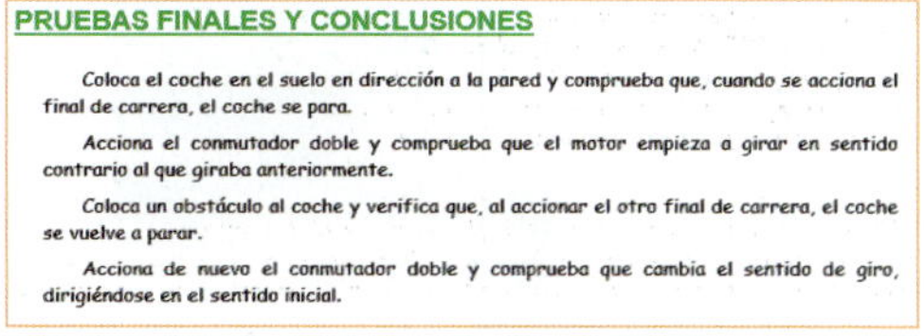

PRUEBAS FINALES Y CONCLUSIONES

Coloca el coche en el suelo en dirección a la pared y comprueba que, cuando se acciona el final de carrera, el coche se para.

Acciona el conmutador doble y comprueba que el motor empieza a girar en sentido contrario al que giraba anteriormente.

Coloca un obstáculo al coche y verifica que, al accionar el otro final de carrera, el coche se vuelve a parar.

Acciona de nuevo el conmutador doble y comprueba que cambia el sentido de giro, dirigiéndose en el sentido inicial.

Fig. 11

Práctica 3. Crear tablas e insertar imágenes

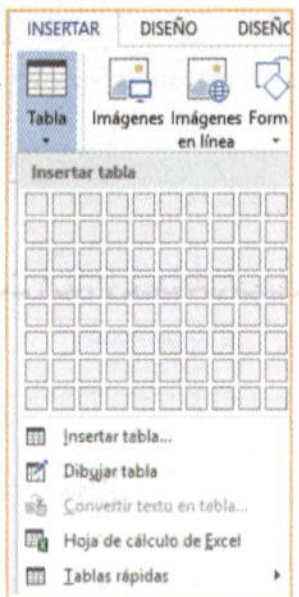

Fig. 12

MATERIAL	COSTE
1 tablero de contrachapado	1 €
3 varillas de madera	0,50 €
3 ruedas	2 €
3 cables de 15 cm y 4 de 10 cm	0,50 €
1 conmutador doble	1,50 €
1 motor con reductora	8 €
2 finales de carrera	5 €
1 pila de 4,5 V	2 €
4 tornillos de cabeza plana	0,75 €

Fig. 13

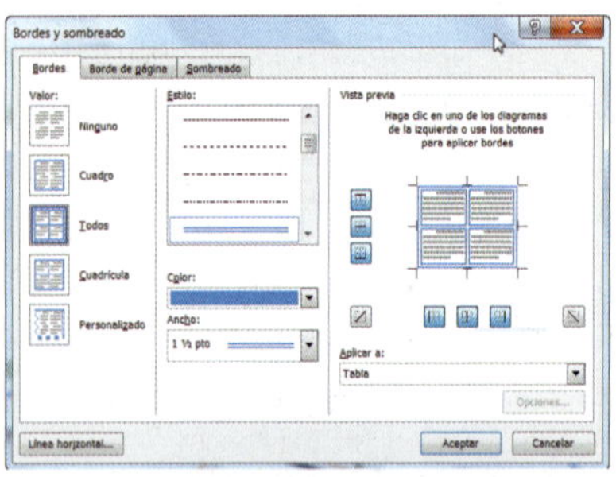

Fig. 14

MATERIAL	COSTE
1 tablero de contrachapado	1€
3 varillas de madera	0,50€
3 ruedas	2 €
3 cables de 15 cm y 4 de 10 cm	0,50€
1 conmutador doble	1,50€
1 motor con reductora	8 €
2 finales de carrera	5€
1 pila de 4,5 V	2€
4 tornillos de cabeza plana	0,75€

Fig. 15

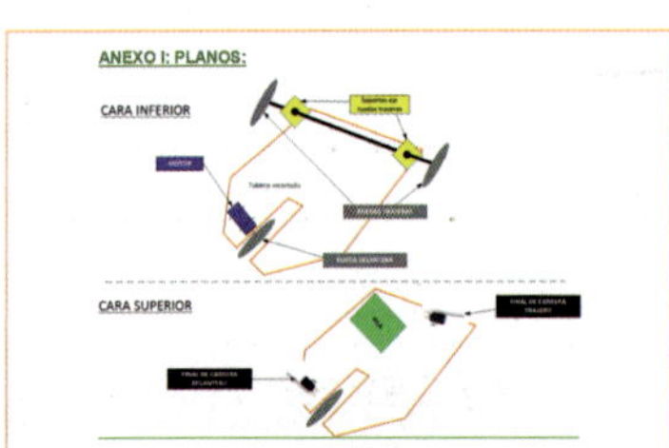

Fig. 16

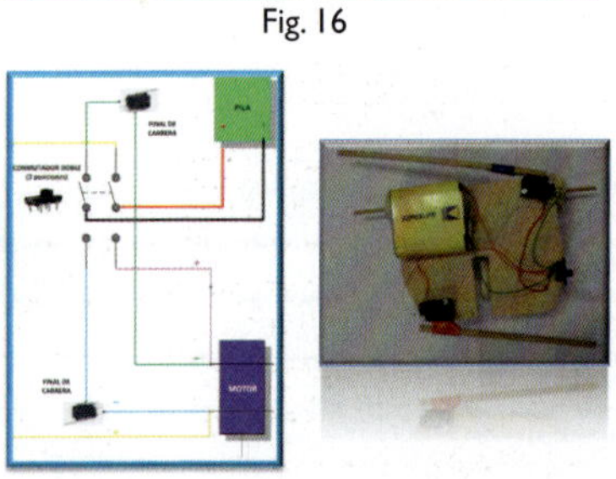

Fig. 17

Ejercicio 1. Crear tablas

En este ejercicio vamos a crear una tabla con el listado de los materiales que hemos empleado y el coste de éstos.

1. Crea un documento nuevo en Word, introduce el título "COSTE" y aplícale el formato de los otros subtítulos: letra **Arial**, tamaño **14**, **negrita**, **subrayado** y color **verde**.
2. Para insertar una tabla, ve a **Insertar** / **Tabla**. Crea una tabla de dos filas y dos columnas.
3. En realidad, para esta práctica necesitamos que la tabla tenga cuatro filas (y no dos). Para añadir las filas que nos faltan, tienes que seleccionar la última fila, hacer clic con el botón derecho y, en el menú contextual emergente, elegir **Insertar** / **Insertar filas debajo** y luego repetir este paso. (Siempre que lo desees, puedes añadir filas —en la parte superior o la inferior de la celda en la que esté el cursor— o columnas —a la izquierda o a la derecha—.)
4. Escribe en la primera celda "MATERIAL", y en la segunda, "COSTE". Debajo de cada una, escribe los materiales y precios que se muestran en la figura 13, y ajusta las columnas hasta que queden como en dicha figura. Para ello, señala con el ratón el borde de la columna que quieras modificar hasta que el puntero tenga esta forma: ⟺; entonces arrastra el puntero en la dirección deseada.
5. Para modificar el borde, sitúate sobre la tabla, haz clic con el botón derecho y selecciona **Bordes y sombreado**. En la ventana emergente, elige las características del borde (figura 14).
6. Para cambiar el color de la celda, vuelve a **Bordes y sombreado** y en la pestaña **Sombreado** podrás elegir los colores de fondo (figura 15).
7. Guarda el archivo como **P3_nombreapellido**.

Ejercicio 2. Insertar imágenes

1. A continuación de la tabla escribe el título "ANEXO I: PLANOS" con el mismo formato.
2. Selecciona **Insertar** / **Imagen** e inserta la imagen **P3_Boceto.jpg** de la unidad 2 del CD virtual.
3. Pulsa el botón **Centrar**. Luego haz clic con el botón derecho sobre la imagen y selecciona **Insertar título**. En **Rótulo**, selecciona **Ilustración**. Aparecerá debajo de la imagen el número de ilustración (en este caso, "1").
4. Para cambiarle el tamaño, haz clic sobre la imagen para que quede seleccionada, sitúate sobre una de las esquinas (hasta que aparezca un puntero como este: ↘) y estira hasta dejar la imagen como en la figura 16.
5. Inserta el resto de las imágenes (**P3_Electrico** y **P3_Final**). Cámbiales el borde y añádeles **bisel** y algún efecto, como **Reflexión**, para que queden como en la figura 17. Puedes cambiar las propiedades de las imágenes haciendo clic con el botón derecho sobre ellas.
6. Guarda el archivo como **P3_nombreapellido**.

Práctica 4. Portada, numeración, encabezados y pies

Ejercicio 1. Crear la portada

1. Crea un documento nuevo en blanco yendo a **Archivo** / **Nuevo** / **Documento en blanco**.
2. Ve a **Insertar** / **WordArt**. Selecciona uno de los estilos de WordArt.
3. En la ventana emergente elige el tipo de letra **Arial Black** con tamaño **36** y escribe como texto "MEMORIA DEL PROYECTO".
4. Luego inserta la imagen **P4_Coche.jpg**, de la unidad 2 del CD virtual.
5. Con WordArt, inserta el título "EL COCHE INTELIGENTE".
6. Escribe tu nombre en la parte inferior derecha.
7. Guarda el archivo como **P4_nombreapellido**.

Fig. 18

Ejercicio 2. Copiar y pegar: juntar todos los apartados del proyecto

Vamos a unir en un solo archivo todas las partes del proyecto sobre las que hemos realizado las prácticas.

1. Abre los archivos que has ido guardando como **P1_nombrepellido**, **P2_nombreapellido**, **P3_E2_nombreapellido** y **P4_nombreapellido**. Partiremos del documento **P4_nombreapellido** y en él iremos pegando los demás documentos que conforman nuestro proyecto.
2. Selecciona todo el texto del documento **P1_nombreapellido** y cópialo (para copiar, puedes pulsar **Ctrl + C** o bien ir a **Edición** / **Copiar**).
3. En el documento **P4_nombreapellido**, sitúate en la página posterior a la portada y pégalo (para pegar, puedes pulsar **Ctrl + V** o bien ir a **Edición** / **Pegar**).
4. Repite el proceso de copiado y pegado con el texto de los archivos **P2_nombreapellido** y **P3_E2_nombreapellido**, y realiza los cambios necesarios hasta obtener un documento como el de la figura 19.
5. Guarda el documento como **P4_E2_nombreapellido**.

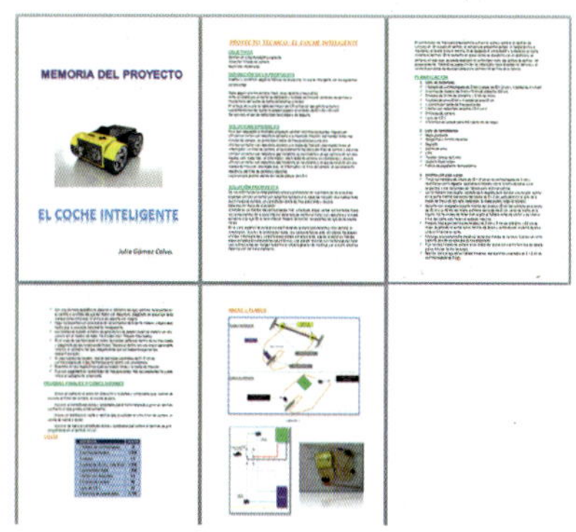

Fig. 19

Fig. 20

Ejercicio 3. Encabezado y pie de página. Numeración

1. Para añadir un encabezado y un pie de página al documento, selecciona **Insertar** / **Encabezado** y escoge uno de los que se muestran (figura 20).
2. En la cabecera que se muestra dentro de un recuadro, escribe el nombre de tu instituto o colegio. En la parte superior del menú, selecciona **Primera página diferente** (figura 21).
3. En la parte inferior (pie de página), escribe tu nombre y apellidos, y alinéalo a la izquierda. Pulsa **Cerrar**.
4. Sitúate en la segunda página. Podemos insertar el número de página desde la ventana anterior o bien yendo a **Insertar / Número de página** y luego **Final de la página**. Selecciona uno de los que se te muestren (figura 22).
5. Comprobarás que se han creado un encabezado y un pie de página en todas las páginas (excepto la portada), como en la figura 23.
6. Guarda el archivo definitivo como **P4_E3_nombreapellido**.

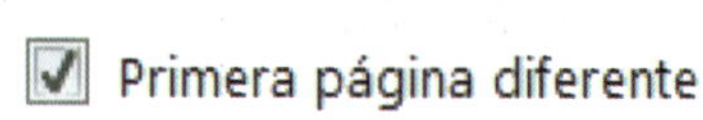

Fig. 21

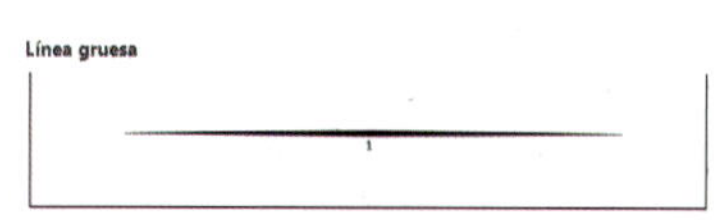

Fig. 22

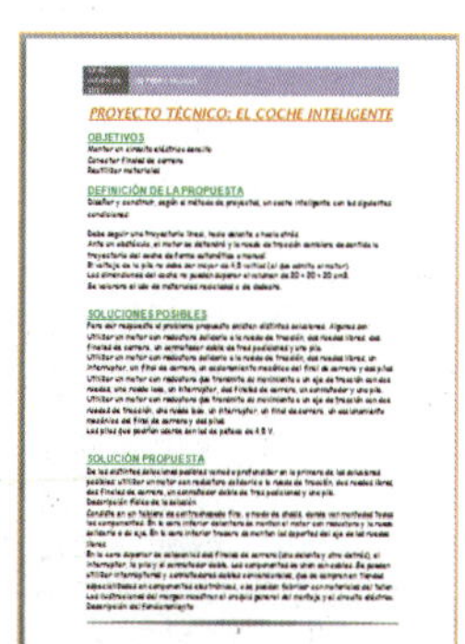
Fig. 23

Práctica 5. Mejorar el aspecto de un texto en Writer (v. 5.1.1.3)

Fig. 24

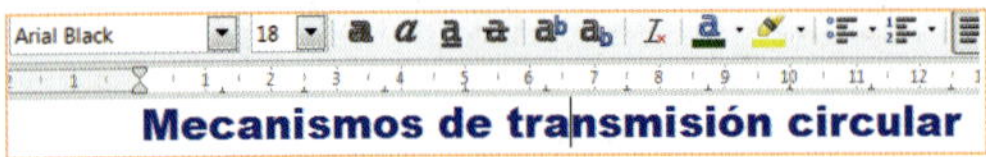

Fig. 25

Fig. 26

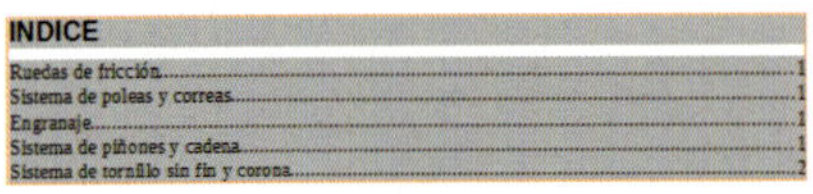

Fig. 27

Fig. 28

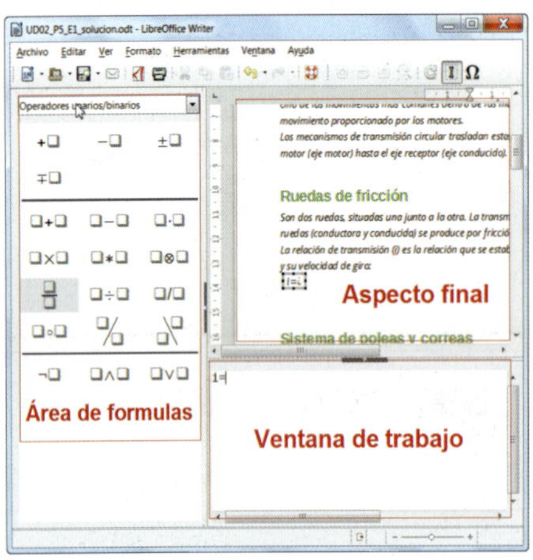

Fig. 29

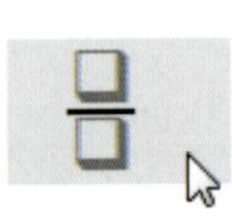
Fig. 30

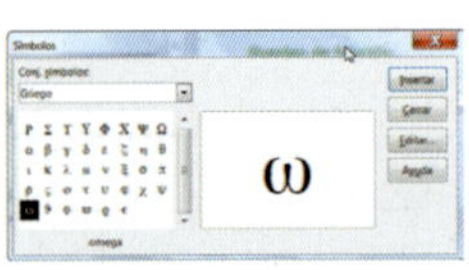

Fig. 31

```
i= {%omega 1} over {%omega 2}
```

Fig. 32

```
i= { %omega 1} over {%omega 2} = {d2} over {d1}
```

Fig. 33

$$i=\frac{\omega 1}{\omega 2}=\frac{d2}{d1}$$

Fig. 34

$$i=\frac{\omega 1}{\omega 2}=\frac{z2}{z1}$$

Fig. 35

Ejercicio 1. Mejorar el aspecto

En este ejercicio mejoraremos el aspecto de un documento con Writer de LibreOffice.

1. Abre el archivo **P5_Mecanismos.odt** y selecciona el título principal. En la parte superior izquierda, en el desplegable **Estilo predeterminado**, elige **Título** y aplícale el tipo de letra **Arial Black**, tamaño **18** y color **azul** (figuras 24 y 25).
2. Selecciona el subtítulo "Ruedas de fricción". En el desplegable de estilos elige **Encabezado 1** y aplícale el color **verde** (figura 26).
3. Ve seleccionando el resto de los subtítulos ("Sistema de poleas y correa", "Engranaje", "Sistema de piñones y cadena", "Sistema de tornillo sin fin y corona") y aplícales el estilo **Encabezado 1** y el color **verde** para que todos tomen el mismo aspecto.
4. Selecciona el texto que aparece entre párrafos y ponle el tipo de letra **Open Sans** con tamaño **12**.

Ejercicio 2. Crear un índice o sumario

Para crear un índice es necesario que antes le hayamos dado a cada elemento que queremos que aparezca en él un formato: **Título**, **Encabezado 1**, **Encabezado 2**, etc. (como hemos hecho en el apartado anterior).

1. Sitúate al principio del documento, ve a **Insertar** / **Sumario e índice** / **Sumario, índice o bibliografía**. Aparecerá una nueva ventana. En la pestaña **Índice o sumario**, celda **Título**, escribe la palabra "ÍNDICE". Haz clic en **Aceptar** y tendrás un índice como el de la figura 27.
2. Si tratas de escribir sobre el índice comprobarás que está protegido. Haz clic con el botón derecho y selecciona **Editar índice o sumario**. En la última pestaña, **Fondo**, selecciona un tono amarillo (figura 28).

Ejercicio 3. Insertar fórmulas

1. Sitúate en el apartado "Ruedas de fricción", debajo del último párrafo. Ve a **Insertar** / **Objeto** / **Fórmula**.
2. La ventana que se nos muestra se divide en tres áreas: el **área de fórmulas**, a la izquierda (con el desplegable superior puedes seleccionar las distintas fórmulas o funciones); la **ventana de trabajo**, abajo, donde escribimos los datos; y la ventana central, donde se muestra el **aspecto final** que va tomando (figura 29).
3. Escribe "i=" (sin comillas) en la ventana de trabajo. Del área de fórmulas selecciona el operador división (figura 30). Para insertar el símbolo **ω**, en la parte superior haz clic en el icono **Ω** y, en la nueva ventana, en el desplegable **Conj. símbolos**, selecciona **Griego** y haz clic en el símbolo **ω** (figura 31). Luego añade un **1** para que quede escrito "ω1". Repite el proceso para **ω2**. El texto debe quedar como en la figura 32.
4. Completa la fórmula como se muestra en la figura 33 para obtener la relación de velocidades que se indica en la figura 34. Para salir, haz clic en la ventana central (aspecto final).
5. En el apartado "Engranajes" inserta la fórmula de la figura 35.
6. Guarda el documento como **P5_nombreapellido.odt**.

Práctica 6. Insertar imágenes

Ejercicio 1. Insertar imágenes

1. Abre el archivo que has guardado en la práctica anterior.
2. Sitúate al final del segundo párrafo del apartado "Ruedas de fricción", ve a **Insertar** / **Imagen** y selecciona en la unidad 2 del CD virtual el archivo **P5_001_Ruedasfriccion.jpg**.
3. Haz clic sobre la imagen y arrástrala hasta que quede centrada debajo del texto. Al seleccionarla, aparecen unos puntos en las esquinas; arrastra desde una de las esquinas para reducir su tamaño.
4. Como verás, la imagen aparece girada. Haz clic con el botón derecho sobre ella y selecciona **Girar 90º**. Repite el proceso para que quede bien colocada (figura 36).
5. Haz doble clic sobre la imagen para editar sus propiedades. Ve a la pestaña **Bordes** y selecciona un estilo, una anchura y un color de borde (verde, por ejemplo). En la parte inferior izquierda, en **Estilo de sombra**, elige el segundo y otro tono del color elegido (figura 37). Pulsa **Aceptar**. Si ves que no se ha aplicado el borde, prueba a hacer clic en los bordes del cuadrado que se muestra.
6. Inserta debajo de cada uno de los apartados, respectivamente, las siguientes imágenes del CD virtual: **P5_002_Poleas.jpg**, **P5_003_Engranaje.jpg**, **P5_004_Piñonescadena.jpg** y **P5_005_Tornillosinfin.jpg**.
7. Aplica a cada foto un borde y un sombreado, como se muestra en la figura 38.

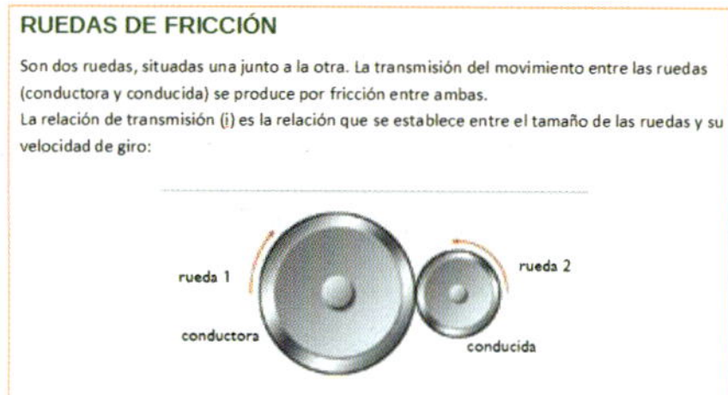

Fig. 36

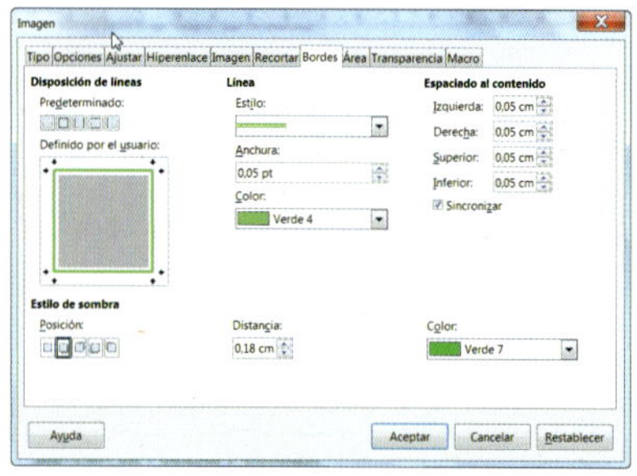

Fig. 37

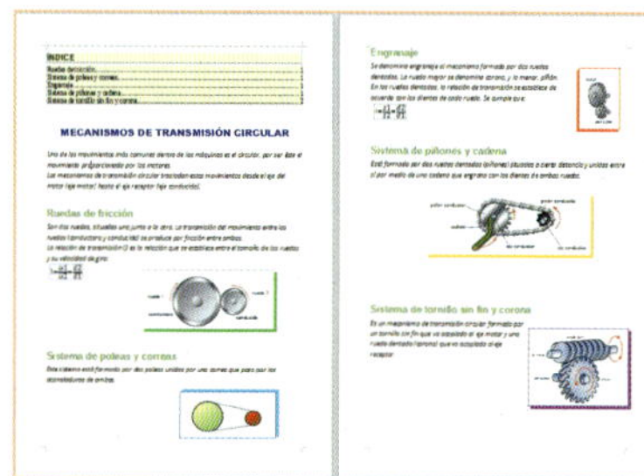

Fig. 38

Ejercicio 2. Adornar el documento

1. Ve a **Insertar** / **Multimedia** / **Galería**.
2. En el menú temático de la derecha, selecciona **Fondos**. Elige uno de los fondos azules y arrástralo a la parte superior del documento.
3. Para mover la imagen, debes tenerla seleccionada de forma que aparezcan **8 puntos verdes**, como en la figura 39. Arrástrala hasta la esquina superior de la página.
4. En algunos casos, para que te deje moverla libremente tienes que pulsar el **ancla** de la parte superior y seleccionar **A la página** (figura 40).
5. Para modificar su tamaño, haz clic en la esquina inferior derecha, pulsa la tecla **Shift** (mayúsculas) y arrastra hasta que ocupe todo el margen lateral izquierdo (figura 41). En algunas versiones, si no se pulsa **Shift** no es posible escalarla libremente.
6. Repite el proceso para situar un fondo verde en la parte inferior de la página. Debe quedarte un documento como el de la figura 41.
7. Para modificar una imagen, selecciónala y aparecerá la barra **Imagen** (si no es así, ve a **Ver** / **Barras de herramientas** / **Imagen**). Luego selecciona la barra verde del final de la página y en el recuadro **Transparencia** dale **30%**. Comprobarás que la esquina de la imagen se vuelve transparente. Comprueba que tu documento queda como el documento **P6_solucion.pdf**.
8. Guarda el archivo como **P6_nombreapellido.odt**.

Fig. 39

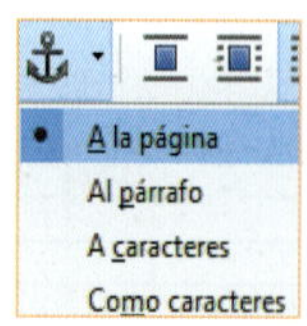

Fig. 40

Fig. 41

Práctica 7. Corrección ortográfica, columnas

1. Abre el archivo **P7_Deportes.odt**. Como verás, contiene numerosos errores ortográficos. Para corregir los que el programa detecta, ve a **Herramientas** / **Ortografía y gramática** y revísalos (figura 42).
2. Vamos a ordenar en tres columnas los deportes acuáticos que se explican en el documento. Para ello, selecciona desde el segundo párrafo ("El waterpolo...") hasta el final del documento. Ve a **Formato** / **Columnas** e indica **3** columnas. En la celda **Aplicar a** elige **Selección**; desactiva la opción **Anchura automática** y aumenta el espaciado entre columnas a **0,05** en los dos casos; por último, mantén una línea de separación de color rojo (figura 43). Pulsa **Aceptar**.
3. Ajusta el texto (pulsando **Intro** las veces necesarias) para que en cada columna empiece un deporte. Haz clic en **Texto justificado** para todos los párrafos.
4. Para aumentar la separación entre columnas, usaremos las marcas de sangría (esos pequeños triángulos que hay en la regla de la parte superior). Sitúate en una columna y desplaza las marcas ligeramente hasta que el texto quede como desees. Luego hazlo en las otras columnas, hasta que quede aproximadamente como en la figura 44.
5. Guarda el documento como **P7_nombreapellido.odt**.

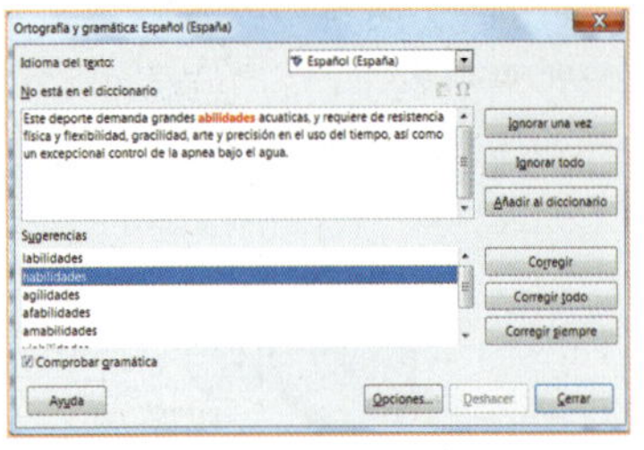

Fig. 42

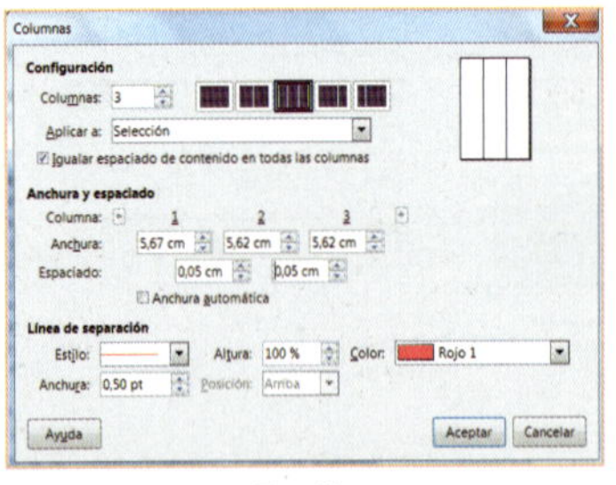

Fig. 43

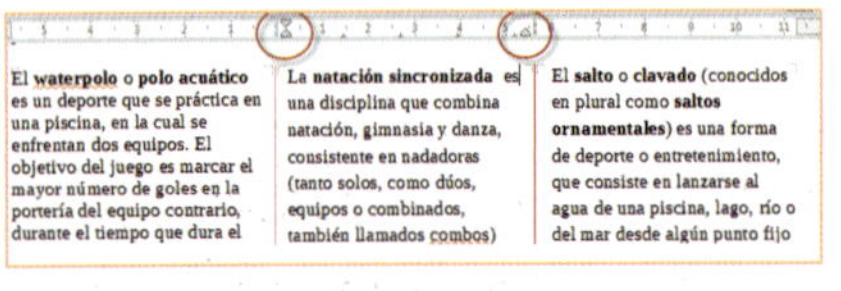

Fig. 44

Práctica 8. Crear una tabla

Vamos a crear un horario de clase en una tabla.

1. Abre un documento nuevo. Lo primero que haremos es configurar la hoja en horizontal. Para ello ve a **Formato** / **Página** y, en la ventana emergente, en la pestaña **Página**, selecciona como orientación **Horizontal**.
2. En la pestaña **Márgenes** ajusta el derecho y el izquierdo a 3 cm y mantén el de arriba y el de abajo en 2 cm (figura 45).
3. Ve a **Tabla** / **Insertar tabla** y crea una de 8 filas por 6 columnas. Ve escribiendo el texto tal como se muestra en la figura 46. Para crear la celda grande del recreo, selecciona las cinco últimas celdas de esa fila, haz clic con el botón derecho del ratón y elige **Combinar**.
4. Ve a **Tabla** / **Estilos de formato automático** y elige, por ejemplo, **Amarillo**.
5. Completa las horas como se muestra en la figura 47.
6. Selecciona la columna de la izquierda (la de las horas), haz clic con el botón derecho del ratón y elige **Insertar columnas a la izquierda**. Selecciona todas las celdas de la columna que se añadirá y combínalas como has aprendido antes.
7. En dicha columna, escribe "HORARIO SEMANAL". Haz clic con el botón derecho y elige **Propiedades de tabla**; en la pestaña **Flujo del texto**, selecciona como orientación del texto **Vertical** (figura 48).
8. Completa la tabla con los nombres de todas las asignaturas y guarda el documento como **P8_nombreapellido.odt**.

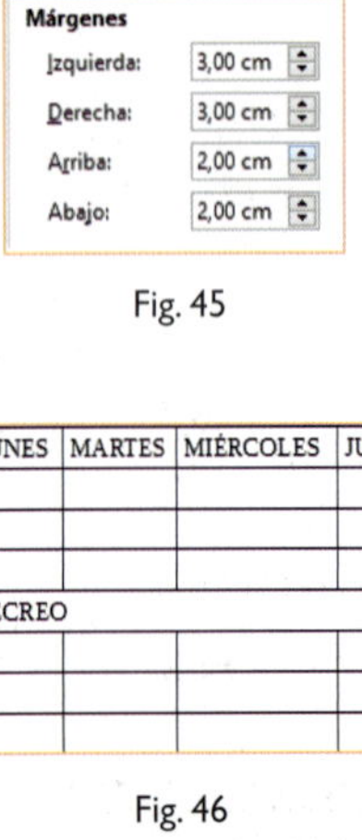

Fig. 45

	LUNES	MARTES	MIÉRCOLES	JUEVES	VIERNES
	RECREO				

Fig. 46

	LUNES	MARTES	MIERCOLES	JUEVES	VIERNES
8:30 – 9:25					
9:25 – 10:20					
10:20 -11:10					
11:10 – 11:40			RECREO		
11:40 – 12:35					
12:35 – 13:30					
13:30 – 14:25					

Fig. 47

		LUNES	MARTES	MIERCOLES	JUEVES	VIERNES
HORARIO SEMANAL	8:30 – 9:25					
	9:25 – 10:20					
	10:20 -11:10					
	11:10 – 11:40			RECREO		
	11:40 – 12:35					
	12:35 – 13:30					
	13:30 – 14:25					

Fig. 48

Práctica 9. Crear y compartir documentos con Google Drive

Para hacer esta práctica deberás tener el consentimiento de tus padres o tutores legales. Asimismo, recuerda leer detenidamente todas las condiciones de prestación de servicios.

Gmail Drive

Los procesadores de texto en Internet no sólo permiten crear documentos sin necesidad de tener instalado ningún programa en el ordenador sino que, además, es posible acceder a dichos documentos desde cualquier dispositivo que tenga Internet y compartirlos para que los vean otras personas o colaborar con varios usuarios a la vez.

1. Desde tu cuenta de Gmail, haz clic en **Aplicaciones de Google** (en el menú superior derecho) y, en el menú emergente, selecciona **Drive** (figura 49).
2. Despliega el menú **Nuevo** y elige la opción **Documentos de Google** (figura 50).
3. Ve a **Archivo / Abrir / Subir** y selecciona el archivo **P9_Deportes.odt** de la unidad 2 del CD virtual. En la parte superior, en la celda **Título**, escribe **P9_nombreapellido**.
4. Comprobarás que se ha abierto un documento con numerosos errores ortográficos. Ve a **Herramientas / Ortografía** y corrige todos los errores ortográficos que te vaya mostrando (figura 51).
5. Ponle al título el tipo de letra **Impact**, tamaño **18** y color de texto **azul**. Luego añade los títulos "Waterpolo", "Natación sincronizada" y "Salto" a cada uno de los subapartados y ponles tipo de letra **Verdana**, tamaño **12** y color **naranja** (figura 52).
6. Para insertar imágenes ve a **Insertar / Imagen** y arrastra sobre el recuadro los archivos del CD **P9_Waterpolo.jpg, P9_Salto.jpg** y **P9_Natacion.jpg** (figura 53).
7. Luego coloca bien las imágenes para que el documento quede tal como se muestra en la figura 55. Para ello, deberás hacer clic sobre cada una y arrastrarla desde una esquina para reducir su tamaño. En la parte inferior, selecciona **Ajustar texto** (figura 54).
8. Cuando acabes, asegúrate de que tienes puesto el título **P9_nombreapellido**. Cierra el documento y se guardará de forma automática.
9. En la parte superior de la pantalla está el botón **Compartir**. Haz clic en él y comparte tu archivo con tres compañeros escribiendo sus direcciones de correo. Si tu profesor lo cree conveniente, comparte el documento también con él.
10. A continuación, ve a tu correo de Gmail y abre un archivo que hayan compartido contigo. Comprueba que puedes escribir sobre él.
11. Por último, prueba a subir un archivo (documento de texto) de los que has realizado en la unidad con la opción **Archivo / Abrir** y luego **Subir**.

Fig. 49

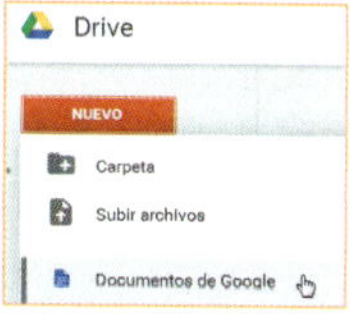

Fig. 50

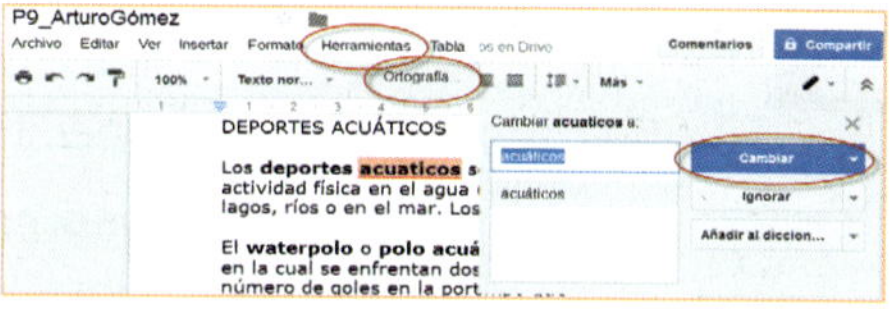

Fig. 51

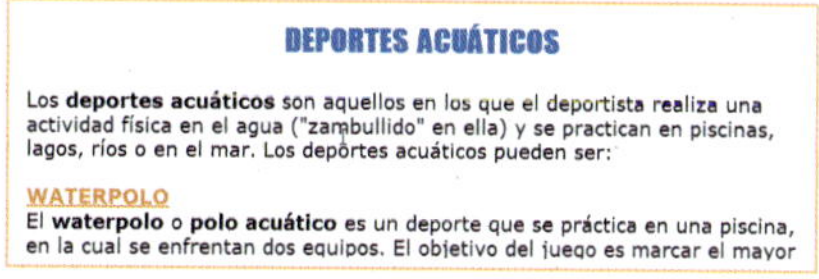
DEPORTES ACUÁTICOS

Los **deportes acuáticos** son aquellos en los que el deportista realiza una actividad física en el agua ("zambullido" en ella) y se practican en piscinas, lagos, ríos o en el mar. Los depórtes acuáticos pueden ser:

WATERPOLO

El **waterpolo** o **polo acuático** es un deporte que se práctica en una piscina, en la cual se enfrentan dos equipos. El objetivo del juego es marcar el mayor

Fig. 52

Fig. 53

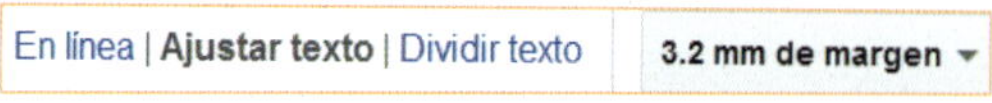

Fig. 54

Fig. 55

4. Presentaciones

PowerPoint

Impress

Keynote

Prezi

Una **presentación** es una secuencia ordenada de diapositivas dirigidas a expresar y comunicar un tema, un proyecto o una idea de forma estructurada y esquemática y con una duración determinada. Las diapositivas son páginas que pueden contener **texto**, **imágenes**, **animaciones**, **vídeos**, **sonidos** y **gráficos** para presentar de forma visual y atractiva los contenidos.

Las presentaciones son un recurso muy utilizado hoy en día en campos tan diferentes como los negocios, la enseñanza, el ocio, etc. Se usan fundamentalmente como apoyo en presentaciones o exposiciones de los más diversos temas, mediante la proyección de una serie de diapositivas a través del ordenador o de un proyector.

Actualmente podemos encontrar software que nos permite crear las diapositivas online y guardarlas y distribuirlas a través de Internet. Los nuevos formatos tienden a insertar más efectos visuales y vídeos que hacen más espectacular la presentación.

Para la elaboración de presentaciones existen varios programas. Los más utilizados son:

- **Microsoft PowerPoint**. Es un programa de presentación desarrollado para los sistemas operativos Microsoft Windows y Mac OS.
- **Impress**. Es un programa similar a PowerPoint que forma parte de la suite de oficina de LibreOffice.
- **Keynote**. Es una aplicación de software de presentación desarrollada como parte del set de productividad iWork por Apple Inc.
- **Prezi**. Permite crear presentaciones online de forma similar a PowerPoint o Impress y hacerlas públicas (hasta 4 GB para profesores y estudiantes).

Cómo debe ser una presentación

Exponer es una actividad compleja; no es suficiente manejar bien un programa. Conviene crear un ambiente, seducir, hacer que la audiencia se apasione con un tema. Extraemos los siguientes consejos del artículo "Cómo hacer una buena presentación de PowerPoint", de César Rojas Iribarren:

- La presentación debe ser **sencilla**, es decir, no debería haber en ella ninguna información superflua. Para ello es importante definir previamente cuál es el propósito de la presentación y a qué contenido de información o exposición oral acompaña. Hay que evitar los logos, tablas y dibujos que no contribuyan a un mejor entendimiento de los conceptos.
- Dentro de nuestras posibilidades, es conveniente **no usar las plantillas y clips** que se incluyen en el programa. Probablemente alguien de la audiencia ya los haya visto antes en otra presentación (incluso puede haberlos usado). También se espera que una presentación sea lo más singular posible o suficientemente **personalizada**.
- Conviene que la presentación sea muy **visual**, esto es, que incluya una gran cantidad de imágenes. La imagen refuerza cualquier punto y genera estados de ánimo y sentimientos en la audiencia. Todas las imágenes deben ser de gran calidad y, lógicamente, tienen que guardar relación con la exposición.
- Debemos ser moderados y juiciosos en el uso de **transiciones** y **animaciones**. Si no añaden nada a la exposición, conviene no agregarlas.
- Es aconsejable limitar **una idea** a **una diapositiva**, pero sin saturarla. Si no es posible, se puede mostrar en diapositivas separadas.

La ventana de PowerPoint

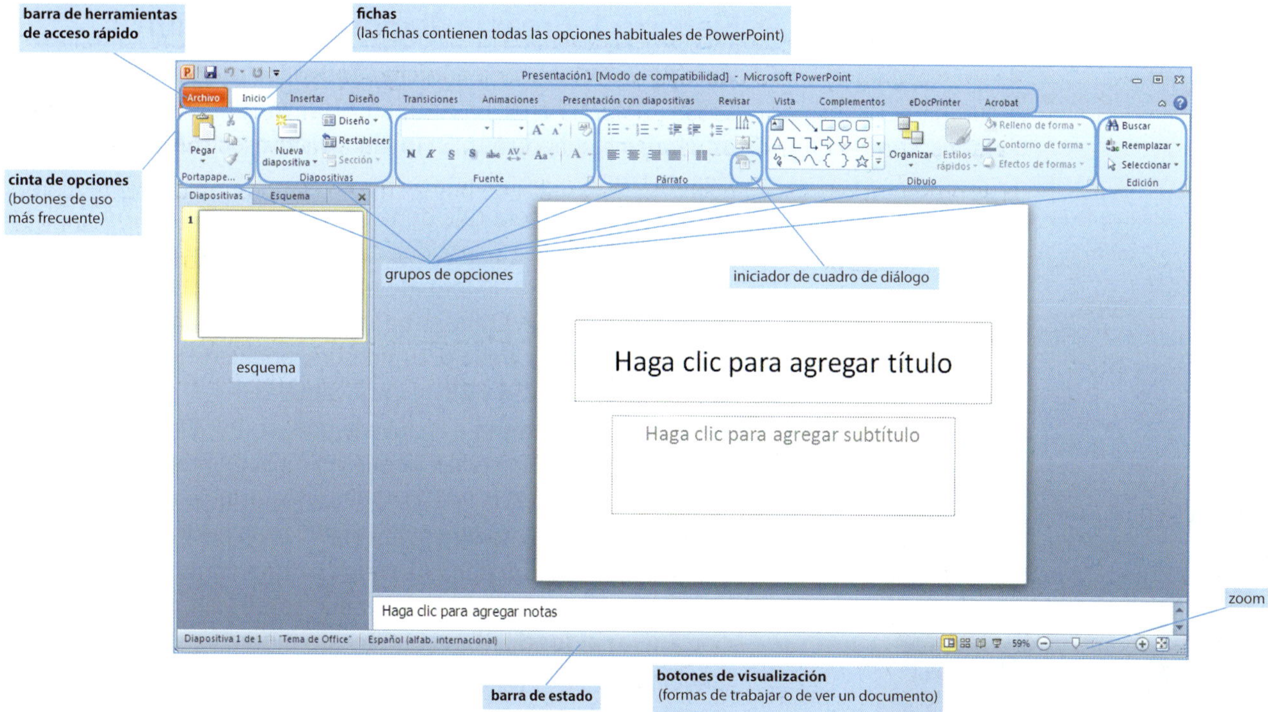

PowerPoint presenta en la parte superior una **cinta de opciones** con **fichas** personalizables. Dentro de cada ficha, las distintas opciones se encuentran organizadas en **grupos** afines, muy similares a los de Word, que engloban las acciones más frecuentes que se pueden ejecutar con el programa. En la parte inferior de la ventana disponemos de una zona para agregar **notas** o comentarios a la diapositiva actual y de una zona de información o **barra de estado**, que nos indica, entre otras cosas, en qué diapositiva estamos.

En el lateral izquierdo podemos ver las pestañas **Diapositivas** (que muestra las diapositivas en miniatura y permite gestionarlas) y **Esquema** (que sólo muestra el texto de las diapositivas).

La ventana de Impress

Impress es un programa muy parecido a PowerPoint. Prácticamente todos los conceptos y herramientas de PowerPoint se pueden aplicar en Impress.

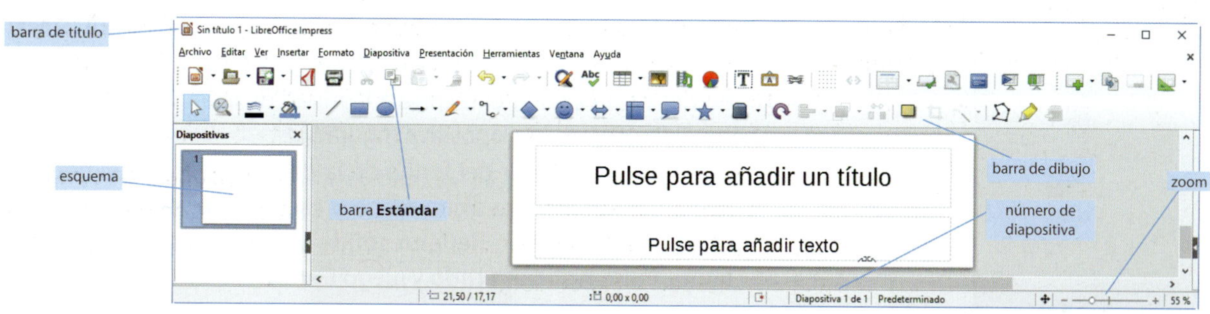

La barra de herramientas **Estándar** nos permite acceder rápidamente a los controles y acciones más frecuentes, como insertar tablas, imágenes, audios, vídeos, textos, etc.

La barra de dibujo nos permite dibujar formas o esquemas, rellenar, dibujar flechas y símbolos, etc.

Debemos tener en cuenta que **Impress permite abrir archivos de PowerPoint** pero no es posible abrir con PowerPoint archivos de Impress.

Formatos de los archivos

.pptx Extensión utilizada por Microsoft PowerPoint a partir de la versión 2007 (las anteriores usaban la extensión **.ppt**).

.odp Extensión de las presentaciones de LibreOffice y OpenOffice.

Práctica 1. Crear una presentación con PowerPoint

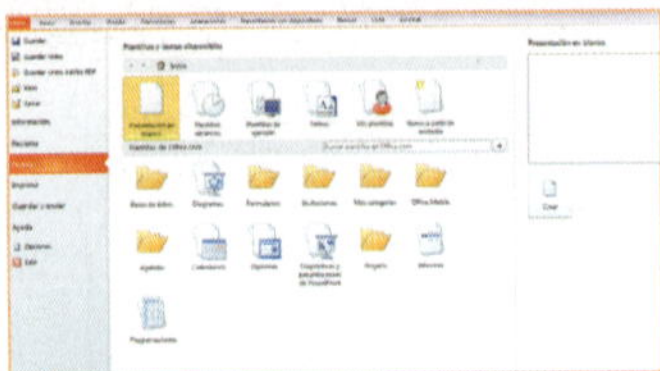

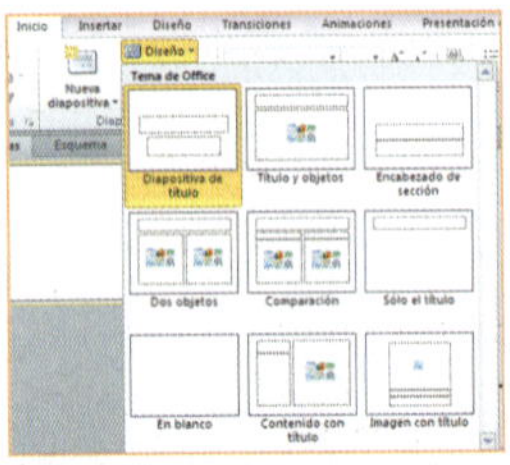

Fig. 1

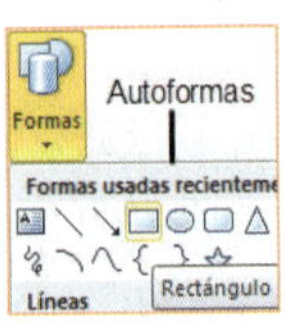

Fig. 2

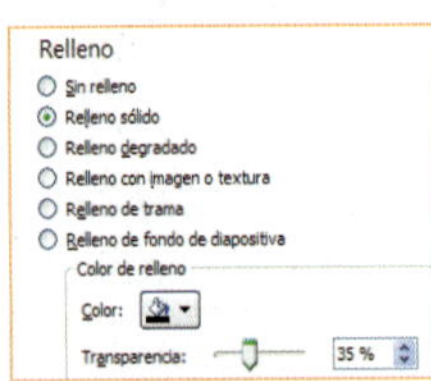

Fig. 3

Fig. 4

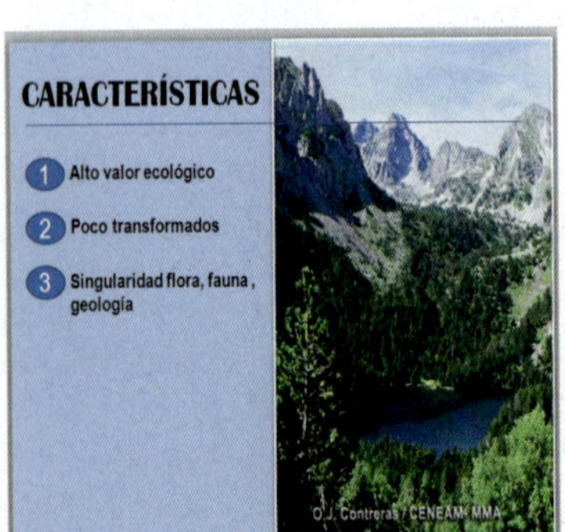

Fig. 5

Ejercicio 1. Crear la diapositiva de título

1. Abre PowerPoint yendo a **Inicio / Todos los programas / Microsoft Office / PowerPoint**. En **Archivo / Nuevo** selecciona **Presentación en blanco** y pulsa **Crear**. En **Inicio / Diseño**, elige el diseño **Diapositiva de título**.
2. Haz clic en la primera caja de texto y agrega el título: "RED DE PARQUES NACIONALES". Selecciona con el ratón el contenido de este recuadro y en la barra de formato elige el tipo de letra **Britannic Bold** y ponle tamaño **72**. Como subtítulo, escribe "Espacios protegidos de interés nacional", y debajo, tu nombre, apellidos y curso. Ponlos en **Calibri** de tamaño **36** y **28**, respectivamente.
3. Ve a **Insertar / Imagen** e incluye la imagen **P1_E1_Portada.jpg** de la unidad 2 del CD virtual. Después cambia el tamaño de la imagen hasta que ocupe casi la totalidad de la diapositiva.
4. Como el último objeto que se inserta en la diapositiva se sitúa en primer plano y lo que queremos es que aparezca como imagen de fondo, haz clic con el botón derecho del ratón sobre la imagen y elige la opción **Enviar al fondo / Enviar al fondo** (figura 1).
5. Cambia el color de los textos a blanco. El título se podrá leer perfectamente, pero lo otro no. Luego lo arreglaremos.
6. En las diapositivas incluimos muchas veces imágenes (opción **Insertar / Imagen**) y textos (opción **Insertar / Cuadro de texto**). Pero a esto se le pueden sumar otros elementos, como las formas (líneas, círculos, rectángulos, etc.).
7. Vamos a crear un rectángulo negro para resaltar el subtítulo. Ve a **Insertar / Formas**, selecciona **Rectángulo** (figura 2) y crea un rectángulo en la parte inferior, que vaya de lado a lado. Haz clic con el botón derecho y elige **Formato de forma**. Selecciona **Relleno sólido**, color **negro** y transparencia al **35%** (figura 3). Puedes quitar el contorno del rectángulo yendo a **Color de línea / Sin línea**. Como antes, envíalo al fondo para que quede detrás de las letras (figura 4).

Ejercicio 2. Diseñar diapositivas

1. Pulsa el icono **Nueva diapositiva**. Inserta la imagen **P1_E2_Garajonay. jpg**. Luego selecciónala, ve a **Formato / Recortar** y estira de los bordes hasta ajustar el recorte a la mitad de la imagen. Sitúala en la zona derecha de la diapositiva (figura 5).
2. Para cambiar el color del fondo de la dispositiva, pulsa el botón derecho del ratón sobre dicho fondo y escoge la opción **Formato del fondo**. Deja marcado **Relleno sólido** y elige un **azul** como el de la figura. Pulsa **Aplicar a todo** y luego **Cerrar**.
3. Inserta un cuadro de texto con el título "CARACTERÍSTICAS" en letra **Britannic Bold** de tamaño **40**. Debajo inserta una forma **Línea**.
4. Para hacer los círculos numerados del índice, elige en **Inicio / Dibujo** la forma básica **Elipse** y forma un pequeño círculo con el ratón. Al soltar el botón izquierdo, escribe el número **1** con letra **Arial Black** de tamaño **20**. Si no quieres repetir este proceso para los demás círculos, puedes copiar y pegar.
5. Escribe los textos que parecen en la figura junto a los círculos numerados, procurando colocarlos equidistantemente.
6. Guarda la presentación como **P1_nombreapellido.**

Práctica 2. Incluir gráficos estadísticos

1. En la presentación de la práctica anterior, inserta una diapositiva nueva en blanco y ponle fondo azul. Escribe el título "SUPERFICIE TOTAL (HA)" y copia la línea azul que has hecho en la anterior diapositiva.
2. Pulsa el botón **Gráfico** del menú **Insertar** de la cinta de opciones. El programa abrirá el cuadro de plantillas de gráficos. Selecciona el modelo **Gráfico circular 3D** y pulsa **Aceptar** (figura 6).
3. A continuación se abrirá una hoja de cálculo con un modelo estadístico de ejemplo. Borra esa información y escribe los datos que se muestran en la figura 7. Cuando la hayas completado, cierra su ventana para que PowerPoint elabore el gráfico de acuerdo con los datos introducidos. Si te equivocas en algún dato o quieres volver a este paso de la elaboración del gráfico, puedes hacerlo mediante el botón **Editar datos** que encontrarás en la pestaña **Diseño** de la sección **Herramientas de gráficos** de la cinta de opciones (siempre con el gráfico seleccionado).
4. Cuando tenemos el gráfico seleccionado, la sección **Herramientas de gráficos** nos permite cambiar el formato del gráfico y los datos introducidos.
5. Seguidamente, tendrás que cambiar algunos formatos para que el gráfico presente el aspecto final de la figura 8. Por ejemplo, para que aparezcan los rótulos, tendremos que seleccionar el área global del gráfico y pulsar el botón **Etiqueta de datos** del menú **Presentación** de la cinta de opciones. Elige la opción **Más opciones de la etiqueta de datos** y, en el cuadro que aparece, pestaña **Opciones de etiqueta**, activa las casillas **Nombre de categoría** y **Mostrar líneas guía** y desactiva la opción **Valor**. En el menú **Presentación** / **Leyenda** selecciona **Ninguno**.
6. Luego inserta una nueva diapositiva, escribe el título "Superficie terrestre y marina" y copia la línea azul que has hecho en las otras diapositivas.
7. Pulsa el botón **Gráfico** del menú **Insertar** de la cinta de opciones. Selecciona el modelo **Cilindro apilado**. Copia los datos de la figura 9 y crea un gráfico como el que se muestra en la figura 10. Modifica las etiquetas de datos y las leyendas.
8. Guarda la presentación como **P2_nombreapellido**.

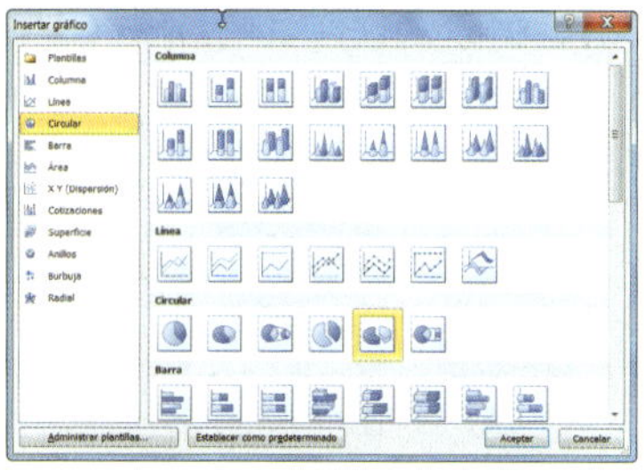

Fig. 6

	A	B
1		Hectáreas
2	Aigüestortes	14.119
3	Archipiélago de Cabrera	10.021
4	Cabañeros	40.856
5	Taburiente	4.690
6	Doñana	54.252
7	Garajonay	3.984
8	Islas Atlánticas de Galicia	8.480
9	Monfragüe	18.396
10	Ordesa	15.696
11	Picos de Europa	67.128
12	Sierra de Guadarrama	33.960
13	Sierra Nevada	85.883
14	Tablas de Daimiel	3.030
15	Teide	18.990

Fig. 7

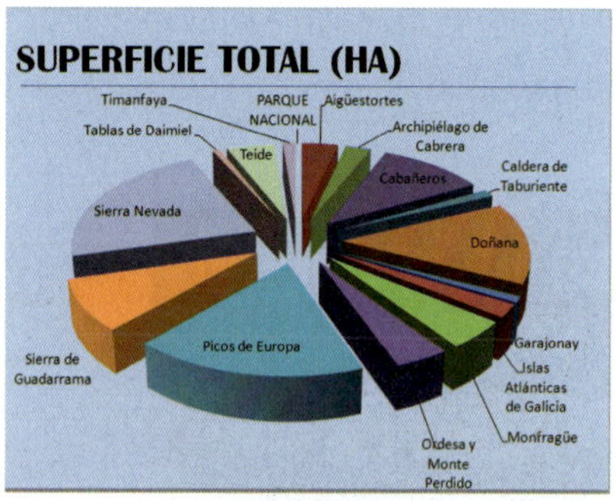

Fig. 8

	A	B	C
1		S. terrestre	S. marina
2	Aigüestortes	14.119	0
3	Archipiélago de Cabrera	1.318	8.703
4	Cabañeros	40.856	0
5	Caldera de Taburiente	4.690	0
6	Doñana	54.252	0
7	Garajonay	3.984	0
8	Islas Atlánticas de Galicia	1.195	7.285
9	Monfragüe	18.396	0
10	Ordesa	15.696	0
11	Picos de Europa	67.128	0
12	Sierra de Guadarrama	33.960	0
13	Sierra Nevada	85.883	0
14	Daimiel	3.030	0
15	Teide	18.990	0
16	Timanfaya	5.108	0

Fig. 9

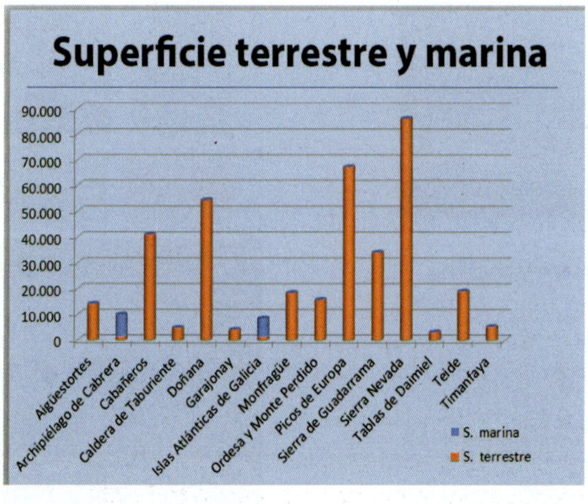

Fig. 10

Práctica 3. Incluir el resto de las diapositivas

Ejercicio 1. Incluir objetos de SmartArt

Fig. 11

Para cambiar la combinación de colores, selecciona el objeto y, en la pestaña superior **Herramientas de SmartArt**, haz clic en **Diseño**. Después, pulsa **Cambiar colores** y elige la combinación que desees.

SmartArt es una herramienta de PowerPoint que permite incluir en una presentación objetos gráficos prediseñados como ayuda en la exposición visual de una idea o tema. Estos objetos pueden ser diagramas de procesos, organigramas, etc.

1. En una nueva diapositiva, inserta un cuadro de texto y escribe el título "VALORES ECOLÓGICOS" siguiendo el modelo de las anteriores.
2. En el menú **Insertar** de la cinta de opciones, pulsa el botón **SmartArt**. Elige el modelo **Lista de imágenes horizontales** y pulsa **Aceptar**. El objeto se insertará en el centro de la dispositiva.
3. Haz clic en los recuadros inferiores y escribe los textos "FAUNA", "FLORA" y "GEOLOGÍA" con letra **Britannic Bold** de tamaño **32**.
4. Haz clic en los recuadros superiores e inserta en cada uno de ellos las fotos **P3_01_Lince.jpg**, **P3_02_Flora.jpg** y **P3_03_Fosil.jpg**. Ajusta el tamaño para que todo quede como en la figura 11.
5. Guarda la presentación como **P3_E1_nombreapellido**.

Ejercicio 2. Añadir el resto de las diapositivas

Utilizando las herramientas que has visto en los ejercicios anteriores, completa las nueve diapositivas de la presentación completa tal como se muestran a continuación. Puedes utilizar la opción del botón derecho **Duplicar diapositiva** para asegurarte de que los títulos quedan a la misma altura.

Encontrarás las imágenes que necesitas en la unidad 2 del CD virtual. Guarda tu presentación como **P3_E2_nombreapellido**.

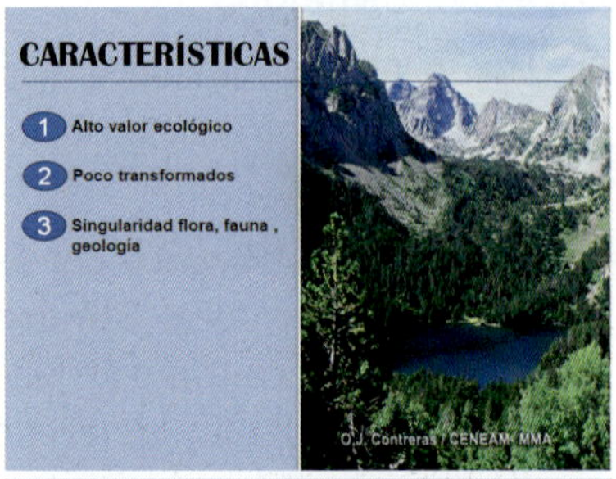

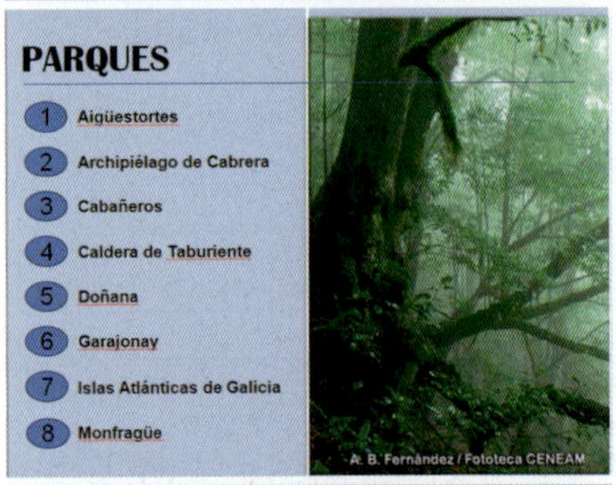

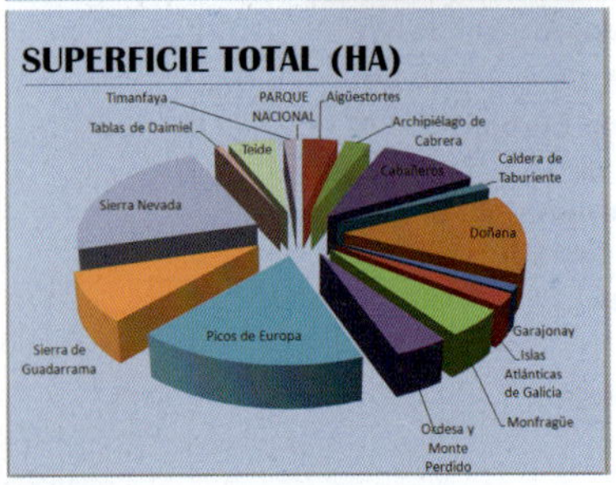

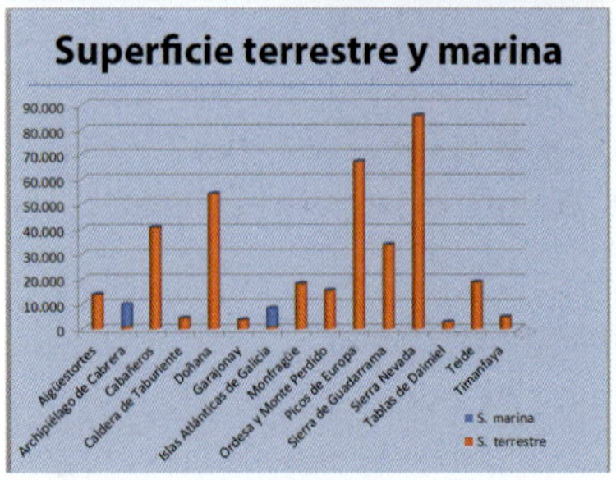

Práctica 4. Añadir efectos

Ejercicio 1. Efectos de animación

PowerPoint permite asignar una animación a cada uno de los elementos de una diapositiva.

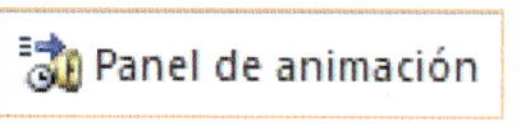

Fig. 12

1. Sitúate en la diapositiva 3 de la presentación que venimos elaborando en las prácticas anteriores. Selecciona el círculo 1 y el cuadro de texto correspondientes al párrafo "Alto valor ecológico". En el menú **Animaciones** de la cinta de opciones, haz clic en **Panel de animación**.
2. Con los dos objetos seleccionados, en el menú **Animaciones** selecciona **Desplazar hacia arriba**, y luego, un poco más a la derecha, en **Opciones de los efectos** elige **Desde arriba** (figura 12).
3. En el menú de la derecha, **Panel de animación**, utiliza el desplegable para seleccionar **Iniciar después de anterior** para el primer efecto e **Iniciar con anterior** para el segundo (figuras 13 y 14). Puedes pulsar **Reproducir** para tener una vista previa del efecto. Procede de la misma forma para los demás párrafos de esta diapositiva.
4. Ahora accede a la diapositiva 7 y selecciona el gráfico circular que elaboramos en la práctica 2. Personaliza para este objeto una animación que se produzca al hacer clic, de velocidad media y de efecto **Aumentar y girar**.
5. Guarda la presentación como **P4_E1_nombreapellido**.

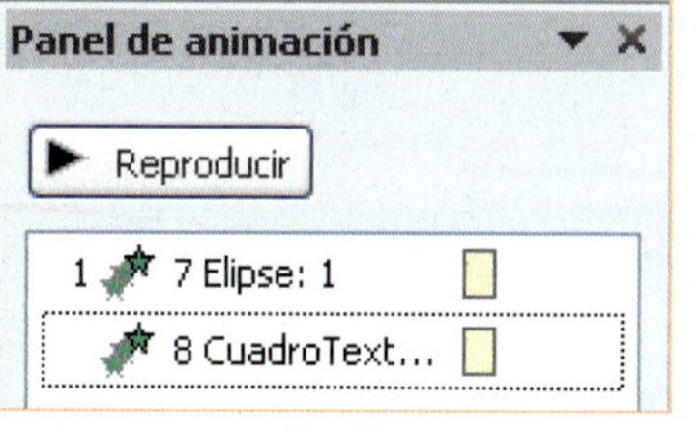

Fig. 13

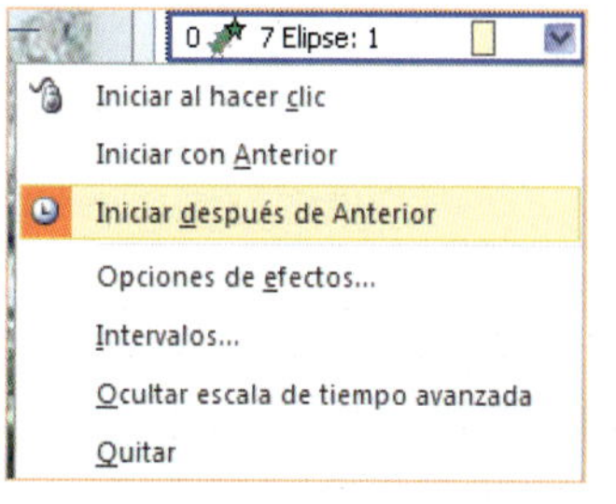

Fig. 14

Ejercicio 2. Efectos de transición

Los efectos de transición son efectos visuales que tienen lugar en una presentación cuando se pasa de una diapositiva a otra. Este recurso del programa puede afectar a una sola diapositiva o a toda la presentación.

Fig. 15

1. Sitúate en la primera diapositiva (portada) de la presentación que venimos elaborando.
2. En el menú **Transiciones** de la cinta de opciones, haz clic sobre la flecha que hay a la derecha de los diferentes efectos de transición de diapositivas. Se abrirá un cuadro que presenta distintos tipos de transiciones (figura 15). Selecciona **Galería** (si no aparece este efecto, puedes seleccionar otro cualquiera, como por ejemplo **Persianas horizontales**).
3. A continuación, en el apartado **Intervalos**, ajusta la duración de la transición a **2** segundos (figura 16).
4. También podemos determinar cómo queremos pasar de esta diapositiva a la siguiente: de forma manual (con ayuda del ratón) o bien automáticamente transcurridos unos segundos. Deselecciona **Al hacer clic con el mouse** y prueba la opción **Después de** asignándole **5** segundos.
5. Por último, tenemos la opción de **Aplicar a todo** el mismo tipo de transiciones (recomendable para no marear a la audiencia) pero en este ejercicio, para practicar, vamos a aplicar distintos efectos de transición a las otras diapositivas.
6. Guarda la presentación como **P4_E2_nombreapellido**.

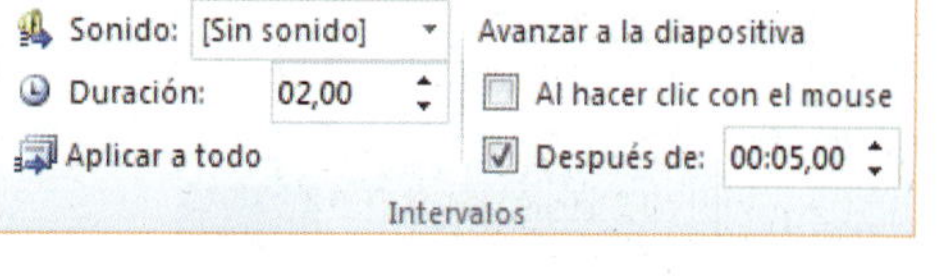

Fig. 16

Práctica 5. Presentación con Impress

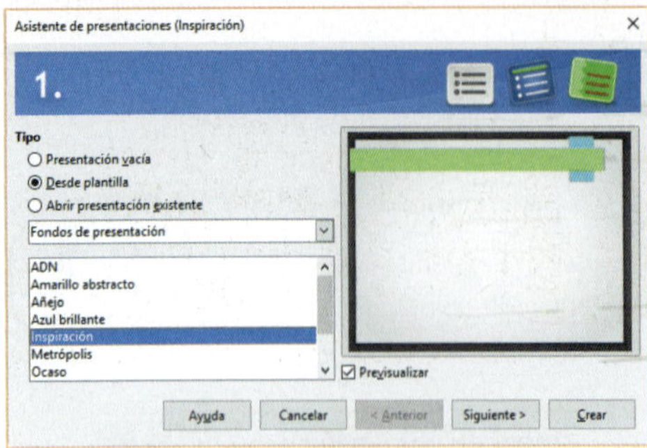

Fig. 17

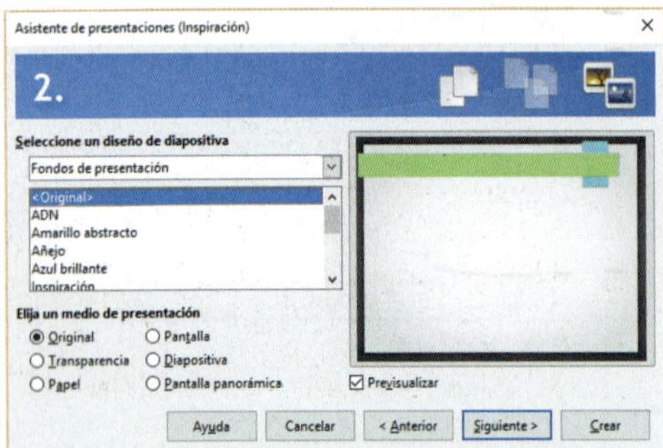

Fig. 18

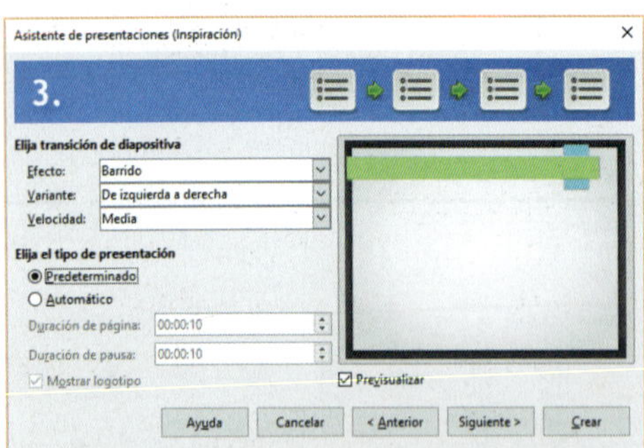

Fig. 19

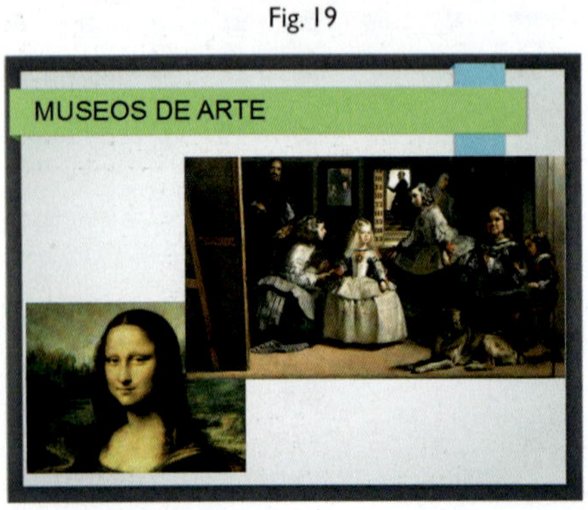

Fig. 20

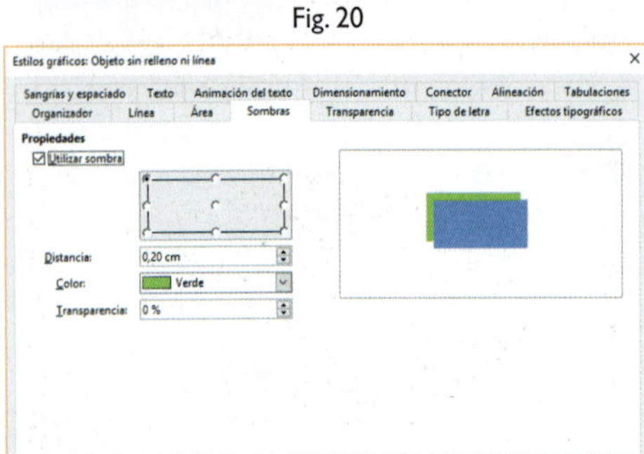

Fig. 21

Ejercicio 1. Crear las primeras diapositivas

Impress es un programa muy parecido a PowerPoint. Prácticamente todos los conceptos y herramientas que hemos visto para PowerPoint los puedes utilizar en Impress. La diferencia más importante es que Impress incorpora menos plantillas y generalmente dispone de menos recursos de diseño que su equivalente de Microsoft. Aun así, si vas a crear una presentación desde cero, este programa puede servirte sin ningún problema.

1. Abre Impress. Vamos a utilizar el asistente para crear nuestra primera presentación: ve a **Archivo** / **Asistentes** / **Presentación**.
2. Selecciona el tipo **Desde plantilla** y, en el desplegable elige **Fondos de presentación** y luego la opción **Inspiración** (figura 17). Pulsa **Siguiente**.
3. En el paso 2 del asistente, mantén el diseño de diapositiva **Original** (figura 18). Pulsa **Siguiente**.
4. En el paso 3, puedes establecer los efectos de transición. Escoge, por ejemplo, **Barrido** con la variante **De izquierda a derecha** y deja el intervalo en **Predeterminado** (figura 19). Pulsa **Siguiente**.
5. En el paso 4, debes escribir en los dos primeros apartados el título de la presentación: "MUSEOS DE ARTE". Pulsa **Siguiente**.
6. En el último paso, activa la casilla **Crear resumen** y pulsa el botón **Crear**. En este punto, el programa generará una presentación que ya dispone de dos diapositivas: la primera contiene el título y el subtítulo, y la segundo propone el índice.
7. Sitúate en la diapositiva 1 y elimina el subtítulo. Luego ve a **Insertar** / **Imagen** / **A partir de archivo** e inserta las imágenes **P5_01_Portada1.jpg** y **P5_01_Portada2.jpg** de la unidad 2 del CD virtual. Cámbiales el tamaño para que la diapositiva tome la apariencia de la figura 20.
8. Accede ahora a la diapositiva 2. Introduce el título "MUSEO DEL LOUVRE (PARÍS)", elimina el subtítulo e inserta la imagen **P5_02_Louvre.jpg**.
9. Selecciona la imagen del Louvre, con el botón derecho elige la opción **Editar estilo** y, en la pestaña **Sombras**, marca el ítem **Utilizar sombras** y escoge el de la esquina superior derecha. Como color, escoge un **verde** (figura 21).
10. Para crear el resto de las diapositivas (que se muestran en la página siguiente), ve a **Insertar** / **Diapositiva** en la barra de menú o pulsa el botón equivalente de la barra de herramientas. Las imágenes las encontrarás todas en la unidad 2 del CD virtual: **P5_03_British.jpg**, **P5_04_Metropolitan.jpg**, **P5_05_Vaticano.jpg** y **P5_06_Prado.jpg**.
11. Una vez creadas estas seis diapositivas, guarda la presentación como **P5_E1_nombreapellido.odp**.

Practica paso a paso

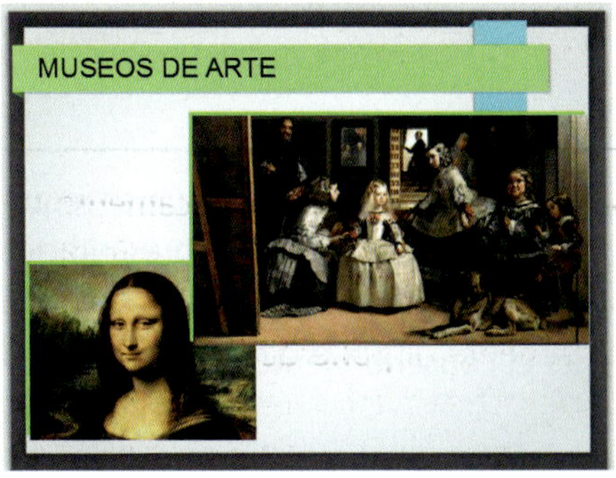

Ejercicio 2. Diagramas

1. Haz clic en **Nueva diapositiva**. Ve a **Insertar** / **Diagrama** o bien pulsa en el icono central la opción **Insertar un diagrama** (figura 22).
2. Haz clic con el botón derecho sobre el diagrama y selecciona **Tipo de diagrama** / **Círculo** / **Normal** (figura 23).
3. De nuevo haz clic con el botón derecho y selecciona ahora **Tabla de datos**. En las filas y las columnas escribe los datos que se muestran en la figura 24.
4. En la parte superior tienes una serie de iconos que te permiten insertar filas y columnas, eliminarlas, insertar líneas de texto, etc. Utiliza el de **Insertar filas** para el último museo.
5. Borra los datos que no necesites y pulsa **Aceptar**.
6. Puedes volver a editar los datos o el formato de éstos haciendo clic con el botón derecho y eligiendo **Editar**.
7. Selecciona el diagrama. Haz clic con el botón derecho y ve a **Insertar etiquetas de datos**. De nuevo con el botón derecho, elige **Formato de etiquetas de datos** y ve a la pestaña **Etiquetas de datos**. En el menú **Posicionamiento** elige **Fuera**. Y en la pestaña **Tipo de letra**, escoge el tamaño **16**.
8. Debe quedarte un diagrama como el de la figura 25.
9. Guarda la presentación como **P5_E2_nombreapellido.odp**.

Fig. 22

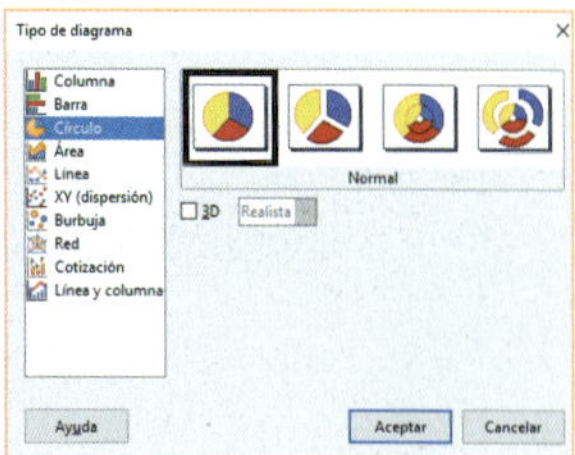

Fig. 23

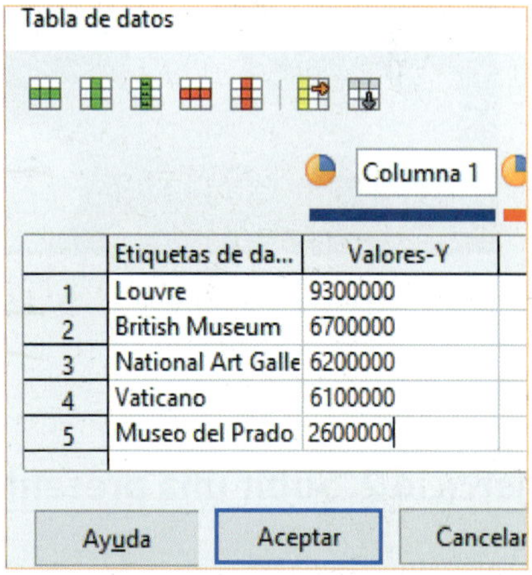

	Etiquetas de da...	Valores-Y
1	Louvre	9300000
2	British Museum	6700000
3	National Art Galle	6200000
4	Vaticano	6100000
5	Museo del Prado	2600000

Fig. 24

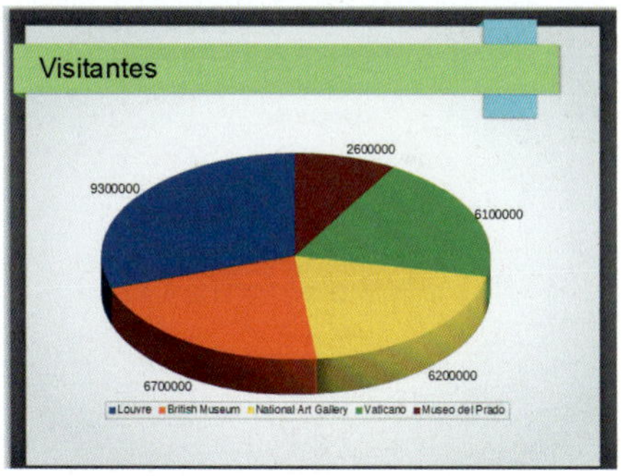

Fig. 25

Ahora que conoces Impress, ¿te atreverías a realizar las prácticas 1, 2, 3 y 4 pero usando este programa de LibreOffice en lugar de PowerPoint?

Práctica 6. Presentaciones online

Ejercicio 1. Crear una presentación en Prezi

Tranquility

Fig. 26

Fig. 27

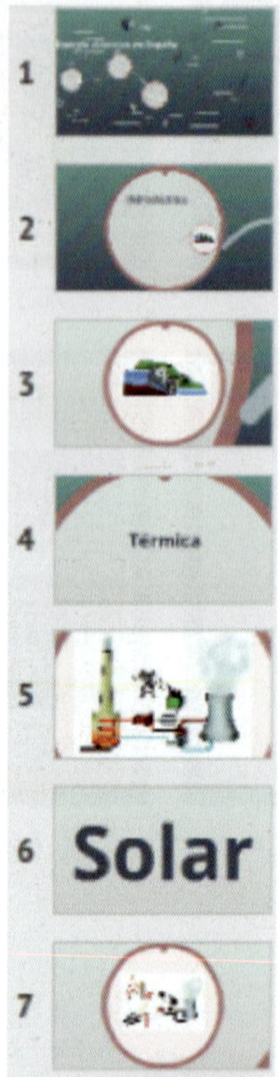

Fig. 28

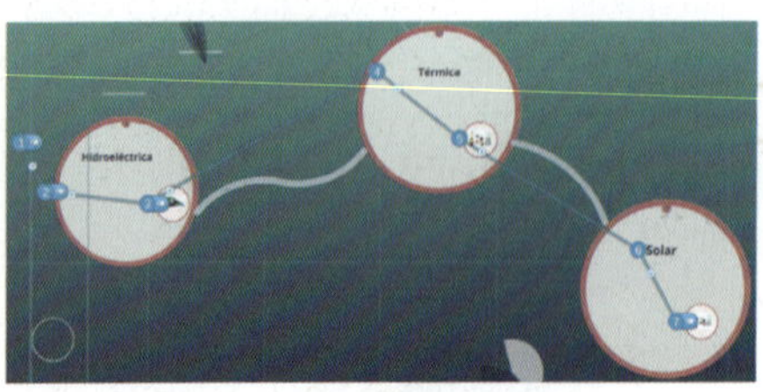

Fig. 29

Prezi es una herramienta online para crear presentaciones. El único requisito es registrarte; si lo haces desde una cuenta educativa, tus presentaciones podrán ser privadas y tendrás hasta 4 GB.

Para realizar esta práctica debes tener el consentimiento de tus padres o tutores legales.

1. Entra en *www.prezi.com* y pulsa el botón **Comienza**. Date de alta en Prezi Public (opción gratuita) y, una vez que te encuentres en la pantalla principal, selecciona **Crea un nuevo prezi**. Si te aparece en inglés, puedes cambiar el idioma pulsando **Español** en la parte inferior de la pantalla.
2. Elige una plantilla similar a la de la figura 26 (que se llama **Tranquility**) y pulsa **Usar plantilla**. Se abrirá el escritorio de trabajo con la plantilla que te mostrará algunas indicaciones de cómo usar Prezi.
3. En el escritorio de trabajo, haz clic para agregar un título en el sitio indicado y escribe "Energía eléctrica en España". Verás que en el margen se marca la diapositiva con un 1 (figura 27).
4. Cada diapositiva se corresponde con uno de los puntos del escritorio de trabajo. Haz clic en la primera diapositiva después del título, marcada con un 2, y escribe: "Hidroeléctrica". Ve a la diapositiva 3. En la parte central superior, haz clic en **Insertar** / **Imagen** y sube la imagen **P6_Hidroelectrica.jpg** de la unidad 2 del CD virtual. Céntrala y cámbiale el tamaño para que quede bien colocada en el círculo.
5. Inserta en las siguientes diapositivas los títulos "Térmica" y "Solar" y las imágenes **P6_Termica.jpg** y **P6_Solar.jpg**, respectivamente.
6. Debajo de las diapositivas, a la izquierda, haz clic en **Editar ruta**. Arrastra los números de cada uno de los objetos para que aproximadamente quede una ruta como la de la figura 29.
7. Guarda la presentación, sal de la pantalla de edición pulsando **Salir** y, sin salir de Prezi, pulsa **Descargar** para guardar una copia en tu carpeta local con el nombre **P6_nombreapellido.zip**.

Ejercicio 2. Subir una presentación a SlideShare

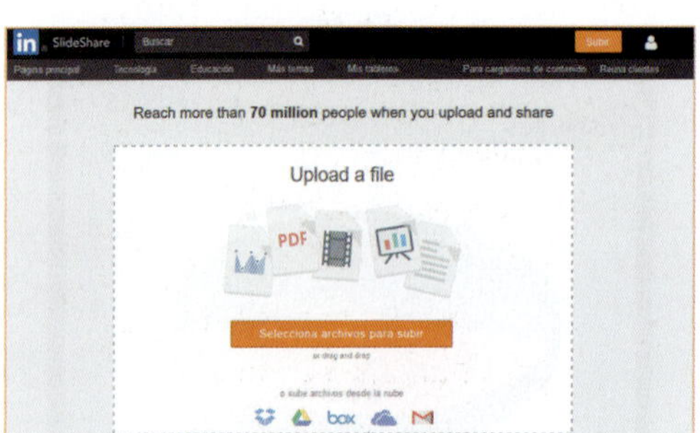

Fig. 30

SlideShare es un sitio web para almacenar y compartir presentaciones, documentos y vídeos.

1. Entra en *www.slideshare.net* y pulsa el botón **Sign up** para registrarte.
2. El menú de la parte superior es el que utilizaremos para subir presentaciones, descargarlas, ver nuestras favoritas, etc.
3. Pulsa el botón **Upload**. Deberás seleccionar una presentación pública, ya que las privadas están reservadas para las cuentas Premium. Selecciona una presentación de tu ordenador (figura 30).
4. Comprueba que el archivo ha subido correctamente. Pulsa en el enlace **Email** y envía la presentación a un compañero.
5. Recuerda siempre salir haciendo clic en **Log out**.

Práctica 7. Crear una presentación en Google

Para hacer esta práctica deberás tener el consentimiento de tus padres o tutores legales. Asimismo, recuerda leer detenidamente todas las condiciones de prestación de servicios.

1. Desde tu cuenta de Gmail, haz clic en **Aplicaciones de Google** (en el menú superior derecho) y, en el menú emergente, selecciona **Drive** (figura 31).
2. Despliega el menú **Nuevo** y elige la opción **Presentaciones de Google** (figura 32).
3. Para aplicar un tema a todas las diapositivas, pulsa sobre el botón **Tema** (figura 33) o ve a **Diapositiva** / **Cambiar tema** en el menú. En el menú desplegable que aparece, escoge un tema.
4. Vamos a crear una primera diapositiva como la que se muestra en la figura 34. Para ello, en **Haz clic para añadir un título** escribe el texto "Energía eléctrica en España". En la parte del subtítulo escribe tu nombre, tus apellidos y tu curso. Dale al texto un formato parecido al de la figura.
5. Para insertar nuevas diapositivas, haz clic en el botón + (en la parte superior izquierda).
6. Para insertar texto, puedes hacerlo donde pone "Haz clic para añadir un título" o bien puedes hacer clic sobre el icono que tiene una T. Escribe en una el título "HIDROELÉCTRICA".
7. Para insertar una foto en la presentación, haz clic en el centro de la diapositiva. Pulsa el icono **Imagen** (figura 35) y selecciona en la unidad 2 del CD virtual la imagen **P6_Hidroelectrica.jpg**. Ajusta el tamaño estirando de los cuadrados que aparecen en las esquinas y céntrala para que quede como se muestra en la figura 36.
8. Ve a **Diapositiva** / **Cambiar fondo** y cambia el fondo por uno amarillo a juego con la presentación.
9. Crea dos diapositivas más, con los textos "TÉRMICA" y "SOLAR", con las imágenes **P6_Termica.jpg** y **P6_Solar.jpg** y con un fondo azul y un fondo amarillo, respectivamente. En total, la presentación debe tener cuatro diapositivas (figura 37).
10. Sitúate en la primera diapositiva. En el menú superior, ve a **Diapositiva** / **Cambiar** transición. En el nuevo menú que se muestra a la derecha, selecciona una transición (por ejemplo, **Girar**) (figura 38). Aplica distintas transiciones a las demás diapositivas. Puedes visualizar tu presentación pulsando **Iniciar presentación**.
11. En la parte superior izquierda, donde pone "Presentación sin título", escribe **P7_nombreapellido**.
12. Pulsa el botón **Compartir** (arriba a la derecha) y comparte tu archivo con tres compañeros escribiendo sus direcciones de correo. Si tu profesor lo cree conveniente, comparte el documento también con él.
13. Finalmente, comprueba que podéis acceder varias personas al mismo documento.

Fig. 31

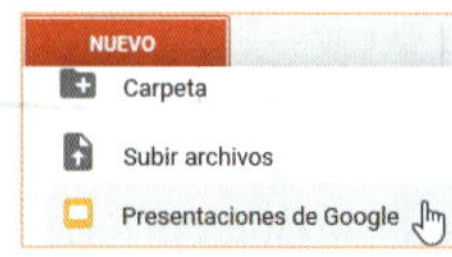

Fig. 32

Fig. 33

Fig. 34

Fig. 35

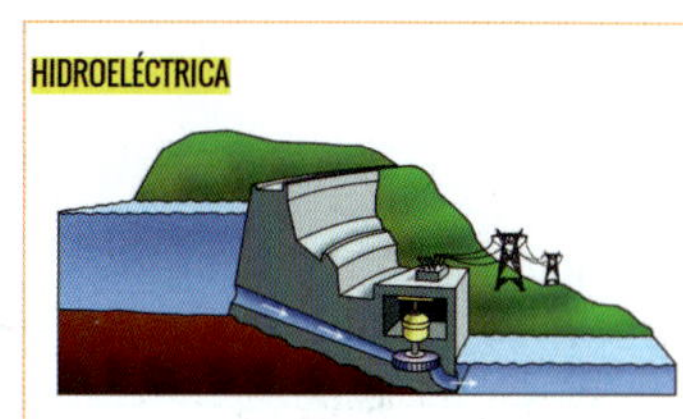

Fig. 36

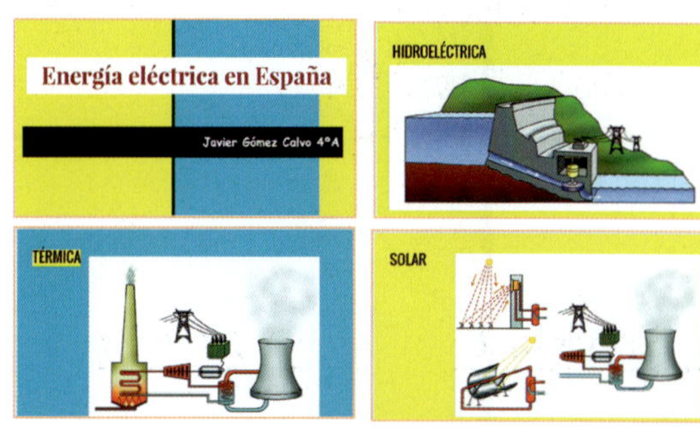

Fig. 37

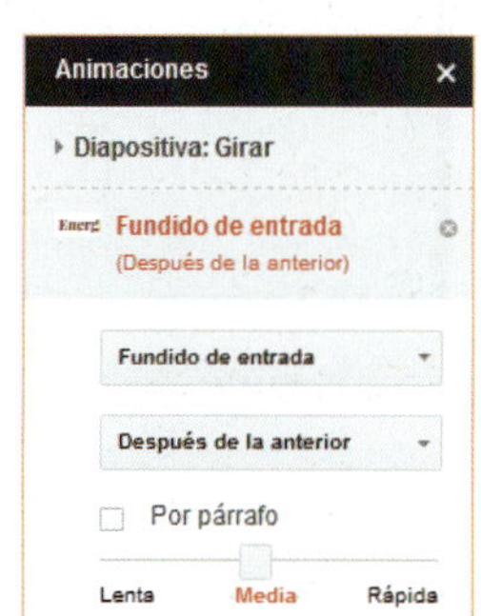

Fig. 38

5. Hojas de cálculo

Una **hoja de cálculo** es una aplicación informática que permite realizar operaciones matemáticas, trabajar con datos numéricos, hacer cálculos complejos con fórmulas y funciones y confeccionar gráficos. En este tema utilizaremos dos hojas de cálculo: **Microsoft Office Excel** y **LibreOffice Calc**.

Los archivos de una hoja de cálculo se denominan **libros de trabajo** y, como los libros reales, están formados por **hojas**. Éstas, por defecto, se llaman Hoja 1, Hoja 2, Hoja 3... y cada hoja tiene **filas** y **columnas**. Por ejemplo, una hoja de Excel 2010 tiene 1.048.576 filas y 16.384 columnas. Las filas se nombran con números (1, 2, 3...), y las columnas, con letras (A, B, C...). Para ver la hoja completa podemos movernos con las **barras de desplazamiento**.

Una **celda** es la caja que resulta de la intersección de una fila y una columna. Las celdas se denominan con una letra (que indica la columna a la que pertenece) y un número (que indica la fila a la que pertenece). Por ejemplo, **B6** es la **dirección** de la celda correspondiente a la intersección entre la columna **B** y la fila **6**, como indica la figura 1.

Formatos de los archivos

.xlsx Extensión utilizada por Microsoft Excel a partir de la versión 2007 (las anteriores usaban la extensión **.xls**).

.ods Extensión de las hojas de cálculo de LibreOffice y OpenOffice.

Aspecto de una hoja de cálculo

En general, el aspecto de las hojas de cálculo es el que se muestra a continuación (figuras 1 y 2, para Excel y Calc, respectivamente):

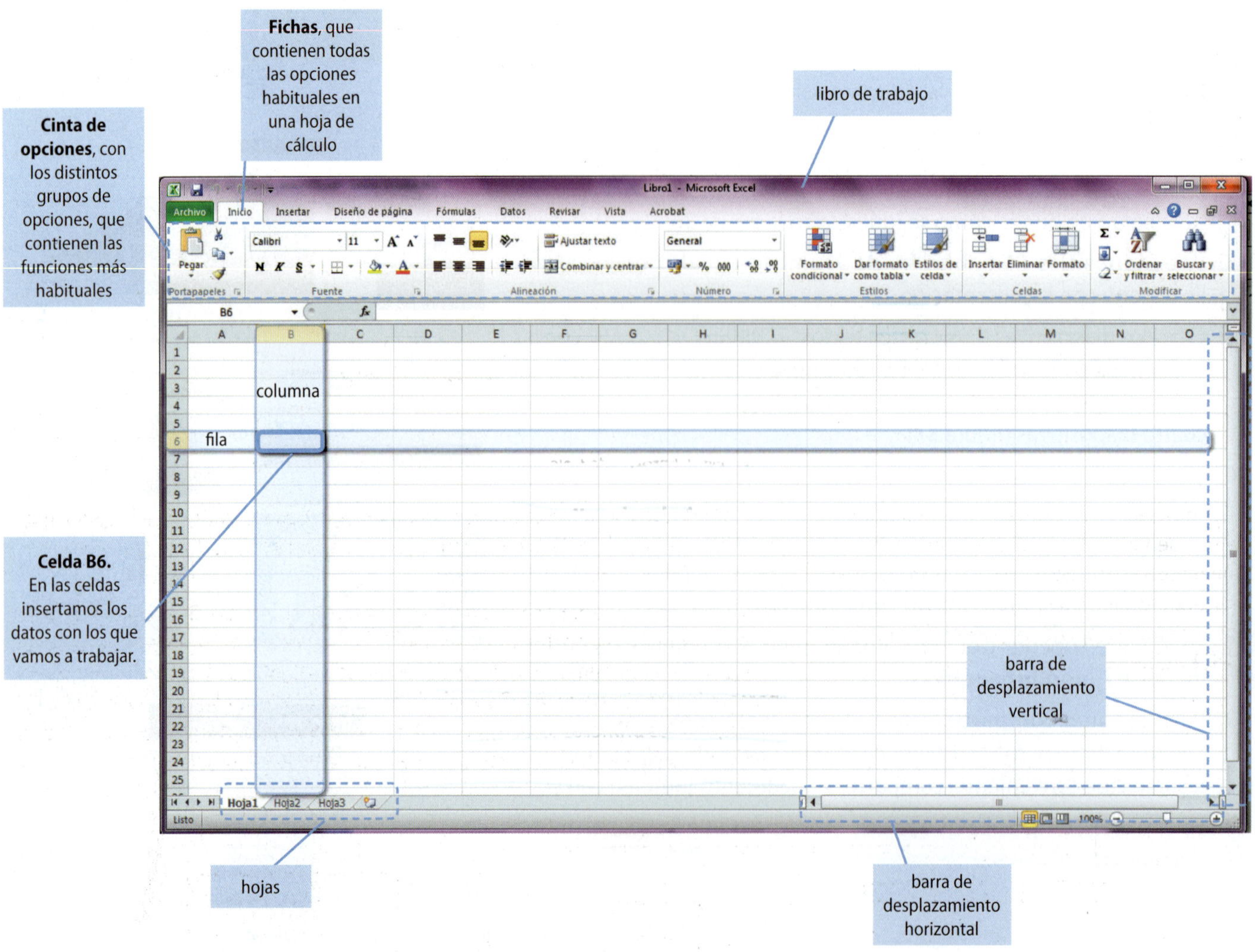

Fig. 1. Entorno de Excel.

Conoce

Para trabajar con una hoja de cálculo es importante conocer los siguientes elementos:

La **celda activa** es la que aparece seleccionada (con una línea más gruesa que el resto), y en ella introducimos los datos. Si tecleamos sobre una celda que no está activa, los datos no se introducirán.

Para **introducir datos** en una hoja de cálculo, primero debemos activar la celda donde vamos a introducirlos haciendo doble clic en ella. También podemos hacerlo a través de la barra de fórmulas.

Los tipos de datos que se pueden introducir en una hoja de cálculo son: **texto**, **números** (enteros, decimales, monedas...), **fechas** (con distintos formatos: 1-12-03, 01/12/03...), **horas** (formatos 8:30, 20:30:00...), **fórmulas** y **funciones**.

La **barra de fórmulas** es el espacio que permite introducir información en la celda seleccionada. Al hacer clic en la caja podemos:

- **Cancelar** lo que hemos escrito (equivale a pulsar **Supr** en el teclado).
- **Introducir el contenido** de lo escrito (equivale a pulsar **Intro** en el teclado).
- Desplegar el **menú de funciones**, como veremos posteriormente.

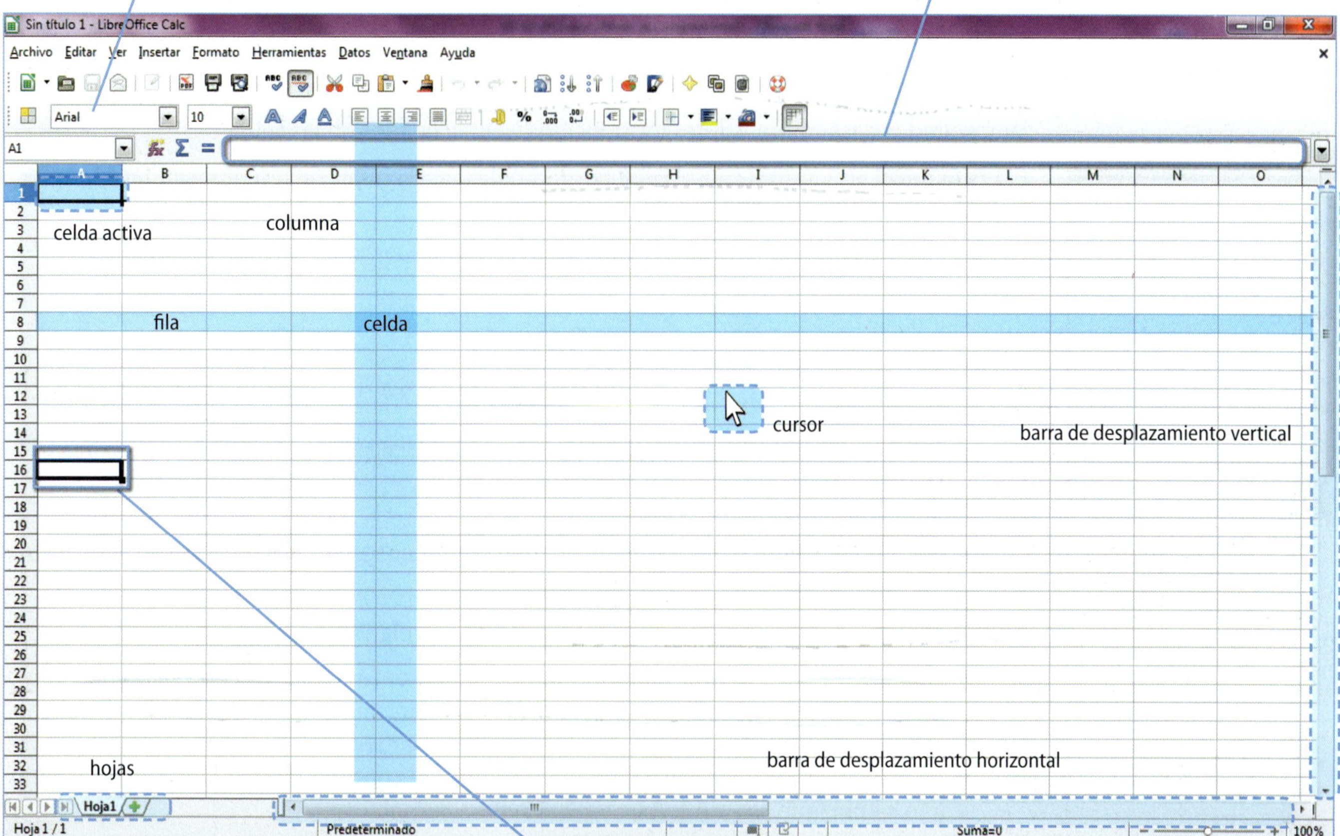

Fig. 2. Entorno de Calc.

Un **rango** es un conjunto de celdas contiguas dentro de una hoja. Se expresa con la dirección de dos celdas separadas por dos puntos, indicando el área que ocupa el rango. A continuación te mostramos tres ejemplos: **B3:B7**, **A2:C2** y **E2:G10**.

El **controlador de relleno** es un cuadradito que queda marcado en la esquina inferior derecha de una celda (o de un rango seleccionado) y que se utiliza para autocompletar celdas contiguas.

Nos permite introducir **series de datos** de forma rápida en las celdas contiguas: días de la semana (lunes, martes...), meses del año (enero, febrero...), números naturales o series que los contengan (1, 2, 3..., o bien Alumno 1, Alumno 2, Alumno 3...), números pares, números impares, etc. Para ello, basta con introducir el primer valor (en ocasiones, los dos primeros valores), hacer clic en el controlador de relleno y, sin soltar el ratón, estirar hasta abarcar todas las celdas que se quieran completar.

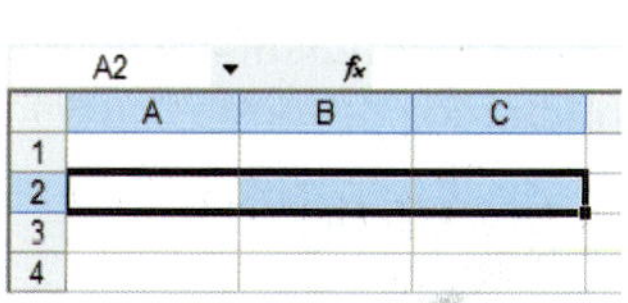

A2:C2

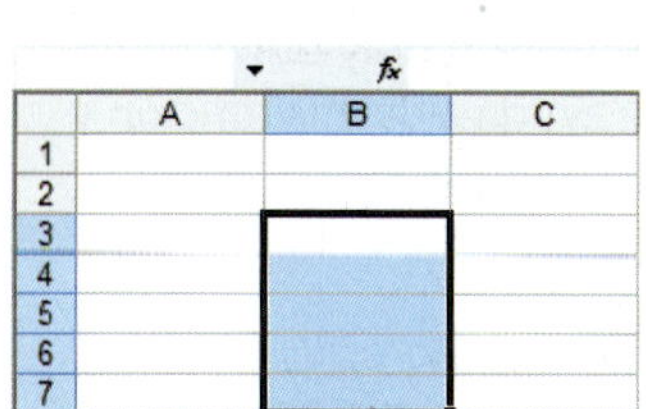

B3:B7

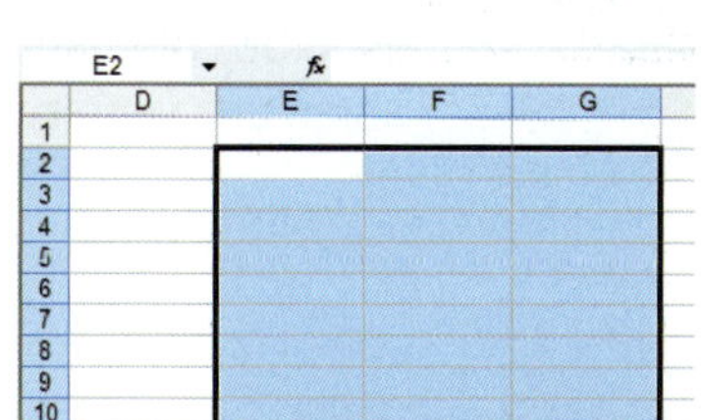

E2:G10

Operadores, fórmulas y funciones

En una hoja de cálculo se pueden usar operadores, fórmulas y funciones.

Los **operadores** de las hojas de cálculo pueden ser aritméticos y de comparación. Los **operadores aritméticos** realizan operaciones matemáticas básicas. Los **operadores de comparación** comparan dos valores y producen los valores "verdadero" o "falso".

El signo igual (=) es necesario para introducir una fórmula o función.

Operadores aritméticos	Operadores de comparación
+ Suma - Resta * Multiplicación / División ^ Potencia	= Igual < Menor que <= Menor o igual que > Mayor que >= Mayor o igual que <> Distinto a

Una **fórmula** es una expresión matemática que utiliza operadores aritméticos y sirve para calcular resultados basados en valores introducidos y almacenados en las celdas.

Las **funciones** son fórmulas que están predefinidas en las hojas de cálculo para facilitar el trabajo del usuario.

La forma de expresar una fórmula o una función es la siguiente:

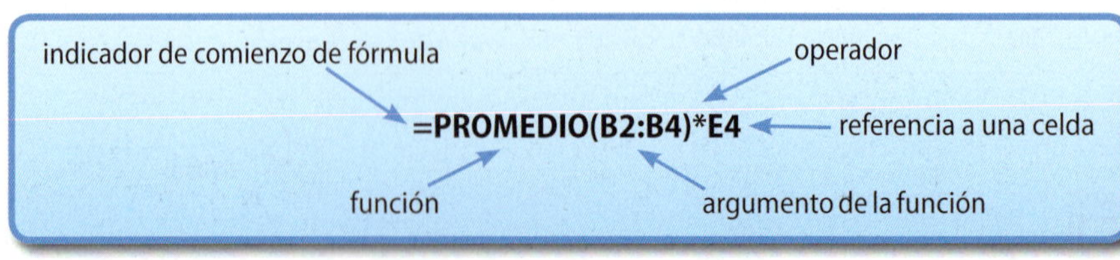

C
=A1+B1
=A2+B2
=A3+B3
=A4+B4
=A5+B5
=A6+B6
=A7+B7
=A8+B8
=A9+B9
=A10+B10

Fig. 3. Referencia relativa y controlador de relleno.

Como vemos en el ejemplo, las fórmulas pueden contener llamadas a otras celdas o incluso a todo un rango.

Una **referencia** es una llamada a una celda, y puede ser relativa y absoluta.

- La **referencia relativa** se llama así porque dentro de la fórmula llama a un valor relativo a una celda y sirve para que, cuando copiemos la fórmula con el controlador de relleno, esta referencia vaya variando. En el ejemplo al margen (figura 3), la fórmula utiliza valores relativos a las celdas **A1** y **B1**, y si usamos el controlador de relleno, estos valores irán cambiando a **A2**, **A3**, **A4**... y **B2**, **B3**, **B4**..., respectivamente.
- La **referencia absoluta** llama a celdas que se mantienen constantes al copiar la fórmula con el controlador de relleno. Se distinguen de la referencia relativa por el signo **$**. Así, en el ejemplo (figura 4), si en lugar de **A1** y **B1** escribimos **$A$1** y **$B$1**, la referencia se hará siempre a las celdas **A1** y **B1** y se mantendrá constante al copiar la fórmula con el controlador de relleno.

E
=$A$1+$B$1
=$A$1+$B$1
=$A$1+$B$1
=$A$1+$B$1
=$A$1+$B$1
=$A$1+$B$1
=$A$1+$B$1
=$A$1+$B$1
=$A$1+$B$1
=$A$1+$B$1

Fig. 4. Referencia absoluta y controlador de relleno.

Para **insertar una fórmula o función** podemos:

- Escribirla directamente en la barra de fórmulas.
- Hacer clic en el menú o ficha **Insertar** y escoger **Función**.
- Utilizar el botón **Insertar función** de la barra de herramientas.

Botón **Insertar función** de la barra de herramientas

Estas dos últimas opciones son muy útiles cuando no se usa habitualmente la función, ya que abren una ventana que ayuda a usar la función y los argumentos de forma correcta.

Gráficos

Botón **Asistente para gráficos** de la barra de herramientas

Los **gráficos** de una hoja de cálculo permiten representar gráficamente los datos, lo que facilita la elaboración de conclusiones.

Las hojas de cálculo incorporan un asistente que nos guía paso a paso en la elaboración del gráfico. Para abrirlo, vamos al menú o ficha **Insertar** y seleccionamos **Gráfico**. Siguiendo el asistente, podemos elegir un gráfico estándar o bien uno personalizado.

Los **elementos de un gráfico** son los que se muestran a continuación:

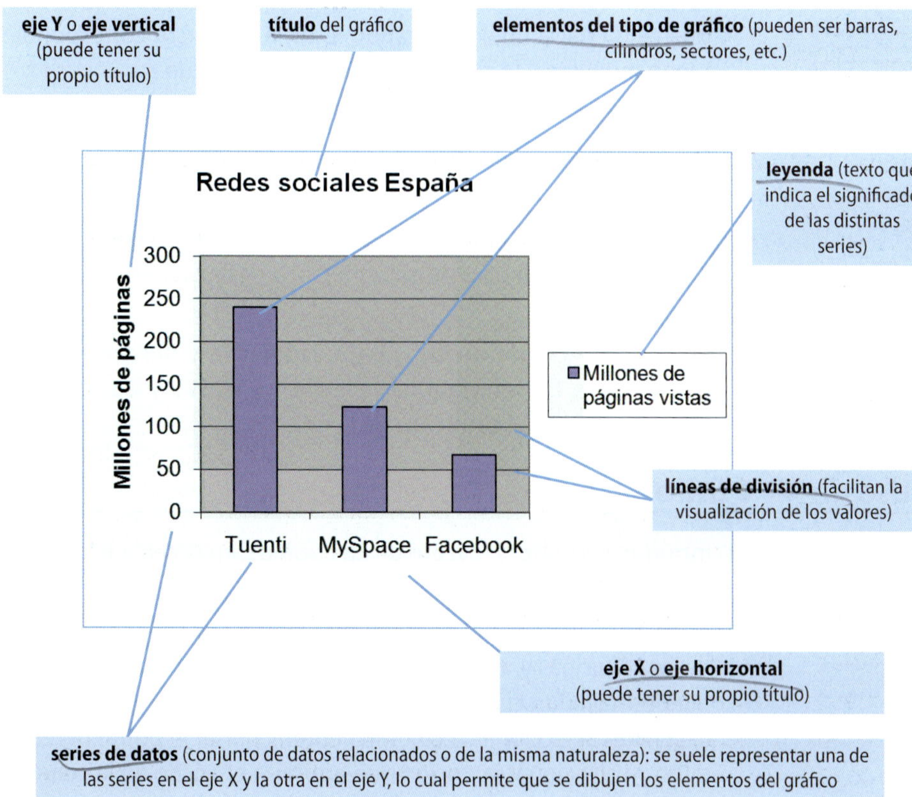

Cuando se crea un gráfico, es necesario seleccionar el tipo que más se adecue a la naturaleza de los datos representados o del análisis posterior que se quiera hacer. A grandes rasgos, los gráficos disponibles en una hoja de cálculo son los siguientes:

- Gráficos de barras (horizontales o verticales)
- Gráficos circulares o de sectores
- Gráficos de dispersión
- Gráficos de líneas
- Gráficos de superficie

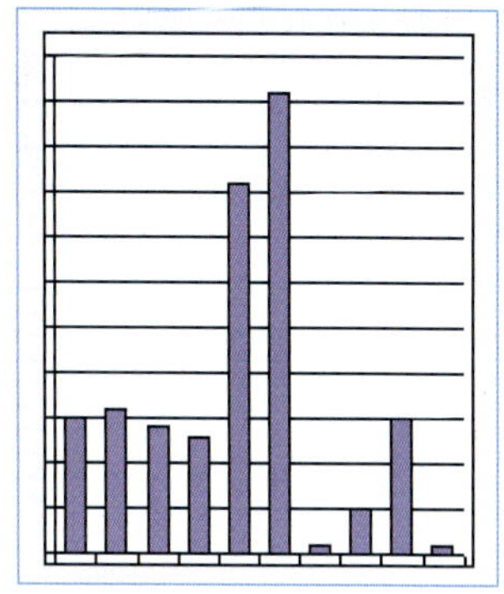

Fig. 5. Gráfico de barras.

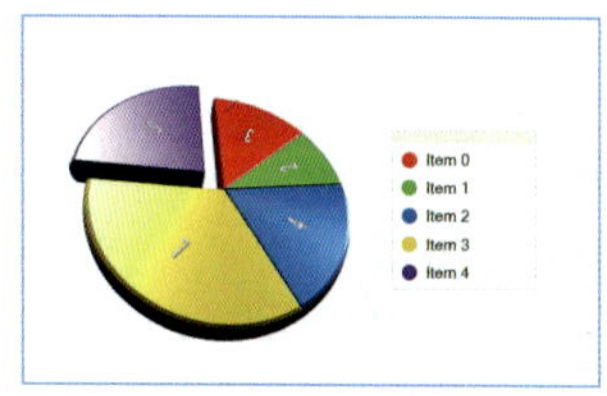

Fig. 6. Gráfico circular o de sectores.

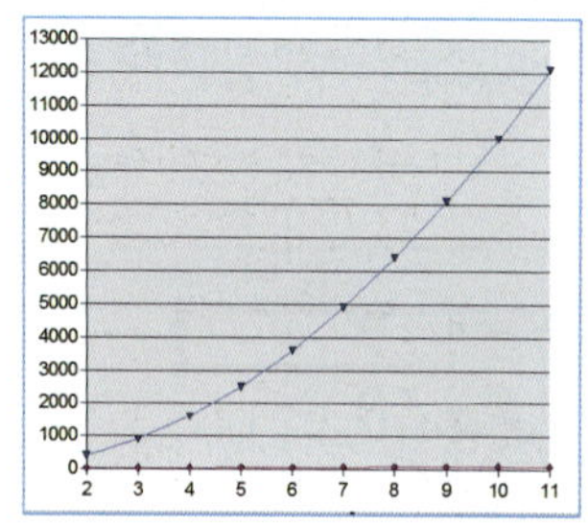

Fig. 7. Gráfico de dispersión.

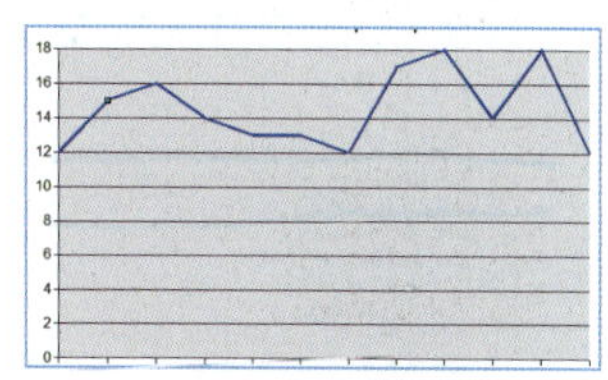

Fig. 8. Gráfico de líneas.

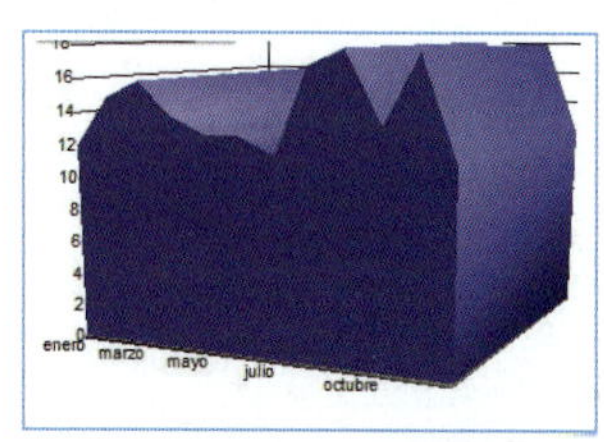

Fig. 9. Gráfico de superficie.

Práctica 1. Comenzar con la hoja de cálculo

Ejercicio 1. Introducir datos y moverse por la hoja

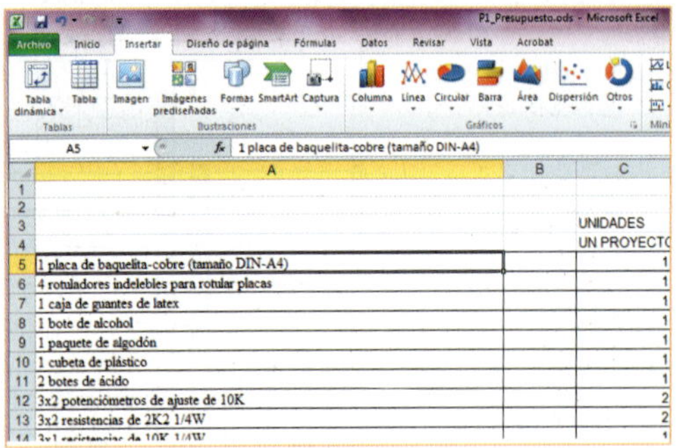

Fig. 10.

1. Abre el archivo **P1_Presupuesto.xlsx** de la unidad 2 del CD virtual.
2. En la celda **A1**, escribe el título "Presupuesto" (figura 10). Para hacerlo puedes hacer doble clic sobre dicha celda o bien situarte en ella y luego escribir en la **barra de fórmulas**.
3. Vamos a movernos por la hoja utilizando el teclado. Para ello, **activa la celda** en la que has escrito (**A1**) haciendo clic sobre ella. Muévete una celda hacia abajo utilizando la tecla de cursor correspondiente; luego muévete a la derecha, arriba y a la izquierda.
4. Ahora desplázate una celda hacia abajo usando la tecla **Intro**.
5. Desplázate de nuevo una celda hacia la derecha, ahora con el **tabulador**.
6. Pulsa **Ctrl + Inicio** para desplazar el foco hasta el comienzo de la hoja y luego **Ctrl + Fin** para desplazar el foco hasta la última celda utilizada en la hoja.
7. Pulsa **Ctrl + cursor arriba**, **abajo**, **izquierda** y **derecha** desde distintas celdas. Debes llegar hasta la fila **1.048.576** y la columna **XFD**. Después regresa al comienzo de la hoja

Ejercicio 2. Dar formato. Uso de Alt + Intro

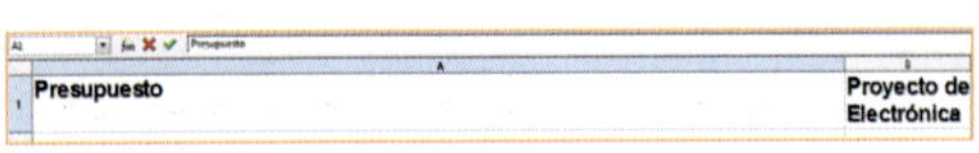

Fig. 11.

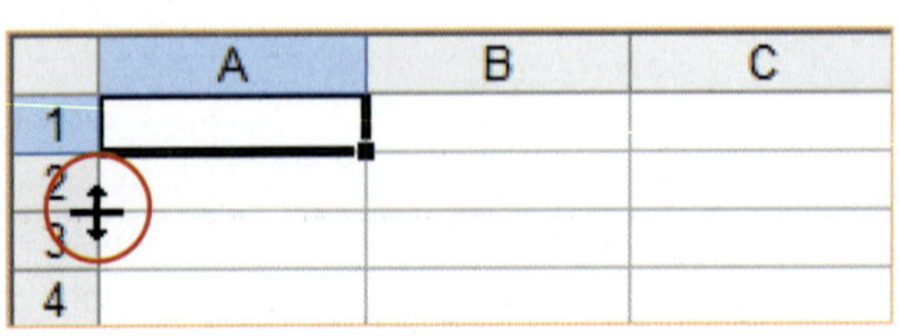

Fig. 12. Forma del puntero para ajustar el texto a la celda.

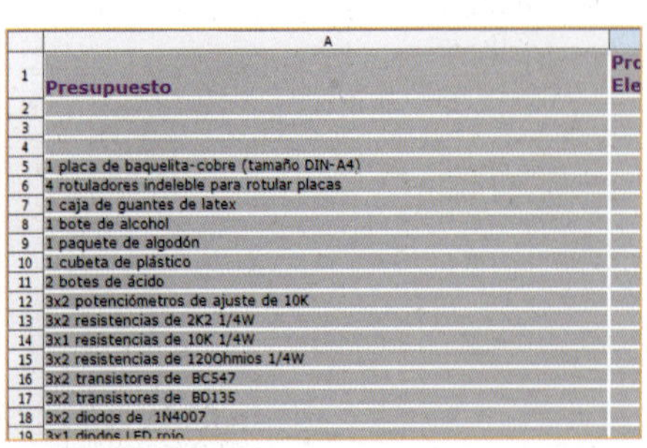

Fig. 13.

Borde

Color de fondo

Color de fuente

Corrector ortográfico

Combinar celdas

1. Introduce el texto "Proyecto de Electrónica" en la celda **B1**.
2. Ajusta el ancho de la columna para que quepa el texto entero en la celda. Para ello, sitúa el puntero justo en la línea que separa los títulos de las columnas y, cuando cambie el puntero, haz doble clic (también puedes hacer un clic y estirar hasta donde te interese). Otra forma de hacerlo es seleccionar la columna entera, pulsar el botón derecho del ratón y seleccionar la opción que optimiza el ancho de la columna.
3. Otra forma de hacer que quepa el texto es introducir un **salto de línea**. Para ello, selecciona la celda **B1** y haz doble clic justo antes de la palabra **Electrónica** (en la barra de fórmulas basta con hacer clic). Pulsa **Alt + Intro** y te quedará como en la figura 11 (en una hoja de cálculo, si sólo pulsamos **Intro** se entiende como una entrada de dato y no como un salto de línea).
4. Vamos a dar formato a la hoja. Selecciona todo el presupuesto, haz clic con el botón derecho del ratón sobre la zona seleccionada y elige la opción **Formato de celdas**.
5. En **Fuente**, asigna a toda la tabla la fuente **Verdana**, estilo **Normal** y tamaño **11**. Elige el **borde**, el **color de fondo** y el **color de fuente** necesarios (seleccionando las opciones correspondientes en las distintas solapas o bien en los botones de la barra de herramientas) hasta que tu hoja quede como en la figura 13.
6. Para mejorar el aspecto de una hoja, puede ser necesario agrupar varias celdas en una sola. Esta opción se llama **combinar celdas**, y el proceso contrario se denomina **dividir celdas**. Selecciona las celdas **C3** y **C4** y pulsa el botón de la barra de herramientas para combinarlas. Después combina las celdas **D3** y **D4**, **E3** y **E4**, **F3** y **F4**, y **G3** y **G4**.

Ejercicio 3. Formato condicional

1. Vamos a dar **formato condicional**, de manera que, en la columna **G**, el precio aparezca en rojo si es mayor de 5 euros.
2. El siguiente paso es **crear el estilo** de formato que queremos dar. Para ello, ponte en una celda vacía, haz clic con el botón derecho y elige la opción **Formatear celdas**. En la solapa **Efectos de fuente**, selecciona como color de fuente el color rojo y pulsa **Aceptar**.
3. En el menú **Formato**, elige la opción **Estilo y formato**. Haz clic en el icono **Nuevo estilo a partir de selección** (figura 14). Escribe el nombre del nuevo estilo: "Mayor que 5".
4. Selecciona la columna **G** y, en el menú **Formato**, elige **Formato condicional**. En la **Condición 1**, selecciona **El valor de la celda**, **mayor que** y **5** (figura 15); y en **Estilo de celda** selecciona **Mayor que 5** (es el que has creado en el paso anterior). Pulsa **Aceptar** y observa cómo los valores mayores que 5 ahora están en color rojo.

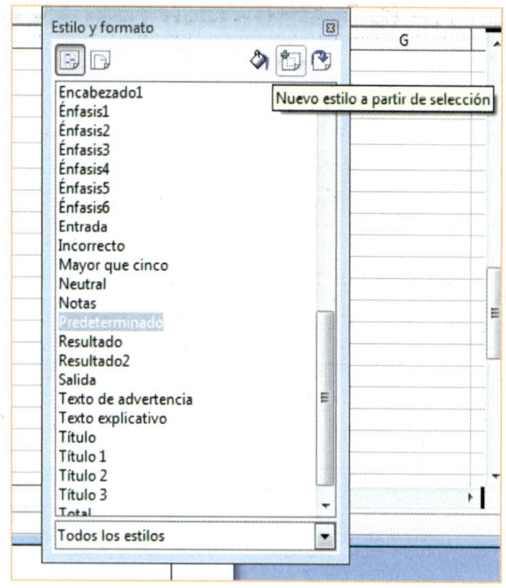

Fig. 14. Nuevo estilo a partir de selección.

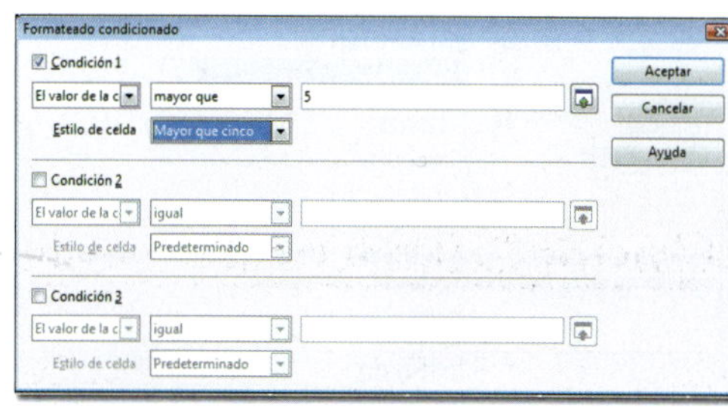

Fig. 15

Ejercicio 4. Insertar hojas. El controlador de relleno

1. Inserta otra hoja haciendo clic con el botón derecho sobre el nombre de la hoja (figura 16). Selecciona la opción **Insertar hoja**; en la ventana emergente, elige **Detrás de la hoja actual** y en **Nombre** escribe "Controlador de relleno".
2. En la nueva hoja vamos a utilizar una herramienta que nos permite completar una serie: el **controlador de relleno**. Escribe en una celda la palabra **enero** y sitúa el puntero en la esquina inferior derecha de la celda, sobre el controlador de relleno, hasta que el puntero se convierta en una cruz.
3. Haz clic y estira hacia abajo hasta completar los meses del año.
4. Ahora introduciremos otras series de datos. Verás que en algunas necesitarás introducir dos valores, y no uno solo, para completarlas. Prueba con las siguientes series de datos:
   - Números naturales (1, 2, 3...)
   - Números pares
   - Números impares
   - Días de la semana
   - Alumno 1, Alumno 2, Alumno 3...
5. Guarda el libro como **P1_nombreapellido.xlsx**.

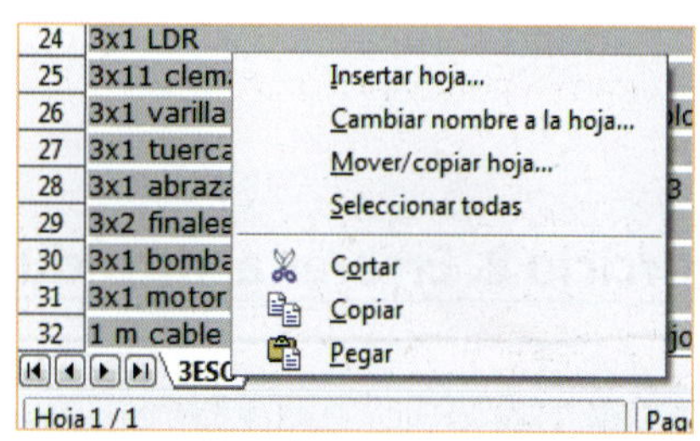

Fig. 16

Fig. 17

Práctica 2. Introducir operaciones. Errores

Ejercicio 1. Utilizar la hoja como calculadora

Operadores aritméticos

+ Suma
- Resta
* Multiplicación
/ División
^ Potencia

Vamos a familiarizarnos con las fórmulas introduciéndolas y usando una hoja de cálculo como calculadora. Debes tener en cuenta la prioridad de los operadores en una expresión matemática: primero se realizan las potencias, luego las multiplicaciones y divisiones, y, por último, las sumas y restas. Para romper la prioridad, se deben usar paréntesis.

1. Abre una hoja de cálculo nueva. En la celda **C3**, queremos realizar la siguiente operación matemática: $\mathbf{25 + 15 \times 3^2}$. Para ello, selecciona la celda **C3** y escribe la siguiente expresión: **=25+15*3^2** (el símbolo ^ se obtiene pulsando a la vez **Shift** y la tecla que lo contiene, pero no aparece hasta que se escribe el siguiente carácter, en este caso el 2).
2. Pulsa **Intro** y comprueba que el resultado es **160**.
3. Selecciona con un clic la celda **C3** y observa cómo ha cambiado el valor en la celda a **160**, mientras que se mantiene la expresión matemática en la barra de fórmulas.
4. Haz doble clic en la celda **C3** y observa que ahora sí aparece la expresión matemática en la celda, en lugar del resultado.
5. Observa la prioridad en las operaciones: primero se ha realizado la potencia, después la multiplicación y, por último, la suma.
6. En la celda **D3**, realiza la operación $\mathbf{(25 + 15 \times 3)^2}$ y comprueba que el resultado es **4.900**.
7. Selecciona la celda **E3** e introduce la expresión **=(5^2+4^6)/(27-3)**.
8. Copia en la celda **F3** la expresión anterior eliminando los paréntesis y comprueba el resultado. Analiza qué operación se ha realizado siguiendo el orden de prioridad.
9. Selecciona la celda **F3** haciendo clic con el botón derecho sobre ella. En el menú contextual elige **Formato de celdas**. En la solapa **Número**, selecciona la categoría **Número** y en **Posiciones decimales** escoge **3** (figura 18). Pulsa **Aceptar** y observa cómo ha cambiado el resultado.

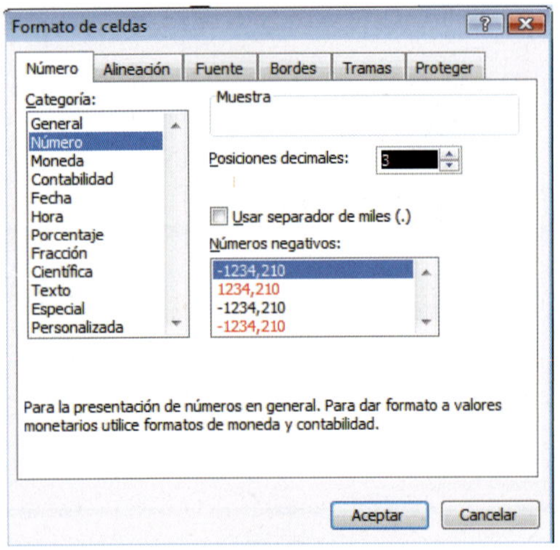

Fig. 18

Ejercicio 2. Errores al introducir fórmulas

Las hojas de cálculo nos avisan cuando cometemos algún error al introducir un dato o si hacemos alguna operación no permitida en el programa. En Excel, los mensajes de error son como los que recoge la figura 19.

1. Sitúate en otra hoja del libro, introduce una fórmula en la que dividas por cero y observa el error que te aparece.
2. Guarda el libro como **P2_nombreapellido.xlsx**.

######	El ancho de celda no permite mostrar el contenido o se han usado una fecha o una hora negativas.
#¡VALOR!	Se ha usado un tipo de argumento o de operando incorrecto.
#NOMBRE?	No se reconoce el texto de la fórmula.
#REF!	La referencia de celda no es válida.
#N/A:	Un valor no está disponible para una función o una fórmula.
#NUM!	Se han escrito valores numéricos no válidos en una fórmula o función.
#DIV/0!	Se ha dividido por cero.

Fig. 19. Errores en Excel.

Práctica 3. Presupuesto, hoja de proceso y distribución de tareas

Vamos a realizar un libro con tres hojas, en cada una de las cuales crearemos los correspondientes documentos incluidos en la **memoria** de los proyectos de Tecnología: un **presupuesto**, una **hoja de proceso** y una **distribución de tareas**.

1. Abre un nuevo libro. Haz clic con el botón derecho sobre la solapa **Hoja 1**, elige la opción **Cambiar nombre** y llámala "Presupuesto". Repite el proceso con las dos hojas siguientes, llamándolas "Hoja de proceso" y "Distribución de tareas", respectivamente.

Componente	Cantidad	Precio	Coste
Tablero de contrachapado	2	1,50 €/unidad	3,00 €
Tornillos	8	0,20 €/unidad	1,60 €
		Total	4,60 €
		21% IVA	0,96 €
		Coste total	**5,56 €**

Fig. 20. Presupuesto.

Presupuesto

2. Vuelve a la hoja **Presupuesto** haciendo clic en su solapa.
3. En la celda **A1** introduce el texto "COMPONENTE" y, desde ahí, el resto de los datos de la figura 20, excepto los datos de la columna **Coste**, que introduciremos como fórmulas más adelante. Para las celdas **Total**, **21% IVA** y **COSTE TOTAL**, utiliza la opción **Combinar celdas**.
4. En la celda **D2**, introduce la fórmula **=B2*C2** y pulsa **Intro**.
5. Selecciona la celda **D2**, haz clic en su controlador de relleno y estira hasta la celda **D3** para que se autocomplete.
6. En la celda **D4**, introduce la fórmula **=D2+D3** y pulsa **Intro**.
7. En la celda **D5**, introduce la fórmula **=0,18*D4** y pulsa **Intro**.
8. En la celda **D6**, introduce la fórmula **=D4+D5** y pulsa **Intro**.
9. Selecciona el rango **D2:D6**. Haz clic con el botón derecho, selecciona **Formato de celdas** y, en la solapa **Número**, selecciona la opción **Moneda**. Pulsa **Aceptar** para que aparezca el valor en euros.
10. Establece el color de fuente, el color de fondo y los bordes para que te quede un presupuesto como el de la figura 20.
11. Pasa el corrector ortográfico a la hoja.

Combinar celdas

Color de fuente

Color de fondo

Bordes

Corrector ortográfico

Hoja de proceso

12. Ve a la hoja **Hoja de proceso** haciendo clic en su solapa.
13. Introduce los datos de la figura 21. En la columna **Dibujo** deberás insertar la imagen **P3_Dibujo.jpg** que encontrarás en el CD virtual. Para ello accede a **Insertar / Imagen / Desde archivo** y selecciona dicha imagen.
14. Establece el color de fuente, el color de fondo y los bordes para que te quede una hoja de proceso como la de la figura 21.
15. Pasa el corrector ortográfico a la hoja.

Pieza	Dibujo	Materiales y herramientas	Operaciones	Alumno	Tiempo	Observaciones
Base del portalibros	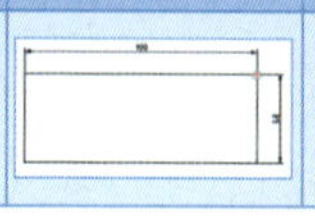	Madera de contrachapado Lápiz y regla Segueta Lima Papel de lija	1. Dibujar la forma 2. Cortar con la segueta 3. Limar y lijar los bordes	1. Hugo 2. Marga 3. Begoña	20 min.	Hemos dejado un margen en la medida porque al cortar no somos muy precisos.

Fig. 21. Hoja de proceso.

Distribución de tareas

16. Ve a la hoja **Distribución de tareas** haciendo clic en su solapa.
17. Introduce los datos de la figura 22. Establece el color de fuente, el color de fondo y los bordes para que te quede una hoja de distribución de tareas como la de dicha figura.
18. Pasa el corrector ortográfico a la hoja.
19. Guarda el libro como **P3_nombreapellido.xlsx**.

	Operación	Material	Herramientas	Alumno	Tiempo
1	Dibujar la base	Madera	Lápiz y regla	Ana	5 minutos
2	Cortar la base	Madera	Segueta	Miguel	15 minutos

Fig. 22. Distribución de tareas.

Práctica 4. Funciones y gráficos en Excel

Ejercicio 1. Aprender a usar funciones

Las **funciones** son fórmulas que están predefinidas en las hojas de cálculo para facilitar el trabajo del usuario.

1. Abre un libro nuevo.
2. Introduce los valores de la intensidad de la figura 23 en las celdas correspondientes, usando el controlador de relleno.

	A	B	C
1	Valor de la resistencia= 2 Ω	Intensidad (I) en Amperios	Voltaje (V) en Voltios
2		0,0	
3		0,1	
4		0,2	
5		0,3	
6		0,4	
7		0,5	
8		0,6	
9		0,7	
10		0,8	
11		0,9	
12		1,0	
13		1,1	
14		1,2	
15		1,3	
16		1,4	
17		1,5	
18		1,6	
19		1,7	
20		1,8	
21		1,9	
22		2,0	

Fig. 23

3. Vamos a utilizar la ecuación $V = R \times I$, introduciéndola en la hoja como función. Para ello, selecciona la celda **C2** y, en el menú **Insertar**, selecciona **Función**.
4. En **Categoría**, selecciona **Matemáticas**. En **Función**, elige **PRODUCTO**. Pulsa **Siguiente**.
5. En **Número 1** introduce el valor **2**. En **Número 2** introduce **B2**. Pulsa **Aceptar**.
6. Utiliza el controlador de relleno para completar toda la columna.
7. Vamos a repetir los pasos anteriores, para una resistencia de 3 Ω.
8. Escribe un **3** en la celda **D2**.
9. Repite los pasos para insertar una función, pero ahora en **Número 1** introduce **$D$2** y en **Número 2** introduce **B2**. Pulsa **Aceptar.**
10. Utiliza el controlador de relleno para completar toda la columna. Observa cómo hemos realizado una referencia absoluta a la celda **D2** y cómo este valor permanece constante al utilizar el controlador de relleno.
11. Guarda el libro como **P4_nombreapellido.xlsx**.

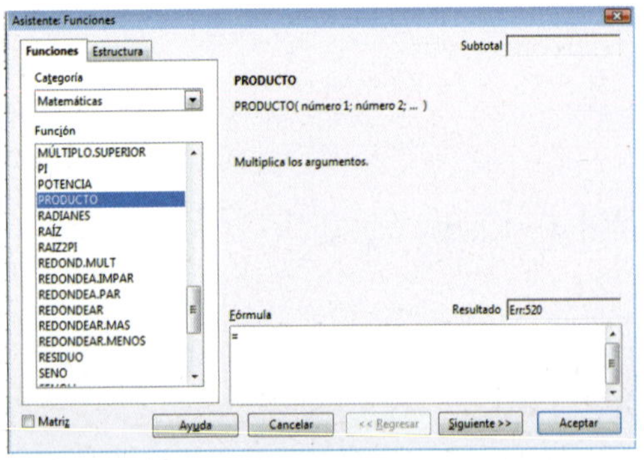

Fig. 24

B	C	D	
ensidad (I) en Amperios	Voltaje (V) en Voltios	R= 3 Ω	Intensidad
0,0	=PRODUCTO(2;B2)	3	
0,1	=PRODUCTO(2;B3)		
0,2	=PRODUCTO(2;B4)		
0,3	=PRODUCTO(2;B5)		
0,4	=PRODUCTO(2;B6)		
0,5	=PRODUCTO(2;B7)		
0,6	=PRODUCTO(2;B8)		
0,7	=PRODUCTO(2;B9)		
0,8	=PRODUCTO(2;B10)		

Fig. 25

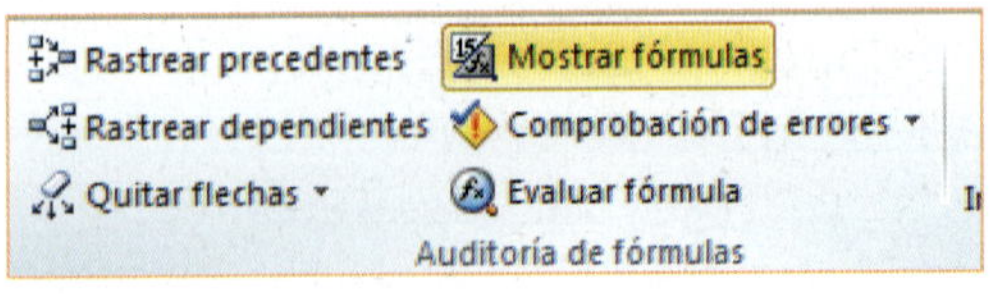

Fig. 26. Mostrar fórmulas.

Ejercicio 2. Ver fórmulas

Esta herramienta nos permite ver las fórmulas introducidas en un libro. Es muy útil a la hora de corregir errores y comprobar fórmulas.

En el libro **P4_nombreapellido.xlsx**, accede a la ficha **Fórmulas**, grupo **Auditoría de fórmulas**, y selecciona la opción **Mostrar fórmulas**. Verás las fórmulas introducidas en lugar de los valores calculados.

Ejercicio 3. Utilizar gráficos de dispersión

Queremos representar la variación del voltaje (columnas **C** y **F**) con la intensidad (columnas **B** y **E**) para una resistencia de 2 Ω y una de 3 Ω.

1. Selecciona con el ratón el rango **B1:C22**, pulsa **Ctrl** y selecciona a la vez el rango **F1:F22** (incluye el encabezamiento). Con este paso hemos seleccionado dos rangos no contiguos para representarlos a la vez, gracias a la tecla **Ctrl**.
2. En la ficha **Insertar**, grupo **Gráficos**, selecciona **X Y (Dispersión)** y luego **Dispersión con líneas suavizadas**.
3. Sitúate sobre el gráfico. En la ficha **Diseño**, haz clic en **Diseño de gráfico** y selecciona **Diseño 1**. Cambia los títulos de los ejes y el del gráfico, de modo que el resultado final te quede como en la figura 28.

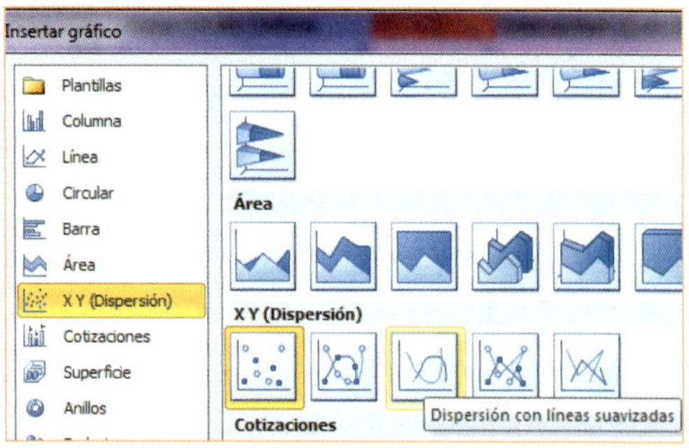

Fig. 27

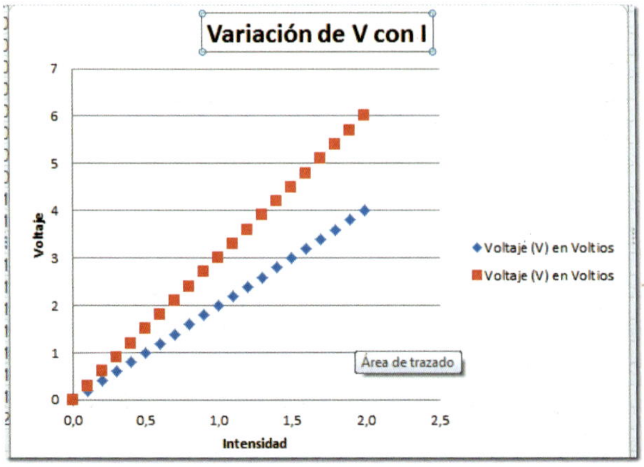

Fig. 28

Ejercicio 4. Imprimir y exportar a PDF

Vamos a aprender a imprimir documentos para poder, por ejemplo, tener en papel las hojas o los gráficos que has realizado. También veremos la opción de exportarlos a PDF.

En primer lugar, tendremos que definir un área de impresión y configurar la hoja, antes de imprimirla o exportarla a PDF.

1. Abre el libro **P4_nombreapellido.xlsx**. En la primera hoja, selecciona el rango de celdas que constituyen el gráfico.
2. Accede a la ficha **Diseño de página**, grupo **Configurar página**, opción **Área de impresión**, y selecciona **Establecer área de impresión**. Verás la selección dividida en hojas tal y como se van a imprimir.
3. Si quieres que se imprima la hoja en horizontal, elige en el mismo grupo la opción **Orientación** y selecciona **Horizontal**.
4. En **Archivo** / **Imprimir**, elige la opción **Imprimir selección** del primer desplegable de **Configuración**. En esa misma ventana podemos escoger la impresora en la que queremos imprimir la selección. No es necesario que lo imprimas en papel en este momento.
5. Busca la opción **Adobe PDF**. Así lo guardaremos en soporte digital. Guarda el archivo como **P4_nombreapellido.pdf**.

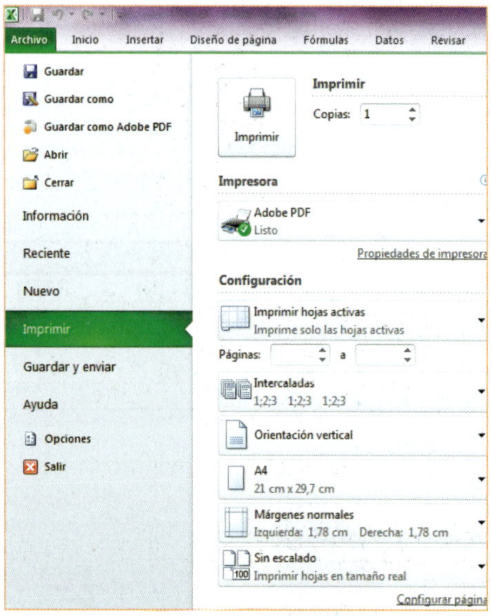

Práctica 5. Funciones y gráficos en Calc

Vamos a calcular la potencia disipada en un circuito sencillo y a representarlo gráficamente con Calc de LibreOffice.

1. Abre un archivo nuevo y llámalo **P5_nombreapellido.ods**. Pon el nombre "Consumo eléctrico" a la hoja.
2. Introduce los datos de la figura 29.
3. Calcula la potencia disipada en la resistencia R1. Recuerda que la potencia disipada en una resistencia es $P = I^2 \times R$, por lo que en la celda **E3** deberás introducir la fórmula **=A6^2*A3**.

	A	B	C	D	E	F	G	H
1	Potencia en un circuito eléctrico serie con tres resistencias							
2	R1 (Ω)	R2(Ω)	R3(Ω)	r(generador)(Ω)	P1 (W)	P2(W)	P3 (W)	P (generador)(W)
3	50	100	150	1				
4								
5	I (A)							
6	0,5							

Fig. 29

4. En la celda **F3**, introduce la fórmula **=A6^2*B3**, pero no escribiéndola tal cual: en lugar de escribir **A6**, haz clic en dicha celda y verás cómo se autocompleta la fórmula; luego haz lo mismo igual para el valor **B3**.
5. En la celda **G3** vamos a hacerlo de otra forma, introduciendo una función anidada para practicar. Selecciona la celda **G3** y, en el menú **Insertar**, elige la opción **Función**. Selecciona la función **PRODUCTO**, pulsa **Siguiente** y, en la ventana, completa los datos: en **Número 1**, introduce el valor **C3**. En **Número 2**, pulsa el botón de función para introducir la función potencia, selecciona la función **POTENCIA** y pulsa **Siguiente**. En la siguiente ventana, en **Número** introduce el valor **A6** y en **Potencia** el valor **2**. Pulsa **Aceptar**. Si todo ha ido bien, habrás introducido la siguiente función anidada:

=PRODUCTO(C3;POTENCIA(A6;2))

fx Botón **Insertar función** de la barra de herramientas

6. Repite el procedimiento en la celda **H3** para calcular la potencia disipada en el generador. El resultado debe ser el de la figura 30.
7. Para representar gráficamente la potencia disipada en el circuito, selecciona el rango **E2:H3** y haz clic en el botón **Gráficos**. Ojo: al igual que en el ejercicio anterior, los pasos relacionados con los gráficos pueden variar ligeramente según la versión de Calc que estés usando.

	A	B	C	D	E	F	G	H
1	Potencia en un circuito eléctrico serie con tres resistencias							
2	R1 (Ω)	R2(Ω)	R3(Ω)	r(generador)(Ω)	P1 (W)	P2(W)	P3 (W)	P (generador)(W)
3	50	100	150	1	12,5	25	37,5	0,25
4								
5	I (A)							
6	0,5							

Fig. 30

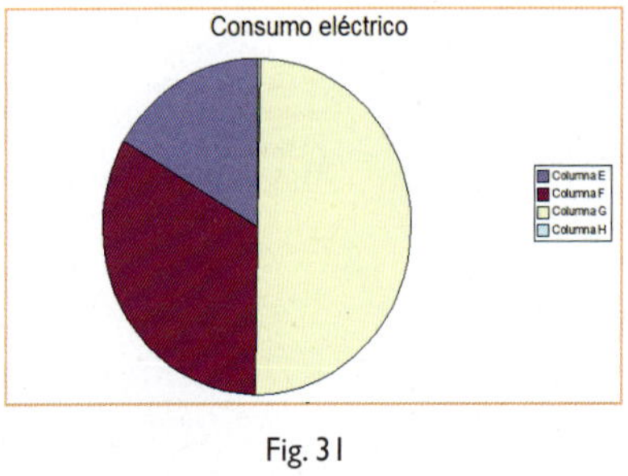

Fig. 31

8. Para **Tipo de gráfico** elige **Circular**, marca la opción **Serie de datos en filas** y pulsa **Finalizar**.
9. Haz clic sobre el área del gráfico y, en el menú emergente, elige **Insertar títulos**. Aparecerá una ventana en la que debes poner el título al gráfico: "Consumo eléctrico".
10. Una vez realizado el gráfico, guarda el libro de nuevo (continuará teniendo el mismo nombre).

Práctica 6. Crear una hoja de cálculo en Google

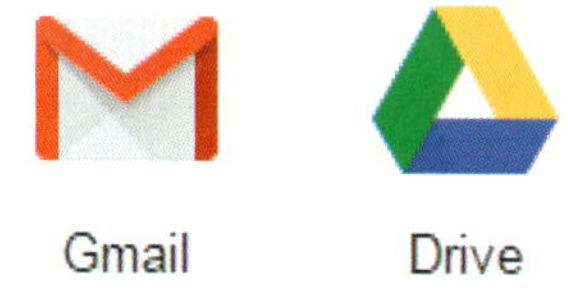

Para hacer esta práctica deberás tener el consentimiento de tus padres o tutores legales. Asimismo, recuerda leer detenidamente todas las condiciones de prestación de servicios.

Las hojas de cálculo en Internet no sólo te permiten realizar los cálculos que hemos visto en esta unidad sin necesidad de tener instalado ningún programa en el ordenador sino que, además, es posible acceder a dichos documentos desde cualquier dispositivo que tenga Internet y compartirlos para que los vean otras personas o colaborar con varios usuarios a la vez.

1. Desde tu cuenta de Gmail, haz clic en **Aplicaciones de Google** (en el menú superior derecho) y, en el menú emergente, selecciona **Drive** (figura 32).
2. Despliega el menú **Nuevo** y elige la opción **Hojas de cálculo de Google** (figura 33). Se abrirá un documento en una ventana nueva.
3. Vamos a introducir en la celda **C3** la siguiente expresión matemática: $\mathbf{20 + 35 \cdot 6^2}$. Para ello, tenemos que usar el lenguaje de las hojas de cálculo: selecciona la celda **C3** y escribe la fórmula **=20+35*6^2**. El símbolo ^ se obtiene pulsando a la vez **Shift** (mayúsculas) y la tecla que lo contiene, pero no aparece hasta que se escribe el siguiente carácter (en este caso, el **2**).
4. Pulsa **Intro** y comprueba que el resultado es **1280**.
5. Selecciona con un clic la celda **C3** y observa cómo ha cambiado el valor en la celda a **1280**, mientras que se mantiene la expresión matemática en la barra de fórmulas.
6. Haz doble clic en la celda **C3** y observa que en este caso sí aparece la expresión matemática en la celda, en lugar del resultado.
7. En la celda **D3**, realiza la operación $\mathbf{(20 + 35 \cdot 6)^2}$ y comprueba cómo cambia el resultado. Es importante conocer la utilidad de los paréntesis y la prioridad de los operadores: suma, resta, multiplicación y división.

Fig. 32

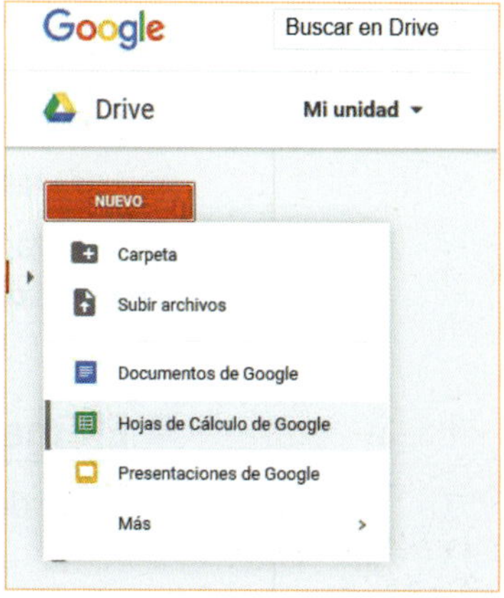

Fig. 33

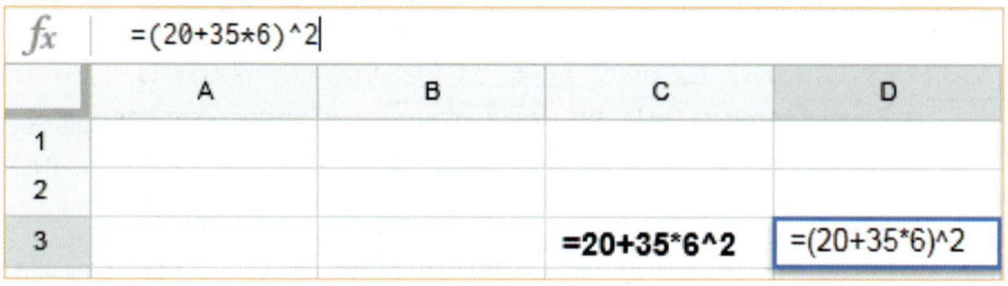

Fig. 34

8. Cuando acabes, pulsa **Guardar ahora** y guarda el archivo con el nombre **P6_nombreapellido**.
9. Pulsa el botón **Compartir** (arriba a la derecha) y comparte tu archivo con tres compañeros escribiendo sus direcciones de correo. Si tu profesor lo considera conveniente, comparte el documento también con él.
10. A continuación, ve a tu correo de Gmail y abre un archivo que hayan compartido contigo. Comprueba que puedes escribir sobre él.
11. Por último, prueba a subir un archivo (hoja de cálculo) de los que has realizado en la unidad con la opción **Archivo** / **Abrir** y luego **Subir**.

6. Gestores de bases de datos

Una **base de datos** es un conjunto de datos sobre un tema determinado organizados y relacionados entre sí.

Las bases de datos están especialmente diseñadas para manejar, gestionar y ordenar un gran volumen de datos de una manera rápida y sencilla.

Imagina que tienes una agenda de teléfonos. Si, además del número de teléfono, para cada uno de nuestros contactos añadimos la dirección, el correo electrónico, la empresa donde trabaja, la fecha de cumpleaños, etc., almacenar y manejar toda esa información se va complicando cada vez más.

Por otro lado, imagina que tienes un listado informatizado de todos los libros de tu casa y todos los CD de música, con el nombre del autor, el año de creación, el tipo de libro o CD, etc.

Nos resultaría útil poder conectar ambas listas para poder saber a quién hemos prestado algún libro y quién nos lo ha devuelto. De toda esta gestión y mucho más se encargan las bases de datos.

Utilizamos el ordenador para acceder a la información almacenada en **tablas**, introducimos datos en ellas a través de **formularios** o los recuperamos mediante **consultas**, y luego un **informe** muestra los datos en la pantalla para poder imprimirlos.

Los programas informáticos destinados a manejar bases de datos se denominan **gestores de bases de datos**. Los más comunes son **LibreOffice Base** y **Microsoft Access**.

Formatos de los archivos

.accdb Extensión utilizada por Microsoft Access a partir de la versión 2007 (las anteriores usaban la extensión **.mdb**).

.odb Extensión de las bases de datos de LibreOffice y OpenOffice.

Elementos de una base de datos

Una base de datos se compone de los siguientes **elementos**:

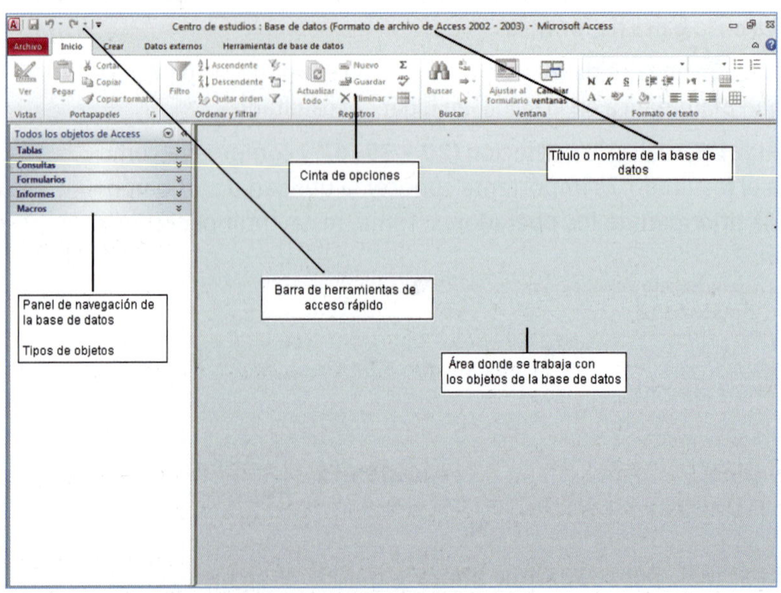

Fig. 1. Elementos de una base de datos.

- **Tablas.** En ellas se almacena la información. Una tabla está constituida por filas y columnas. Las filas son los registros y las columnas son los campos.
  - Los **registros** contienen la información relativa al sujeto o elemento. Por ejemplo, en una tabla de alumnos, un registro es toda la información relativa a un solo alumno.
  - Un **campo** es una categoría o característica común a todos los registros. Por ejemplo, en la tabla de alumnos, un campo sería el nombre, otro el teléfono, etc. El **campo clave** es un campo único que no se repite y que nos permite identificar de forma exclusiva un registro; por ejemplo, el DNI de una persona o la matrícula de un coche.

Código Alumno	Fecha Nacimiento	Sexo	DNI
100	31/12/1967	Hombre	00123698S
101	16/08/1972	Hombre	00124586N
102	02/02/1963	Mujer	00124875Z
103	06/08/1973	Hombre	00235457C
104	06/09/1973	Mujer	00458965X

Fig. 2. Registros y campos.

- **Consultas.** Nos permiten obtener de forma selectiva parte de la información almacenada en una tabla o en varias relacionadas entre sí. Los principales **tipos de consultas** son:
  - **De selección**: visualiza los registros que cumplen una serie de criterios.
  - **De actualización**: permite modificar o actualizar campos de un grupo de registros que cumplen una serie de criterios.
  - **De eliminación**: elimina los registros de una o varias tablas que cumplen unos determinados criterios.
  - **De creación de tabla**: es una consulta que a su vez genera una nueva tabla basada en la selección de registros de otras tablas.

Podemos establecer una serie de criterios a la hora de realizar una consulta, de forma que sólo se muestren los registros que cumplen con dichas expresiones. Algunos ejemplos de criterios son:

Criterios para campos de tipo Texto (el programa asume las comillas si no se escriben)		
Ejemplo de criterio	**Explicación**	**Observaciones**
"Sevilla"	Igual a "Sevilla"	Los campos de texto se escriben entre comillas.
Negado "Sevilla"	Distinto de "Sevilla"	El operador **Negado** equivale a **Distinto de**.
Como "S*"	Que empiece por "S" y continúe de cualquier forma	El símbolo * en informática es un comodín que equivale a una cadena de caracteres cualquiera.
Como "[A-C]"	Que sea una letra entre la "A" y la "C"	El operador guión (-) escrito entre corchetes indica un intervalo de caracteres.
Criterios para campos de tipo Numérico, Moneda y Autonumeración		
> 300	Que sea mayor que 300	Puedes utilizar los operadores >, <, =, >=, <= y <>.
Entre 300 y 500	Entre 300 y 500	El operador **Entre** se utiliza para intervalos numéricos.
Criterios para campos de tipo Fecha/Hora		
=#15/06/03#	Que sea con fecha 15/06/03	Las fechas se escriben entre almohadillas (**#**).
>#15/06/03#	Que sea con posterioridad a la fecha 15/06/03	Los operadores relacionales operan en las fechas de la misma forma que en los campos numéricos. También puedes utilizar el operador **Entre**.
Criterios para campos de tipo Sí/No		
Sí	Por ejemplo, sobre un campo llamado **Soltero** mostrará los que sean solteros.	No olvides el acento en el **Sí**.

- **Formularios.** Un formulario es un formato de pantalla que sirve para introducir la información en las tablas con un diseño más atractivo y más posibilidades.
- **Informes.** Sirven para presentar los datos de una tabla o consulta, generalmente para imprimirlos. A diferencia de los formularios, los datos que aparecen en el informe sólo se pueden ver, no se pueden modificar; pero en un informe se puede agrupar más fácilmente la información.
- **Relaciones entre tablas.** Como hemos visto, la información se guarda en tablas. Normalmente, las tablas guardan una relación entre ellas, es decir, las tablas se relacionan unas con otras a través de **campos comunes**.

  Por ejemplo, si tenemos dos tablas, una con un listado de libros y otra con un listado de escritores, es evidente que el campo común que relaciona ambas tablas debe ser el nombre del escritor. Una vez establecida esta relación, podremos realizar consultas que combinen ambas tablas; por ejemplo, cuántos libros ha escrito un determinado autor.

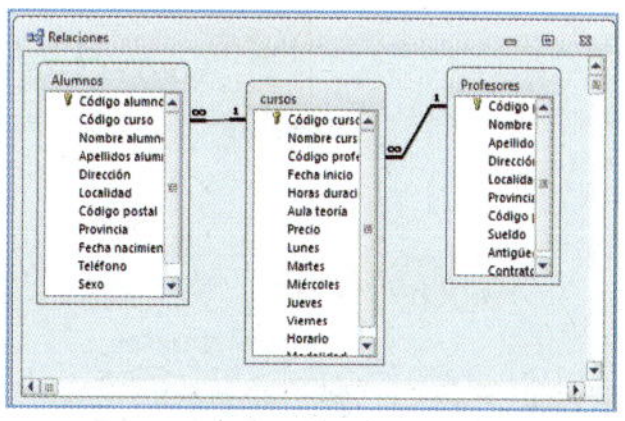

Fig. 3. Relaciones entre tablas.

Práctica 1. Crear una base de datos y crear tablas en Access

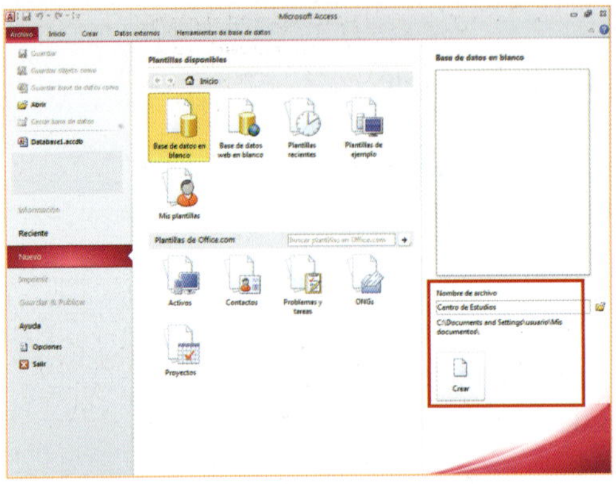

Fig. 4

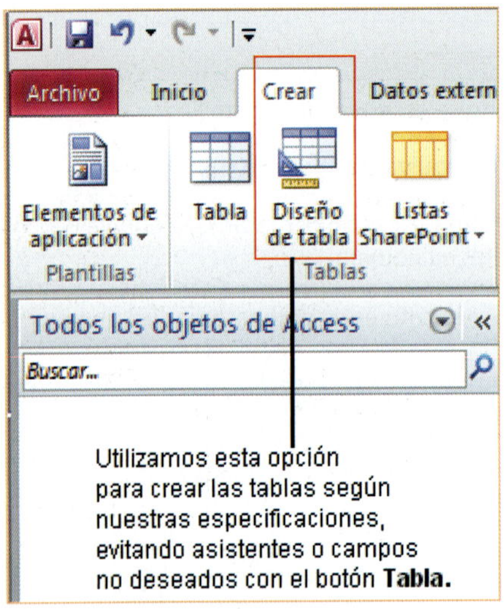

Fig. 5

Nombre del campo	Tipo de datos
Código alumno	Número
Nombre	Texto
Primer apellido	Texto
Segundo apellido	Texto
Curso	Número
Letra curso	Texto
Grupo trabajo	Número
Código proyecto	Número
Código tarea	Número
Edad	Número

Fig. 6

Botón **Clave principal**

Ejercicio 1. Crear la base de datos

1. Abre el programa **Microsoft Access** haciendo doble clic en el acceso directo o a través de **Inicio / Todos los programas**.
2. Al entrar, selecciona **Base de datos en blanco**.
3. En **Nombre de archivo** escribe "Proyecto". Después haz clic en **Crear**.
4. Aparece la ventana de trabajo. Pulsa la solapa **Crear** e identifica los distintos tipos de objetos que en ella podemos crear: tablas, consultas, formularios e informes.

Ejercicio 2. Crear tablas

1. Sitúate en la opción **Tablas** y pulsa el botón **Diseño de tablas**.
2. Vamos a definir los campos de la tabla **Alumnos**. Escribe los nombres de los campos tal y como se muestran en la figura 6 (ten especial cuidado al seleccionar en la segunda columna el tipo de datos para cada campo).
3. Una vez definida la tabla, vamos a establecer el campo clave. Sitúa el cursor en la fila del primer campo, **Código alumno**, y pulsa la opción **Clave principal** de la barra de herramientas (junto al primer nombre de campo aparecerá el símbolo de una llave). Seleccionar **Código alumno** como campo clave significa que luego no podrán introducirse dos alumnos con el mismo código, es decir, es la forma de asegurarnos de que no habrá dos alumnos repetidos.
4. Cuando termines, cierra esta ventana y, cuando el programa te pregunte si deseas guardar la tabla, elige **Sí** y luego escribe como nombre **Alumnos** y pulsa **Aceptar**.

Ejercicio 3. Introducir registros en la tabla

1. Haz doble clic sobre la tabla **Alumnos**.
2. Esta vista se llama **Hoja de datos** y nos permite introducir información en la tabla. Podemos escribir directamente sobre cada campo o celda (y, al llegar al final, Access nos situará en un nuevo registro).
3. Introduce los datos que tienes a continuación (figura 7). Cuando hayas terminado, cierra la ventana.

	Código alun	Nombre	Primer apel	Segundo ap	Curso	Letra curso	Grupo traba	Código Proy	Código Tare	Edad
	1	Alberto	López	Garrido	4	D	1	2	1	15
	2	Javier	Gómez	Calvo	4	A	2	3	2	16
	3	David	Arribas	Lapeña	4	B	3	1	3	15
	4	Sara	Calvo	Ponz	4	A	1	2	2	15
	5	Mercedes	Izquierdo	Ruiz	4	B	3	1	1	15
	6	Ana	Merino	Prieto	4	A	2	3	1	16
*	0				0		0	0	0	0

Fig. 7

Práctica 2. Definir relaciones y crear consultas con Access

Ejercicio 1. Definir las relaciones entre tablas

1. Copia el archivo **P2_Proyecto_2.accdb** de la unidad 2 del CD virtual en tu carpeta de trabajo habitual. Una vez copiado el archivo, abre esta base de datos.
2. Ve a la ficha **Herramientas de base de datos** y haz clic en **Relaciones**. En la ventana emergente, selecciona las tres tablas y haz clic en el botón **Agregar**. Luego pulsa **Cerrar**.
3. Las tablas se relacionan por uno o varios campos comunes entre ellas. La tabla **Alumnos** se relaciona con **Proyecto** mediante el campo **Código proyecto**. Para indicarlo, arrastra con el ratón el campo **Código proyecto** de **Alumnos** hasta el campo **Código proyecto** de **Proyectos**.
4. En el cuadro que aparece, activa las opciones **Exigir integridad referencial** y **Actualizar en cascada los campos relacionados**. Pulsa **Crear**.
5. Relaciona igualmente las tablas **Alumnos** y **Tarea** por medio del campo **Código tarea** (figura 9). Cierra la ventana y guarda los cambios.

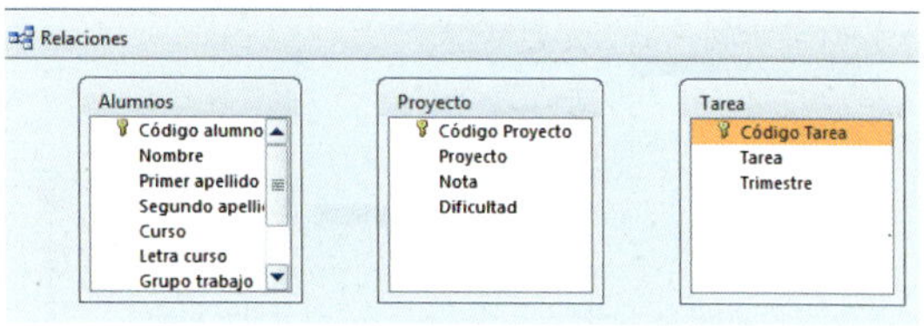

Fig. 8

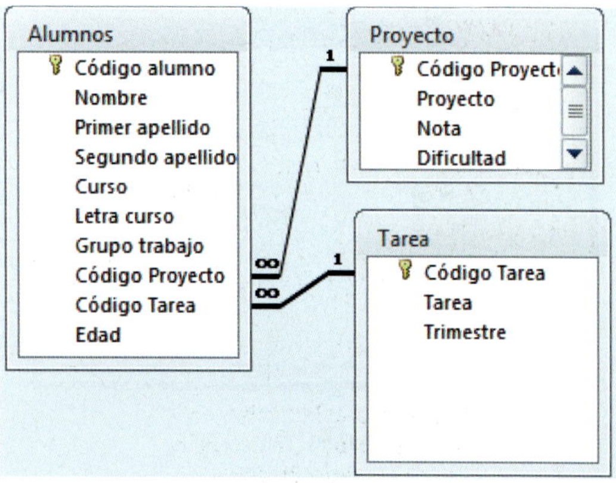

Fig. 9

Ejercicio 2. Crear una consulta de selección

1. Ve a la ficha **Crear**, grupo **Consultas**, y pulsa **Diseño de consulta**.
2. Lo primero que debes hacer es elegir la tabla o tablas que deseas consultar. Escoge la tabla **Alumnos** y haz clic en **Agregar**. Después pulsa **Cerrar**. Si se te olvida agregar alguna tabla a la consulta, puedes volver a ella desde la barra del menú con **Consulta / Mostrar tabla**. Para quitar la tabla, **Consulta / Quitar tabla**.
3. En la parte superior aparece la tabla **Alumnos** con sus campos, y debajo de ella, una cuadrícula. En cada columna de la cuadrícula debemos consignar los campos de las tablas que queremos mostrar en el resultado de la consulta. Para ello basta con que hagas doble clic sobre el campo de la tabla que quieras y verás cómo se sitúa en la columna correspondiente de la cuadrícula. Por ejemplo, haz doble clic en los campos **Nombre**, **Curso**, **Letra curso**, **Código proyecto** y **Edad** (figura 10).

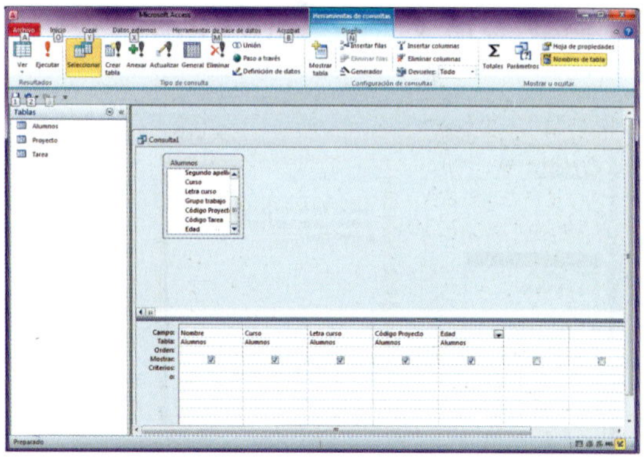

Fig. 10

4. Vamos a crear una consulta para que se muestre la lista de alumnos que pertenecen al curso 4º A. Es tan fácil como escribir "4" en la casilla **Criterios** de la columna **Curso** y escribir "A" en la casilla **Criterios** de la columna **Letra curso** (figura 11).

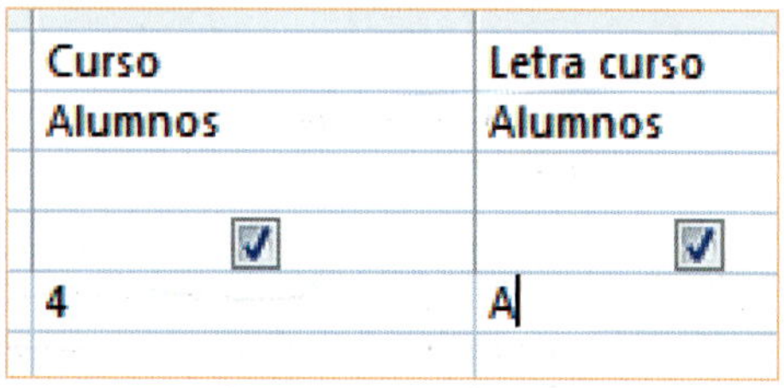

Fig. 11

5. Finalmente, vamos a ejecutar la consulta para ver qué resultados nos proporciona. Pulsa el botón **Ejecutar** de la barra de herramientas.
6. Guarda esta consulta haciendo clic en el botón **Guardar** y llámala **Alumnos curso 4º A**.
7. Si quisiéramos realizar una consulta que nos mostrase aquellos alumnos que pertenecen a 4º A o 4º D, sólo tendríamos que incluir esta condición en la celda **Criterios**. Realiza una nueva consulta repitiendo los pasos anteriores, pero ahora escribiendo "A o D" en la celda **Criterios**. Ejecuta la consulta.
8. Guarda esta nueva consulta y llámala **Alumnos cursos 4º A y 4º D**.

Botón **Ejecutar**

Práctica 3. Formularios e informes con Access

Ejercicio 1. Crear un formulario

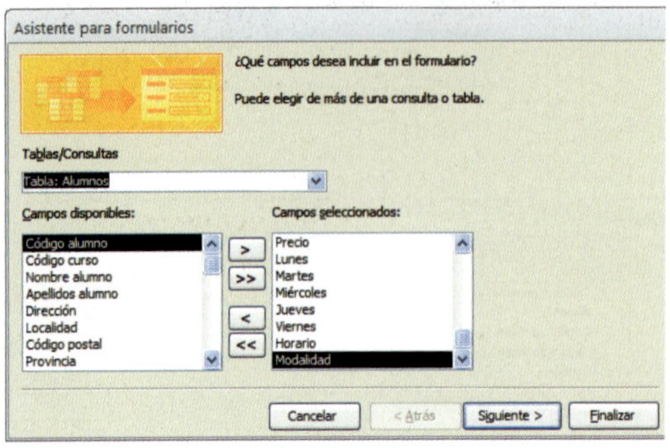

Fig. 12

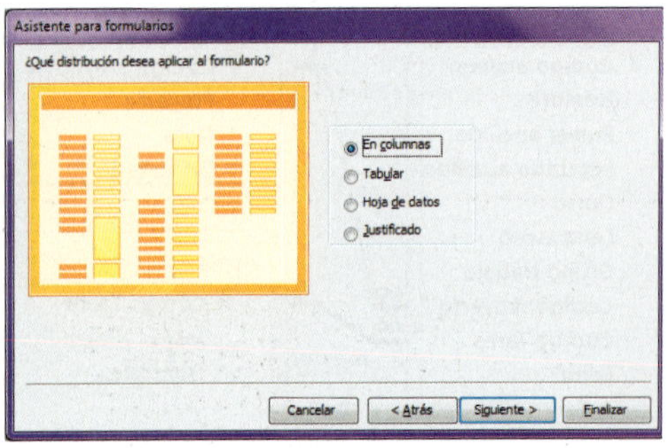

Fig. 13

Los formularios son objetos de las bases de datos que pueden sustituir a las tablas para introducir y manejar los registros y presentar la información en pantalla de una forma más dinámica, atractiva y elegante.

Vamos a crear un formulario sobre la tabla **Alumnos**.

1. Abre la base de datos **P2_Proyecto_2.accdb** del CD virtual o bien la que has usado en la práctica anterior (para esta práctica valen ambas) y sitúate en la ficha **Crear**.
2. Selecciona la opción **Asistente para formularios**.
3. En el primer paso del asistente debemos incluir las tablas sobre las que se va a generar el formulario. Selecciona en el apartado **Tablas/ Consultas** la tabla **Alumnos**. Comprobarás que los campos de esta tabla aparecen justo debajo. Como queremos elegir todos los campos, la forma más rápida de hacerlo es pulsar el botón >>, y todos pasarán a la zona de la derecha (figura 12). Pulsa **Siguiente**.
4. En el siguiente paso debes elegir la distribución que quieras dar al formulario. La más utilizada es **En columnas**. Pulsa **Siguiente**.
5. En el último paso, ponle al formulario el nombre **Listado de alumnos**, pulsa **Finalizar** y automáticamente Access lo guardará.
6. Prueba a moverte por los registros mediante las flechas situadas en la parte inferior e introduce un nuevo registro con datos inventados (fíjate que no pueden aparecer dos alumnos con el mismo código de alumno, es decir, del 1 al 6). Cierra la ventana.

Ejercicio 2. Crear un informe

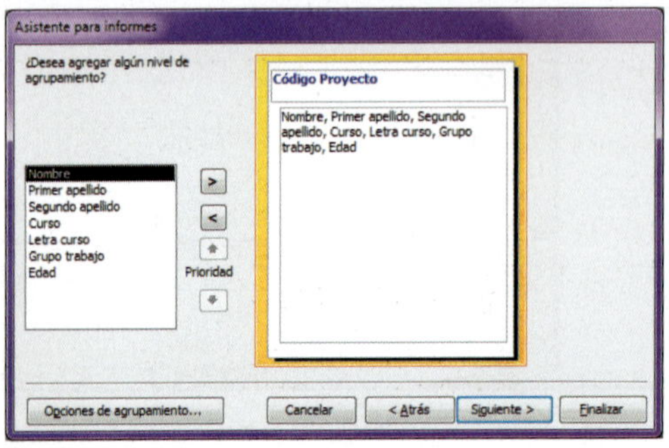

Fig. 14

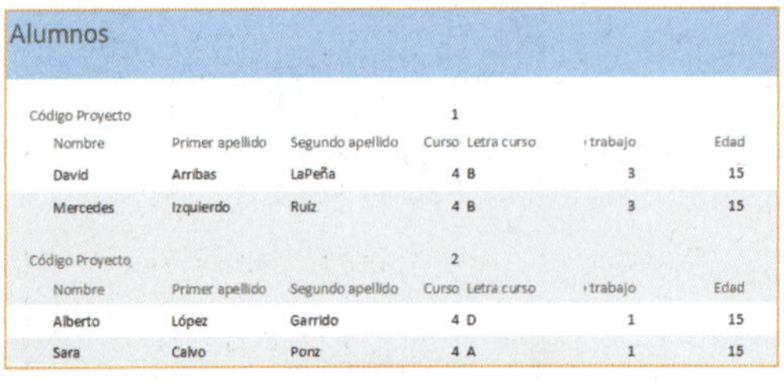

Código Proyecto			Código Proyecto: 1			
Nombre	Primer apellido	Segundo apellido	Curso	Letra curso	trabajo	Edad
David	Arribas	LaPeña	4	B	3	15
Mercedes	Izquierdo	Ruiz	4	B	3	15
Código Proyecto			2			
Nombre	Primer apellido	Segundo apellido	Curso	Letra curso	trabajo	Edad
Alberto	López	Garrido	4	D	1	15
Sara	Calvo	Ponz	4	A	1	15

Fig. 15

Los informes son objetos destinados únicamente a ser presentados en papel. Un informe puede estar basado en una o varias tablas relacionadas, aunque también es muy frecuente generar informes para presentar en papel el resultado de una consulta.

1. En la base de datos **Proyecto_2**, sitúate en la ficha **Crear** y, en el grupo **Informes**, selecciona la opción **Asistente para informes**.
2. Selecciona la tabla **Alumnos**. De la lista de campos, selecciona los siguientes: **Nombre**, **Primer apellido**, **Segundo apellido**, **Curso**, **Letra curso**, **Grupo trabajo** y **Edad** (figura 14). Pulsa **Siguiente**.
3. Para la ordenación, escoge **Nombre** como primer campo y pulsa **Siguiente**.
4. Selecciona la distribución **Esquema** y pulsa **Siguiente**.
5. Llama al informe **Listado de alumnos por proyecto** y pulsa **Finalizar**.

Práctica 4. Crear una base de datos en Base de LibreOffice

Ejercicio 1. Crear la base de datos

El proceso para crear una base de datos con **Base** es muy similar al de Access.

1. Abre el programa LibreOffice Base yendo a **Inicio** / **Todos los programas**.
2. En la primera pantalla, elige la opción **Crear una base de datos nueva**. Pulsa **Siguiente**.
3. Deja las opciones que están marcadas por defecto (figura 16). Haz clic en **Finalizar**.
4. Ponle por nombre **Gestión de pedidos** y elige como ubicación tu carpeta de trabajo habitual. Después haz clic en **Guardar**.
5. Ahora nos encontramos en la ventana de base de datos. Como en Access, a la izquierda verás los distintos tipos de objetos que podemos crear en la base de datos: tablas, consultas, formularios e informes.

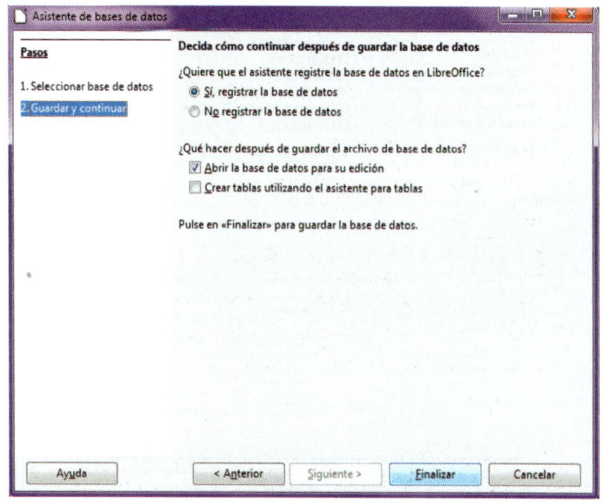

Fig. 16

Ejercicio 2. Crear tablas

1. Haz clic en la primera opción del área **Tablas**: **Crear tabla en modo Diseño**.
2. En la ventana de diseño de la tabla, define los campos de la primera tabla de esta base de datos, fijándote en la estructura de la figura 17.
3. A continuación, estableceremos el campo clave, que en Base se llama **clave primaria**. Para ello, selecciona el campo **Código producto**, pulsa el botón derecho del ratón sobre su casilla de selección de fila y escoge la opción **Clave primaria** (una llave amarilla al comienzo de la fila indica que este campo es la clave primaria).
4. Guarda la tabla como **Productos** y ciérrala.

Nombre del campo	Tipo del campo
Código producto	Número [NUMERIC]
Producto	Texto [VARCHAR]
Sección	Texto [VARCHAR]
Precio venta	Número [NUMERIC]
Precio coste	Número [NUMERIC]
Origen	Texto [VARCHAR]

Fig. 17

Ejercicio 3. Introducir registros en la tabla

Ya hemos creado nuestra primera tabla, **Productos**, dentro de la base de datos **Gestión de pedidos**. Su nombre se muestra ahora en la ventana de la base de datos. Para trabajar con ella introduciendo registros debemos seleccionarla y pulsar el botón **Abrir objeto de base de datos**. Si, por el contrario, deseas ver o modificar su diseño, el botón que tienes que pulsar es **Editar**.

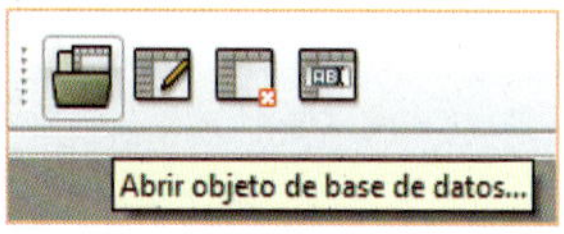

Abre la tabla **Productos** para dar de alta los registros que se muestran a continuación (figura 18). Cuando hayas terminado, cierra la ventana.

	Código producto	Producto	Sección	Precio venta	Precio coste	Origen
	102	Contrachapado	Carpintería	15	10	Molina de Aragón
	108	Clavos	Ferretería	1	1	Murcia
	112	Disco duro	Informática	50	30	Hong Kong
	201	Listones	Carpintería	2	1	Arnedo
	230	Bombillas	Ferretería	3	2	Murcia
	255	Memorias USB	Informática	15	13	Hong Kong
	260	Destornillador	Ferretería	2	2	Arnedo
	280	Alicate	Ferretería	6	5	Murcia
▷	285	Interruptor	Ferretería	2	1	Murcia

Fig. 18

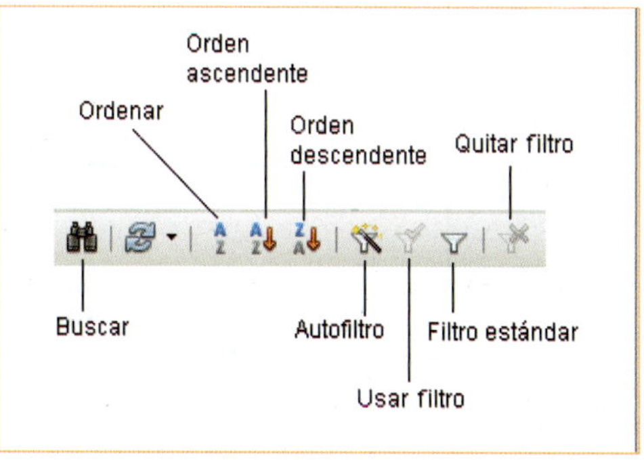

Práctica 5. Definir relaciones y crear consultas con Base

Ejercicio 1. Definir las relaciones entre tablas

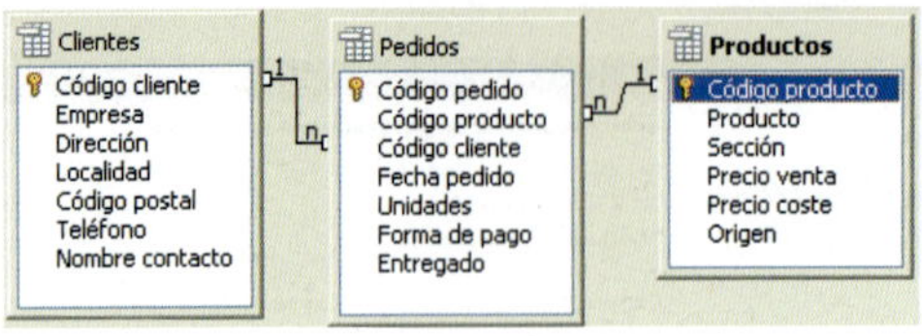

Fig. 19

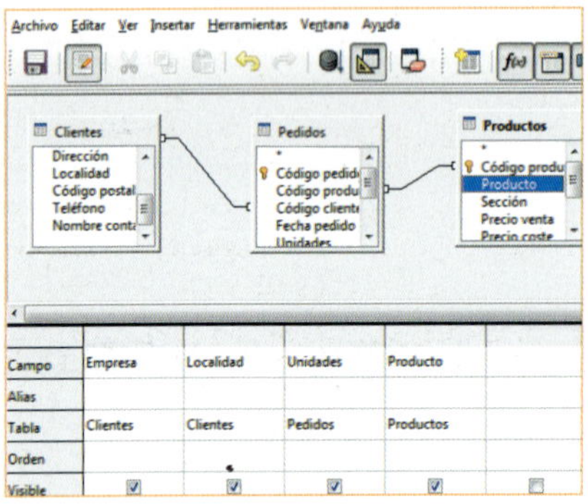

Fig. 20

En Base, el proceso para relacionar las tablas de una base de datos no ofrece apenas variaciones respecto a Access.

1. Copia el archivo **Gestión de pedidos 2.odb** de la unidad 2 del CD virtual en tu carpeta de trabajo habitual. Una vez copiado el archivo, abre esta base de datos.
2. Selecciona en el menú **Herramientas** la opción **Relaciones**.
3. Haz clic en cada tabla de la base de datos y pulsa **Agregar**. Cuando hayas agregado las tres, cierra la ventana de selección de tablas.
4. Arrastra el campo **Código cliente** de la tabla **Clientes** hasta el campo **Código cliente** de la tabla **Pedidos**.
5. Relaciona las tablas **Productos** y **Pedidos** por medio del campo **Código producto**.
6. El resultado de las relaciones debe quedar como en la figura 19. Cierra la ventana de relaciones y guarda el diseño de relaciones creado.

Ejercicio 2. Crear una consulta de selección

Botón **Ejecutar consulta**

Campo	Empresa	Localidad	Unidades	Producto
Alias				
Tabla	Clientes	Clientes	Pedidos	Productos
Orden				
Visible	☑	☑	☑	☑
Función				
Criterio			> 3	'Bombillas'

Fig. 21

Campo	Empresa	Localidad	Unidades	Producto
Alias				
Tabla	Clientes	Clientes	Pedidos	Productos
Orden				
Visible	☑	☑	☑	☑
Función				
Criterio			> 3	
o				'Bombillas'

Fig. 22

1. En el menú **Base de datos** de la izquierda, selecciona **Consultas** y haz clic en la opción **Crear consulta en modo de Diseño**.
2. Los pasos para crear una consulta con Base son casi idénticos a los de Access. Primero debemos escoger las tablas que van a participar en la consulta. Añade las tres tablas y haz clic en **Cerrar**.
3. Haz doble clic en el nombre de los siguientes campos para añadirlos a la consulta: **Empresa**, **Localidad**, **Unidades** y **Producto**.
4. Vamos a ejecutar la consulta sin establecer ningún criterio de selección. Para ello, pulsa el botón **Ejecutar consulta** de la barra de herramientas. El listado obtenido aparece en una zona superior de la ventana, mientras que en la parte inferior se mantiene el diseño de la consulta.
5. Como puedes comprobar, esta consulta muestra todos los pedidos que han hecho los clientes. Ahora vamos a filtrar la información para que muestre sólo los pedidos correspondientes al producto **Bombillas**. Escribe "Bombillas" en la casilla **Criterio** de la columna **Producto**.
6. Ejecuta la consulta y comprueba el resultado. Se muestran todos los pedidos de bombillas que han hecho los clientes.
7. Añade un criterio más al diseño de la consulta sin eliminar el anterior. Escribe ">3" en la misma fila de criterios para el campo **Unidades** y ejecuta la nueva consulta (figura 21). El resultado nos muestra todos los pedidos de bombillas mayores de 3 unidades.
8. Si, en realidad, en la consulta queremos que se muestren los pedidos de bombillas o los pedidos de más de 3 unidades, borra el texto "Bombillas" de la línea de criterios y escríbelo más abajo en la línea **o**, tal como se muestra en la figura 22.
9. Guarda la consulta con el nombre **Pedidos varios**.

Práctica 6. Formularios e informes con Base

Ejercicio 1. Crear un formulario

Vamos a crear en la base de datos **Gestión de pedidos 2** un formulario para manejar los datos de los clientes.

1. Abre la base de datos **Gestión de pedidos 2.odb** de tu carpeta de trabajo habitual y sitúate en la sección **Formularios**.
2. Haz clic en la opción **Usar el asistente para crear un formulario**.
3. Elige la tabla **Clientes** y selecciona todos sus campos (figura 23). La diferencia respecto a Access es que no debemos seguir añadiendo ahora más tablas, porque Base nos va a pedir eso en el siguiente paso. Pulsa **Siguiente**.
4. Ahora deja sin activar la celda **Agregar subformulario** y pulsa **Siguiente**.
5. En el paso de organización de los campos de control tienes que elegir la distribución del formulario principal. Selecciona la opción que aparece a la derecha (**En bloques - Etiquetas arriba**) y pulsa **Siguiente**.
6. Como queremos un uso total de las capacidades del formulario, deja activada la opción **El formulario mostrará todos los datos**. Pulsa **Siguiente**.
7. Aplica el estilo que desees (por ejemplo, **Azul brillante**) y el tipo de bordes de campo (por ejemplo, **3D**). Pulsa **Siguiente**.
8. Guarda el formulario con el nombre **Clientes** y pulsa **Finalizar**. Si haces doble clic sobre el formulario creado, te aparecerá el de la figura 25.

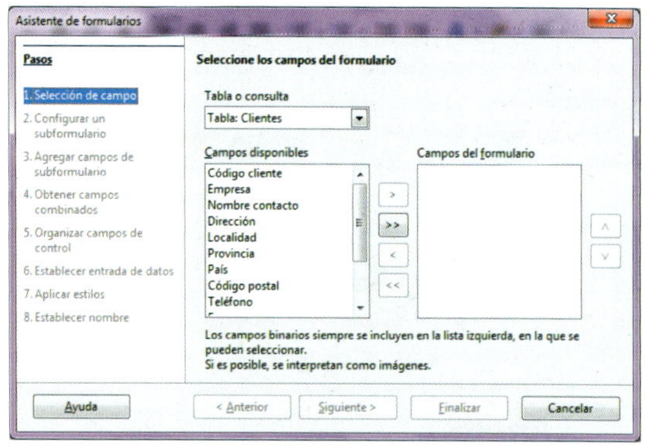

Fig. 23

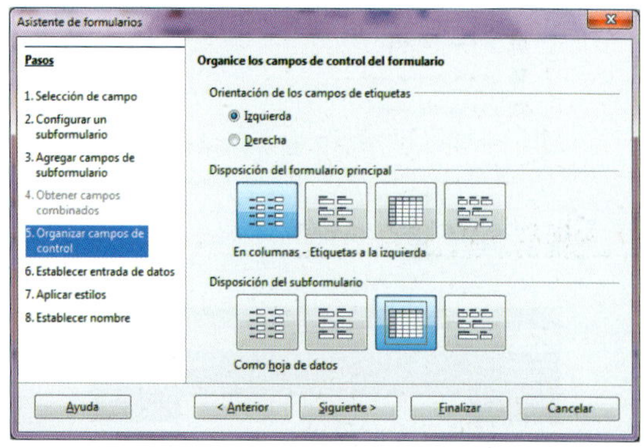

Fig. 24

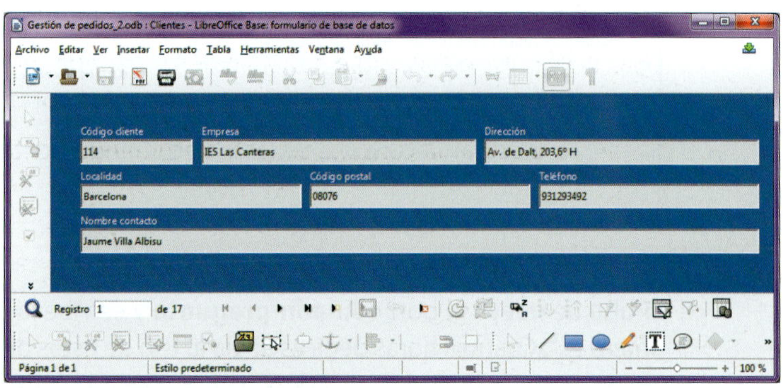

Fig. 25

Ejercicio 2. Crear un informe

Vamos a generar un informe sencillo para listar los productos de la base de datos.

1. Selecciona la solapa **Informes** de la base de datos **Gestión de pedidos 2** y haz clic en la opción **Usar el asistente para crear un informe**.
2. En el primer paso, escoge la tabla **Productos**, incluye todos sus campos y haz clic en **Siguiente**.
3. En el siguiente paso, como no queremos realizar ningún agrupamiento, pulsa **Siguiente**.
4. Ordena el informe por el campo **Producto** y pulsa **Siguiente**.
5. Escoge la distribución **Enmarcado - alineado a la izquierda** y haz clic en **Siguiente**.
6. Llama al informe **Listado de productos** y pulsa **Finalizar**.

Título:

Autor: AGG
Fecha: 17/01/11

Código producto	Producto	Sección	Precio venta
280	Alicate	Ferretería	6
230	Bombillas	Ferretería	3
108	Clavos	Ferretería	1
102	Contrachapado	Carpintería	15
260	Destornillador	Ferretería	2
112	Disco duro	Informática	50
285	Interruptor	Ferretería	2

Fig. 26

Práctica 7. Crear un formulario en Google

Fig. 27

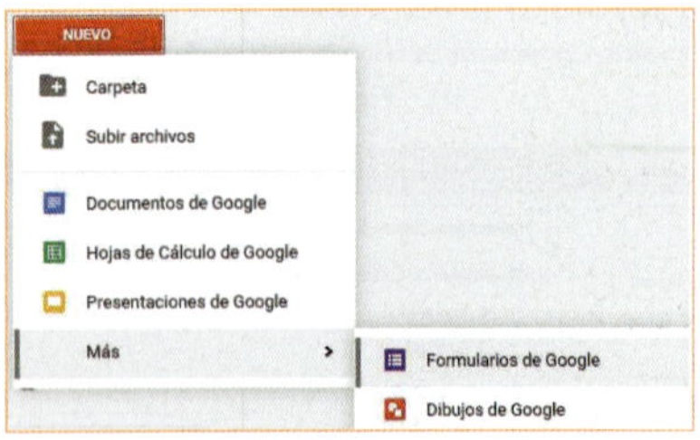

Fig. 28

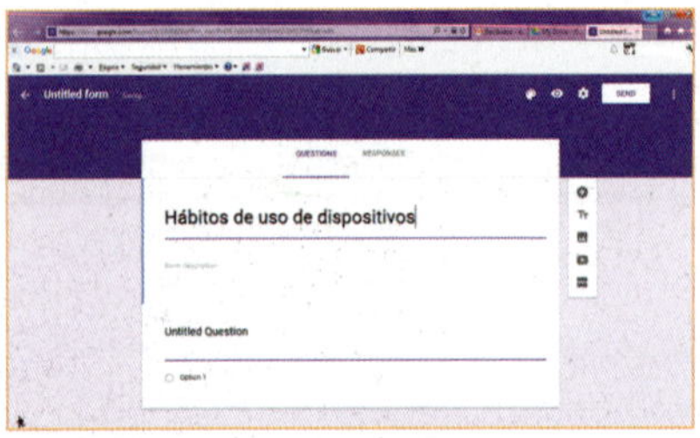

Fig. 29

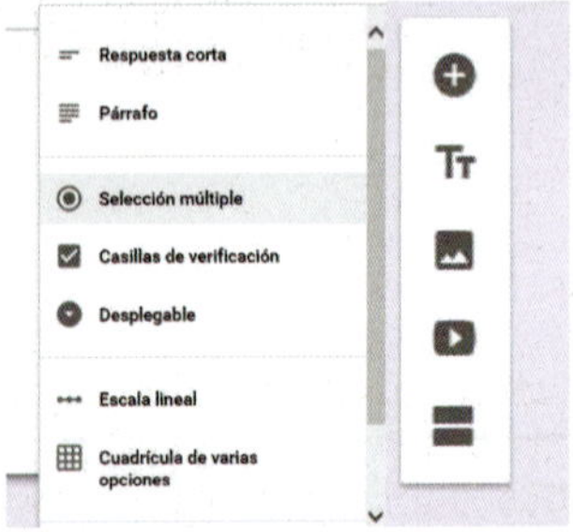

Fig. 31

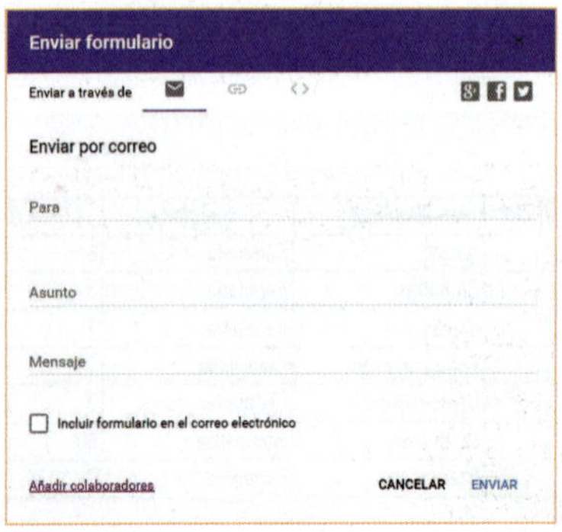

Fig. 32

Para hacer esta práctica deberás tener el consentimiento de tus padres o tutores legales. Asimismo, recuerda leer detenidamente todas las condiciones de prestación de servicios.

Vamos a utilizar la aplicación **Formularios de Google Drive**. Un formulario es una herramienta que te permite preguntar a varios usuarios sobre distintos ítems. La información de los usuarios se recoge automáticamente en tu Drive en forma de hoja de cálculo, sobre la que podrás analizar datos (calcular medias, ver los comentarios, etc.). Además, es posible acceder a dichos formularios desde cualquier dispositivo que tenga Internet y compartirlos para que los vean otras personas o colaborar con varios usuarios a la vez.

1. Desde tu cuenta de Gmail, haz clic en **Aplicaciones de Google** (en el menú superior derecho) y, en el menú emergente, selecciona **Drive** (figura 27). Despliega el menú **Nuevo** y elige **Formularios**. Vamos a crear un formulario para evaluar los hábitos de uso de los dispositivos electrónicos entre tus compañeros de clase.
2. Ponle al formulario el título "Hábitos de uso de dispositivos", como muestra la figura 29.
3. Pulsa el botón **Añadir pregunta** (indicado en la figura) y escribe la pregunta número 1: "¿Cuántos dispositivos electrónicos posees?".
4. En la opción 1 escribe "Uno". Pulsa **Añadir opción** y añade la segunda opción escribiendo "Dos". Pulsa de nuevo **Añadir opción** y añade la última opción escribiendo "Más de dos" (figura 30).

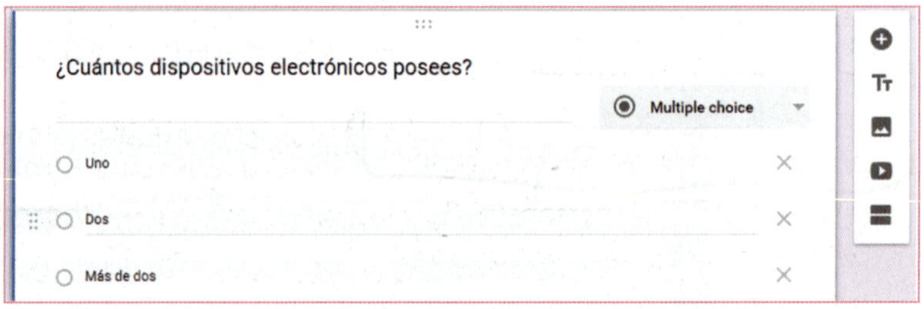

Fig. 30

5. Pulsa de nuevo el botón **Añadir pregunta** y escribe la pregunta número 2: "¿Cuántas horas dedicas al día al uso de estos dispositivos?".
6. En la opción 1 escribe "Una o menos". Pulsa **Añadir opción** y añade la segunda opción escribiendo "Dos". Pulsa de nuevo **Añadir opción** y añade la última opción escribiendo "Tres o más".
7. Inventa cinco preguntas más sobre el tema propuesto, que pienses que te van a permitir recabar información y elaborar resultados y conclusiones. Ten en cuenta que puedes añadir imágenes a tu formulario. La última pregunta debe ser del tipo **Respuesta corta**, para que el encuestado pueda expresar su opinión.
8. Comparte el formulario con tus compañeros con la opción **Enviar**.
9. Una vez contesten, accede de nuevo al formulario y selecciona la opción **Respuestas**. Verás que no sólo están recogidas, sino que además se han creado gráficos. Tienes la opción de crear una hoja de cálculo, que se guardará automáticamente en tu Drive.
10. Analiza los datos y extrae tus conclusiones en un archivo de texto que llames **P7_nombreapellido**.
11. Comparte el formulario con tu profesor si lo cree conveniente.

Amplía 1. Trabajos, boletines, dípticos..., ¡todo puede mejorar!

Elige una de las tres siguientes propuestas de maquetación:

1. Un trabajo titulado "El futuro: Big Data e Internet de las cosas", con información que encuentres en Internet.
2. Un boletín informativo llamado "Los diez inventos informáticos que han cambiado el mundo".
3. Un díptico explicativo titulado "Smart cities: Masdar, la ciudad ecointeligente en construcción".

Créala en un documento de texto que parezca lo más profesional posible, teniendo en cuenta lo aprendido en la unidad y los consejos prácticos del apartado "Conoce". Sigue estas pautas:

- Elige un color de portada que vaya bien con tu trabajo. Diseña y trabaja el interior: si has elegido un color, mantenlo en los títulos y subtítulos, en las tablas, etc.
- Pon un encabezado con tu nombre y el título del trabajo, en tamaño más pequeño que el texto. No olvides los números de página.
- Para colocar texto e imágenes y que todo quede en su sitio, utiliza tablas y luego haz que los bordes queden ocultos.
- Revisa y mejora las imágenes. ¿Habías puesto alguna? ¿Son todas de calidad? ¿Son bonitas?

Guarda el archivo como **A1_nombreapellido**.

Amplía 2. Presentación con diseño

Crea una presentación sobre uno de los tres temas propuestos en el ejercicio anterior. Ten presentes estas advertencias:

- Con un simple golpe de vista debe verse que en la presentación, en todas las diapositivas, se representa el tema elegido.
- El diseño debe ser personalizado y mantener una línea en todas las diapositivas. Para ello, busca imágenes similares.
- Recuerda: en cada diapositiva, una idea.
- El trabajo debe tener entre 6 y 10 diapositivas.

Guarda el archivo como **A2_nombreapellido**.

Amplía 3. Hacer un inventario del aula de informática

Mira a tu alrededor y observa todo lo que hay: ordenadores, pantallas, sillas, mesas, pizarra, routers, armarios, etc.). Utiliza una hoja de cálculo para hacer un inventario pormenorizado del aula en la que estás. A continuación, estima el precio unitario de cada objeto y calcula el valor total de tu aula de informática. Organiza la información y piensa qué filas y columnas necesitas. Guarda el libro como **A3_nombreapellido**.

Amplía 4. Crear una base de datos del aula de informática

Aprovechando la información utilizada en el ejercicio anterior, elabora una base datos que contenga todos los objetos del aula de informática. Piensa en cómo organizar la información, qué campos son interesantes y/o necesarios, etc. Elige un campo clave. Una vez creada, realiza una consulta que te permita ver los objetos comprados en un año determinado (puedes estimar o inventar las fechas de compra). Guarda la base de datos como **A4_nombreapellido**.

RESUMEN DE LA UNIDAD

- Un **procesador de texto** es una aplicación destinada a la creación y el tratamiento de documentos. Los más utilizados son Word (Microsoft), Writer (existen dos versiones: LibreOffice y OpenOffice), WordPerfect (Corel), NotePad, WordPad, PDF Writer (Adobe), etc.
- Una **presentación** es una secuencia ordenada de diapositivas dirigidas a expresar y comunicar un tema, un proyecto o una idea de forma estructurada y esquemática y con una duración determinada.
- Una **hoja de cálculo** es una aplicación informática que permite realizar operaciones matemáticas, trabajar con datos numéricos, hacer cálculos complejos con fórmulas y funciones y confeccionar gráficos. Los archivos de una hoja de cálculo se denominan **libros de trabajo** y están formados por **hojas**.
- Una **base de datos** es un conjunto de datos sobre un tema determinado organizados y relacionados entre sí. Los programas informáticos destinados a manejar bases de datos se denominan **gestores de bases de datos**. Los elementos principales de las bases de datos son las **tablas**, las **consultas**, los **formularios** y los **informes**.
- La ventana de Microsoft Office tiene una **cinta de opciones** con **fichas** personalizables. Dentro de cada ficha, las distintas opciones se encuentran organizadas en **grupos** afines.
- Algunos **atajos de teclado** útiles son:

Ctrl + C	Copiar	**Ctrl + V**	Pegar
Ctrl + X	Cortar	**Shift + F3**	Cambiar mayúsculas/minúsculas
Ctrl + Z	Deshacer	**Ctrl + clic**	Selección de uno en uno
Ctrl + B	Buscar	**Shift + clic**	Selección de un rango

EN LA RED: ENLACES DE INTERÉS

www.aulaclic.es
Completo portal web con cursos y tutoriales de informática.

recursostic.educacion.es/observatorio/web
Portal educativo del Instituto Nacional de Tecnologías Educativas y de Formación del Profesorado (INTEF), con infinidad de recursos.

es.libreoffice.org
Página oficial de LibreOffice, con tutoriales y manuales, así como la descarga oficial.

isa.uniovi.es/docencia/SIGC
Estupenda web del Departamento de Sistemas Informáticos de Gestión y Control de la Universidad de Oviedo, con multitud de materiales.

ACTIVIDADES DE REFUERZO

Después de estudiar el tema, realiza en tu cuaderno los siguientes ejercicios:

1. ✦ ¿Qué es un atajo de teclado? Investiga qué función tienen estos atajos: **Ctrl + Z**, **Ctrl + V**, **Ctrl + +**, **Ctrl + Shift + 0**.
2. ✦ Di para qué sirve cada una de las siguientes herramientas de un procesador de texto: tabulación, tabla de contenidos, letra capital, viñeta, combinar celdas.
3. ✦✦ Define los siguientes conceptos: presentación portátil, animación, transición.
4. ✦✦ Explica las normas básicas de cómo tiene que ser una presentación.
5. ✦✦ ¿Cómo se llaman los archivos de una hoja de cálculo? ¿Cómo están divididos?
6. ✦✦ ¿Cómo se inserta un salto de línea en Excel? ¿Y en Calc?
7. ✦✦ Identifica los siguientes mensajes de error de Excel:

   a) **# # # # # #** b) **#DIV/0!**
8. ✦ Define los siguientes conceptos relacionados con bases de datos: tabla, formulario, consulta, informe.
9. ✦ Explica qué son un registro y un campo en una tabla de una base de datos.
10. ✦ Explica la utilidad de un campo clave en una tabla de una base de datos.
11. ✦✦ Haz una tabla que recoja los nombres de los programas que hemos visto en la unidad y las extensiones de los archivos que se pueden generar con cada uno de ellos.
12. ✦✦ Explica las diferencias principales que existen entre una hoja de cálculo y una base de datos. Pon un ejemplo de uso de cada una de ellas. ¿En qué se parecen?
13. ✦✦ Explica las ventajas y los inconvenientes de utilizar la ofimática online en comparación con las aplicaciones instaladas en el ordenador.

ACTIVIDADES EN INTERNET

Crear un formulario en línea

1. Entra en *www.typeform.com*.
2. Pulsa **How can I use Typeform** y trata de entender para qué sirve esta web y qué puedes hacer en ella.
3. A continuación pulsa **Get started now** y comienza a elaborar tu formulario.
4. Haz clic en **Create a new typeform** y luego en **Use a template**.
5. Elige la plantilla **Suggestion box**.
6. Puedes ver cómo es el formulario en la misma ventana o bien modificar la plantilla pulsando **Use this template**.
7. Modifica las preguntas a tu gusto. Sigue los pasos indicados: **Build**, **Design**, **Configure**, etc.
8. Para finalizar, pulsa **Save account** y escribe los datos requeridos.

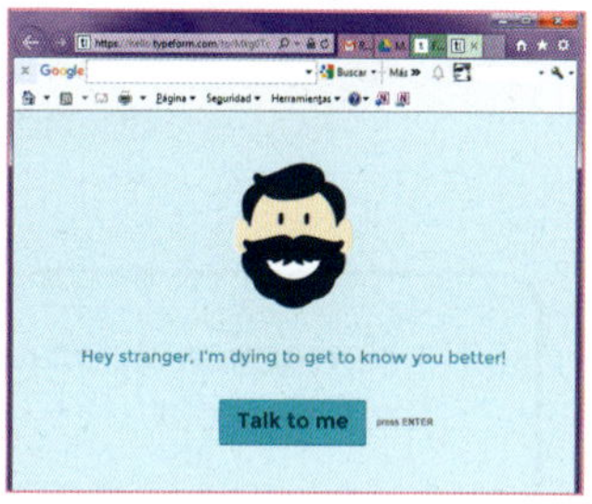

Crear una encuesta en línea

1. Entra en *doodle.com*.
2. Después de investigar, crea una encuesta que pueda servir para planificar los exámenes de este trimestre en función de la disponibilidad del profesor y las preferencias de todos los alumnos.

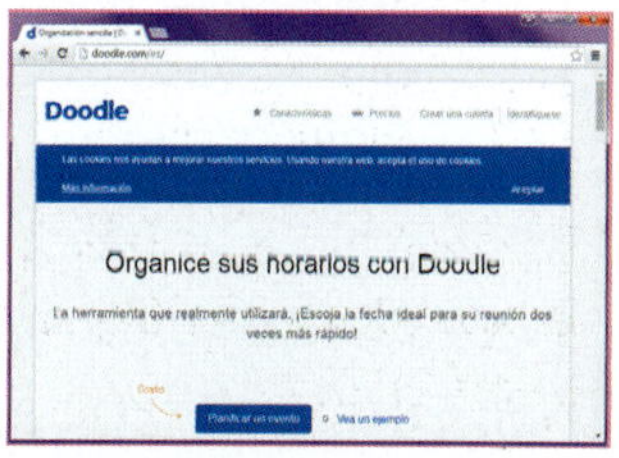

3 Creación y edición de contenidos multimedia

1. **Herramientas de creación de contenidos multimedia**
2. **Imágenes de mapa de bits**
   Características
   Formatos de los archivos de imagen de mapa de bits
   Programas de edición gráfica y visores
   Programas de edición gráfica on-line
   GIMP 2.8.16
3. **Imágenes vectoriales**
   Aplicaciones de las imágenes vectoriales
   Diseño artístico o gráfico
   Dibujo técnico
   Formatos de los archivos de imagen vectorial
   Inkscape
   SketchUp
4. **Edición de audio**
   El sonido: grabación, captura y reproducción
   Programas de reproducción, conversión y edición de audio
   Compresión: los códecs
   Formatos de los archivos de audio
   Audacity
   El respeto a la propiedad intelectual
5. **Edición de vídeo**
   Reproductores de vídeo y canales de distribución
   Descargar vídeos de Internet
   Formatos y compresión de vídeo
   Programas de edición de vídeo
   Grabar vídeos de la actividad de la pantalla: screencast

1. Herramientas de creación de contenidos multimedia

El tratamiento de la información es un elemento indispensable de la sociedad actual.

En este tema aprenderemos a capturar, producir y editar **material multimedia** en sus diferentes formatos.

El **diseño multimedia** engloba el diseño y tratamiento de textos, fotografías, vídeos, sonidos y animaciones, manipulados y volcados en un soporte digital. Algunas de las ramas en que se aplica son el diseño gráfico, el diseño editorial, el diseño web y el diseño de vídeos.

Aparte de los medios clásicos de adquisición de material multimedia (como cámaras de fotos, micrófonos, cámaras de vídeo, etc.), en la sociedad actual contamos con dispositivos móviles, como los teléfonos inteligentes y las tabletas, de gran utilidad para obtener dicho material. Además, los dispositivos móviles suelen incorporar software específico para editar el material multimedia y publicarlo directamente en Internet.

Así, actualmente podemos hablar de **hipermedia**. Este término hace referencia al hecho de que al hipertexto (los enlaces de las páginas web) se les añaden imágenes, sonidos, animaciones...

Este tema está dividido en cuatro grandes bloques referidos a los contenidos multimedia:

- **Edición de imágenes de mapa de bits**

  Las **imágenes de mapa de bits** son imágenes formadas por píxeles (cada píxel es un pequeño cuadrado que guarda información sobre el color, el brillo, el contraste, etc.).

  GIMP es la mejor alternativa libre al software de edición digital de pago. Permite procesar dibujos vectoriales y fotografías digitales.

- **Edición de imágenes vectoriales**

  Las **imágenes vectoriales** son imágenes digitales formadas por objetos geométricos independientes (segmentos, polígonos, arcos, etc.), cada uno de ellos definido por cálculos matemáticos. Las ventajas de este tipo de imágenes son la posibilidad de ampliar su tamaño sin perder calidad y la facilidad para identificar y modificar cada una de las partes.

  El principal programa que aprenderemos a utilizar es **Inkscape**.

- **Edición de audio**

  La edición de audio es el proceso mediante el cual se elabora un documento sonoro a partir de uno o varios documentos grabados previamente, mezclando sonidos, aplicando efectos y filtros...; en definitiva, modificando sus características.

  En este tema veremos qué son los códecs y cuáles son los distintos formatos de audio (con o sin compresión y con o sin pérdida), entre otras cosas.

  Audacity es el programa de grabación y edición de sonidos de código abierto que aprenderemos a utilizar en las siguientes páginas.

- **Edición de vídeo**

  La edición de vídeo consiste en el montaje de vídeo, audio, fotos, etc., en una película de vídeo, así como la inclusión de títulos, créditos, efectos, transiciones entre fotogramas, etc.

  El programa que utilizaremos para las prácticas será **Windows Movie Maker**, de Microsoft.

2. Imágenes de mapa de bits

Las imágenes digitales de **mapa de bits** son imágenes formadas por píxeles (cada píxel es un pequeño cuadrado que guarda información sobre el color, el brillo, el contraste, etc.).

Las imágenes que tomamos con un teléfono móvil, una tableta o una cámara de fotos o de vídeo son imágenes de mapa de bits. Si las ampliamos, veremos que están formadas por píxeles.

Su principal inconveniente es que al ampliarlas pierden resolución.

Características

- **Dimensiones o tamaño.** El tamaño de una imagen de mapa de bits viene definido por el producto de dos números enteros correspondientes al número de píxeles del ancho y del alto de la imagen. Por ejemplo, 1.600 × 1.200 (ancho × alto).
- **Resolución.** Es el parámetro que nos indica con cuánto detalle puede observarse una imagen. Podemos definirlo como el número de píxeles que hay por pulgada (1 pulgada = 2,54 cm), es decir, expresa la densidad de píxeles de la imagen. Lógicamente, cuantos más píxeles haya en una pulgada, mejor se verá la imagen y más se podrá ampliar ésta sin que se pierda calidad. La resolución se expresa en píxeles por pulgada (ppp).

  A partir de una resolución de impresión de unos 200 ppp podemos decir que la resolución es de buena calidad. Las imágenes de Internet suelen tener un máximo de 70 ppp, porque los monitores no son capaces de mostrar una resolución de impresión mayor. Si aumentamos la resolución de una imagen, esto afectará al espacio que ocupa al guardarla, ya que, al aumentar el número de puntos por pulgada, tendremos más información y la imagen ocupará más espacio en la memoria.

  Para saber cuál es el tamaño máximo de impresión de una imagen de mapa de bits, tenemos que dividir el ancho y alto (en píxeles) por la resolución (en píxeles por pulgada).

$$\textit{tamaño (pulgadas)} = \frac{\textit{ancho o alto (píxeles)}}{\textit{resolución (ppp)}}$$

$$\textit{resolución (ppp)} = \frac{\textit{ancho (píxeles)}}{\textit{longitud (pulgadas)}}$$

Ejemplo

a) Calcula el tamaño máximo de impresión (en centímetros) de una fotografía de resolución de impresión de 180 ppp y que tiene una calidad máxima de 3.648 × 2.736 píxeles.

*Para obtener el tamaño de impresión, dividimos el ancho y el alto por la resolución. Para convertir a centímetros, debemos tener en cuenta que **1 pulgada = 2,54 cm**.*

$$\textit{horizontal} = \frac{\textit{ancho}}{\textit{resolución}} = \frac{3.648 \textit{ píxeles}}{180 \textit{ ppp}} = 20{,}26 \textit{ pulgadas} \times 2{,}54 \frac{cm}{pulgada} = 51{,}46 \textit{ cm}$$

$$\textit{vertical} = \frac{\textit{alto}}{\textit{resolución}} = \frac{2.736 \textit{ píxeles}}{180 \textit{ ppp}} = 15{,}2 \textit{ pulgadas} \times 2{,}54 \frac{cm}{pulgada} = 38{,}6 \textit{ cm}$$

b) Calcula la resolución total de la cámara digital con que se han obtenido las fotos (es decir, el número total de megapíxeles).

Para saber cuál es la resolución de la cámara digital debemos conocer con cuántos píxeles de ancho y alto es capaz de obtener una imagen y multiplicarlos.

$$3.648 \times 2.736 = 9.980.928 \textit{ píxeles} = 9{,}98 \textit{ megapíxeles}$$

Repite las operaciones anteriores para una resolución de impresión de 200 ppp. ¿Por qué el tamaño de impresión es menor que el del ejemplo?

Formatos de los archivos de imagen de mapa de bits

Los principales formatos de los gráficos de mapa de bits son (hay otros, como **.raw**, **.psp**, **.pcx**, **.tga**, etc.):

Formato	Descripción	Compresión
BMP	(*bit mapped picture*) Mapa de bits. Formato usado por Windows (es el formato propio del programa Paint).	Compresión sin pérdidas
GIF	(*graphics interchange format*) Es el más utilizado en la Web. Tiene una profundidad de 8 bits, trabaja con 256 colores y permite animaciones.	Compresión sin pérdidas
JPG o JPEG	(*Joint Photographic Experts Group*) Muy usado para la imagen digital, admite 16 millones de colores en poco espacio debido a su alta compresión.	Compresión con pérdidas ajustables por el usuario
TIF o TIFF	(*tagged image file format*) Proporciona imágenes de alta calidad (lo cual implica un gran tamaño de los archivos) y está muy extendido.	Compresión sin pérdidas
PNG	(*portable network graphics*) Fue creado para sustituir al GIF y es similar a éste, aunque tiene mejor calidad y ocupa menos espacio.	Compresión sin pérdidas
XCF	(*e**x**perimental **c**omputing **f**acility*) Usado en GIMP, permite guardar capas, canales, transparencias, etc., para posteriormente editarlas.	Compresión sin pérdidas
PSD	(*Photoshop document*) Usado en Photoshop, tiene las mismas caracteristicas que el XCF.	Compresión sin pérdidas

Programas de edición gráfica y visores

Programa	Aplicación	Descripción	Software libre
GIMP	Edición de imágenes digitales	Muy potente, en continuo desarrollo.	Sí
PhotoScape	Edición de imágenes digitales	También usado como visor de imágenes.	Gratuito
Photoshop	Edición de imágenes digitales	Muy potente, el más usado.	No
Paint Shop Pro	Edición de imágenes digitales	De la familia de Corel.	No
XnView	Visualización de imágenes	También usado como organizador de fotos.	Sí
Picasa	Visualizador y editor de imágenes	Permite almacenar y compartir en la red.	Gratuito

Programas de edición gráfica on-line

Además de los programas de edición gráfica, existen **webs** que nos permiten editar imágenes on-line con funciones muy parecidas. Además, cada vez podemos encontrar más webs con un gran número de opciones avanzadas, lo que nos ahorrará tener que instalar cualquier programa. Muchos de ellos están disponibles para dispositivos móviles: puedes descargar las apps desde la App Store (Apple) o Google Play (Android).

Pixlr	Muy completo. Tiene tres variantes: Editor, muy completo y profesional, con gran cantidad de opciones; Express, más básico y para retoques rápidos; y O-Matic, que aplica retoques, marcos, filtros y efectos a toda la imagen de forma automática. No requiere registrarse.
Phixr	De interfaz sencilla, permite aplicar múltiples efectos. No requiere registrarse.
PicMonkey	Muy intuitivo (no se requieren muchos conocimientos para manejarlo), permite mejorar imágenes, crear *collages*, tarjetas, marcos, etc. No requiere registrarse.
Photoshop Express Editor	Parecido al programa original Photoshop, permite trabajar por capas. Sólo admite imágenes en formato JPG, JPEG o JPE de hasta 16 MB. No requiere registrarse.
BeFunky	Para crear y editar *collages*. Es muy sencillo de usar e incluye múltiples filtros, texturas y efectos. No requiere registrarse.
PicMagick	Editor básico que permite aplicar efectos y filtros. No requiere registrarse.
Fotor	Permite hacer portadas, *collages*, etc. No requiere registrarse.
FotoFlexer	Muy intuitivo y fácil de usar, permite múltiples opciones de edición, filtros, etc. No requiere registrarse.
Pho.to	Con opciones limitadas, permite mejorar fotos. No requiere registrarse.

GIMP 2.8.16

GIMP constituye la mejor alternativa libre al software de edición digital de pago. Permite procesar dibujos vectoriales y fotografías digitales.

Puedes descargar gratuitamente dicho programa desde *www.gimp.org*. También existe una versión portable, que puede transportarse en una memoria USB (*pendrive*) u otro dispositivo y ejecutarse sin necesidad de instalar nada. En esta unidad utilizaremos la **versión 2.8.16**.

En la siguiente figura se muestran las ventanas de GIMP:

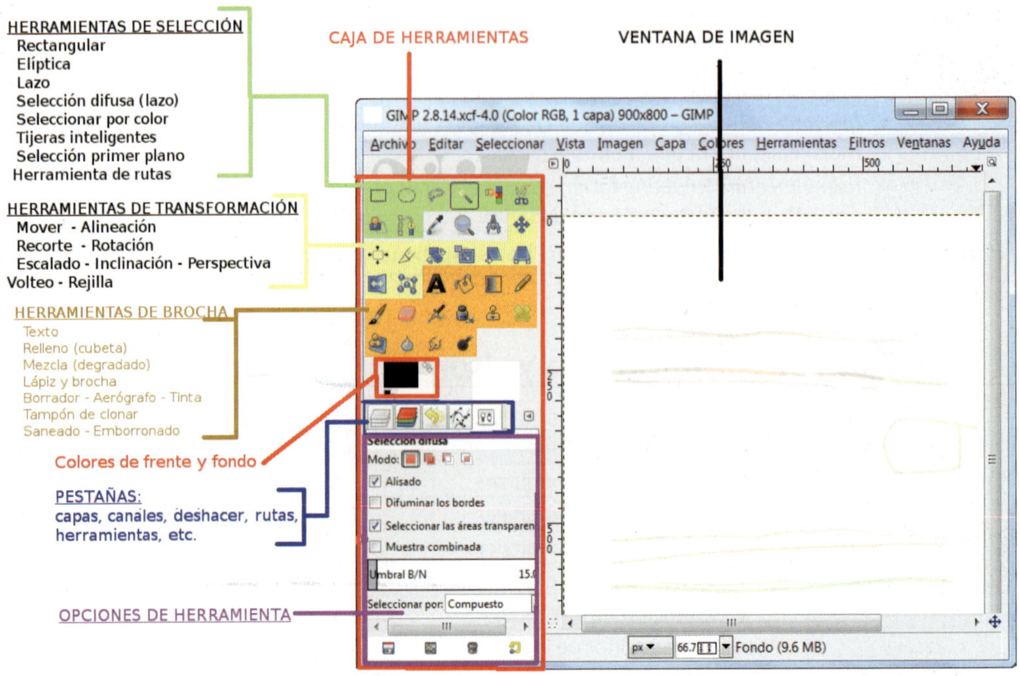

Puedes agrupar y desagrupar los menús yendo a **Ventanas / Modo de ventana única**.

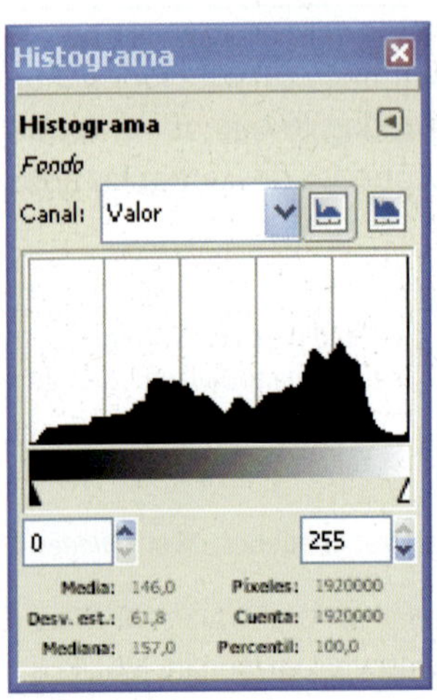

El **histograma** de GIMP es una representación gráfica de la luminosidad de los píxeles de una imagen. En la parte izquierda del histograma se muestran los grados oscuros de gris, y en la derecha, los claros con mayor luminosidad. Para acceder al histograma, ve a **Ventanas / Diálogos empotrables / Histograma**.

El programa nos permite alterar los diferentes parámetros de las imágenes para retocarlas:

- **Exposición.** Es la cantidad de luz que ha sido captada en una imagen. Para una correcta exposición, los datos del histograma deben estar centrados sin picos ni agujeros. La media debe ser lo más cercana posible a 128. La desviación es una indicación del contraste y debe estar entre 40 y 90.

  Podemos corregir los niveles de exposición entrando en **Colores / Niveles** y desplazando los triángulos de exposición que hay bajo el histograma.

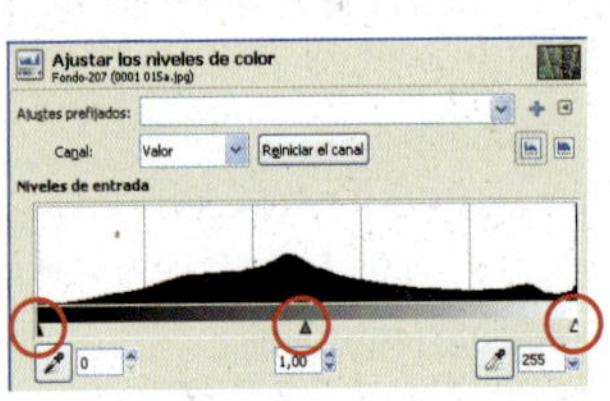

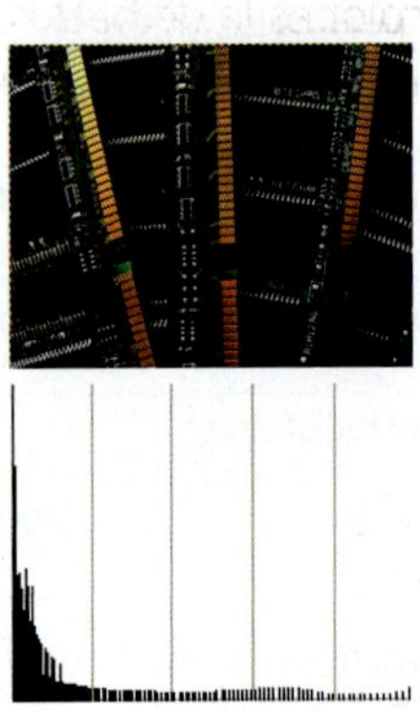

Subexpuesta

Correctamente expuesta

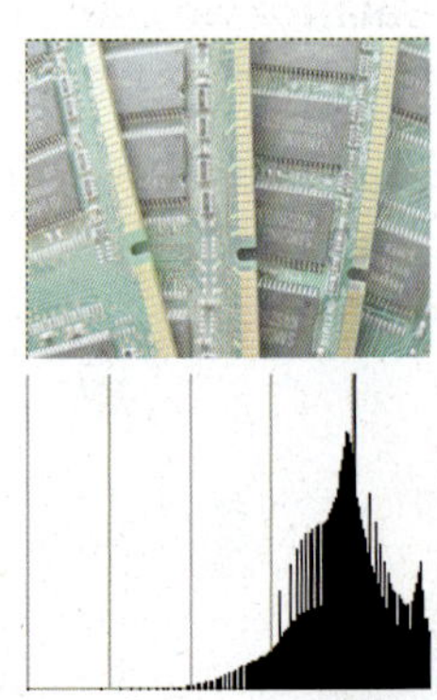

Sobreexpuesta

- **Brillo y contraste.** Cuando hablamos de brillo nos referimos a la luminosidad que tiene una imagen, es decir, si es clara u oscura. En cambio, el contraste nos muestra la diferencia de intensidad entre un punto y sus alrededores, lo que nos permite realzar los colores. Podemos modificar estos parámetros en **Colores** / **Brillo y contraste**.

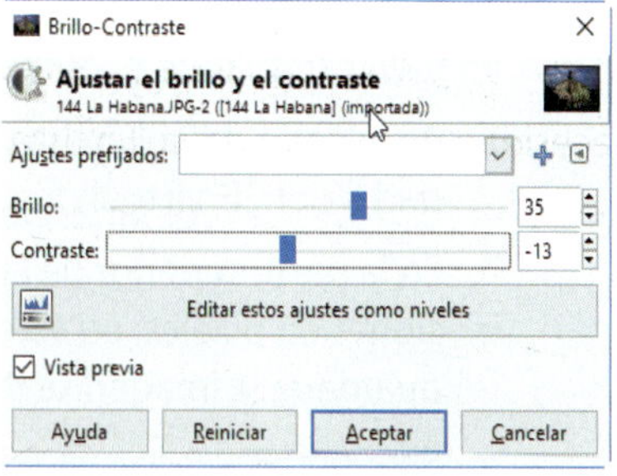

- **Tono, luminosidad y saturación.** El tono es el color de una imagen, la luminosidad es el grado de claridad u oscuridad y la saturación es la pureza de un color. Podemos modificar estos parámetros en **Colores** / **Tono y saturación**.

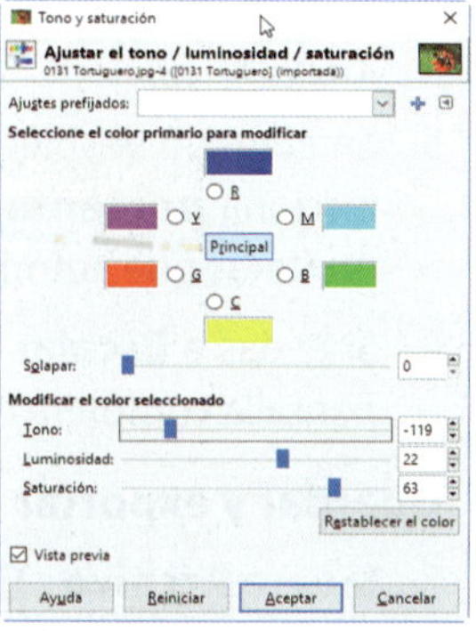

- **Curvas de color y niveles.** La herramienta de **curvas**, una de las más potentes del programa, nos permite corregir el color y el tono de la imagen, ajustando el nivel de luminosidad u oscuridad de cada píxel. Con la herramienta de **niveles** se puede nivelar el rango de colores de una capa. Se accede a ambas desde el menú **Colores**.

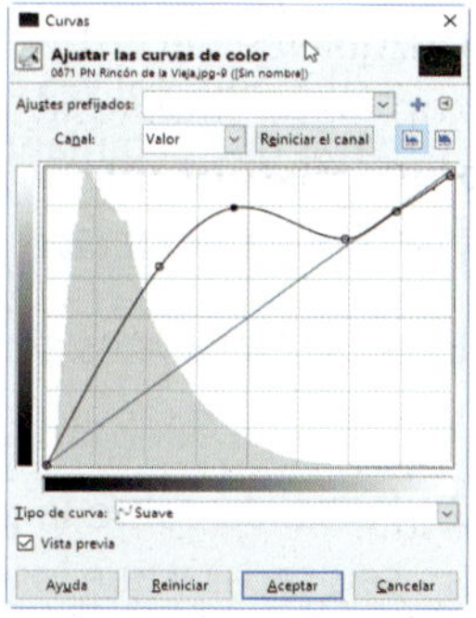

- **Balance de color.** Otra herramienta que nos permite ajustar el color es la de **balance** del color. Sobre todo es útil para fotografías realizadas en interiores estando la cámara preparada para exteriores. Se accede a ella en **Colores** / **Balance**.

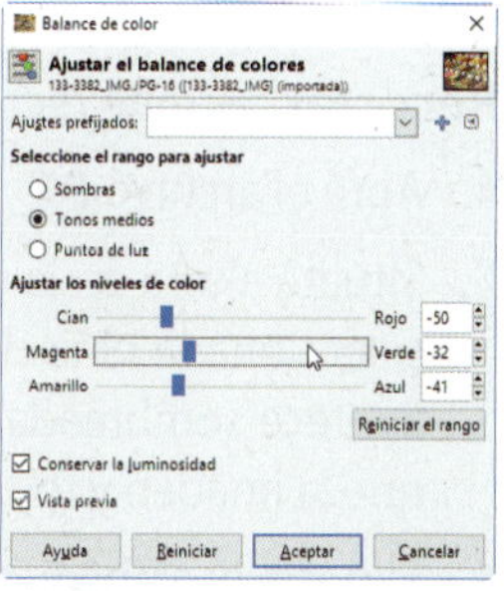

Práctica 1. Tamaño de las imágenes y formatos

Ejercicio 1. Escalar una imagen, guardar y exportar

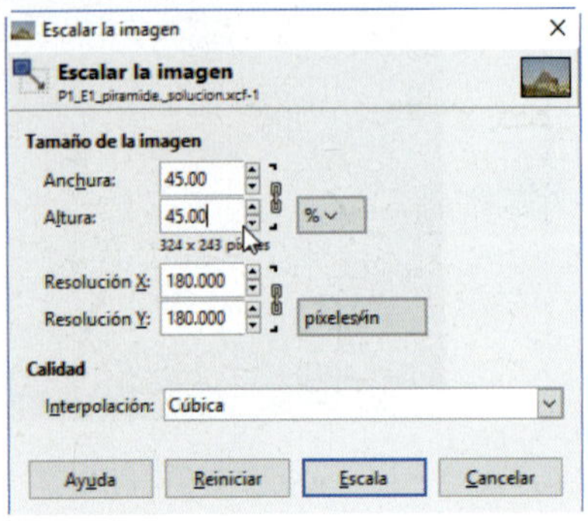

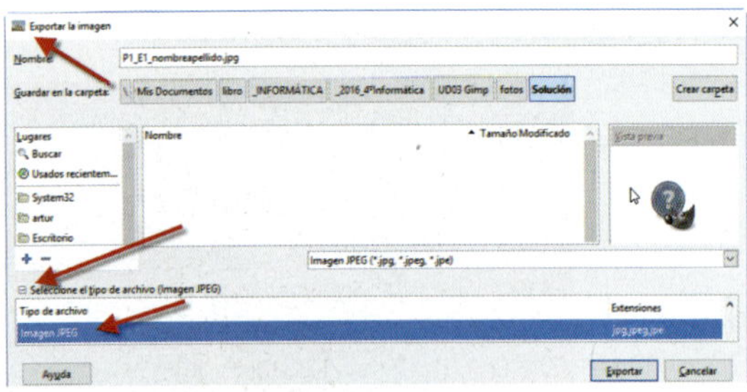

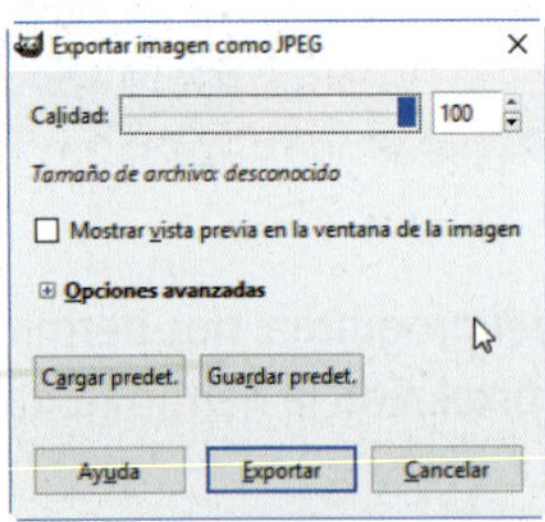

[P1_E1_nombreapellido] 720x540 – GIMP

Escalar la imagen nos permite agrandar o reducir el tamaño físico de la imagen cambiando el número de píxeles que contiene.

1. Abre con GIMP el archivo **P1_E1_piramide.jpg** que tienes en la unidad 3 del CD virtual.
2. En la parte superior de la ventana del programa puedes ver las dimensiones en píxeles; en este caso, 1.600 × 1.200. En la carpeta donde está guardada la imagen se indica el tamaño del archivo, que es de 770 KB.
3. Para poder ver la imagen completa en GIMP, en la parte inferior de la pantalla debes aplicarle una escala de un 45%, aproximadamente.
4. Para escalar la imagen, ve a **Imagen / Escalar la imagen**. Asegúrate de que el símbolo de la cadena no está roto, para que la anchura y la altura mantengan la proporción entre ellas y no se distorsione la imagen.
5. En el menú desplegable que está a la derecha de las dimensiones selecciona **porcentaje** como unidad. En **Anchura** escribe **45%**; comprobarás que automáticamente se rellena el campo **Altura**.
6. Si le das a **Escalar** verás que ahora se puede visualizar la imagen en pantalla completa con un zoom del 100%.

Guardar y exportar

7. Si vas a **Archivo / Guardar como** podrás guardar la imagen que acabas de modificar en formato **.xcf**, pero para poder visualizarla desde cualquier visor deberás exportarla.
8. Para exportar, ve a **Archivo / Exportar como** y, en la parte inferior, en **Seleccione el tipo de archivo**, escoge **.jpg**. Guarda el archivo como **P1_E1_nombreapellido.jpg**. Puedes ver en la parte superior de la ventana que las dimensiones en píxeles son de 720 × 540; y si vas a la carpeta donde está alojado el archivo, comprobarás que el tamaño es de 303 KB, aproximadamente.

Ejercicio 2. Cambiar el tamaño del lienzo y recortar

Capas

Escalar

Escalar capas nos permite agrandar o encoger capas por separado.

1. Abre con GIMP el archivo **P1_E2a_granja.xcf**.
2. Pulsando sobre la pestaña **Capas** comprobarás que el archivo tiene seis capas y que los animales son grandes, así que vamos a reducirlos.
3. Ve a la capa **vaca**, selecciona la **herramienta de escalado**, haz clic en **Escala** y reduce el tamaño. Repite lo mismo con las capas **gallina**, **gato**, **niños** y **cerdito**. Comprueba que tu imagen te queda como en la foto del margen. Guarda el archivo como **P1_E2a_nombreapellido.xcf**.

Recortar

Recortar permite recortar un área concreta de la imagen.

4. Abre el archivo **P1_E2b_juego.xcf**.
5. Sitúate ahora en la capa del **fondo**. Con la **herramienta de recorte** selecciona la niña de rojo con el gato; verás que el resto de la imagen aparece sombreada. Haz clic en el interior de la imagen. Comprobarás que la imagen y todas sus capas se han recortado.
6. Exporta el archivo como **P1_E2b_nombreapellido.jpg**.

Práctica 2. Retocar imágenes

Ejercicio 1. Herramienta de saneado

La herramienta de **saneado** nos permite retocar una imagen mejorando el aspecto de las caras. Con la de **clonar** (tampón) podemos eliminar determinadas partes de una foto sustituyéndolas por fragmentos iguales tomados de otra parte. Lo principal para este tipo de retoques es hacerlo con mucho detalle y paciencia.

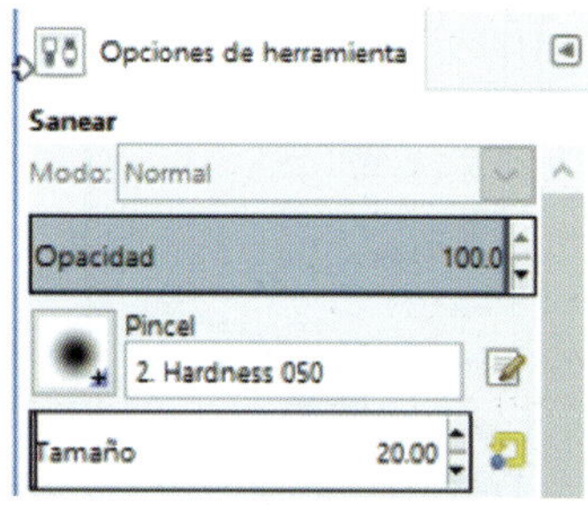

1. Abre en la unidad 3 del CD virtual el archivo **P2_E1_cara.xcf**.
2. Aumenta el zoom hasta el 300% y selecciona la herramienta de **saneado**. Escoge, debajo, en el menú de opciones de las herramientas, un pincel adecuado (por ejemplo, **2. Hardness 050**) y ajusta el tamaño a **20**.
3. Pulsa la tecla **Control** sobre una zona cercana al ojo que no tenga arrugas y, sin soltarla, haz un clic con el ratón. Comprobarás que dicha zona ha quedado marcada con un círculo discontinuo y una cruz: esta será la zona origen. Suelta la tecla **Control** y ya sólo tendrás que ir haciendo clic con el ratón sobre las zonas con arrugas para ir eliminándolas. Puedes seleccionar zonas distintas con **Ctrl + clic** cada vez. Si te equivocas, puedes deshacer con **Ctrl + Z**.
4. Sanea las arrugas de los ojos y de la frente. Suaviza las arrugas de la sonrisa, de los labios y del cuello hasta que la imagen quede como en la foto del margen.
5. Ahora vamos a oscurecer un poco el pelo. Selecciona un pincel (por ejemplo, **2. Hardness 050**) y sitúa el zoom al 100%.
6. En las opciones de herramientas, selecciona el modo **Oscurecer solo**, baja la **Opacidad** hasta un **10** y como tamaño de pincel escoge **40**.
7. Ve retocando la parte superior y derecha del pelo; para la parte izquierda baja la opacidad al **5**.
8. Guarda el archivo como **P2_E1_nombreapellido.xcf**.

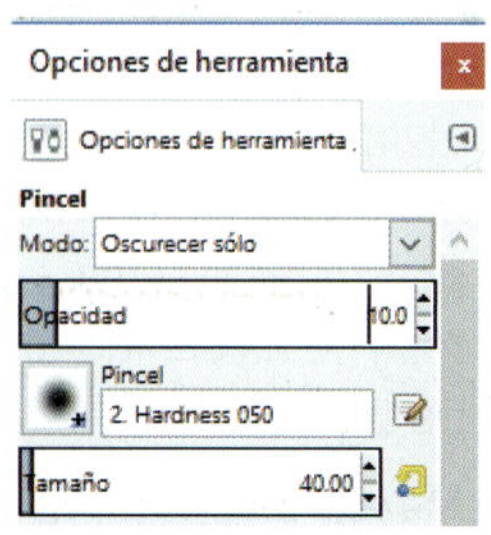

Ejercicio 2. Herramienta de clonado

1. Abre en la unidad 3 del CD virtual el archivo **P2_E2_avion.jpg**.
2. Aumenta el zoom al 100% para ver la fotografía completa.
3. Vamos a clonar el avión para que se muestren varios en una misma imagen.
4. Selecciona la herramienta de **clonado**. Toma una brocha adecuada (por ejemplo, **2. Hardness 075**) y ajusta el tamaño a **20**. Sitúate encima del avión. Para seleccionar la zona origen que has de clonar, pulsa la tecla **Control** y haz clic con el ratón; verás que queda marcada con una cruz.
5. Suelta la tecla **Control** y haz clic con el ratón en otro lugar del cielo que esté despejado. Sin soltar el ratón, ve deslizando despacio el puntero hasta que hayas clonado el avión.
6. Guarda el archivo como **P2_E2_nombreapellido.xcf**.

Práctica 3. Fotomontaje

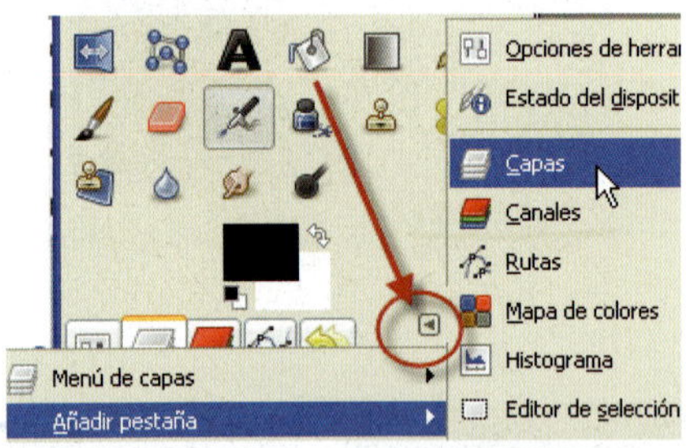

Vamos a crear un montaje a partir de tres fotos distintas. Para ello aprenderemos a trabajar con capas y a utilizar las herramientas de **selección**, la **máscara rápida** y la herramienta de **escalado**.

Las **capas** son una de las herramientas que más utilizaremos en cualquier programa de retoque fotográfico. Una imagen con capas es como si superponemos varias transparencias, que dan como resultado la suma de todas ellas. Así, en un paisaje podemos tener de fondo una montaña y, en capas superiores, nubes, animales, etc. La ventaja es que podemos trabajar sólo con una única capa en cada momento, por lo que cualquier cambio afectará solamente a dicha capa y no a las demás.

Las capas sólo se conservan al guardar los documentos con formato XCF (de GIMP) o PSD (de Photoshop). Si se guarda como JPG u otros, se acoplan todas las capas formando una única imagen.

1. Abre en la unidad 3 del CD virtual el archivo **P3_castillo.jpg**.
2. **Solapas**. El primer paso es hacer visible la solapa **Capas**. Si no está visible, añádela haciendo clic en la flecha de la caja de herramientas (observa la figura del margen), seleccionando **Añadir pestaña** y escogiendo **Capas**. Repite el proceso con las pestañas **Canales**, **Rutas** e **Historial de deshacer**. Si en algún momento te desaparece la caja de herramientas, la puedes abrir yendo a **Ventanas** / **Empotrables cerrados recientemente**.
3. Lo primero que vamos a hacer es extraer la imagen del castillo. Para ello, en la caja de herramientas, escoge las **tijeras de selección** . Cada vez que hagas clic aparecerá una marca que irá creando una línea de puntos. Realiza una selección alrededor del castillo.
4. Para terminar la selección es fundamental unir el último punto con el primero. Fíjate en que, al situar el puntero encima del primer punto, al lado de las tijeras aparecen unos anillos que nos indican que estamos cerrando la selección. Haz clic sobre ese punto y después otra vez dentro de la selección. Comprobarás que han desaparecido los puntos y se ha creado un contorno con una línea parpadeante alrededor de la selección.
5. **Máscara rápida**. Es una herramienta muy útil para ser lo más precisos posible a la hora de seleccionar imágenes. Una vez que tenemos seleccionado el castillo, para ajustar más la selección, activamos la máscara rápida yendo a **Seleccionar** / **Activar máscara rápida** o pulsando **Shift + Q**. Aparecerán en **rojo** las áreas **sin seleccionar**, pero si ampliamos la imagen con el zoom veremos que algunas zonas no están marcadas en rojo.
6. Escoge el pincel y, con el tamaño adecuado de grosor, rellena de rojo estas zonas que no deseamos que estén seleccionadas. Si te equivocas, puedes deshacer con **Ctrl + Z** o bien borrando el rojo con la goma de borrar (herramienta de **borrador**).
7. Una vez que tengas seleccionada sólo la parte que nos interesa, desactiva la máscara rápida con **Shift + Q** y copia la imagen en el portapapeles yendo a **Editar** / **Copiar** o pulsando **Ctrl + C**.

Fig. 1

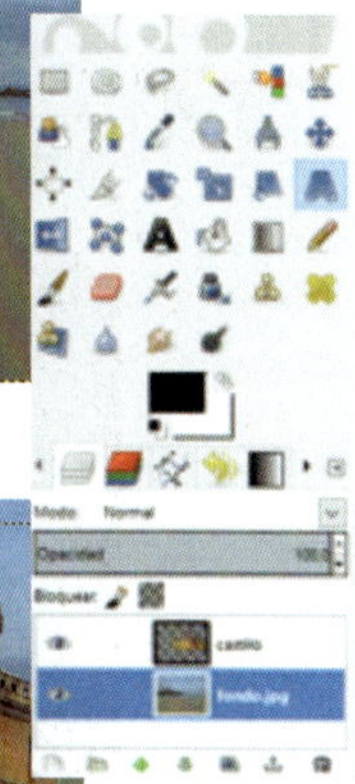

Fig. 2

8. Abre el archivo **P3_fondo.png** del CD virtual. Ve a **Editar** / **Pegar** o pulsa **Ctrl + V** para superponer la imagen del castillo (figura 1).
9. Selecciona la pestaña **Capas**. Comprobarás que aparecen la capa **Fondo** y una capa flotante, que es la que acabas de pegar. Haz doble clic sobre **Capa flotante** y escribe "Castillo".

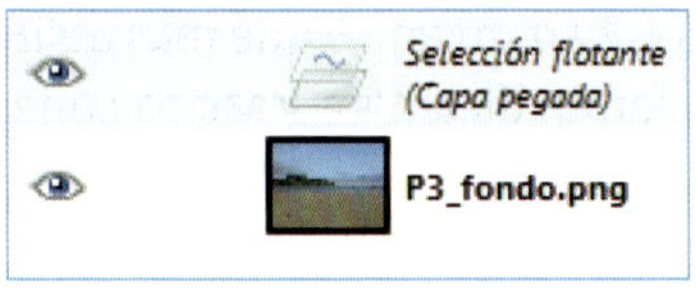

10. Para cambiar el tamaño del castillo, selecciona la herramienta de **escalado** (asegúrate de tener seleccionada la capa **Castillo**). Al hacer clic sobre el dibujo aparece una ventana emergente donde podemos escribir valores o arrastrar el recuadro del dibujo. Asegúrate de que entre el ancho y el alto esté el símbolo de enlazado; si no, la imagen se distorsionará. Amplía la imagen arrastrando hasta que su tamaño sea como en la figura 3; selecciona la herramienta de **mover** y desplaza el castillo hasta el lateral de la foto.

Fig. 3

11. Abre el archivo **P3_niño.jpg** del CD virtual. Escoge las **tijeras de selección** y selecciona el niño. Recuerda unir los puntos inicial y final y hacer clic en el centro. Pulsa **Ctrl + C** para copiar. Ve a la imagen principal y pégala con **Ctrl + V**.
12. En la pestaña **Capas**, haz clic sobre el nombre y escribe "Niño". Asegúrate de que el orden de las capas sea: **Fondo**, **Castillo**, **Niño**.
13. Con la herramienta de **escalado**, reduce el tamaño del niño hasta que aproximadamente sea el de la figura 5.

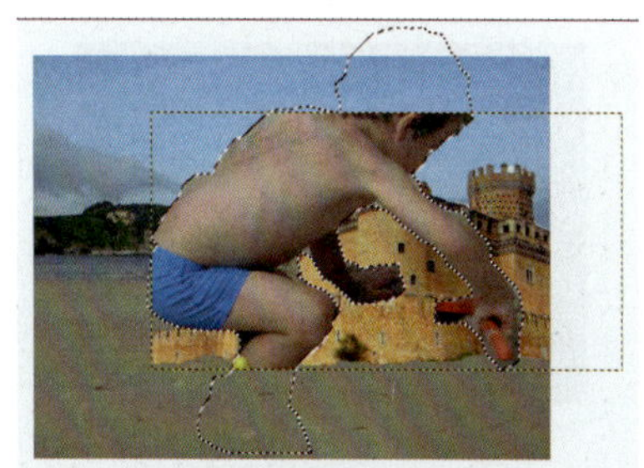

Fig. 4

14. Vuelve a seleccionar la herramienta de **mover** y coloca al niño en su sitio.
15. Abre el archivo **P3_dragon.png** del CD virtual. Como hemos visto en la parte de teoría, las imágenes con formato PNG son capaces de guardar las transparencias; esto quiere decir que, por ejemplo, en el caso de esta imagen, tenemos un dragón dibujado sobre un fondo transparente y, si lo pegamos sobre otra imagen, se respetará dicha transparencia y se verá el fondo.
16. Selecciona toda la imagen con **Seleccionar** / **Todo**. Pulsa **Ctrl + C** para copiar. Ve a la imagen principal y pégala con **Ctrl + V**.
17. En la pestaña **Capas**, haz clic sobre el nombre flotante y escribe "Dragón".

Fig. 5

18. Selecciona la herramienta de **volteo** y gira el dragón. Escoge la herramienta de **mover** y coloca el dragón en su sitio.
19. Puedes retocar el niño y el castillo situándote en la capa respectiva y pasando por los bordes la herramienta de **emborrononado** .
20. Guarda la imagen final como **P3_nombreapellido.xcf**.
21. Después guárdala con las extensiones **.jpg** (compresión al 50%), **.gif** y **.png** yendo a **Archivo** / **Exportar como** / **Selección de tipo de archivo**.
22. En la carpeta donde has guardado las imágenes, busca la información necesaria para completar la siguiente tabla:

Tamaño			
XCF	JPG	GIF	PNG

Fig. 6

Práctica 4. Crear una imagen animada (formato GIF)

GIF es un formato sin pérdida de calidad para imágenes de hasta 256 colores. En esta práctica crearemos una imagen animada en formato GIF. Si queremos una mayor funcionalidad podemos instalar la extensión de GIMP llamada **GAP** (*GIMP Animation Package*), que incluye varios plug-ins relacionados con la creación de vídeos y animaciones.

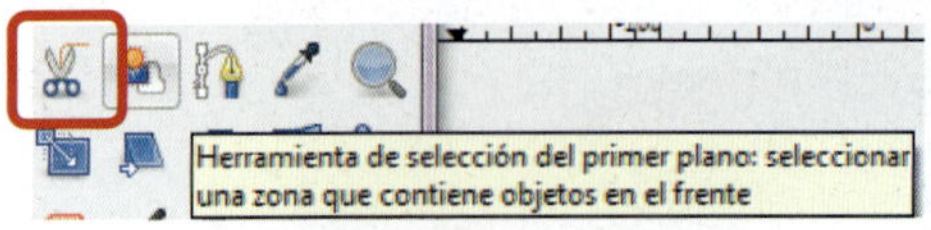

Fig. 7

Fig. 8

Fig. 9

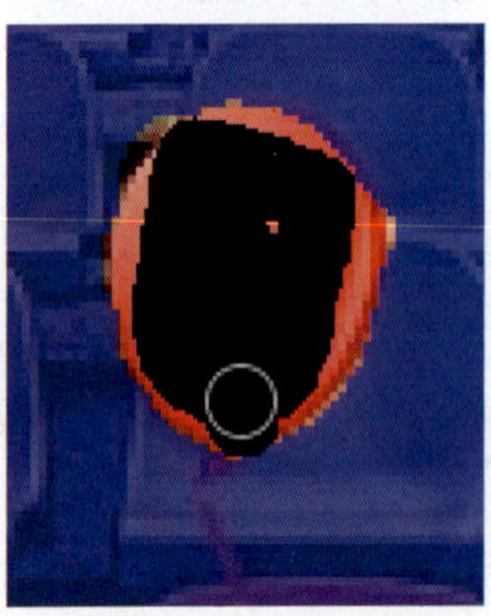
Fig. 10

Fig. 11

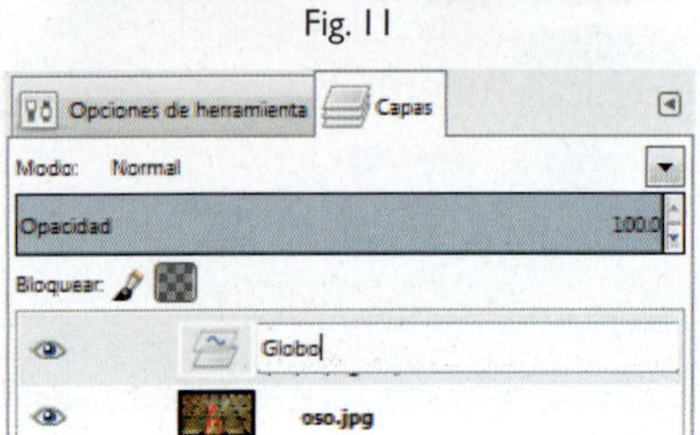

Fig. 12

Ejercicio 1. Selección del primer plano

1. Abre en la unidad 3 del CD virtual el archivo **P4_oso.jpg**. Ve a la solapa **Capas**, haz doble clic sobre la capa **P4_oso.jpg** y llámala simplemente **oso.jpg**.
2. Escoge la herramienta de **selección del primer plano** (figura 7).
3. Selecciona aproximadamente el frente que quieres extraer, el globo. Recuerda que debes unir los puntos inicial y final para que se cierre la selección (figura 8).
4. Al soltar el ratón, la parte **no seleccionada** se cubre con una máscara azul oscuro (figura 9). El puntero del ratón se convierte en una brocha.
5. Dibuja ahora con la **brocha** una línea a través del globo que queremos extraer; es importante que pase sobre el color de frente que queremos preservar (rojo). Trata de no pintar sobre colores del fondo (figura 10).
6. Al soltar el ratón, se mostrará en azul toda el área no seleccionada excepto el globo. Pulsa **Intro** para confirmar la selección y extraer el globo. Aparecerá seleccionado por una línea discontinua parpadeante (figura 11). Recuerda que, si te has equivocado, puedes deshacer con **Ctrl + Z**.
7. Ve a **Editar** / **Copiar** y seguidamente a **Editar** / **Pegar**. Si ahora seleccionas la pestaña **Capas**, comprobarás que aparece una nueva capa como selección flotante (figura 12). Haz doble clic sobre ella y escribe "globo".
8. Deselecciona el ojo de la capa **oso** y comprueba cómo se hace visible únicamente la capa **globo**.

Ejercicio 2. Crear más capas

1. Necesitamos más capas para realizar el movimiento del globo. Sitúate en la capa **globo** y crea una nueva capa pulsando **Duplicar capa**. Renómbrala como **globo2**.
2. Deja visible únicamente esta última capa (deselecciona los otros ojos). Mueve un poco el globo hacia la derecha con la herramienta para **mover** y luego gíralo 45 grados con la herramienta de **rotación** (figura 13).
3. Duplica de nuevo con la herramienta **Duplicar capa** y renombra la nueva como **globo3**. Deja visible únicamente esta última capa. De nuevo mueve un poco el globo hacia la derecha con la herramienta para **mover** y ahora gíralo 90 grados con la herramienta de **rotación**.
4. Pulsa los ojos para hacer las cuatro capas visibles.

Ejercicio 3. Clonar y combinar hacia abajo

1. Ve a la capa **oso** y crea una nueva capa pulsando **Duplicar capa**. Renómbrala como **singlobo**.
2. Utiliza la herramienta de **clonado** para clonar las sillas en esa capa de forma que se borre el globo (figura 14).
3. Ve a la capa **singlobo** y crea una nueva capa pulsando **Duplicar capa**. Renómbrala como **singlobo2**.
4. Coloca las capas como en la figura 15. Para ello puedes hacer clic sobre ellas y arrastrarlas al lugar correspondiente. Cuando tengas todas las capas colocadas, sitúate en la capa **globo** y elimínala. Sólo la hemos necesitado para crear las otras dos capas (es decir, el movimiento del globo).
5. Luego sitúate en la capa **globo2** y selecciona en el menú **Capa** la opción **Combinar hacia abajo** (figura 16), para combinar esta capa con la primera capa visible que está por debajo de ella. Con esto conseguimos tener el oso sin globo y el globo 2 en una capa, como si se hubiera escapado.

Fig. 15

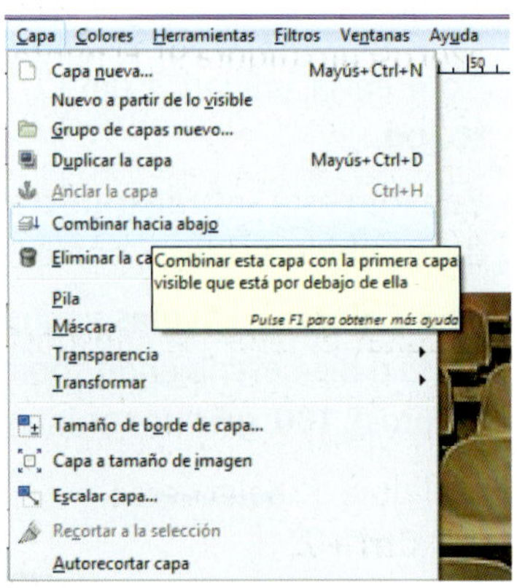

Fig. 16

6. Ahora repetiremos los pasos para que el globo parezca más lejano con la capa **globo3**. Para ello, ve de nuevo a la capa **singlobo** y crea una nueva capa pulsando **Duplicar capa**. Renómbrala como **singlobo3**. Coloca esta capa debajo de la capa **globo3**. Luego sitúate en la capa **globo3** y selecciona en el menú **Capa** la opción **Combinar hacia abajo**.
7. Coloca las capas como en la figura 17.

Ejercicio 4. Guardar y exportar como GIF

1. Ve a **Archivo / Guardar** como y guarda la imagen como **P4_nombreapellido.xcf**. Este archivo es necesario si quieres hacer cambios o mejoras posteriores.
2. Ve a **Archivo / Exportar como**, escribe "**P4_nombreapellido**" y selecciona en el menú desplegable la extensión **.gif**. Pulsa **Exportar**. En la ventana emergente (figura 18), selecciona **Como animación** y todas las opciones de la sección **Opciones del GIF animado**. Escribe "400" como retraso entre cuadros y, en **Residuo de cuadros cuando no esté especificado** escoge **Un cuadro por capa (reemplazar)**. Pulsa **Exportar**.
3. Ve a la carpeta donde has guardado el archivo y ábrelo con Internet Explorer o selecciona la vista previa para ver el resultado.

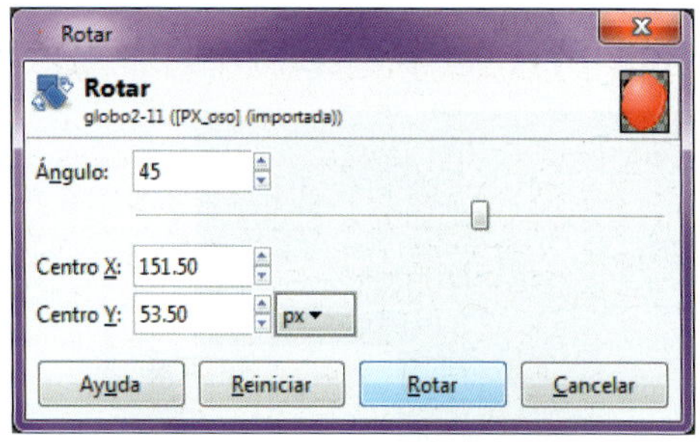

Fig. 13

Fig. 14

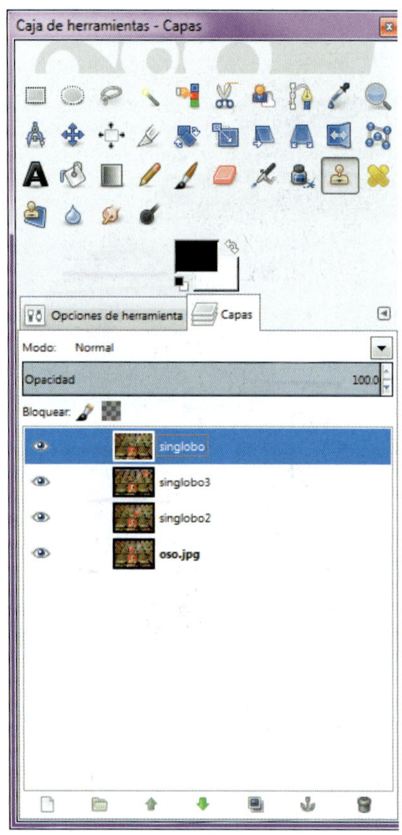

Fig. 17

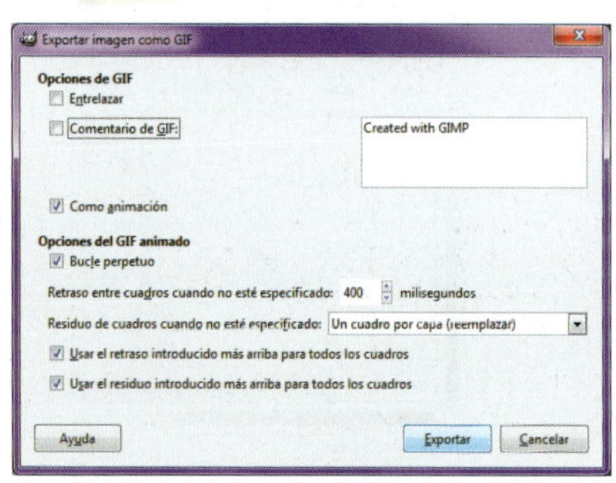

Fig. 18

Práctica 5. Arreglar fotos

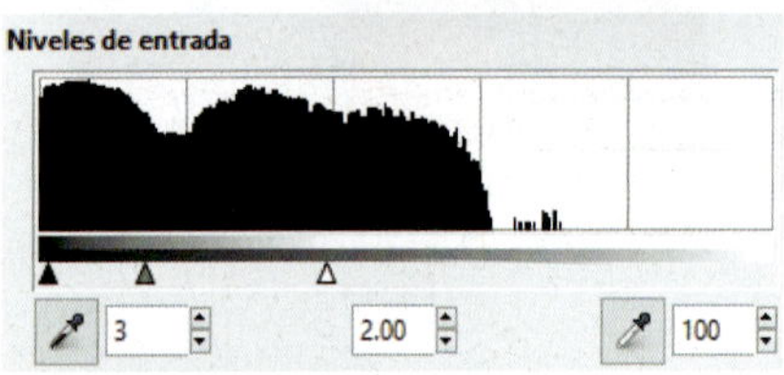

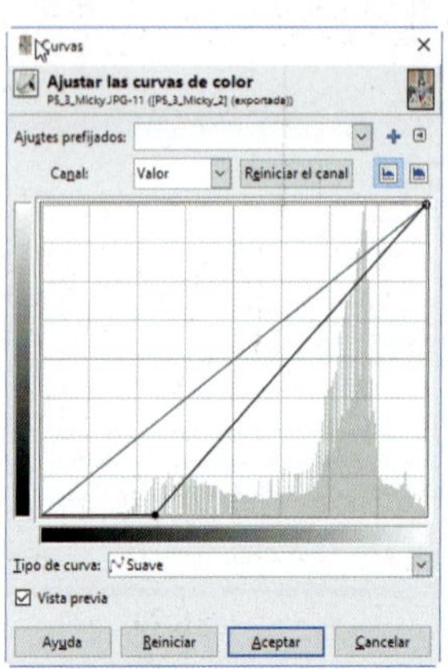

Como hemos visto en la teoría, es posible corregir fotos que están subexpuestas o sobreexpuestas. Vamos a ver cómo hacerlo.

Ejercicio 1. Fotografía subexpuesta

1. Abre en la unidad 3 del CD virtual el archivo **P5_E1_sol.jpg**.
2. Como puedes ver, la fotografía está **subexpuesta**, es decir, estuvo expuesta menos tiempo de lo debido a la luz y, por lo tanto, es demasiado oscura.
3. Ve a **Colores** / **Niveles** y ajusta los niveles moviendo los tres triángulos o bien escribiendo sobre las celdas estos valores: negro (tonos oscuros): **3**; **gris** (tonos intermedios): **2**; **blanco** (tonos claros): **100**. Comprobarás que hemos rectificado la falta de luz en la fotografía y ahora se pueden apreciar todos los detalles.
4. Guarda la imagen como **P5_E1_nombreapellido.jpg**.

Ejercicio 2. Fotografía sobreexpuesta

1. Abre en la unidad 3 del CD virtual el archivo **P5_E2_monumento.jpg**.
2. Esta foto está **sobreexpuesta**, es decir, estuvo expuesta más tiempo de lo debido a la luz y, por lo tanto, es demasiado clara.
3. Ve a **Colores** / **Niveles** y ajusta los niveles moviendo los tres triángulos o bien escribiendo sobre las celdas estos valores: **negro** (tonos oscuros): **100**; **gris** (tonos intermedios): **1**; **blanco** (tonos claros): **255**.

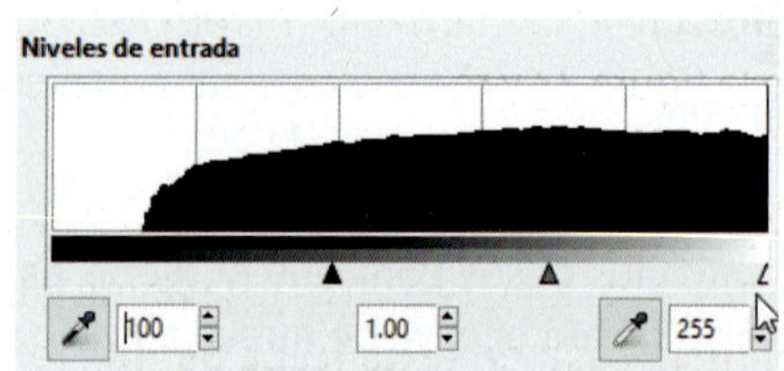

4. Guarda la imagen como **P5_E2_nombreapellido.jpg**.

Ejercicio 3. Ajuste mediante la curva de nivel

1. Abre en la unidad 3 del CD virtual el archivo **P5_E3_Mickey.jpg**.
2. Ve a **Colores** / **Curvas** y aparecerá una gráfica de curvas. Haciendo clic en la parte inferior izquierda de la diagonal y desplazándola hacia la derecha conseguirás que los píxeles correspondientes a ese segmento de la curva tomen un tono de salida más oscuro. Después baja un poco el extremo derecho hasta que obtengas una gráfica y una foto como las que tienes en el margen de la página.
3. Guarda la imagen como **P5_E3_nombreapellido.jpg**.
4. Otra forma de arreglar las fotografías es retocar el **brillo** y el **contraste**. Abre en el CD virtual las tres fotos anteriores e intenta obtener los mismos resultados pero ahora sólo yendo a **Colores** / **Brillo y contraste**.

Práctica 6. Separador de libros con efectos de texto

Vamos a confeccionar un separador de libros (o marcapáginas o punto de lectura) con la foto de una chica y su nombre.

1. Abre un nuevo documento de GIMP yendo a **Archivo / Nuevo**.
2. En la ventana emergente ve a **Imagen / Tamaño del lienzo**. Dale unas dimensiones de **20 × 5** (anchura × altura) y selecciona la opción **centímetros** (figura 19). GIMP redondea automáticamente los valores.
3. Ve a **Archivo / Abrir como capas** y abre la imagen **P6_chica.jpg** que tienes en el CD virtual.
4. Vamos a rotar la capa que acabas de abrir. Para ello, sitúate en la capa y selecciona la herramienta de **rotación** (figura 20). Haz clic sobre la imagen y, en la ventana emergente, pon un ángulo negativo de **–90** en la caja **Ángulo**.
5. Utiliza ahora la herramienta de **escalado** para hacer la imagen un poco más pequeña y la herramienta de **mover** para colocarla. Te debe quedar con respecto al lienzo como en la figura 21.
6. Ve a la capa **Fondo**. Selecciona el blanco como color de frente y, con la herramienta de **texto** (figura 22), escribe "Paula". Selecciona el texto y dale un tamaño aproximado de **90**.
7. Estira el cuadro de texto para que quepa la letra. Verás que se te crea una nueva capa con el nombre del texto (**Paula**).
8. Duplica la capa, haz doble clic sobre ella y llámala **efecto óleo**.
9. Ve a la nueva capa. Selecciona el texto con la herramienta de **seleccionar por color**. Con la herramienta de **relleno** elige un color similar al del texto de la figura 23 y rellena las letras con dicho color. Después ve a **Seleccionar / Nada**.
10. Ve a **Filtros / Artísticos / Pintura al óleo**. En **Tamaño de máscara** pon **12**. Pulsa **Aceptar**. Te quedará como la figura 23. Si deseleccionas el ojo de la primera capa de texto (capa **Paula**), te quedará como la figura 24.
11. A continuación vamos a hacer otro efecto en una capa distinta para que puedas elegir el que más te guste. Ve a la capa de texto que está sin efecto y duplícala de nuevo. Llama **efecto mosaico** a la nueva capa.
12. Ve a la nueva capa. Selecciona el texto con la herramienta de **seleccionar por color**. Con la herramienta de **relleno** elige un color similar al del texto de la figura 25 y rellena las letras con dicho color. Después ve a **Seleccionar / Nada**.
13. Ve a **Filtros / Artísticos / Mosaico de cristal**. Pon la anchura y altura del mosaico al mínimo. Pulsa **Aceptar**. Te quedará un texto similar al de la figura 25.
14. Ve seleccionando y deseleccionando los ojos de la capas para ver los distintos efectos.
15. Guarda el archivo como **P6_nombreapellido.xcf**. A continuación, puedes dejar el efecto que más te guste, eliminar el resto y exportar la imagen como **P6_nombreapellido.jpg**. En ese formato se puede llevar a una tienda de fotografía para que impriman tu marcapáginas.

Fig. 19

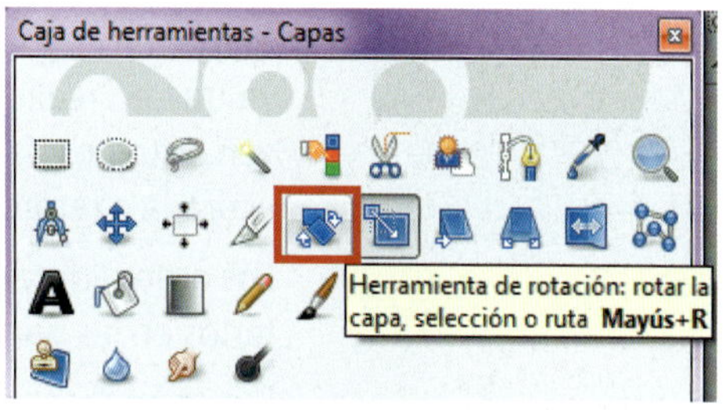

Fig. 20

Fig. 21

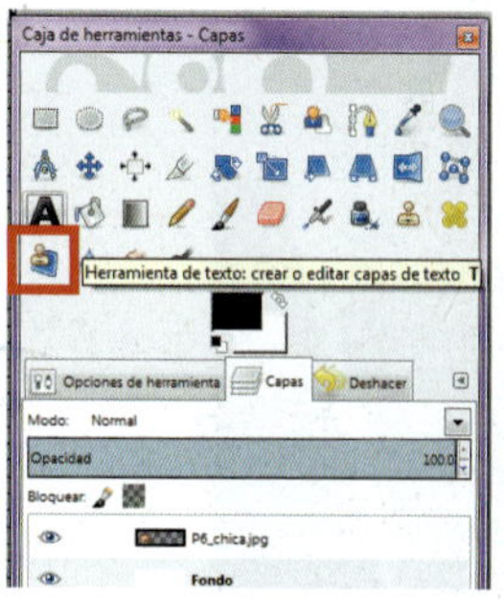

Fig. 22

Fig. 23

Fig. 24

Fig. 25

3. Imágenes vectoriales

Ya hemos visto al principio de la unidad que las imágenes digitales las podemos clasificar en dos grupos: imágenes de mapa de bits (o bitmap) e imágenes vectoriales.

Una **imagen vectorial** es una imagen digital formada por objetos geométricos independientes. Las imágenes vectoriales están diseñadas a base de objetos gráficos (segmentos, arcos, polígonos...) definidos individualmente por atributos matemáticos en cuanto a forma, posición, tamaño, color, etc. Por ejemplo, el objeto gráfico *círculo* quedaría definido por los atributos siguientes: posición de su centro, radio, grosor de su circunferencia y color. Por el contrario, las **imágenes de mapa de bits** están formadas por píxeles.

Entre las propiedades de una imagen vectorial observamos que su tamaño suele ser inferior al de las imágenes bitmap, ya que lo que en realidad se guarda son comandos con la definición de los objetos gráficos que las constituyen.

Al modificar una imagen vectorial, no se distorsiona (como se dice comúnmente, no se "pixela"), ya que en realidad no se modifica la imagen sino que se redefinen los objetos que la constituyen. Esto nos permite ampliar el tamaño de una imagen vectorial a voluntad, así como moverla, estirarla o retorcerla de forma relativamente sencilla.

Los ordenadores actuales traducen los gráficos vectoriales a mapas de bits para poder representarlos en las pantallas, ya que éstas están constituidas físicamente por píxeles.

Las imágenes vectoriales se usan en el dibujo técnico (con programas de diseño asistido por ordenador), en el diseño gráfico, en el formato PDF (lo cual permite visualizar e imprimir estos documentos sin pérdida de resolución), en videojuegos, etc.

Aplicaciones de las imágenes vectoriales

Podemos distinguir dos grupos de programas de imagen vectorial:

- Aplicaciones de **dibujo técnico**, también llamadas **CAD** (siglas de *computer aided design*, diseño asistido por ordenador). Aunque el término *CAD* en inglés suele referirse a aquellas aplicaciones que se usan en dibujo técnico, la traducción en español de estas siglas ("diseño asistido por ordenador") abarca todo tipo de programas vectoriales.
- Aplicaciones de **diseño artístico** o **gráfico**. En esta unidad utilizaremos únicamente aplicaciones de este tipo.

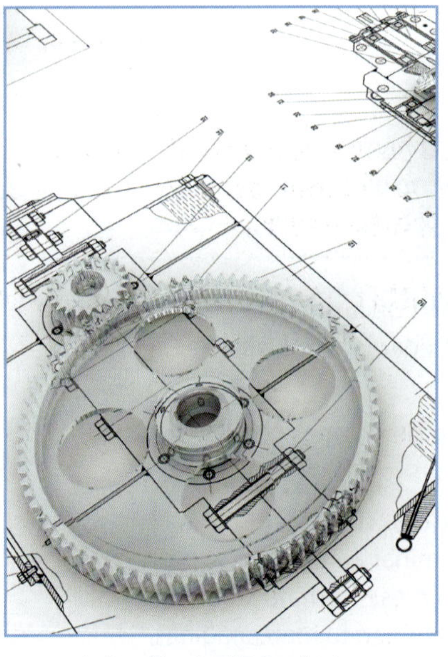

Aplicación de dibujo técnico.

Aplicación de diseño artístico o gráfico.

Diseño artístico o gráfico

La siguiente tabla recoge algunas de las principales aplicaciones de diseño artístico o gráfico:

	Inkscape es un editor de gráficos vectoriales de código abierto.
	LibreOffice Draw es un editor de gráficos vectoriales de código abierto que forma parte de la suite ofimática LibreOffice.
	FreeHand fue desarrollado por Macromedia y actualmente pertenece a Adobe. Usado para crear imágenes mediante gráficos vectoriales en diseño gráfico, hoy tiende a desaparecer (aunque sigue siendo muy utilizado).
	Illustrator es una aplicación de Adobe destinada a la creación artística o la ilustración, como rama del arte digital.
	CorelDRAW es un programa de dibujo vectorial y funciones de grafismo desarrollado por Corel Corporation.

Dibujo técnico

La siguiente tabla recoge algunas de las principales aplicaciones de dibujo técnico:

	AutoCAD es un programa de la empresa Autodesk muy utilizado para dibujo técnico en 2D y 3D. Sirve como instrumento de ayuda para el dibujo técnico, en sustitución de los dibujos tradicionales desde su lanzamiento al mercado por la empresa Autodesk en 1982.
	QCad es un programa de software libre para diseño en 2D.
	CATIA es un programa desarrollado para la industria aeronáutica y usado en la industria del automóvil y la construcción (por ejemplo, el museo Guggenheim de Bilbao).
	SketchUp es una herramienta para modelado en 3D, usada en arquitectura, videojuegos, ingeniería civil, etc. Existe una versión gratuita de uso educativo.
	Blender es un programa de software libre para el modelado y la creación de gráficos en 3D.

Formatos de los archivos de imagen vectorial

Los principales formatos de los gráficos vectoriales están recogidos en la tabla siguiente:

SVG	(De *scalable* ***v**ector* ***g**raphics*.) Formato del W3C (World Wide Web Consortium) y de **Inkscape**.
ODG	Formato de **LibreOffice Draw**.
SWF	Formato de los archivos creados con **Adobe Flash**, utilizado en animaciones vectoriales que son lo suficientemente pequeñas como para publicarse en la web.
CDR	Formato de los archivos creados con **CorelDRAW**.
DXF	(De ***d**rawing* ***ex**change* ***f**ile*.) Formato de intercambio de archivos entre distintos programas de diseño asistido por ordenador (CAD).
DWG	(De ***d**ra**w**in**g***.) Formato de los archivos creados con **AutoCAD**.
PDF	(De ***p**ortable* ***d**ocument* ***f**ormat*). Formato de almacenamiento de documentos desarrollado por **Adobe**, compuesto de imagen vectorial, mapa de bits y texto.
PS y EPS	(De ***P**ost**S**cript* y ***E**ncapsulated* ***P**ost**S**cript*, respectivamente.) Formato de los archivos creados con el lenguaje de programación **PostScript**.
AI	Formato de los archivos creados con **Adobe Illustrator**.
FH	Formato de los archivos creados con **Adobe FreeHand**.
SKP	Formato de los archivos creados con **SketchUp**.
STL	Formato creado por la empresa **3D Systems** y usado actualmente por el software de control de las **impresoras 3D** de extrusión de plástico termofusible. Existe una extensión de **SketchUp** que, una vez instalada, permite guardar los diseños realizados con esta extensión.

Inkscape

Inkscape es una herramienta de dibujo libre para gráficos vectoriales **SVG**. Se creó en el 2003 y tiene características similares a las de otros programas de pago, como CorelDRAW o Illustrator. Es compatible con los estándares SVG y puede importar distintos formatos (JPEG, PNG y TIFF) y exportar a PNG, además de los formatos vectoriales. Entre sus posibilidades están las formas básicas, transformaciones, gradientes, agrupación de elementos, capas, múltiples colores, transparencias, etc. Su última versión estable, desarrollada principalmente para GNU/Linux, aunque también funciona en Windows, es **Inkscape 0.91**, que usaremos en esta unidad.

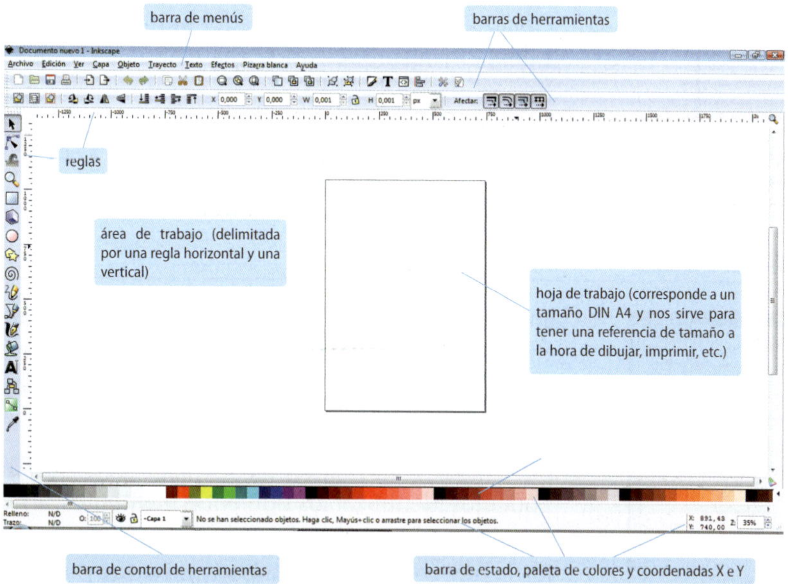

Ventana de Inkscape.

SketchUp

SketchUp es un programa de dibujo que permite realizar diseños en **3D** de forma sencilla. Fue desarrollado por la empresa @Last Software. En el año 2006, la empresa fue adquirida por Google y posteriormente, en el 2012, por Trimble, que es la empresa propietaria en la actualidad. El programa permite crear escenarios en tres dimensiones y se usa para levantar planos de viviendas, simular edificios y proyectos de interiorismo y decoración, modelar vehículos y crear un sinfín de objetos tridimensionales.

Hay una versión de pago y otra gratuita, para uso educativo (en ésta es necesario registrarse previamente). El programa incluye un videotutorial que muestra cómo se pueden utilizar las distintas herramientas para construir desde piezas sencillas hasta edificios complejos. También es posible descargar extensiones, como la que podemos obtener en la misma web (en *extensions.sketchup.com/en/content/sketchup-stl*). Esta extensión nos permite importar y exportar archivos para **impresoras 3D**, o, lo que es lo mismo, utilizar el formato STL además del SKP propio de SketchUp.

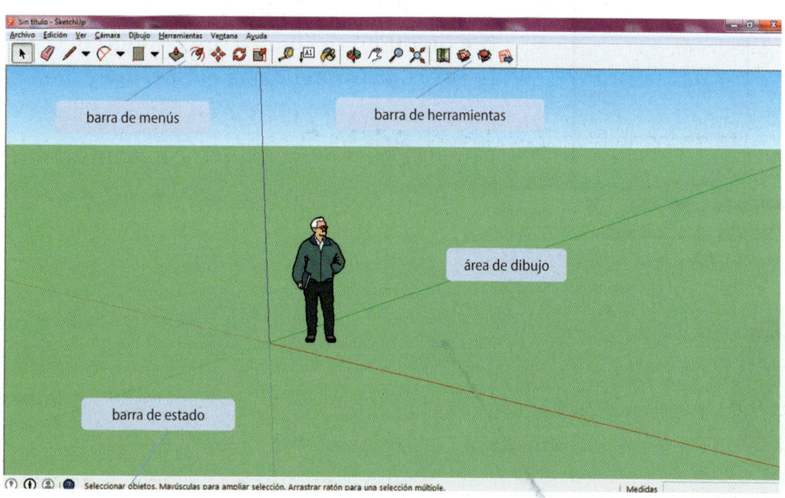

Ventana de SketchUp.

Práctica 1. Primeros pasos con Inkscape: crear un mandala

INKSCAPE

Ejercicio 1. Descargar el programa

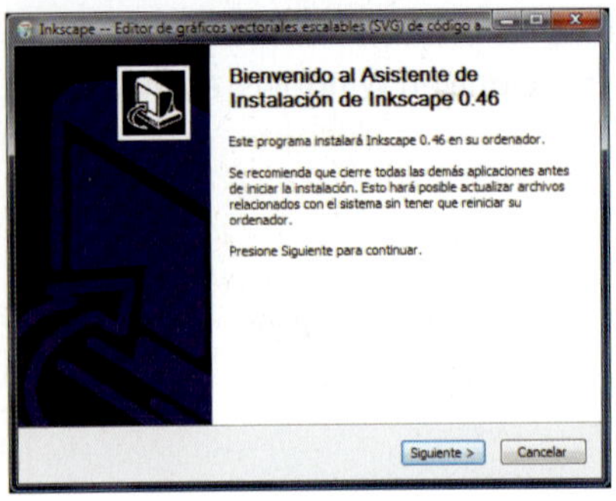

1. Entra en *www.inkscape.org/?lang=es* y descarga la última versión estable de Inkscape.
2. Una vez descargado el programa, haz doble clic sobre el archivo para iniciar la instalación y sigue los pasos indicados por el asistente.
3. Finalizada la instalación, puedes entrar en el programa accediendo a **Inicio** / **Programas** / **Inkscape** o haciendo doble clic sobre el nuevo icono generado en el escritorio.

Ejercicio 2. El entorno de trabajo

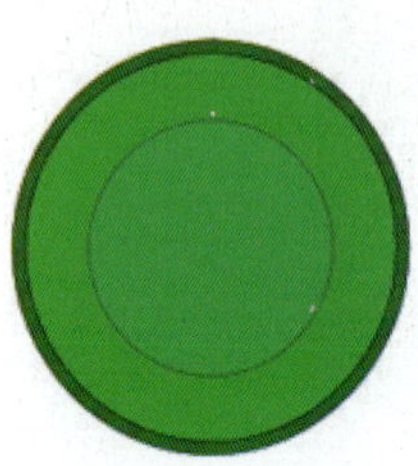

La ventana de Inkscape está compuesta por un **área de trabajo** delimitada por dos reglas (horizontal y vertical) y rodeada de una serie de barras de herramientas. Dentro del área está indicada la **hoja de trabajo**, que corresponde a un tamaño DIN A4 (esto nos sirve para tener una referencia de tamaño a la hora de dibujar, imprimir, etc.).

1. Podemos identificar los siguientes elementos: arriba, la **barra de menús**, las **barras de herramientas** y la **regla horizontal**; a la izquierda, la **barra de control de herramientas** y la **regla vertical**; y abajo, la **barra de estado**, la **paleta de colores** y las **coordenadas X e Y**.
2. Mueve el cursor por el área de trabajo y comprueba cómo las coordenadas X e Y indican la posición del cursor dentro del área de trabajo.
3. En la barra de control de herramientas (a la izquierda), selecciona la herramienta **Crear rectángulos y cuadrados** y verás cómo la barra de herramientas es "sensible al contexto", es decir, muestra diferentes opciones en función de la herramienta de trabajo seleccionada. Para comenzar, dibuja un círculo con las dimensiones que quieras. Selecciona el color verde en la paleta de colores y rellénalo.
4. Observa que en la barra de estado encontramos un área de ayuda con instrucciones de uso cada vez que seleccionamos una herramienta.
5. A continuación, dibuja dentro del círculo otros dos círculos concéntricos con diferentes tonalidades de verde.
6. Dibuja un rectángulo y pulsa **Crear y editar gradiente**. Haz clic sobre un punto del marco discontinuo que rodea al círculo y, sin soltar el ratón, arrástralo hasta el otro lado. Crea dentro del rectángulo un cuadro de texto y escribe en él tu nombre.
7. Guarda el archivo como **P1_E2_nombreapellido.svg**.

Ejercicio 3. Círculos y elipses

Mandala significa "círculo" en sánscrito. Los mandalas se originaron en la India y se propagaron a muchas otras culturas. Crear y pintar mandalas es una tarea muy recomendable.

Para realizar el mandala nos basaremos en la figura con tres círculos concéntricos que hemos realizado antes en el ejercicio 2. Abre el archivo **P1_E2_nombreapellido.svg** y sigue estos pasos:

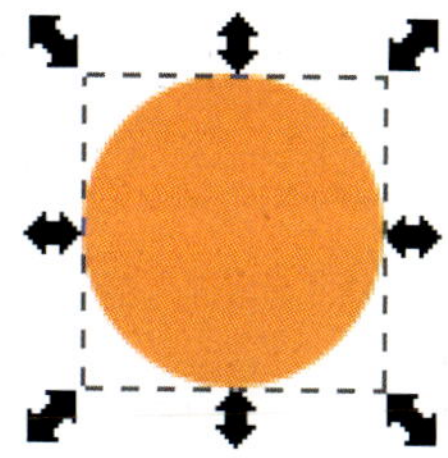

1. Selecciona la herramienta **Crear círculos, elipses y arcos** en la barra de control de herramientas (a la izquierda).
2. Haz clic dentro de la hoja y arrastra el cursor para crear un círculo (mantén pulsada la tecla **Control** mientras desplazas el cursor para evitar que se deforme).
3. Pinta el círculo de color naranja. Para ello, selecciona el círculo (marcando la herramienta **Seleccionar y transformar objetos** y haciendo clic sobre el objeto) y elige el color naranja en la paleta de colores. Haz doble clic sobre el color de relleno para mostrar la ventana de propiedades de **Relleno y bordes**, y ajusta el tono del color. Copia y pega el círculo siete veces y distribúyelos dentro de la figura.

4. Con la herramienta **Crear estrellas y polígonos**, haremos ocho triángulos y un hexágono (para lo cual estableceremos el valor del parámetro **Esquinas** en **3** y **6**, respectivamente). Arrastra el cursor hasta que los polígonos tengan el tamaño deseado. Una vez creados, coloréalos de amarillo y distribúyelos dentro de la figura. Para crear los ocho triángulos, puedes hacer uno y luego copiarlo y pegarlo ocho veces.

Ejercicio 4. Herramientas para rotar y transformar

1. Para darles la inclinación adecuada, utiliza la herramienta **Transformar** del menú **Objeto** y establece los ángulos de giro para cada triángulo en la solapa **Rotar**.

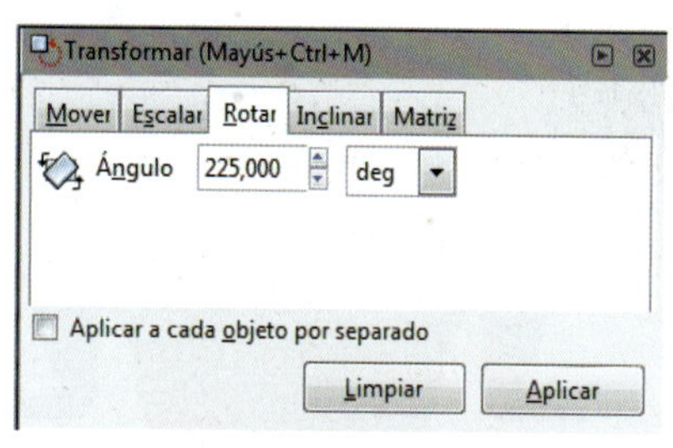

2. Dibuja tres nuevas elipses con la herramienta **Crear círculos, elipses y arcos**. Colorea una elipse de naranja y dos de color amarillo, y coloca las tres elipses como se indica en la figura al margen. Selecciona las dos elipses amarillas (mantén pulsada la tecla **Shift** (mayúsculas) para seleccionar las dos) y combínalas utilizando la opción **Unión** del menú **Trayecto**. Una vez combinadas, selecciona también la elipse naranja y obtén la figura indicada utilizando la opción **Diferencia** del menú **Trayecto**.

3. Copia y pega la nueva figura tres veces. Gira las nuevas figuras utilizando la herramienta **Transformar** del menú **Objeto**. Establece para cada una de ellas el ángulo adecuado de giro en la solapa **Rotar** hasta formar la figura indicada. Una vez formada la figura, colócala en el centro para finalizar el mandala.
4. Guarda el archivo como **P1_E4_nombreapellido.svg**.

Práctica 2. Dibujar con círculos y curvas de Bézier

INKSCAPE

Vamos a dibujar una rana utilizando círculos y curvas de Bézier.

1. Abre un nuevo archivo de Inkscape.
2. Selecciona en la barra de control de herramientas (a la izquierda) la opción **Crear círculos, elipses y arcos**. Dibuja una elipse como la de la figura y coloréala con un tono morado de la paleta de colores. Al borde de la elipse (trazo), dale color negro, y establece un ancho de trazo de **2** píxeles en la herramienta **Relleno y borde** del menú **Objeto**.
3. Selecciona en la barra de control de herramientas la opción **Dibujar curvas Bézier y líneas rectas** para hacer las patas de la rana. Dibuja un trazo parecido al que te proponemos. Para ello, debes ir haciendo clic en cada cambio de dirección que presenta la curva. Con cada clic se genera un punto en la línea; si antes de soltar el botón izquierdo (de cada clic) mueves el ratón, la línea se curvará; esto te permite crear el trazo con curvas. Para cerrar el trazo, haz clic sobre el primer punto.

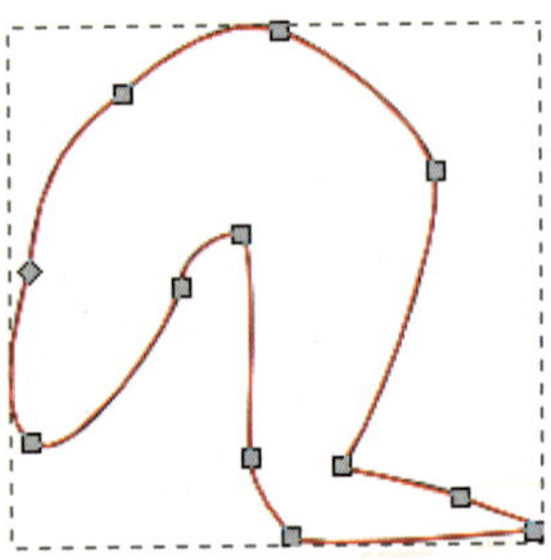

4. No debe preocuparte que a la primera no te quede exactamente igual, ya que la curva puede retocarse posteriormente. Para depurar y suavizar el trazo de la imagen, puedes editar los puntos de la línea. Haz doble clic sobre el dibujo para que aparezcan los puntos y pincha sobre ellos para arrastrarlos. Si quieres curvar la línea, haz clic sobre los puntos con la tecla **Shift** (mayúsculas) pulsada. Una vez finalizado el trazo, rellénalo de color morado.

5. Repite la operación para dibujar la otra pata.
6. Para hacer los ojos, dibuja un círculo blanco grande con un círculo negro pequeño en su interior. Cuando hayas hecho uno, selecciónalo y luego cópialo y pégalo para hacer el segundo. Añade las cejas con dos curvas.
7. Ahora junta todos los dibujos para irle dando forma a la rana. Si alguna parte ha quedado demasiado grande o demasiado pequeña, modifica su tamaño para que la rana quede proporcionada; recuerda que al cambiar el tamaño no se pierde calidad, ya que Inkscape es un programa de dibujo vectorial. Para situar unos objetos encima de otros, tienes que seleccionarlos y, en el menú **Objeto**, elegir **Elevar** o **Bajar** según te interese.

8. A continuación dibuja la boca con una línea curva dentro de la elipse y, por último, crea una pequeña elipse de color lila, cópiala y luego pégala varias veces. Cámbiales el tamaño y distribúyelas por el cuerpo de la rana.
9. Ahora dibuja por tu cuenta una mosca en este mismo dibujo, para practicar todo lo que has aprendido. También puedes inventar otros animales y dibujarlos.
10. Guarda el archivo como **P2_nombreapellido.svg**.

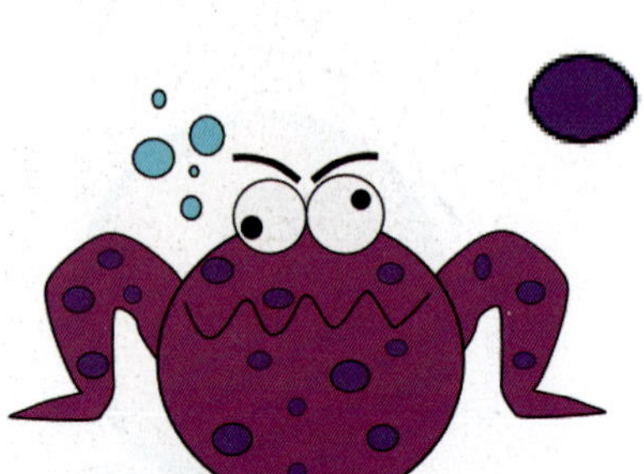

Práctica 3. Decorar una imagen bitmap

INKSCAPE

Ejercicio 1. Crear un marco para una fotografía

1. Abre un nuevo archivo de Inkscape. Añade la foto **P3_E1_Niño.jpg** que tienes en la unidad 3 del CD virtual, desde la opción **Importar** del menú **Archivo**.
2. Selecciona la opción **Incrustar** para que el archivo de Inkscape con el que trabajaremos contenga la fotografía dentro de él (omite este paso si tienes una versión anterior de Inkscape).
3. Utiliza la herramienta **Crear rectángulos y cuadrados** para crear un marco para la foto. Dibuja un rectángulo y píntalo de color rojo oscuro.
4. Selecciona ahora la herramienta **Crear y editar gradientes**. Arrastra los dos extremos del indicador de gradiente para obtener un ángulo aproximado de unos 45° y un degradado de tonos rojizos dentro del rectángulo. Para hacer más pequeña la zona blanca del degradado, haz doble clic sobre la línea del degradado y desplaza hacia abajo el nodo que te aparece.
5. Para darle aspecto de marco, selecciona el rectángulo y en la barra de menús ve a **Filtros** / **Distorsionar** / **Emborronado de píxeles**. A continuación, crea un nuevo rectángulo blanco en su interior y coloca encima la foto ajustando los tamaños de los rectángulos al de ésta.
6. Por último, recupera la rana realizada en la práctica 4 y colócala en la esquina inferior derecha. Para ello abre el archivo **P2_nombreapellido.svg**, selecciona la rana, cópiala (**Ctrl + C**) y pégala (**Ctrl + V**).
7. Guarda el archivo como **P3_E1_nombreapellido.svg**.

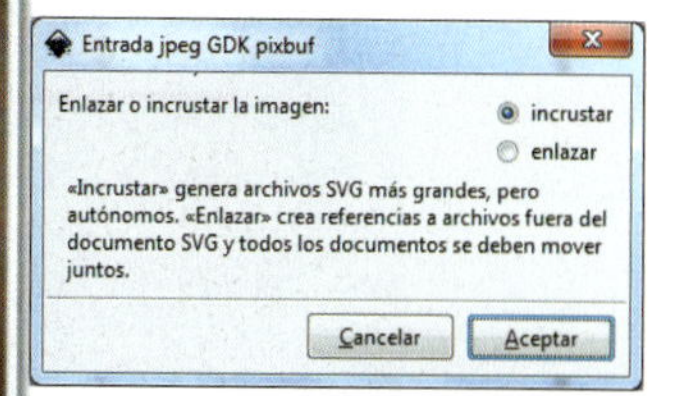

Ejercicio 2. Añadir texto a una fotografía

1. Abre un nuevo archivo de Inkscape e incrusta dentro de él la imagen **P3_E2_Baby.jpg** de la unidad 3 del CD virtual.
2. Selecciona la opción **Crear rectángulos y cuadrados** y dibuja un rectángulo dentro de la hoja. Para redondear los bordes del rectángulo, haz clic en la esquina superior derecha y arrastra hacia abajo.
3. Utiliza la herramienta **Texto** y escribe el nombre *Javier*. Con el texto seleccionado, elige el tipo de letra **Tekton Pro Ext** y amplía el tamaño de letra a **144**. Selecciona el texto, duplícalo (yendo a **Edición** / **Duplicar**) y rellénalo de color blanco. Desplaza el nuevo texto hacia arriba y hacia la izquierda con las teclas de cursor.
4. Selecciona de nuevo el texto inicial y duplícalo otra vez. Selecciona este nuevo texto y el texto blanco y aplica el efecto **Trayecto** / **Diferencia**. Sin quitar la selección, abre la caja de herramientas **Rellenos y líneas** y establece un valor de **2** en la propiedad **Desenfoque**. Desplaza el objeto desenfocado hacia abajo y hacia la derecha para situarlo encima del texto inicial.
5. Coloca el texto con su recuadro sobre la foto importada y añade el marco.
6. Guarda el archivo como **P3_E2_nombreapellido.svg**.

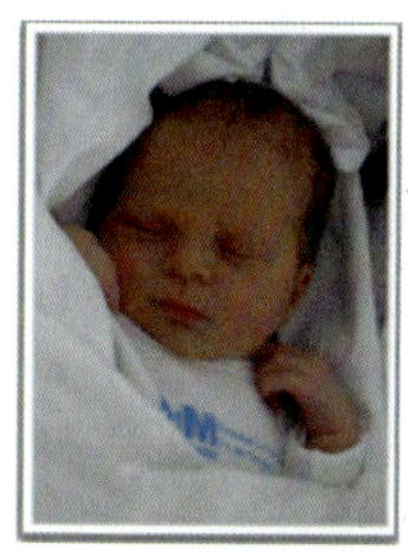

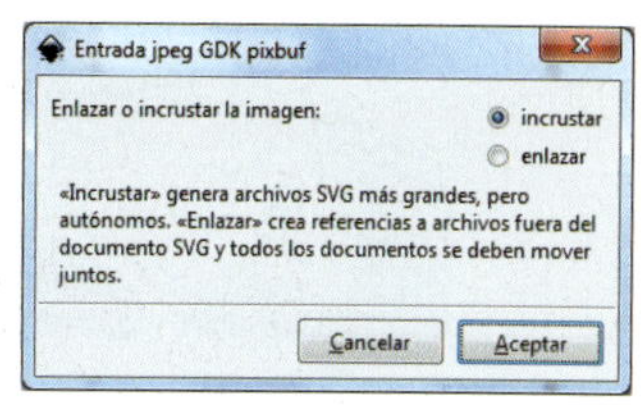

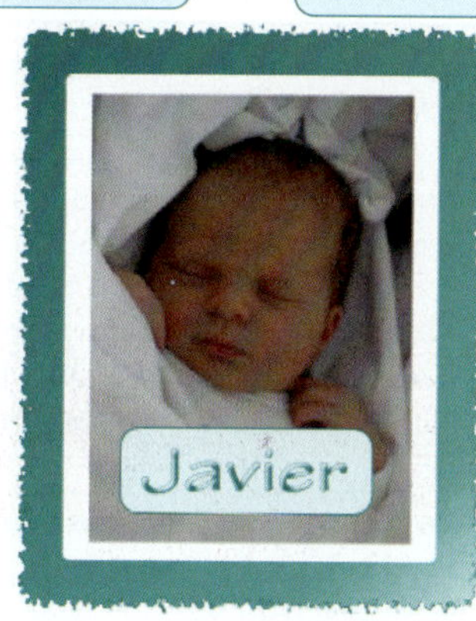

Práctica 4. Retratos imaginativos

INKSCAPE

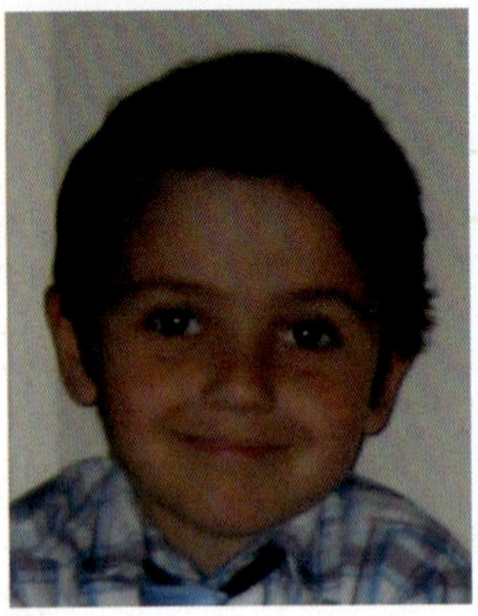

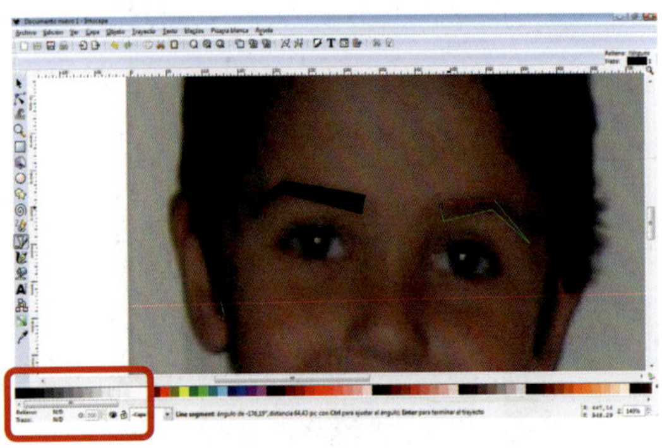

1. Abre un nuevo archivo de Inkscape. Añade la foto **P4_Retrato.jpg** que tienes en la unidad 3 del CD virtual, desde la opción **Importar** del menú **Archivo**.
2. Selecciona la opción **Enlazar** (omite este paso si tienes una versión anterior de Inkscape).
3. Coloca la imagen sobre la hoja de dibujo y agrándala hasta que ocupe toda la hoja.
4. En el mismo archivo, importa la imagen **P4_Retratofinal.jpg**. Coloca esta imagen al lado de la anterior y muévela para que tengan tamaños similares. Esta imagen te servirá para ir imitando sus trazos.
5. En la barra de control de herramientas (a la izquierda), pulsa la lupa y haz clic varias veces sobre la imagen cerca de los ojos del niño para hacer un zoom. No importa que la imagen se pixele.
6. Selecciona en esa misma barra la opción **Dibujar curvas Bézier y líneas rectas** para dibujar la ceja como si fueses calcando. Para ello, debes ir haciendo clic en cada cambio de dirección que presenta la curva. Para cerrar el trazo, haz clic sobre el primer punto.
7. Comprueba que tanto el trazo como el relleno son negros (para ello, mira la esquina inferior izquierda de la ventana). Si no están ambos en negro, haz doble clic sobre dicha esquina o pulsa **Shift + Ctrl + F** y se abrirá la ventana **Relleno y borde**, donde puedes modificar tanto el trazo como el relleno.
8. En este punto es importante que guardes el archivo, con el nombre **P4_1_nombreapellido.svg**.
9. Ve realizando cada trazo, fijándote en el retrato final y haciendo zoom en las partes que vas dibujando. Cuando tengas que hacer curvas, recuerda que, al hacer clic, si antes de soltar el botón izquierdo de cada clic mueves el ratón, la línea se curvará.
10. Puedes ir comprobando cómo va quedando tu dibujo de la siguiente forma: selecciona la foto del niño con la herramienta de selección y arrástrala fuera de la hoja de dibujo donde se quedará el diseño que estás construyendo. Después pulsa **Ctrl + Z** para que la foto vuelva exactamente a donde estaba.
11. Cuando acabes, bórralo todo menos tu dibujo, seleccionando las imágenes y pulsando la tecla **Supr**. Guarda el archivo de nuevo.
12. Ahora selecciona toda la imagen y cambia el color del trazo y del relleno por un azul como el de la figura. Guarda el archivo con el nombre **P4_2_nombreapellido.svg**.
13. Ahora puedes realizar esta práctica con una fotografía tuya. Pero como no tendrás una imagen en la que fijarte (solamente tendrás la tuya, en la que irás calcando), puedes ayudarte del siguiente truco para fabricarla: retoca previamente tu imagen con GIMP, aplicando el filtro de viñetas (**Filtros** / **Artísticos** / **Viñeta**) y poniendo el porcentaje de negro muy alto. Después podrás imitar las "manchas negras", aunque ¡deberás usar tu creatividad!

Puedes guardar los dibujos finales como **PDF**. Esto te permitirá abrirlos desde muchos programas y dispositivos que no tengan instalado Inkscape, así como llevarlos a imprimir en el tamaño que quieras (por ejemplo, a una imprenta o a una tienda de fotografía). También puedes guardarlos en otros formatos vectoriales (**SVG**, **ODG**, **DXF**, **PS**, **EPS**...) o bien exportarlos a **mapa de bits** (con formato **PNG**).

Práctica 5. Dibujar con SketchUp

Vamos a dibujar la maqueta de una habitación. Luego podrás aplicar lo que aprendas a tus proyectos del taller, a dibujar tu propio instituto, etc.

1. Al abrir el programa, elige como plantilla **Plantilla simple - Metros**. También puedes configurarlo yendo a **Ventana / Información del modelo** y, en la sección **Unidades**, seleccionando **Decimal** y **m** (metros).
2. Selecciona la herramienta **Rectángulo** y haz un clic en el eje de color rojo. Arrastra un poco el puntero para que se inicie el cuadro (sin hacer clic de nuevo) y en el cuadro **Acotación** (situado en la parte inferior derecha) escribe "6;4". Se creará un rectángulo de 6 × 4 m.
3. Con la herramienta **Equidistancia**, crea un rectángulo interior a una distancia de 0,10 m; puedes escribirlo en el cuadro **Acotación** (figura 1).
4. Con la herramienta **Empujar/tirar**, levanta el contorno que nos ha quedado unos 3 metros (figura 2).
5. Dibuja con la herramienta **Rectángulo** dos rectángulos para la puerta y la ventana (figura 3). Con **Empujar/tirar**, empújalos para que desaparezcan. Recuerda que puedes usar las herramientas **Orbitar**, **Desplazar**, **Zoom** y **Ver modelo centrado** (figura 4) para mover y colocar tu diseño.
6. Vamos a ir introduciendo ahora el mobiliario y las puertas y ventanas que otras personas o empresas han creado. En la barra superior, haz clic en **3D Warehouse**. Se abrirá una nueva ventana. En el menú de búsqueda de la parte superior escribe "cama"; selecciona una de las camas y haz clic en el botón rojo **Descargar**. Cuando te pregunte si quieres cargarla directamente en el modelo de SketchUp, pulsa **Sí** (figura 5).
7. Haz clic dentro de la habitación y, con las herramientas **Mover** y **Rotar**, desplaza la cama hasta dejarla en la ubicación deseada (figura 6). Ten presente que colocar bien los elementos es una de las tareas que más trabajo llevan, así que deberás practicar bastante.
8. Vuelve a utilizar **3D Warehouse** e inserta un escritorio, una estantería, una alfombra, una papelera... Recuerda que puedes escalar los objetos seleccionándolos primero y ajustándolos después con la herramienta **Escala**. Coloca la puerta y la ventana. Para girar la ventana una vez colocada, selecciona la herramienta **Rotar** y después haz clic en los puntos A y B (figura 7); al desplazar el ratón, verás que la ventana gira con él.
9. Cuando tengas un modelo parecido al de la figura 8, guarda el archivo como **P5_nombreapellido.skp**.

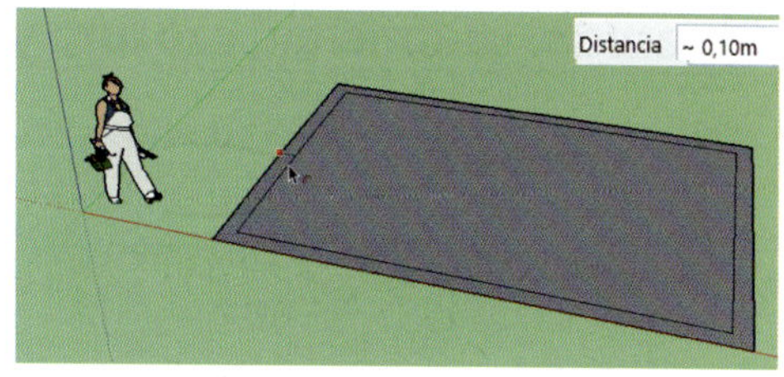

Fig. 1

Fig. 2

Fig. 3

Fig. 4

Fig. 5

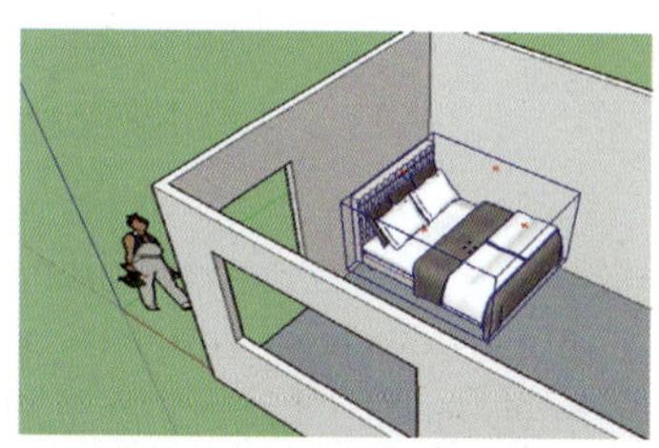
Fig. 6

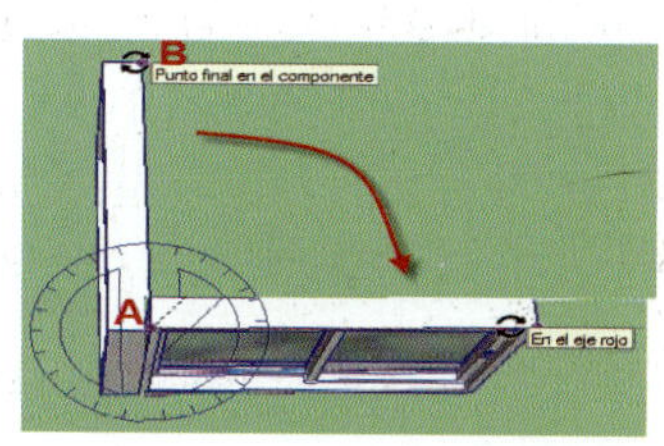

Fig. 7

Fig. 8

4. Edición de audio

El sonido: grabación, captura y reproducción

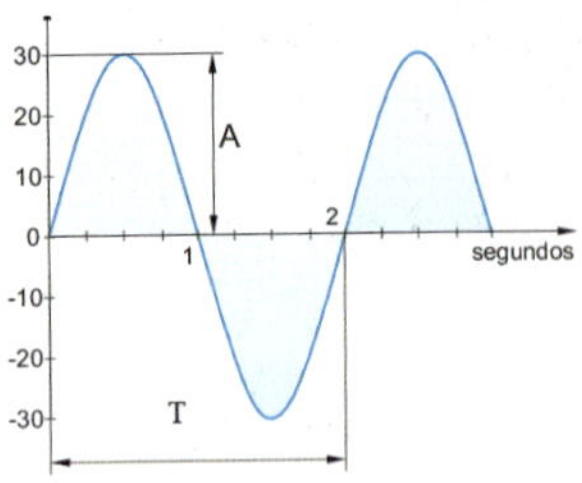

Señal analógica.

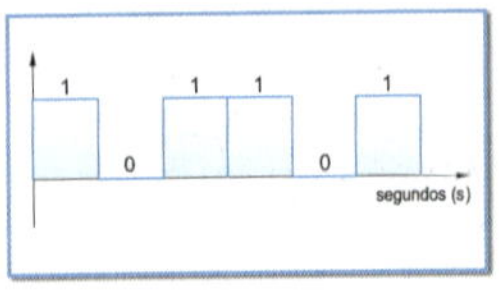

Señal digital.

El **sonido** es una sensación producida en el órgano del oído por el movimiento vibratorio de los cuerpos. Se transmite en forma de ondas por un medio elástico, como por ejemplo el aire. Las ondas transmitidas presentan valores continuos dentro de un cierto rango, esto es, son analógicas.

Llamamos **sonido analógico** al que está formado por ondas analógicas y **sonido digital** al que está formado por ondas digitales. Las señales analógicas de las que se compone un sonido pueden tomar todos los valores de frecuencia y amplitud dentro de un límite; las señales digitales que conforman un sonido digital toman valores discretos en tiempo y amplitud.

Los **micrófonos** son los dispositivos capaces de recoger las ondas analógicas y convertirlas en señales eléctricas. El ordenador contiene una tarjeta de sonido que realiza el proceso de **digitalización** transformando esa señal eléctrica en información binaria. Además, el ordenador necesita un software específico para grabar en formato digital los impulsos capturados por el micrófono y que llegan posteriormente a la tarjeta de audio; por ejemplo, la grabadora de sonidos de Windows.

Las tarjetas de sonido del ordenador tienen **conectores de audio** llamados conectores **jacks hembra**, también usados en todo tipo de dispositivos para la transmisión de sonido en formato analógico. En ellos se conectan dispositivos por medio de **jacks macho** de 3,5 mm de diámetro. Suelen tener el siguiente código de colores, para distinguirlos:

Azul. Entrada digital de línea estéreo, para capturar sonido de cualquier fuente: radio, reproductores de sonido...	**Rosa.** Entrada analógica de audio para conectar un micrófono.	**Verde.** Salida analógica estéreo para conectar altavoces, auriculares, amplificadores...

Llamamos **dispositivos de captura de audio** a todos los elementos que contienen un micrófono, desde el ordenador hasta los dispositivos móviles y las grabadoras digitales. Recordemos que para almacenar sonido digital se necesita una gran cantidad de espacio. Este proceso se denomina *grabación en soporte físico*.

Para **reproducir** de nuevo el sonido, el ordenador realiza el proceso inverso: descodifica la información binaria y la convierte en una señal eléctrica que se transmite a los auriculares o altavoces; éstos reciben la señal eléctrica y la convierten en impulsos o vibraciones que nuestro oído detecta.

Son **dispositivos de reproducción de audio digital** todos los que contienen una salida de audio para altavoces o auriculares: reproductores de CD, reproductores MP3, iPod, el propio ordenador...

El sonido digital no pierde calidad al copiarlo o reproducirlo, al contrario que las grabaciones analógicas.

Puertos de audio en el ordenador.

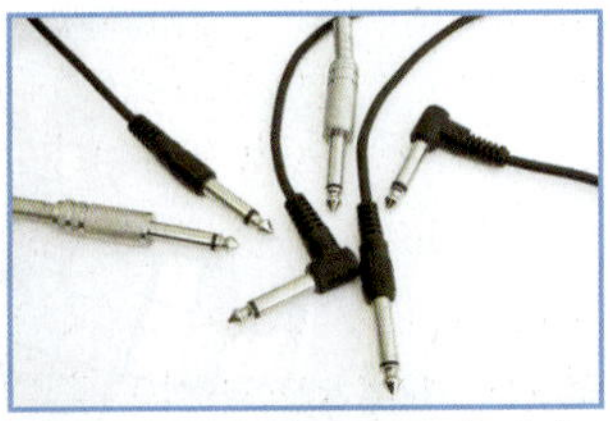
Conectores de audio (jacks).

Programas de reproducción, conversión y edición de audio

Los principales programas de reproducción, conversión y edición de audio están recogidos en la siguiente tabla:

Aplicación	Programa	Descripción
Edición	Audacity	Creación y edición de archivos de audio multiplataforma. Software libre.
	Sound Forge	Creación y edición de archivos de audio. Sólo versión para Windows. Licencia de pago.
	Blaze Media Pro	Creación y edición de archivos de audio. Sólo versión para Windows. Licencia de pago.
	Adobe Audition	(Antes llamado **Cool Edit Pro**.) Edición de audio digital. Propiedad de **Adobe Systems**. Sólo versión para Windows. Licencia de pago.
Reproducción y gestión	Winamp	Reproducción multimedia para Windows. Licencia freeware.
	Windows Media Player	Reproducción de audio y vídeo para Windows. Licencia freeware.
	iTunes	Creado originalmente para reproducción y gestión de música. Licencia freeware.
	Real Player	Reproductor pensado para audio y vídeo en directo (streaming), para casi todo tipo de formatos. Sólo para Windows. Licencia de pago.
Conversión	CDex	Extractor de audio para convertir CD a MP3. Software libre.
	GX Transcoder	Conversor universal, para casi cualquier formato de audio. Licencia freeware.
	Fast Audio Converter	Conversor universal, para casi cualquier formato de audio. Licencia de pago.

Compresión: los códecs

Un **códec** (acrónimo de ***co**mpresor-**dec**ompresor*) es un **algoritmo** o conjunto de operaciones que rige el proceso de convertir ondas analógicas a información digital, con el fin de reducir el número de bits que ocupa un archivo de audio. Un **códec de audio** es un códec diseñado para la compresión y descompresión de señales de sonido, bien para su almacenamiento o bien para la transmisión mediante videoconferencia o telefonía IP. Los códecs de audio tienen la función de **reducir** la cantidad de datos digitales necesarios para reproducir una señal auditiva. A veces un aumento imperceptible de la calidad puede aumentar considerablemente el tamaño de los datos.

Además de por los tres parámetros de audio antes descritos (canales, frecuencia de muestreo y bits por muestra), los códecs de audio se caracterizan por la **pérdida**. Así, los códecs se clasifican en códecs con pérdida y códecs sin pérdida. La pérdida es la eliminación de frecuencias de la señal original para que ocupe menos espacio (se suprimen las que son inaudibles, en mayor o menor grado, para el ser humano).

Existen multitud de códecs de audio, y cada uno da lugar a un formato distinto (los veremos en el siguiente apartado). No es lo mismo un formato que un códec, aunque en algunos casos ambos términos pueden ser utilizados indistintamente. Los distintos sistemas operativos son capaces de reproducir sus formatos propios, de modo que hay que instalar códecs adicionales para reproducir el resto de los formatos.

Formatos de los archivos de audio

El formato de un archivo de audio es la forma en que está guardada una grabación de audio, que hace que tenga unas propiedades determinadas.

Los principales formatos de los archivos de audio están recogidos en la siguiente tabla:

Formato	Descripción del formato y tipo de compresión
WAV	(*waveform audio format*) Desarrollado por **Microsoft** e **IBM** y propiedad de ambos, se utiliza para almacenar sonidos en el PC. • Compresión sin pérdidas
MIDI	(*musical instrument digital interface*, interfaz digital de instrumentos musicales) Es un estándar que permite a distintos dispositivos comunicarse y compartir formación para la generación de sonidos. Los archivos MIDI no contienen sonido alguno, son una especie de partitura, necesitan reproductores y según su calidad el sonido se acerca más o menos al sonido real. • Sin compresión
AIFF	(*audio interchange file format*, formato de archivo de intercambio de audio) Propiedad de **Apple**, destaca por su rápido procesamiento de la señal pero ocupa gran espacio en disco. Es similar a los archivos WAV. • Compresión sin pérdidas
CDA	Es un sistema de grabación del sonido que utiliza como soporte el disco óptico y en el que la grabación/reproducción se realiza mediante un rayo láser. Es usado, entre otros, por el CD y los formatos derivados de éste (DVD, HD DVD, Blu-ray), y reconocido por los equipos de música. • Sin compresión
MP3	(*MPEG-1 audio layer 3*) Fue desarrollado por el Moving Picture Experts Group (**MPEG**) como parte del formato de vídeo. El tamaño final del archivo puede ocupar doce e incluso quince veces menos que el archivo original sin comprimir. Es el formato más popular y por ello más extendido, como demuestra la existencia de reproductores de MP3. • Compresión con pérdidas
WMA	(*Windows media audio*) Es propiedad de **Microsoft** y se reproduce con Windows Media Player, programa incluido en el sistema operativo Windows. Compite con el MP3. • Compresión sin pérdidas
OGG	(También llamado *Ogg Vorbis*.) Es un formato totalmente abierto y libre de patentes. Vorbis es un códec de audio libre de compresión de pérdida. • Compresión con pérdidas
Real Audio (RM)	Creado por **RealNetworks** se usa en transmisiones por Internet en tiempo real sin necesidad de generar un archivo de audio (por ejemplo, en una emisora de radio o cuando un usuario realiza una solicitud para escuchar un archivo almacenado en un servidor externo). El archivo de audio **no se descarga** en el ordenador del usuario final sino que la reproducción se realiza mediante paquetes de información que el servidor envía al usuario a través de un reproductor llamado **RealPlayer**. Cada paquete de audio es reproducido a la vez que se recibe otro que lo sustituye en una carpeta temporal. La ventaja para el distribuidor es que los archivos no pueden ser copiados ni compartidos; la desventaja para el usuario es que sólo puede escuchar la transmisión on-line. • Compresión con pérdidas
AUP	Es el formato de los proyectos que genera Audacity. Cuando guardamos un proyecto, el programa genera un archivo AUP y una carpeta con el mismo nombre. Ahí guarda pequeñas pistas para que se puedan editar de forma eficiente. Esa carpeta no se debe renombrar ni mover. • Sin compresión

Existen distintos formatos según la compresión del audio que se haya realizado con el códec correspondiente: con o sin **compresión** y con o sin **pérdida**.

Debido a la posibilidad de reducir el tamaño de los archivos de audio, aparecen constantemente formatos con nuevas características. Esto hace que los reproductores de audio se queden obsoletos, al no ser capaces de reconocer nuevos formatos.

Audacity

Audacity es un programa de grabación y edición de sonidos de código abierto, con versiones para Linux y para Windows. Por sus características ha sido recomendado por el **Proyecto Wikimedia**, organización matriz de Wikipedia con contenidos de audio y vídeo. Tiene una versión para Windows que se puede usar sin instalación (versión portable).

Entre sus funciones destacan: grabar audio en tiempo real; convertir grabaciones analógicas en digitales; y convertir, editar e importar un gran abanico de formatos de audio. Permite trabajar con varias pistas, eliminar ruidos, cambiar la velocidad y aplicar distintos efectos sonoros.

En esta unidad utilizaremos la versión **Audacity 2.0.6**.

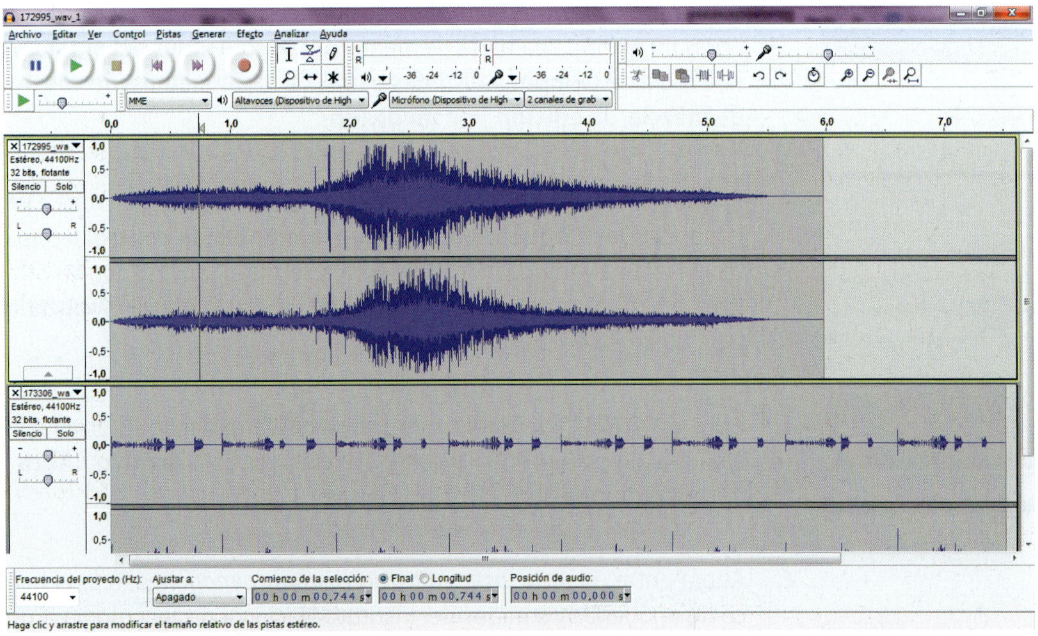

El respeto a la propiedad intelectual

Antes de reproducir, copiar o editar música tienes que tener en cuenta el **derecho de autor**, que consiste en un conjunto de normas y principios que regulan los derechos morales y patrimoniales que la ley reconoce a los autores por la creación de una obra publicada o inédita.

Una obra pasa al **dominio público** cuando los derechos patrimoniales han expirado. En el derecho europeo, los derechos patrimoniales expiran a los 70 años de la muerte del autor. Entonces dicha obra puede ser utilizada en forma libre, respetando los derechos morales.

Práctica 1. Edición de audio. Comenzar con Audacity

1. Entra en *audacity.sourceforge.net* y descarga la última versión estable del programa.

2. Una vez descargado, haz doble clic sobre el archivo para iniciar la instalación y sigue los pasos indicados por el asistente. Finalizada la instalación, puedes entrar en el programa haciendo doble clic sobre el icono que se habrá generado en el escritorio.

3. Observa e identifica los elementos de la ventana de Audacity: está compuesta por un área de trabajo (donde estarán la pistas cuando abras un audio), una barra de menú con los comandos del programa, una regla de tiempos y distintas barras de herramientas (de **control**, de **mezcla**, de **edición** y de **medición**).

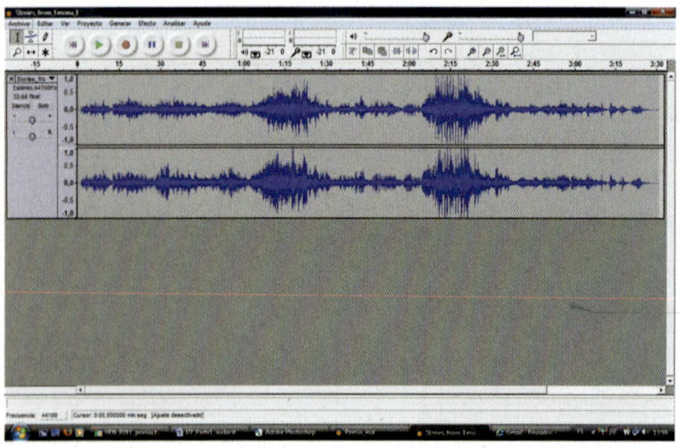

4. Para identificar las barras de herramientas, selecciona en el menú **Ver** la opción **Desbloquear barra de herramientas de control** (te aparecerá en una ventana independiente) y repite el proceso con las otras tres barras (mezcla, edición y medición). Luego vuelve a bloquearlas para dejarlas como estaban.

5. Abre un archivo de audio que hayas descargado de Internet (por ejemplo, un podcast de *www.ondacero.es*) yendo a **Archivo** / **Abrir** y observa cómo se abre. Después cierra el archivo.

6. Ahora entra en *recursostic.educacion.es/bancoimagenes/web*, el banco de imágenes y sonidos del Instituto Nacional de Tecnologías Educativas y de Formación del Profesorado (INTEF).

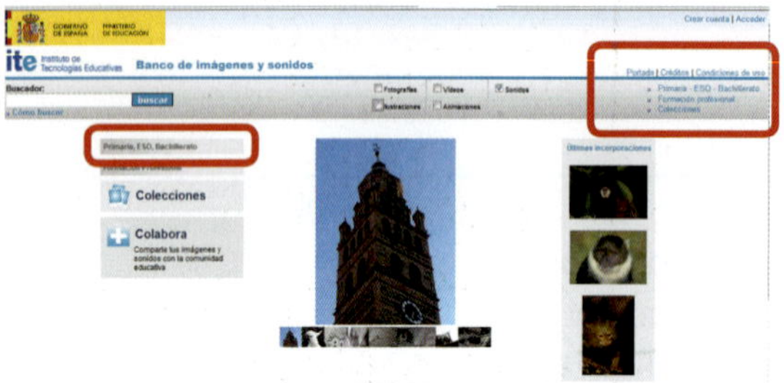

7. Haz clic en **Primaria, ESO, Bachillerato**, despliega la categoría **Música** y elige **Tecnología musical**. Después selecciona **Sonidos** en la barra de menús.

8. Descarga dos archivos en formato WAV. Vamos a realizar un sencillo montaje de audio con ellos.

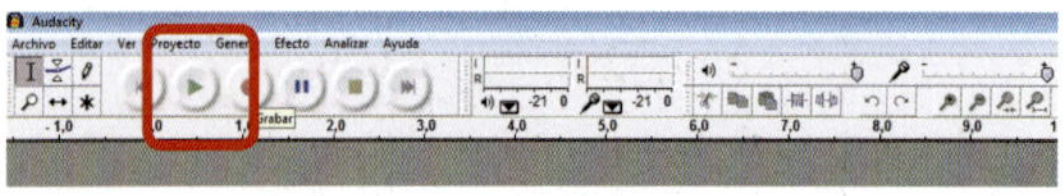

Botón **Reproducir**.

9. Abre la primera pista con Audacity, yendo a **Archivo** / **Abrir**.

10. Abre la segunda pista yendo a **Proyecto** / **Importar audio**.

11. Pulsa el botón **Reproducir** y escucha ambos audios a la vez.

Archivos que conforman el proyecto completo.

12. Guarda el archivo como **P1_nombreapellido.aup**. Luego ve a la carpeta donde has guardado este archivo y observa cómo, además de dicho archivo, se te ha creado una carpeta llamada **P1_nombreapellido_data**. Esta carpeta debe acompañar al archivo si queremos moverlo a otra carpeta u otro equipo.

Práctica 2. Cortar y pegar con Audacity

1. Abre el programa Audacity.

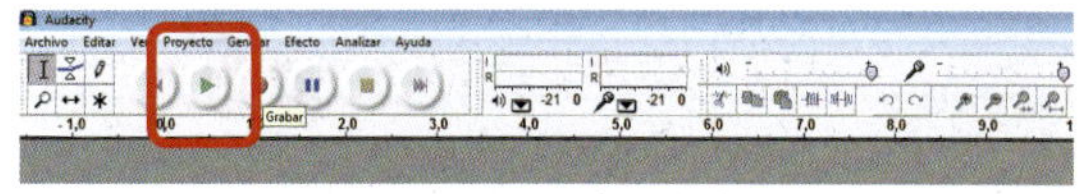

Botón **Reproducir**.

2. Abre en la unidad 3 del CD virtual el archivo **P2_Desordenado.mp3**. Escucha el audio una vez pulsando el botón **Reproducir**.

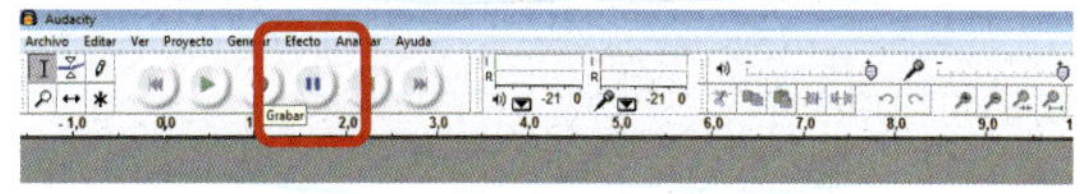

Botón **Pausa**.

3. Como habrás escuchado, se trata de una poesía desordenada. Vamos a recortar el sonido para modificarla. Para ello, utilizaremos los siguientes botones: **Herramienta de selección**, **Cortar**, **Silenciar selección**, **Zoom Acercar**, **Ajustar el proyecto en la ventana**, **Copiar** y **Pegar**.

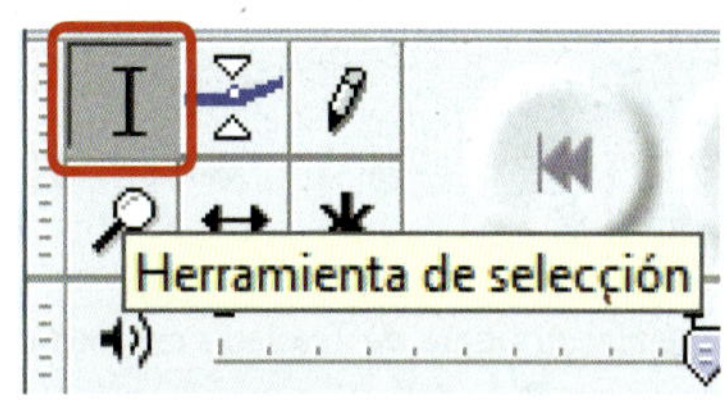

   El archivo final debe contener el siguiente texto (extracto de "Dice la fuente", de Manuel Machado):

   No se callaba la fuente,
   No se callaba...
   Reía,
   Saltaba,
   Charlaba... y nadie sabía
   Lo que decía.

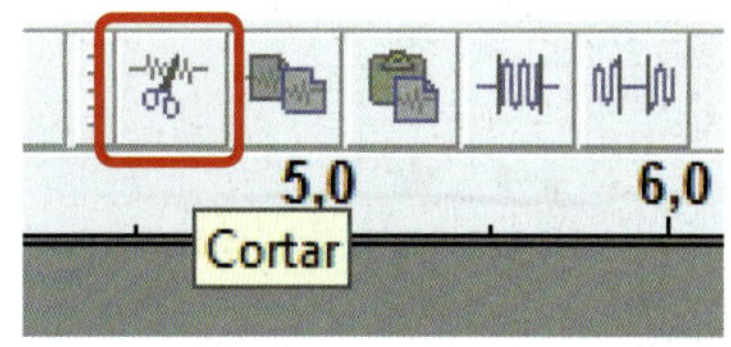

   No se callaba la fuente,
   No se callaba...
   Subía,
   Bajaba,
   Charlaba. . . y nadie sabía
   Lo que decía.

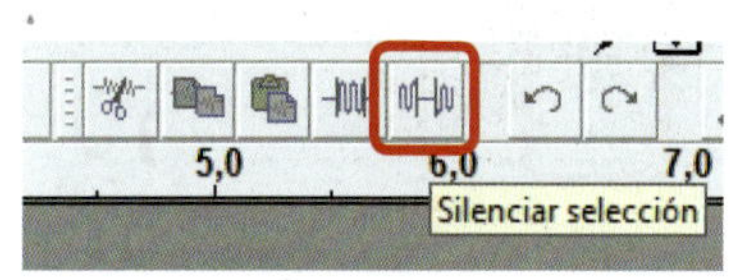

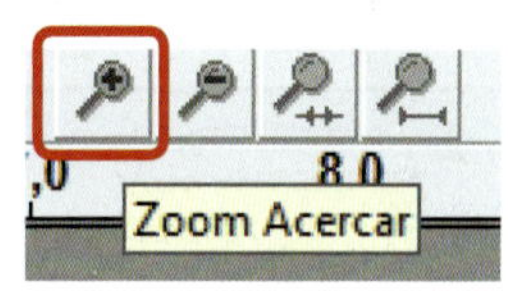

4. Reproduce el audio varias veces, fijándote en la regla del tiempo.

5. Vamos a eliminar la frase "Esta poesía es un extracto desordenado de". Para ello detén el audio con el botón **Pausa** cuando llegues al final de la última palabra que tengas que eliminar.

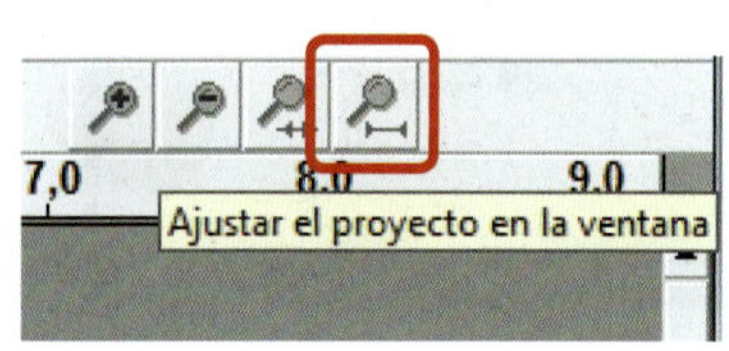

6. Para recortar, selecciona la **herramienta de selección**, marca con el ratón la franja que quieres cortar y, después, pulsa **Cortar** o bien **Silenciar selección**.

7. Te puede ayudar aumentar la escala de tiempos con la opción **Zoom Acercar**. Si quieres deshacer este paso, utiliza **Ajustar el proyecto en la ventana**.

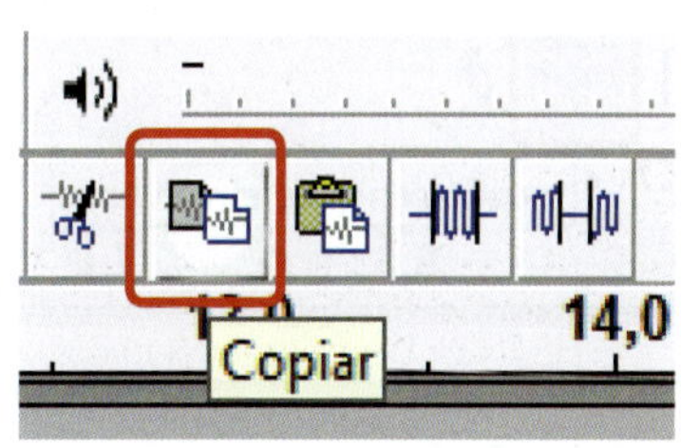

8. Ahora ve cortando y pegando en su sitio el resto de la poesía, seleccionando con el ratón la franja que quieres cortar, y después pulsando **Copiar** y luego **Pegar**.

9. Cuando consigas que el audio contenga el texto indicado, guarda el archivo como **P2_nombreapellido.aup**.

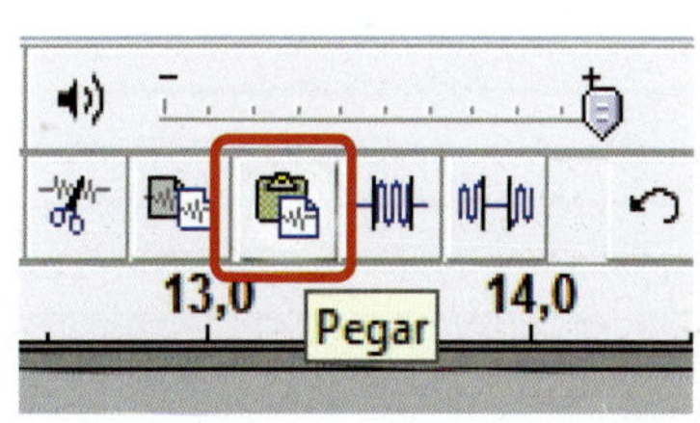

Práctica 3. Editar un cuento con música

Vamos a crear un cuento con música mezclando dos pistas de audio. La primera pista será el archivo **P3_Cuento.mp3** que tienes en la unidad 3 del CD virtual (si lo prefieres, puedes grabar un cuento tú mismo). La segunda pista será una pieza musical que tú mismo elijas.

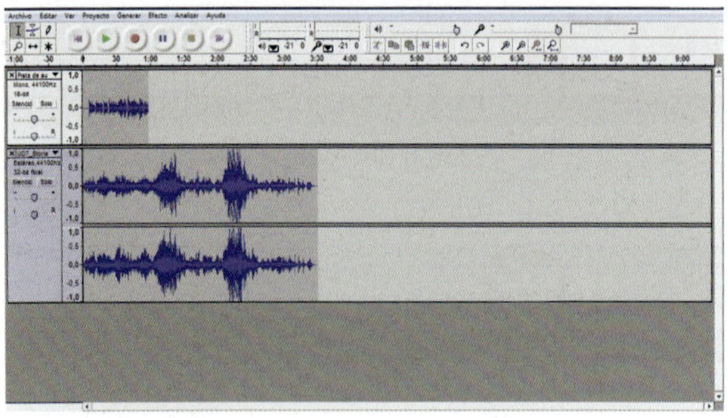

Abrir dos pistas de audio

1. Con Audacity, abre la primera pista (el cuento) yendo a **Archivo** / **Abrir** y seleccionando **P3_Cuento.mp3** en la unidad 3 del CD virtual o bien el cuento que tú hayas grabado.
2. Luego ve a **Proyecto** / **Importar audio** y selecciona el archivo de música que vas a insertar.

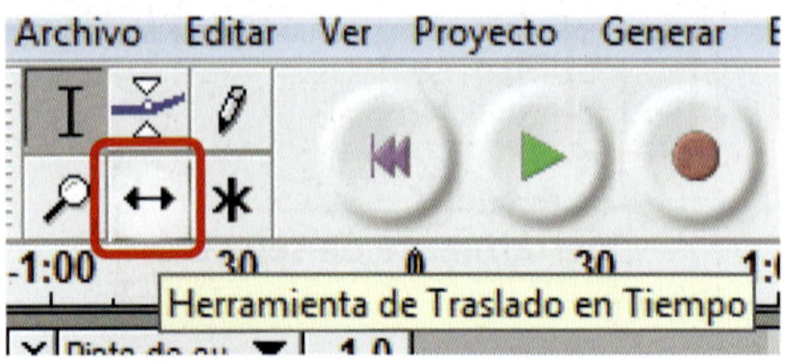

Herramientas de edición

3. Queremos que se oigan unos segundos de música antes de que empiece a sonar el cuento, así que deberás mover la voz. Para ello, selecciona la **herramienta de traslado en tiempo**, haz clic sobre la pista de voz y, sin soltar, arrastra unos 20 segundos (fíjate en la línea del tiempo).

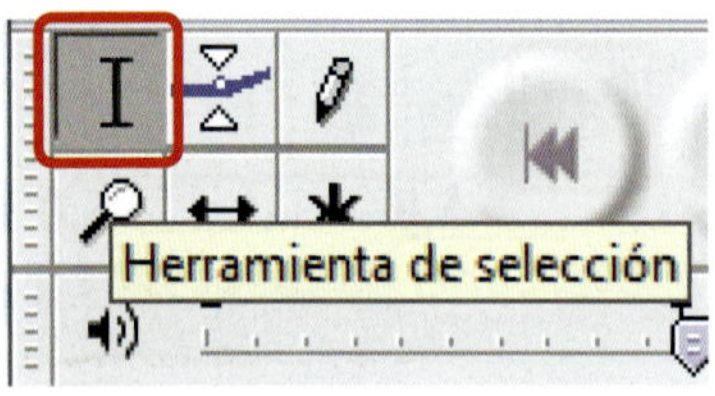

4. Como las pistas serán de distinto tamaño, hay que recortar la más larga, que será la pista de música. Para ello, usa la **herramienta de selección**, selecciona con el ratón la franja que quieres cortar y después pulsa **Cortar**.

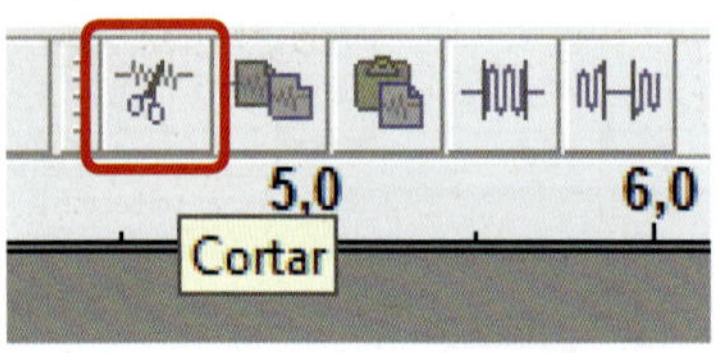

5. Prueba cómo suena pulsando el botón **Reproducir**. Verás que el volumen de la música y el de la voz son dispares: debemos igualarlos. Normalmente reducimos el volumen de la música y aumentamos el de la voz.
6. Para variar el volumen, usa la **herramienta de selección**, selecciona con el ratón el audio de voz, ve a **Efecto** / **Amplificar** y, en **Amplificación (dB)**, mueve el cursor para variar los decibelios. Pulsa **Previsualización** para escuchar cómo varía, y cuando estés conforme, haz clic en **Aceptar**.

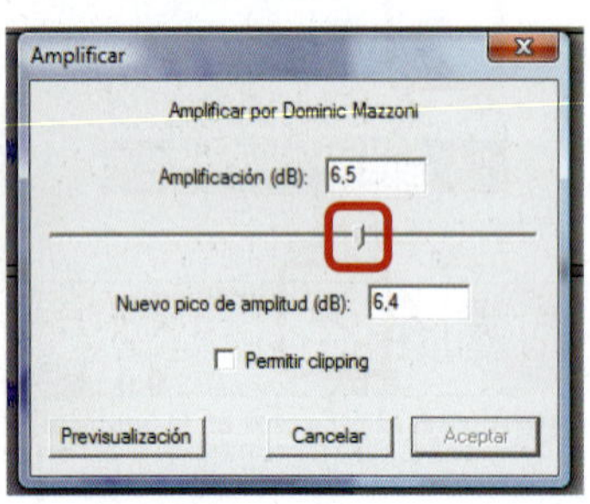

7. Repite los pasos anteriores con la pista de música. Prueba cómo suenan ambas pistas a la vez, después de haber variado el volumen, pulsando el botón **Reproducir**.

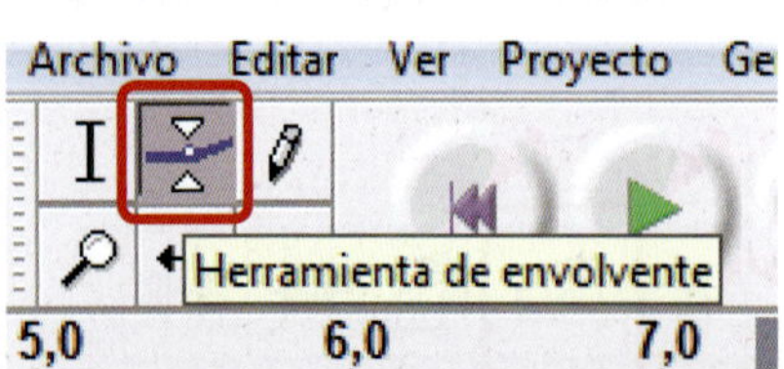

8. Vamos a hacer que el volumen de la música disminuya cuando entre la voz, que aumente cuando ésta acabe, por unos segundos, y que finalmente se extinga. Pulsa el zoom **Acercar** para trabajar más cómodamente.
9. Selecciona la **herramienta de envolvente**. Haz clic con el ratón en el punto donde se inicia la variación. Luego haz clic más adelante y, sin soltar el ratón, arrastra para variar la forma de la envolvente, hasta que tenga la forma de la figura que te mostramos al margen.

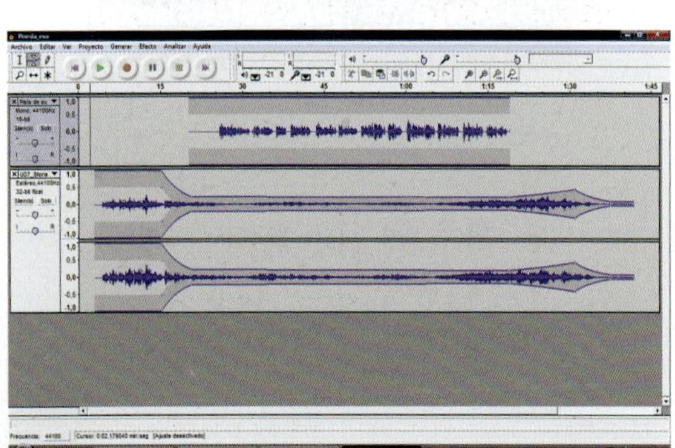

10. Repite el proceso al finalizar el audio de voz siempre que entre la voz en el cuento. Prueba cómo suena pulsando el botón **Reproducir**.
11. Cuando estés conforme con el resultado, guarda el proyecto como **P3_nombreapellido.aup**.

Práctica 4. Editar una noticia y un anuncio para una radio escolar

Audacity

Vamos a crear una noticia y un anuncio de publicidad simulando una radio escolar. Añadiremos música y efectos.

La pista de la noticia será el archivo **P4_Noticia.mp3**; la del anuncio será el archivo **P4_Anuncio.mp3**. Ambos archivos los tienes en la unidad 3 del CD virtual. Si lo prefieres, puedes grabar una noticia y una cuña publicitaria propias.

Para los efectos de sonido, deberás descargar audios de Internet; por ejemplo, del banco de imágenes y sonidos del Instituto Nacional de Tecnologías Educativas y de Formación del Profesorado (INTEF) (*recursostic.educacion.es/bancoimagenes/web*), que ya hemos utilizado en la práctica 1.

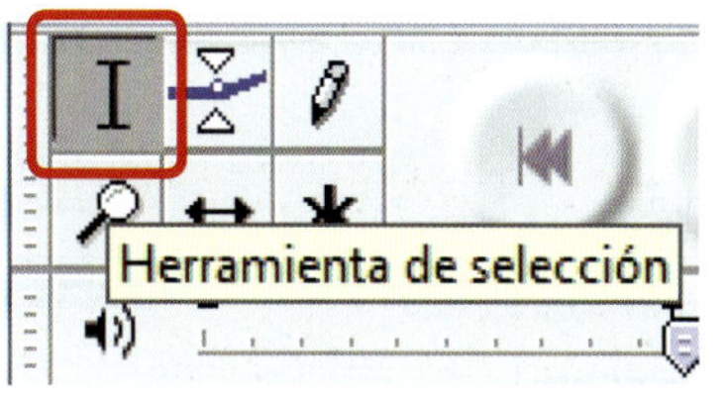

Puede serte útil el buscador de esa web. Vamos a necesitar los siguientes: **Búsqueda de emisora**, **Señales horarias**, **Informativos**, **Pieza de música electro** y **Aplausos de público**. Si no encuentras alguno, no importa, busca alguno similar.

1. Con Audacity, abre la primera pista, **Búsqueda de emisora**, yendo a **Archivo** / **Abrir**.
2. Para importar el audio **Señales horarias**, accede a **Proyecto** / **Importar audio**.
3. Iguala el volumen si es necesario. Para ello, usa la **herramienta de selección**, selecciona con el ratón el audio y, en **Efecto** / **Amplificar** / **Amplificación (dB)**, mueve el cursor para variar los decibelios. Pulsa **Previsualización** para escuchar cómo varía y, cuando estés conforme, pulsa **Aceptar**.
4. Prueba cómo suena pulsando el botón **Reproducir**.
5. Ahora corta las señales horarias y pégalas a continuación de la búsqueda de emisora, seleccionando con el ratón la franja que quieres cortar, y después pulsando **Copiar** y luego **Pegar**. Cierra la pista que ya no vamos a usar.
6. Importa el archivo **Informativos**, ajusta el volumen si es necesario y pégalo a continuación.
7. Importa el archivo **P4_Noticia.mp3**, ajusta el volumen si es necesario y pégalo a continuación.
8. Vuelve a cortar y pegar el audio **Informativos** y cierra esa pista.
9. Prueba cómo suena pulsando el botón **Reproducir**.
10. Ahora añadiremos la publicidad. Queremos que se oigan unos segundos del audio **Pieza de música electro** antes de que empiece a sonar el anuncio (**P4_Anuncio.mp3**). Importa ambas pistas. Selecciona la **herramienta de traslado en tiempo** cuando lo necesites, haz clic sobre la pista de voz y, sin soltar, arrastra unos 3 segundos (fíjate en la línea del tiempo).
11. Por último, añade el audio **Aplausos de público**. Selecciona la **herramienta de envolvente**. Haz clic con el ratón en el punto donde se inicia la variación. Luego haz clic más adelante y, sin soltar el ratón, arrastra para variar la forma de la envolvente, hasta que desaparezca el sonido.
12. Prueba cómo suena pulsando el botón **Reproducir**.
13. Cuando estés conforme con el resultado, guarda el proyecto como **P4_nombreapellido.aup**.

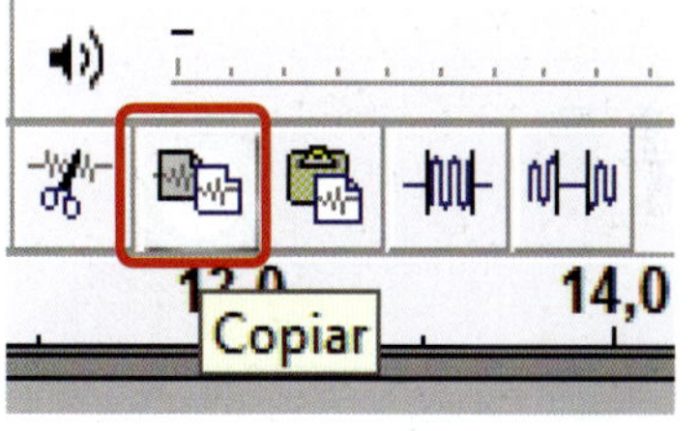

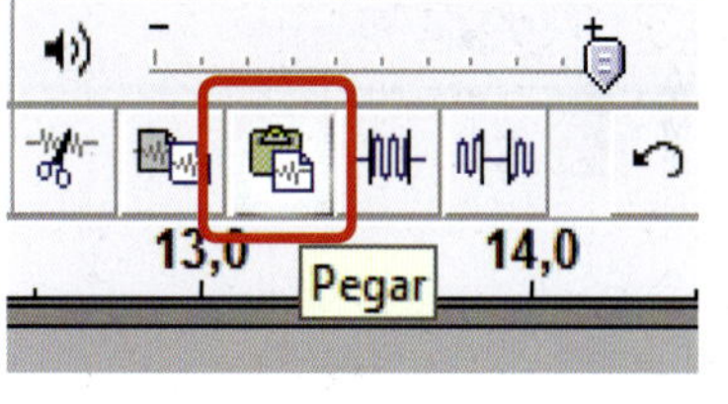

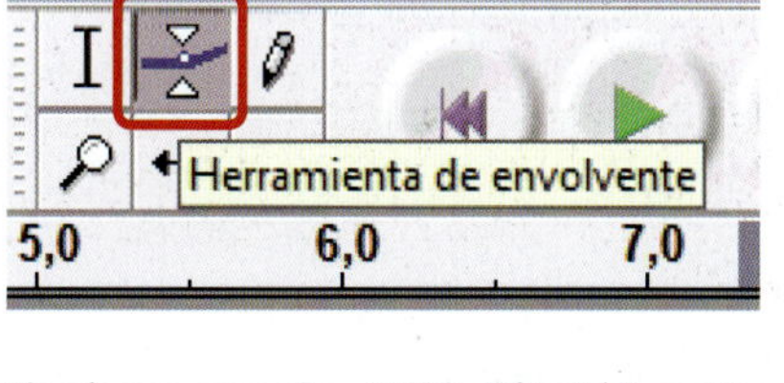

Práctica 5. Convertir a MP3 y otros formatos

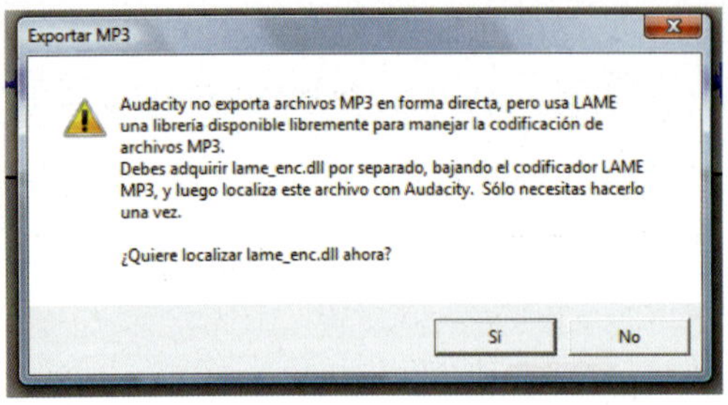

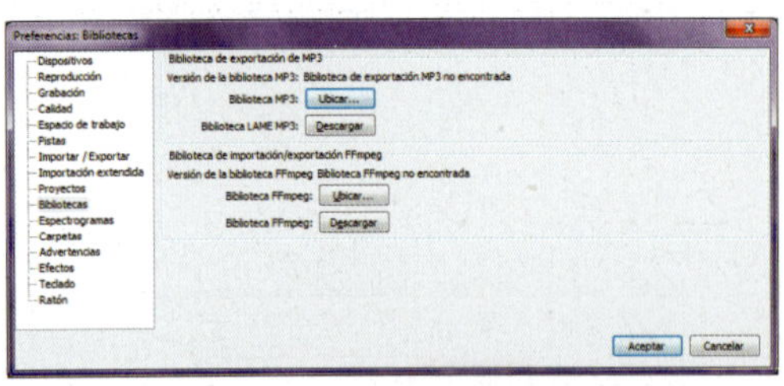

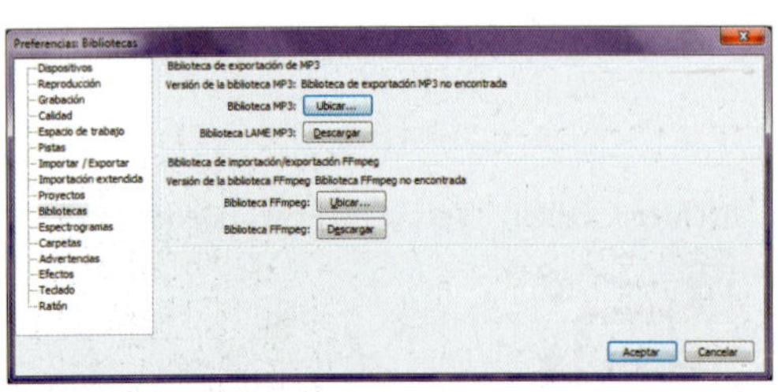

1. Abre cualquier archivo AUP de los que has usado en Audacity.

2. Selecciona en el menú **Archivo** la opción **Exportar como Ogg Vorbis**. Se abrirá una ventana que te avisará de que se van a mezclar las pistas. Pulsa **Aceptar**. Tardará unos segundos.

3. Ahora vamos a utilizar el formato MP3. Este formato no es libre, por lo que Audacity no puede implementarlo. Sin embargo, el programa permite usar un codificador externo, al que llama cada vez que se va a exportar a MP3: se trata de la biblioteca LAME, que se puede descargar gratuitamente en Internet. Selecciona en el menú **Archivo** la opción **Exportar audio** y selecciona **MP3** como tipo de archivo. Se abrirá una ventana que te avisará de que se van a mezclar las pistas. Pulsa **Aceptar**. Tardará unos segundos. Si te aparece una ventana como la que puedes ver al margen, descarga el codificador siguiendo los pasos que te indicamos a continuación. Si no, pasa directamente al punto 7.

4. Accede a la web *audacity.sourceforge.net* y busca en la solapa **Descargar** el **codificador LAME MP3**. Haz clic sobre su nombre y descarga el archivo **libmp3lame-win-3.99.3.zip**. Descomprímelo en la carpeta donde esté instalado Audacity, por ejemplo. Usará el archivo **lame_enc.dll**.

5. Configura Audacity para que sepa dónde está el archivo. Para ello, selecciona en el menú **Editar** la opción **Preferencias** y en la opción **Bibliotecas** / **Biblioteca MP3** pulsa en **Ubicar**. Te aparecerá un explorador, con el cual deberás buscar la carpeta en la que acabas de guardar el archivo.

6. Ahora ya podemos exportar a MP3. Selecciona en el menú **Archivo** la opción **Exportar audio** y elige **MP3** como tipo de archivo.

7. Se abrirá la pantalla **Editar metadatos**. Completa los datos de artista y título y pulsa **Aceptar**.

8. Por último, selecciona en el menú **Archivo** la opción **Exportar audio** y escoge **WAV** como tipo de archivo.

9. Accede a la carpeta en la que tienes guardados los audios, comprueba su tamaño y completa la siguiente tabla en un procesador de texto:

Extensión	.aup	.ogg	.mp3	.wav
Tamaño	NO ESCRIBIR AQUÍ			

10. En esa misma carpeta, comprueba cómo se accede a los datos que has introducido en la pantalla **Editar metadatos**. Busca en la Wikipedia qué son y para qué sirven los metadatos, también llamados *etiquetas ID3*. Escríbelo en el mismo documento, debajo de la tabla.

11. Guarda el archivo de texto como **P5_nombreapellido**.

Práctica 6. Grabar. Parámetros de grabación

Ejercicio 1. Grabar con Audacity

1. Comprueba que dispones de un micrófono y que está correctamente instalado.
2. Abre el programa Audacity. Para capturar audio es necesario configurar los parámetros de grabación. Para esta práctica de captura de voz humana basta con ir a **Editar** / **Preferencias** y, en **Calidad**, elegir una frecuencia de muestreo de **11.025 Hz** y un formato de muestreo de **16 bits**. Con estos parámetros puedes calcular el tamaño del archivo que generarás, como ya hemos visto.
3. Salimos ahora de Audacity, aunque no hace falta que lo cierres. Vamos a comprobar el volumen del micrófono en el sistema. Para ello, haz clic con el botón derecho sobre el icono de sonido que tienes en la barra de tareas de Windows y selecciona **Sonidos**. Aparecerá la ventana **Sonido**. (También puedes acceder a dicha ventana yendo a **Inicio** / **Panel de control** / **Hardware y sonido**.)
4. En la solapa **Grabar** verás si el sistema lleva incorporado micrófono o no y cuál es el estado de la línea de entrada (que es la conexión de un micrófono externo).
5. En la misma solapa **Grabar** selecciona **Línea de entrada** y pulsa **Propiedades**. En la solapa **Niveles**, comprueba que el control **Línea de entrada** no tiene marcada la opción **Silencio** (icono de altavoz). Desplaza el control hasta la mitad.
6. Volvemos ahora a Audacity. Pulsa el botón **Grabar** y lee el siguiente texto (es un haiku):

   El ruiseñor
   unos días no viene;
   otros, dos veces.
7. Cuando acabes, pulsa el botón **Parar**. Luego guarda el archivo como **P6_E1_nombreapellido.aup**.

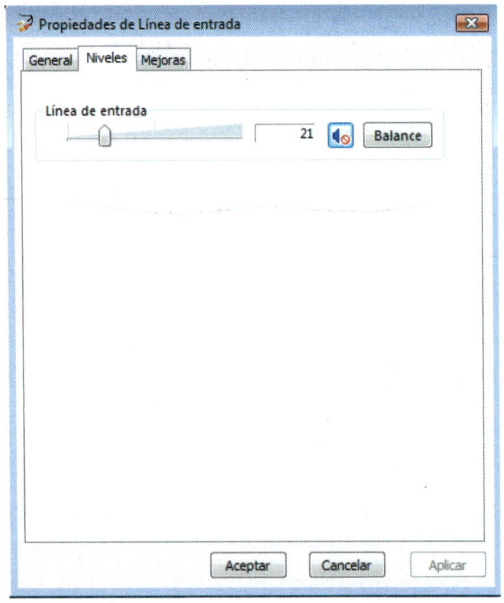

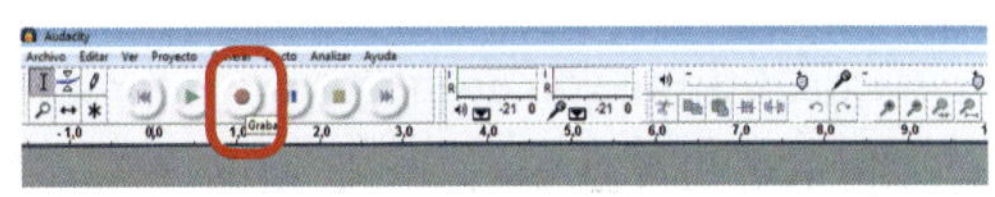

Ejercicio 2. Grabar con la grabadora de Windows

1. Comprueba el volumen del micrófono tal como se indica en el ejercicio anterior (pasos 3 a 5).
2. Accede a la grabadora de sonidos de Windows: **Inicio** / **Todos los programas** / **Accesorios** / **Grabadora de sonidos**.
3. Pulsa **Iniciar grabación** y lee el haiku del ejercicio 1, o bien anímate a crear y grabar uno.
4. Cuando acabes, pulsa **Detener grabación**. Elige la carpeta que desees y guarda el archivo como **P6_E2_nombreapellido.wma**. Observa la extensión de los archivos grabados de esta forma. Advertencia: Audacity no abre este tipo de archivos.

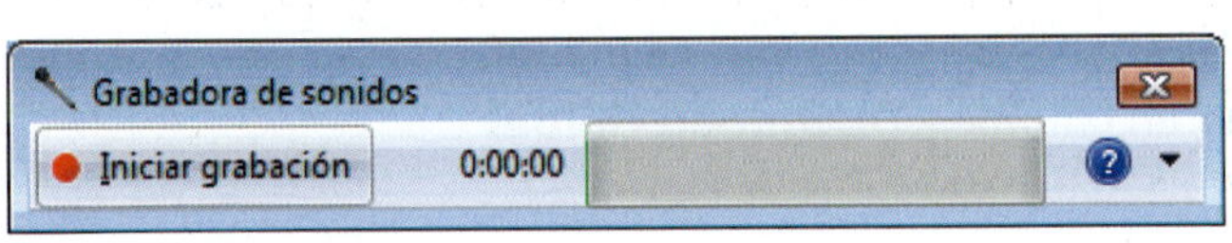

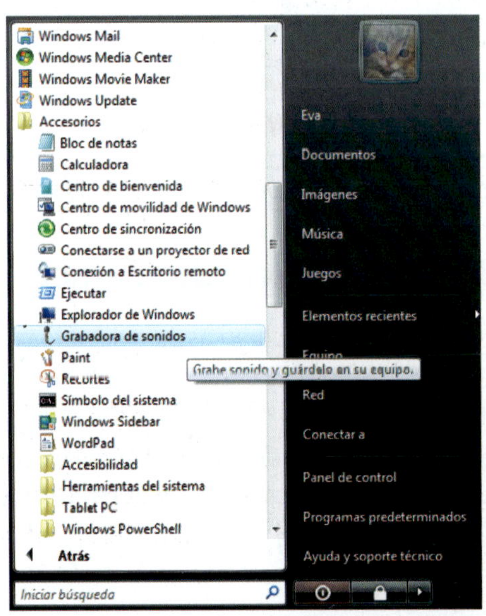

5. Edición de vídeo

Una película es una secuencia de imágenes fotográficas que, visionada a más de 15 fotogramas por segundo, crea una sensación de continuidad.

La velocidad a la que se visiona una película se mide en fotogramas por segundo (fps). Existen tres sistemas de transmisión de televisión, uno de los cuales es incompatible con los otros dos:

- **PAL**: se utiliza en Europa, África y parte de Asia. Emite a 25 fps y con 625 líneas por pantalla. Es compatible con el sistema **SECAM** (usado en Asia).
- **NTSC**: se utiliza en América Central y del Norte. Emite a 29,97 fps y con 525 líneas por pantalla.

Los dispositivos más habituales para capturar vídeo son las cámaras de fotos o de vídeo digitales, los teléfonos móviles y las webcams de los portátiles y tabletas.

Reproductores de vídeo y canales de distribución

Del canal de distribución pueden depender el formato y los códecs a utilizar a la hora de grabar el vídeo.

- **Televisión y DVD.** Constituyen el medio más extendido. Hoy en día, los DVD son capaces de reproducir múltiples formatos y su software suele ser actualizable.
- **Dispositivos móviles** (teléfonos, tabletas, PDA, MP4, etc.). Cada vez más están condicionando la grabación de programas de televisión, series, videoclips, etc.
- **Internet.** Puede usarse para envío por correo y para streaming. Los principales canales de distribución de vídeos por Internet son **YouTube**, **Vimeo** y **Dailymotion**.

Los principales reproductores de vídeo se recogen en la siguiente tabla:

Reproductores de vídeo	
Reproductor	**Características**
VLC Media Player	Uno de los mejores reproductores, tanto de audio como de vídeo digital, DVD y Blu-ray. Puede usarse en Windows, Mac, Linux y dispositivos móviles. **Licencia GNU GPL.** Software libre.
Windows Media Player	Reproductor de audio y vídeo para Windows y Windows Phone. Se incluye con Windows 7 y 8. También permite copiar canciones de un CD al disco duro y viceversa, así como acceder a vídeos en servidores de pago. **Licencia freeware.**
iTunes	Reproductor desarrollado por Apple diseñado para reproducir, organizar y sincronizar contenidos en iPods, iPhones y iPads. Es compatible con Windows. **Licencia freeware.**
Quick Time Player	Reproductor multimedia de Apple compatible con múltiples formatos. Disponible para Windows, Mac OS y GNU/Linux mediante programas como MPlayer. **Licencia freeware de código cerrado.**
GOM Media Player	Soporta casi todos los formatos. Disponible solamente para Windows. **Licencia freeware.**

Otros reproductores son RealPlayer, BS.Player, MPlayer, SMPlayer...

Descargar vídeos de Internet

Existen numerosos programas para descargar vídeos de Internet, pero lo más sencillo es descargar una extensión para algún navegador que permita la descarga del vídeo que se está reproduciendo.

Para ello es necesario descargar primero un complemento en el navegador que vayas a utilizar. Algunos de los más usados son **GetThemAll Downloader** en Chrome y **Download Helper** en Mozilla.

Formatos y compresión de vídeo

Si alguna vez no puedes reproducir un vídeo, probablemente sea porque necesitas instalar el códec adecuado.

El **formato de un archivo de vídeo** es la forma en que está guardados los datos en el ordenador (es el contenedor).

La **compresión de vídeo** (**códec**) es el algoritmo (función matemática) a que se ve sometido el contenido del formato de vídeo digital para ser comprimido. Es el tipo de compresión que utilizamos para codificar el vídeo digital.

Equiparándolos a la realidad, el armario de tu habitación sería el formato, mientras que la manera en que coloques la ropa dentro sería el códec.

Formatos de vídeo	
Extensión	**Características**
AVI	(*audio video interleave*) Formato contenedor, desarrollado por Microsoft, que guarda las pistas de audio y vídeo de forma consecutiva en varias capas. Los ficheros pueden almacenarse sin compresión (AVI, RAW) o comprimidos mediante diversos códecs. Es uno de los formatos que proporcionan mayor calidad.
ASF	(*advanced streaming format*) Contenedor multimedia propiedad de Microsoft diseñado especialmente para streaming (ver u oír un archivo directamente en una página web sin necesidad de descargarlo antes al ordenador).
WMV	(*Windows Media Video*) Aunque en sí el WMV es un códec de vídeo, éste puede quedar encapsulado en un contenedor AVI (se guardará con la extensión **.avi**) o en un contenedor ASF (extensión **.wmv** o **.asf**). Por eso, además de códec, se considera también contenedor multimedia.
MPEG	(*Moving Picture Experts Group*) Es un caso especial: no es realmente un códec ni un contenedor, sino un estándar, un conjunto de métodos y normas que marcan una serie de directrices para digitalizar y comprimir un vídeo. Sirviéndonos de estas normas podemos utilizar diferentes códecs.
MOV	Formato multiplataforma creado por Apple. En sus últimas versiones permite interactuar con películas en 3D y realidad virtual. Se reproduce con QuickTime Movie.
FLV	(*Flash Video*) Formato utilizado para transmitir vídeo sobre Internet usando Adobe Flash Player. Algunos de los sitios que utilizan este formato son YouTube, Google Video, Yahoo! Video, MySpace y Reuters.
MKV	Matroska es un contenedor estándar de código abierto. Puede contener un número ilimitado de vídeos, audios e imágenes dentro de un solo archivo. Lo utiliza la compañía Divx.
OGG **OGV**	Contenedor multimedia de código abierto con un alto grado de eficiencia en streaming y compresión de vídeo, desarrollado por la fundación Xiph.Org. Permite comprimir audio y vídeo en un solo formato.
RM	Formato exclusivo de Real Media Player. Ocupa poco espacio y por ello se usa fundamentalmente en videostreaming.

Códecs	
Extensión	**Características**
WMV	Códec desarrollado por Microsoft para su reproductor Windows Media Player. Utiliza una variante no normalizada de MPEG-4. Se utiliza frecuentemente en páginas web (descarga directa). Es compatible en parte con Mac. Evoluciona hacia la alta definición. Se empaqueta en algún contenedor AVI o ASF. Los ficheros resultantes reciben la extensión **.avi**, **.wmv** o **.asf**.
MPEG	Es el grupo más importante de todos los sistemas de codificación de imágenes en movimiento. Las muestras tomadas de imagen y sonido son troceadas en pequeños segmentos, transformadas en espacio-frecuencia y cuantificadas. Se puede decir que guarda las diferencias que hay entre las imágenes y no toda la información de cada imagen.
	MPEG-1: Primer estándar de codificación, usado como norma para CD de vídeo (VCD). Incluye el formato de compresión MP3.
	MPEG-2: Estándar de audio y vídeo pensado para la retransmisión de televisión digital por cable o satélite. Es el estándar utilizado en los DVD, como formato SVCD.
	MPEG-4: Evolución del MPEG-1 que soporta audio y vídeo en 3D y gestiona el copyright.
DivX	Códec basado en MPEG-4 muy efectivo. Permite almacenar gran cantidad de vídeo con una calidad próxima al DVD en tamaño de CD, por lo que es muy usado en los sistemas multimedia en Internet. Suele venir instalado en los DVD domésticos, dado su extensivo uso.
Xvid	Códec muy similar al DivX pero de software libre, también basado en los estándares MPEG-4 ASP. Es de código abierto, por lo que cualquiera puede mejorarlo y actualizarlo.
DV	(digital video) Formato estándar de grabación de las cámaras de vídeo digitales. Sólo comprime vídeo (no sonido). Utiliza el algoritmo de compresión DCT (basado en la transformada discreta de Fourier). Es muy usado por su excelente relación calidad-precio.

Programas de edición de vídeo

La edición de vídeo consiste en el montaje de vídeo, audio, fotos, etc., en una película de vídeo, así como la inclusión de títulos, créditos, efectos, transiciones entre fotogramas, etc.

Existen infinidad de programas de grabación y edición de vídeo. Nosotros trabajaremos con **Windows Movie Maker**, de Microsoft. No está instalado en Windows 7, pero se puede descargar de forma gratuita desde la página oficial de Microsoft (*www.microsoft.com/spain*) escribiendo en la ventana superior de búsqueda "Movie Maker". Puedes instalar el paquete "Essentials" o bien, personalizando la instalación, instalar únicamente este programa (te recomendamos esta última opción).

Los archivos de vídeo que lee Movie Maker son ASF, AVI, M1V, MP2, MP2V, MPE, MPEG, MPG, MPV2, WM y WMV.

Otros programas instalables similares son:

Programa	Características	Software libre
VirtualDub	Software libre que permite editar vídeo también en formato AVI. *www.virtualdub.org*	Sí
Avid Xpress	Potente editor, con una versión gratuita limitada (Avid Free DV). *www.avid.com*	No
Jahshaka	Editor multimedia para mezclas de vídeo y efectos especiales. Es de código libre. *www.jahshaka.org*	Sí
Kino	Editor para Linux muy sencillo. *www.kinodv.org*	Sí (Linux)
Adobe Premiere	Editor de vídeo semiprofesional con múltiples herramientas. *www.adobe.com*	No
Pinnacle Studio	Editor de vídeo fácil de usar, potente, de calidad y con innumerables efectos. *www.pinnaclesys.com*	No
Avidemux	Editor de vídeo de código abierto y multiplataforma (Windows, Linux, Mac OS). *avidemux.sourceforge.net*	Sí

También podemos encontrar editores de vídeo on-line que permiten subir vídeos a la nube y hacer mezclas, editar, añadir pequeños efectos, etc., directamente, sin tener que instalar ningún programa. Debe tratarse de vídeos que no sean de gran tamaño, debido al tiempo que tardan en subirse y editarse. Algunas de las webs que permiten la edición de vídeos son:

www.youtube.com/editor *www.wevideo.com*
www.magisto.com *www.pixorial.com*

Grabar vídeos de la actividad de la pantalla: screencast

Los programas de **screencast** se utilizan para grabar la actividad de la pantalla (con o sin audio). El screencast es una técnica cada vez más utilizada para realizar grabaciones de demostraciones (videotutoriales), presentaciones, vídeos de formación, asistencia técnica, etc.

Cada día existen más cursos de formación basados en **videotutoriales** grabados que suelen incluir la actividad de la pantalla. Esto lo podemos encontrar en institutos, universidades, centros oficiales..., por lo que se trata de una técnica muy extendida. A veces es necesaria una edición a posteriori para poder realizar montajes y añadir el audio.

Los principales programas son:

Programa	Características	Licencia
CamStudio	Graba la actividad de la pantalla en un vídeo AVI o SWF (Flash). Es gratuito, pero debes tener cuidado al instalarlo para no instalar barras de herramientas no deseadas. *www.camstudio.org*	GNU: libertad de usar, estudiar, compartir (copiar) y modificar el software
Jing	Es un programa gratuito, aunque pertenece a TechSmith. Disponible para Windows y MAC. Permite grabar en SWF. Obliga a registrarse. *www.jingproject.com*	Freeware
Camtasia	Formatos de salida SWF, WMV, MOV, AVI y iPod. Permite hacer zoom, añadir audio, crear efectos e incluso limpiar el ruido. *www.techsmith.com/camtasia.html*	Propietario
AutoScreenRecorder	Disponible para Windows. Trabaja con formato AVI. *www.wisdom-soft.com*	Freeware
VirtualDub	Herramienta libre para capturar vídeo y procesarlo. Compatible con el formato AVI. *www.virtualdub.org*	GNU

Otros programas son RecordMyDesktop, GoView, Screencast-O-Matic...

Práctica 1. Crear un vídeo con Windows Movie Maker

Ejercicio 1. Crear un vídeo a partir de fotografías

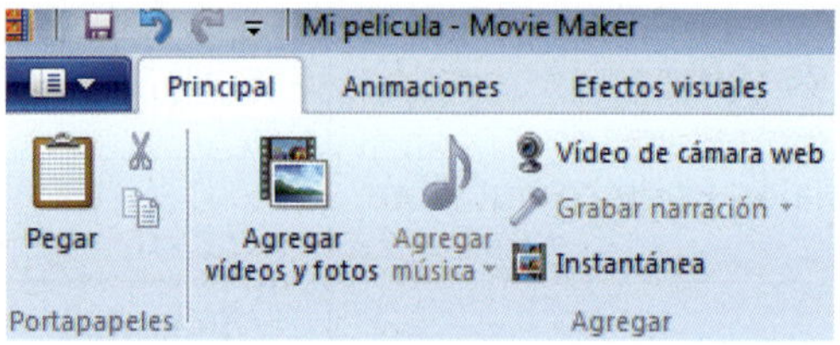

Fig. 1

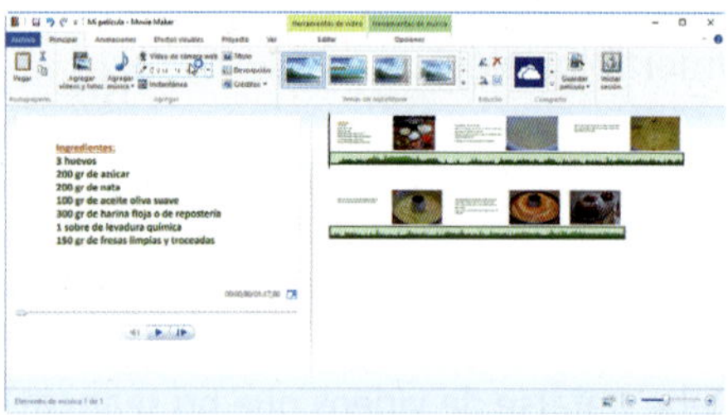
Fig. 2

Fig. 3

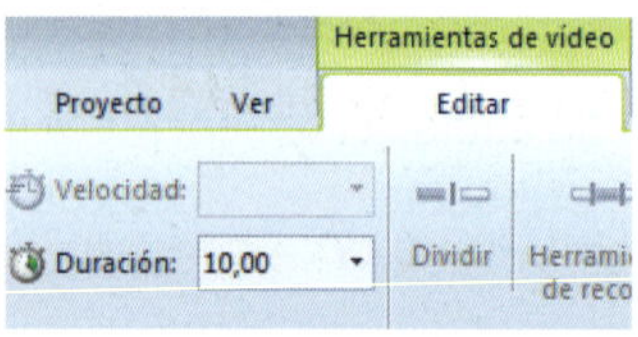

Fig. 4

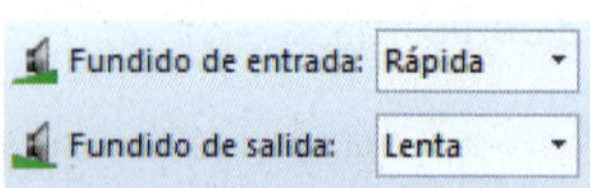

Fig. 5

Fig. 6

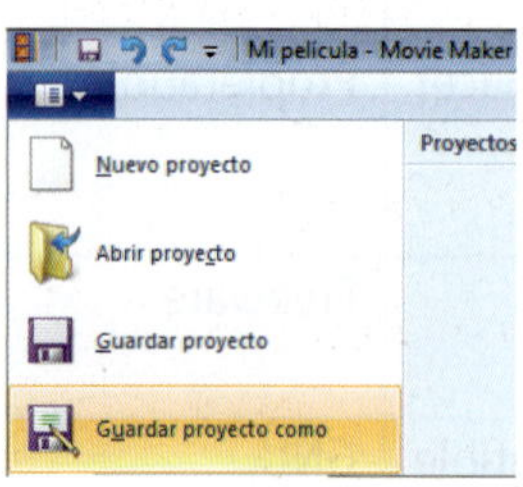

Fig. 7

1. Abre el programa Windows Movie Maker y pulsa el botón **Agregar vídeos y fotos** (figura 1). Selecciona una por una todas las imágenes de la carpeta correspondiente a esta práctica de la unidad 3 del CD virtual (diapositivas 1 a 11), o bien todas a la vez con la tecla **Shift**.

2. Sitúa el cursor antes de la primera diapositiva y haz clic en **Agregar música**. En el desplegable, elige **Agregar música en el punto actual** y, en la misma carpeta del CD virtual, selecciona el archivo **P1_bandasonora.mp3**.

3. Por defecto, Movie Maker nos coloca las imágenes en el orden en que han sido seleccionadas, así como la banda sonora, que en este caso no tiene por qué coincidir con el momento de finalización del pase de diapositivas (figura 2). Comprobarás que debajo de las diapositivas aparece una barra verde con forma de ondas.

4. Pulsa la lupa de aumento **+** (**Acercar escala de tiempo**) para ampliar la zona en que vas a trabajar y tener mayor precisión (figura 3).

5. Por defecto, el programa asigna a cada fotografía un tiempo de exposición de siete segundos. Para cambiar este tiempo, ve a la ficha **Editar** (en **Herramientas de vídeo**) y aumenta la opción **Duración** hasta **10 segundos** (figura 4). Selecciona una a una todas las diapositivas y ponles ese tiempo. También puedes seleccionar primero todas las imágenes (tecla **Shift**) y aumentarles el tiempo de duración después.

6. Ve a la ficha **Opciones** (en **Herramientas de música**) y selecciona en **Fundido de entrada** la opción **Rápida** y en **Fundido de salida** la opción **Lenta** (figura 5).

7. Pulsa ahora la lupa de disminución **–** (**Alejar escala de tiempo**).

8. Comprueba cómo ha quedado la película pulsando el botón **Reproducir**.

9. Si quieres ajustar el tiempo que dura la presentación a la duración de la música, ve a la ficha **Proyecto** y selecciona **Ajustar a la música** (figura 6). Verás que aumenta la duración de las diapositivas (puedes ver la duración repitiendo el paso 5 de esta práctica).

10. Guarda el proyecto yendo a **Archivo / Guardar proyecto como** (figura 7) con el nombre de **P1_E1_nombreapellido.mswmm**. En la nueva actualización de Windows Essentials aparecerá como **P1_E1_nombreapellido.wlmp**. Estos dos formatos (MSWMM y WLMP) son incompatibles.

11. Las imágenes y la música que hemos aportado al proyecto continúan en su ubicación original. Si cambiamos la ubicación de estos archivos, el programa Windows Movie Maker no será capaz de editarlo de nuevo. Lo que haremos es guardar el proyecto posteriormente como un archivo de película y así ya no necesitaremos los archivos fuente.

Ejercicio 2. Aplicar efectos y transiciones. Crear títulos y créditos

1. Abre el ejercicio anterior, si lo has cerrado.
2. Sitúate en la primera imagen. Ve a la ficha **Animaciones** y selecciona en el grupo **Transiciones** una de ellas. Comprobarás cómo se muestra en la vista previa.
3. Ve situándote en las siguientes diapositivas y seleccionando distintas transiciones.
4. Para cambiar el tiempo que dura cada transición, sitúate en la primera diapositiva y en la ficha **Animaciones** cambia el valor del campo **Duración**. Establece una duración distinta para cada diapositiva. Podemos reconocer fácilmente cuándo una diapositiva tiene una transición aplicada y cuál es su duración aproximada porque aparecerá un triángulo blanco sobre la diapositiva, como se muestra en la figura 8.
5. También podemos aplicar efectos visuales a las diapositivas. Ve a la ficha **Efectos visuales** y selecciona en el grupo **Efectos** uno de ellos. Cuando se aplica un efecto, en la esquina superior izquierda de la primera diapositiva aparecen cuatro recuadros para indicarlo (figura 9).
6. Aplica efectos distintos a las diapositivas.
7. Sitúate en la primera diapositiva y comprueba cómo ha quedado la película.

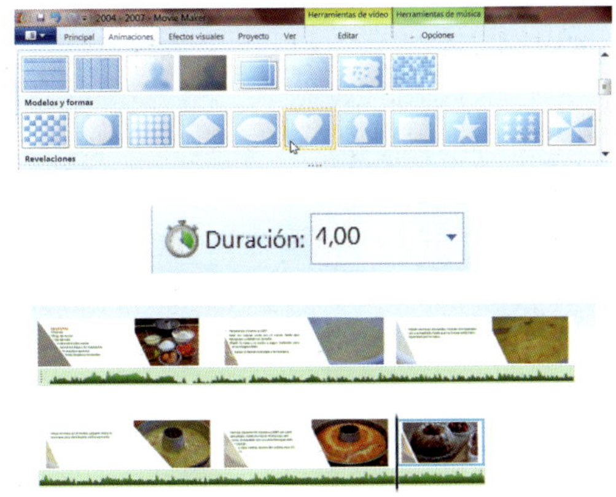

Fig. 8

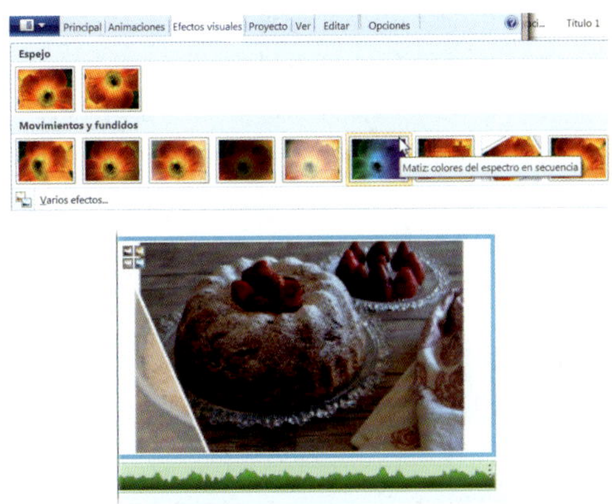

Fig. 9

Creación de títulos y créditos

8. Sitúate en la primera diapositiva. Ve a la ficha **Principal** y haz clic sobre **Título**. En el recuadro, escribe: "Bizcocho de nata y fresas".
9. En la nueva ficha que se muestra, **Herramientas de texto**, selecciona uno de los efectos.
10. Sitúate sobre la primera diapositiva y selecciona en la ficha **Principal** la opción **Créditos**.
11. Escribe tu nombre y apellido y, en la ficha **Formato** (en **Herramientas de texto**), aplícale uno de los formatos. Verás que los coloca al final del vídeo.
12. Vuelve a hacer clic sobre **Créditos**, pero en esta ocasión elimina la palabra "Créditos" y escribe: "Agradecimientos: http://amasalamasa.com". Verás que se ha creado una última diapositiva.
13. Para generar la película definitiva, con todas las imágenes y con la banda sonora incrustada, despliega el menú de la esquina superior izquierda y selecciona **Guardar película** / **Recomendada para este proyecto** (figura 11). Escribe como nombre **P1_E2_nombreapellido**. Comprobarás que se guarda como un archivo de tipo MP4.
14. Puedes seleccionar múltiples formatos de salida, en función del dispositivo donde lo quieras reproducir. Además, con la opción **Publicar película** puedes publicar directamente la película en las redes sociales.
15. Abre el archivo que has creado y comprueba el resultado final.

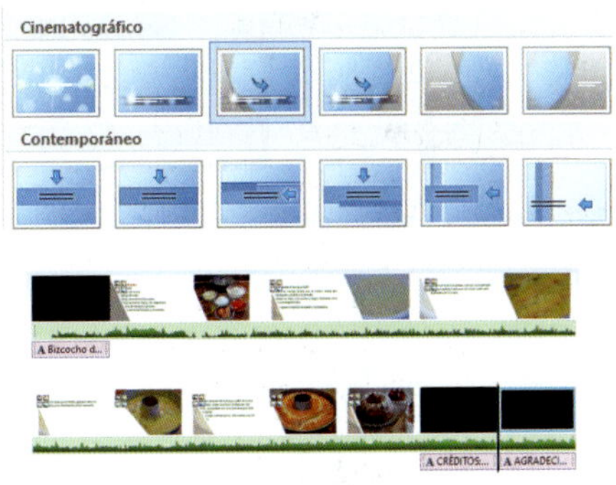

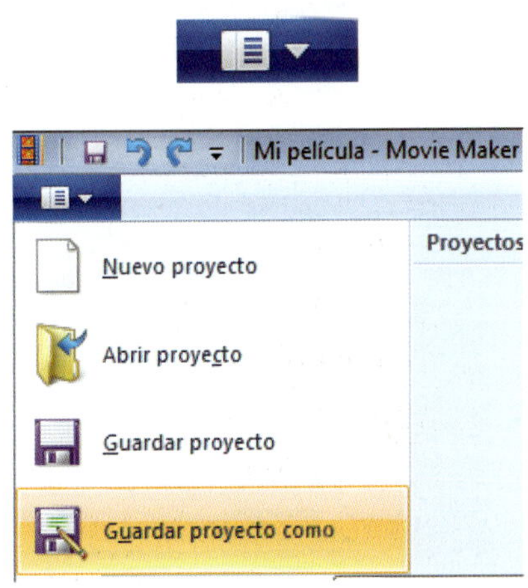

Fig. 10

Práctica 2. Editar un vídeo con Windows Movie Maker

Fig. 11

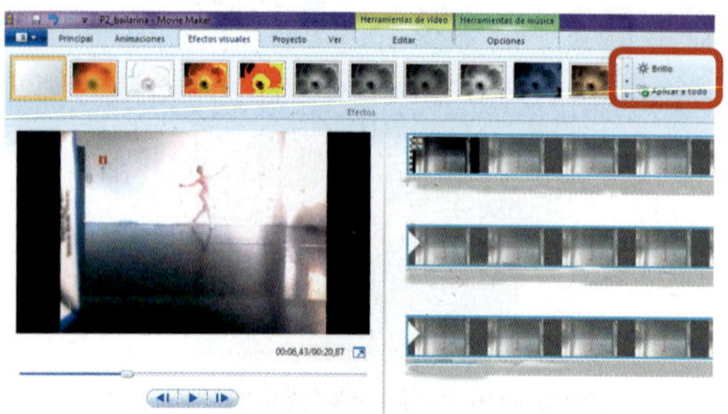

Fig. 12

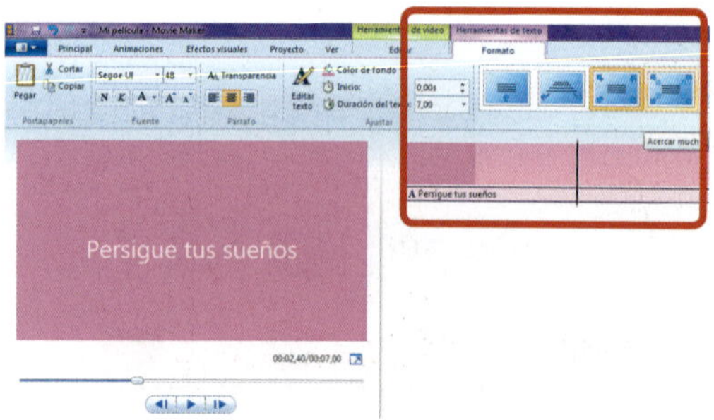

Fig. 13

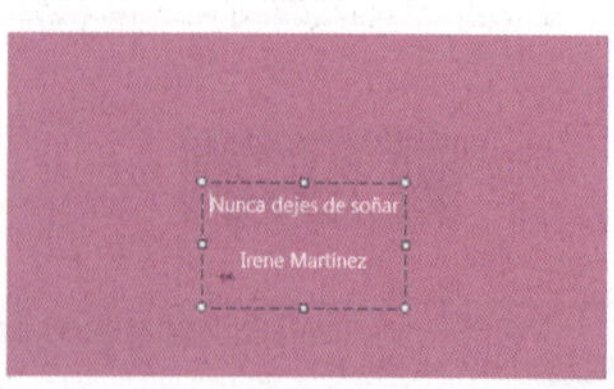

Fig. 14

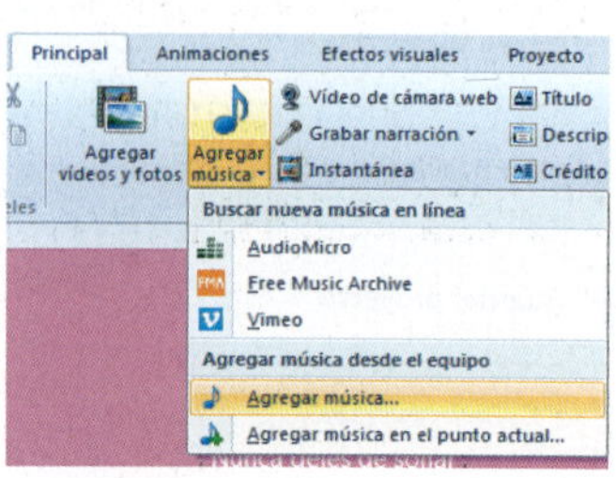

Fig. 15

En este ejercicio vamos a grabar un cortometraje a partir de dos vídeos.

El guión de nuestra película es el siguiente: "Una chica está escribiendo y se queda dormida. Sueña con ser bailarina. Al final se despierta y escribe una nota en su cuaderno". Para recrear la historia, tienes en el CD virtual dos vídeos (**P2_soñadora.mp4** y **P2_bailarina.mp4**) y un audio (**P2_Mozart.mp3**).

1. Abre el programa Windows Movie Maker. En la ficha **Principal**, haz clic en **Agregar vídeos** y selecciona en el CD virtual el archivo **P2_soñadora.mp4**.
2. En primer lugar, vamos a hacer todos los cortes que necesita el vídeo. Ve a la ficha **Editar** (en **Herramientas de vídeo**); verás que a la izquierda aparece en una ventana la vista previa del vídeo. Desplaza el cursor hasta los **7 segundos**, aproximadamente (justo antes de que la chica se despierte).
3. Pulsa el icono **Dividir** (figura 11) y comprobarás que la película ha quedado partida (en cada inicio y fin de tramo aparecen unas bandas negras con recuadros blancos).
4. Ahora hemos de insertar el vídeo de la chica bailando. Sitúate al final del primer corte. Ve a la ficha **Principal**, haz clic en **Agregar vídeos y fotos** y selecciona el archivo **P2_bailarina.mp4**.
5. En **Efectos visuales**, aumenta el **Brillo** para crear una sensación de irrealidad (figura 12).
6. Ahora vamos a crear una transición en el momento en que empieza el sueño. Para ello, sitúate en el inicio del vídeo de la bailarina y, en la ficha **Animaciones**, selecciona la transición **Diagonal: en cruz**. Sube la duración a **3 segundos** y pulsa **Intro**. En el momento en que acaba el sueño no utilizamos ninguna transición, para que el cambio sea brusco.
7. Para añadir título y créditos, sitúate en la primera diapositiva. En la ficha **Principal**, selecciona **Título**. Escribe "Persigue tus sueños" con un color de fondo rosa.
8. Ve a la ficha **Formato** (en **Herramientas de texto**) y selecciona el efecto **Acercar mucho** (figura 13).
9. En **Herramientas de vídeo**, en **Duración**, ajusta la duración del vídeo del título a **8 segundos**.
10. Ve de nuevo a la pestaña **Principal** y selecciona **Créditos**. Escribe la frase "Nunca dejes de soñar" (figura 14). Añade tu nombre, tu curso, el lugar de creación de la película y la fecha. Selecciona la animación que prefieras para los créditos. En **Créditos** selecciona la opción **Banda sonora** y escribe "Las bodas de Fígaro, de Mozart".
11. El audio siempre debemos insertarlo al final de todo el proceso. En la pestaña **Principal**, haz clic en **Agregar música** (figura 15) y selecciona el audio **P2_Mozart.mp3**.
12. Visualiza la película completa y retoca los posibles fallos hasta que quede perfecta. Guarda el proyecto con el nombre **P2_nombreapellido** (para poder editarlo posteriormente) y después guarda la película (con el mismo nombre) con la configuración recomendada.

Amplía 1. Un cartel publicitario de tu centro educativo

En la unidad has aprendido a hacer fotomontajes, incluir textos y aplicar efectos. Ahora vas a poner en práctica estas cosas creando un cartel publicitario para promocionar tu centro educativo.

1. Antes de ponerte manos a la obra con GIMP, haz en tu cuaderno un boceto del cartel, con diseños distintos y originales. Luego abre GIMP y créalos.
2. Guarda el archivo como **A1_nombreapellido.xcf**.

Amplía 2. Dibujar un personaje de cómic

1. Con Inkscape, crea un personaje de cómic similar al de la figura. Puedes buscar otros similares en Internet para inspirarte. Aunque en principio parezca complicado, sólo se trata de observar detenidamente la imagen e ir fabricando cada elemento.
2. Profundiza en el nivel de detalle: cada forma que veas de distinto color debes realizarla con curvas de Bézier y rellenarla con el color correspondiente (sin borde).
3. Para finalizar, pon tu nombre y apellido en algún sitio del dibujo de forma que quede semiescondido (que se lea pero que haya que buscarlo).
4. Guarda el archivo como **A2_nombreapellido.svg**.

Amplía 3. Un programa radiofónico de noticias informáticas

1. Recopila noticias sobre informática, elabora un guión para contarlas en un pequeño programa de noticias y grábalas. Añade música y sonidos para que parezca un espacio de radio real. Para ello, deberás editarlo con Audacity.
2. Guarda el proyecto como **A3_nombreapellido** en formato AUP y MP3 o WAV.

Amplía 4. Una historia en un minuto

En este ejercicio debes elaborar un vídeo de un minuto en el que cuentes una historia.

1. Lo más importante de un corto es el guión, así que escríbelo lo más detalladamente posible.
2. Con un compañero, graba las secuencias. Puedes repetir varias veces una escena y después escoger la mejor.
3. Pasa al ordenador las escenas. Para que Windows Movie Maker reconozca los archivos, deben estar en uno de los formatos indicados en la parte de teoría de esta unidad.
4. Monta el vídeo. Si el sonido no es suficientemente bueno, puedes grabarlo aparte.
5. Guarda el proyecto como **A4_nombreapellido.avi**.
6. Visionad los cortos en clase y decidid entre todos cuál es el más original.

RESUMEN DE LA UNIDAD

- Las **imágenes de mapa de bits** están formadas por píxeles. Tienen estas características:
  - **Dimensiones o tamaño.** Es el producto del número de píxeles del ancho y el alto de la imagen. Por ejemplo: 1.600 × 1.200 (ancho × alto).
  - **Resolución.** Es el parámetro que nos indica con cuánto detalle puede observarse una imagen, en píxeles por pulgada (ppp). Por ejemplo: 200 ppp.
- Los principales **formatos** de los archivos de imagen de mapa de bits son:

BMP	GIF	JPG o JPEG	TIF o TIFF	PNG	XCF	PSD
Windows	Animaciones	Alta compresión	Alta calidad	Similar a GIF	GIMP	Photoshop

- Una **imagen vectorial** es una imagen digital formada por **objetos geométricos** independientes. Las imágenes vectoriales están diseñadas a base de objetos gráficos (segmentos, arcos, polígonos...) definidos individualmente por atributos matemáticos en cuanto a forma, posición, tamaño, color, etc. Tienen estas características:
  - Su **tamaño** suele ser **inferior** al de las imágenes de mapa de bits.
  - Al modificarlas **no se distorsionan**.
- Los principales **formatos** de los archivos de imagen vectorial son:

SVG	ODG	DXF	DWG	PDF	SKP	STL
Inkscape	LibreOffice Draw	Programas CAD	AutoCAD	Adobe	SketchUp	Impresoras 3D

- El **sonido** es una sensación producida en el órgano del oído por el movimiento vibratorio de los cuerpos. Las ondas transmitidas son analógicas.
- Llamamos **sonido analógico** al formado por ondas analógicas y **sonido digital** al formado por ondas digitales.
- El **decibelio** (dB) es una unidad de medida del **nivel de intensidad** del sonido, que se define a partir del umbral de audición del ser humano (que se sitúa en 0 dB).
- Los principales **formatos** de los archivos de audio son: **WAV**, **MIDI**, **AIFF**, **CDA**, **MP3**, **WMA**, **OGG**, **RM** y **AUP**.
- Una **película** es una secuencia de imágenes fotográficas que, visionada a más de 15 fotogramas por segundo, crea una sensación de continuidad.
- El **formato** de un archivo de vídeo es la forma en que están guardados los datos en el ordenador (es el contenedor). La **compresión de vídeo** (códec) es el algoritmo (función matemática) a que se ve sometido el contenido del formato de vídeo digital para ser comprimido. Es el tipo de compresión que utilizamos para codificar el vídeo digital.
- Los principales **formatos de vídeo** son: **AVI**, **ASF**, **WMV**, **MPEG**, **MOV**, **FLV**, **RM**, **MKV**, **OGG**, **OGV** y **RM**.
- Los principales **códecs de vídeo** son: **WMV**, **MPEG**, **DivX**, **Xvid** y **DV**.

EN LA RED: ENLACES DE INTERÉS

tecnologiaedu.uma.es/index.php/materiales
Manuales y recursos con licencia CC de la Universidad de Málaga.

reeimages.com, freepik.es, morguefile.com, photorack.net
Bancos de imágenes gratuitos (véanse los términos de uso).

cursorlibre.com/tutoriales/4-tutoriales-para-crear-objetos-realistas-en-inkscape
Cuatro tutoriales para crear objetos vectoriales realistas.

newton.cnice.mec.es/materiales_didacticos/el_sonido
Completo material didáctico sobre el sonido, alojado actualmente en la web del Instituto Nacional de Tecnologías Educativas y de Formación del Profesorado (INTEF).

tv.uvigo.es/es/serial/183.html
Curso de edición digital de vídeo de la Universidad de Vigo en abierto.

ACTIVIDADES DE REFUERZO

Después de estudiar el tema, realiza en tu cuaderno los siguientes ejercicios:

1. ✦ ¿Qué diferencia hay entre una imagen de mapa de bits y una imagen vectorial?
2. ✦✦ Calcula el tamaño máximo de impresión (en centímetros) de una fotografía que tiene una resolución de impresión de 200 ppp y una calidad máxima de 5.184 × 3.456 píxeles.
3. ✦ ¿Qué formato de imágenes utiliza GIMP de forma predeterminada? ¿Y Photoshop? ¿Qué puede ocurrir si guardo una imagen con filtros y capas en formato JPG?
4. ✦✦ Explica qué son las capas y en qué casos, en general, es bueno usarlas.
5. ✦ Indica cuál es el formato propio de los siguientes programas: Inkscape y SketchUp.
6. ✦✦ ¿Qué dos campos de aplicación tiene el diseño vectorial?
7. ✦✦ ¿Qué significan las siglas CAD?
8. ✦✦ Explica a qué formato deben exportarse los diseños vectoriales para que se puedan ver o imprimir, desde distintos dispositivos, sin necesidad de instalar programas vectoriales.
9. ✦ Explica qué son las curvas de Bézier y los nodos en una imagen vectorial que se está conformando en Inkscape.
10. ✦ ¿Qué es el sonido? Pon tres ejemplos de dispositivos u objetos que produzcan sonido analógico y tres que produzcan sonido digital
11. ✦✦ ¿De qué color es la entrada analógica de audio que nos permite conectar un micrófono y grabar en el ordenador?
12. ✦ Explica las diferencias que existen entre formato de vídeo y códec.
13. ✦ ¿Qué extensión reciben los ficheros resultantes de comprimir con el códec WMV?
14. ✦ Elabora una tabla en la que recojas todos los programas y las extensiones de archivos que has utilizado en esta unidad.

ACTIVIDADES EN INTERNET

Realizar el póster de una película

1. Entra en alguno de los bancos gratuitos de imágenes.
2. Descarga una imagen. Asegúrate de que sea libre o con licencia Creative Commons.
3. Entra en una de las webs de retoque fotográfico que te hemos presentado en la parte teórica de la unidad y realiza el póster de una película con la imagen que has descargado. Puedes sustituir las caras de los protagonistas por la tuya y las de algunos compañeros, y poner el texto que consideres adecuado.
4. Guárdalo como **Internet1_nombreapellido**.

Descargar un vídeo y un audio de Internet

1. Instala el complemento Download Helper en el navegador Mozilla.
2. Entra en YouTube o Vimeo y escribe "Creative Commons" en el buscador.
3. Reproduce uno de los vídeos que tenga licencia Creative Commons y descárgatelo.
4. Guárdalo como **Internet2_nombreapellido**.
5. Abre un navegador y haz la búsqueda "conversor Youtube a MP3".
6. Entra en cualquier enlace de los que te propone, pega la URL del vídeo de YouTube de los pasos 3 y 4 y extrae el audio.
7. Guárdalo como **Internet2_nombreapellido.mp3** (se distinguirá del anterior archivo por la extensión).

4 Seguridad informática

1. Seguridad activa y seguridad pasiva

Internet es una red que conecta ordenadores y personas de todo el mundo. Es una forma de comunicación con muchas ventajas, pero también con riesgos: es un mundo de información en el que tenemos que manejarnos con seguridad. Un ordenador no es una herramienta inofensiva.

Si vamos a realizar un trayecto en coche de forma segura, no basta con saber conducir: deberemos conocer previamente los dispositivos de seguridad de que dispone (cinturón, airbag, ABS, etc.) y el código de circulación que rige la interacción con otros vehículos. De igual forma, si vamos a utilizar el ordenador en una red, deberemos:

- **Saber utilizarlo** (no usaremos a la ligera herramientas que no conozcamos, sobre todo en Internet).
- **Conocer las herramientas de seguridad** de que disponemos (así sabremos si estamos protegidos frente a virus, spam y páginas de contenido indeseado).
- **Aplicar una serie de normas básicas de seguridad** que rigen nuestra interacción con otros usuarios de la Red.

Llamamos **seguridad activa** al conjunto de acciones encaminadas a proteger el ordenador y su contenido (por ejemplo, usar contraseñas seguras, tener actualizado un antivirus, etc.). Por su parte, la **seguridad pasiva** es la que pretende minimizar el impacto de un posible daño informático (por ejemplo, realizar copias de seguridad periódicas).

2. Seguridad en la máquina

Vamos a comenzar por conocer las principales amenazas a nuestro ordenador, es decir, de qué es necesario protegerlo y con qué herramientas contamos para ello.

Amenazas a la máquina: software malicioso

Se llama **malware** (de ***mal**icious soft**ware***), **software malicioso** o **software malintencionado** al software elaborado con fines maliciosos, como virus, troyanos, gusanos, spyware, etc.

Los distintos tipos de malware están recogidos en la figura de la página siguiente.

Síntomas de que nuestro nuestro PC ha sido atacado

- El ordenador trabaja con una ralentización exagerada de los procesos o la conexión a la Red.
- Disminuye el espacio disponible en el disco (salen avisos de que no hay espacio suficiente en éste).
- Aparecen programas desconocidos, se abren páginas de inicio nuevas en el navegador o se añaden elementos que no se pueden eliminar.
- Aparecen iconos desconocidos en el escritorio (a veces no se pueden eliminar).
- El teclado o el ratón hacen cosas extrañas.

Tipos de software malintencionado o malware

Virus

Es un **programa** que se instala en el ordenador sin el permiso del usuario con el objetivo de causar daños. Puede autorreplicarse e **infectar** a otros ordenadores. Para propagarse puede valerse de memorias portátiles, de software y de la propia red Internet. Los virus son la amenaza más conocida y la más importante por su volumen de riesgo.

Keylogger

(De *key* "tecla" y *logger* "registrador".) Es un tipo de software que se encarga de obtener y memorizar las pulsaciones que se realizan en un teclado. Puede utilizarse para espiar de forma remota, con el objetivo de **obtener contraseñas** del usuario.

Gusano

Se trata de un programa malicioso cuya finalidad es **desbordar la memoria** del sistema reproduciéndose a sí mismo.

Spyware o **software espía**

No todos los programas espía son malintencionados. Se pueden considerar programas spyware con código malicioso los **troyanos**, el **adware** y los **hijackers**, básicamente.

Troyano

Es un tipo de virus en el que se han introducido, camufladas en otro programa, instrucciones encaminadas a **destruir** la información almacenada en los discos o bien a **recabar** información. Su nombre hace referencia al caballo de Troya porque estos virus suelen estar alojados en elementos aparentemente inofensivos, como una imagen o un archivo de música, y se instalan en el sistema al abrir el archivo que los contiene.

Adware

(De ***ad**vertisement soft**ware**.*) El **software de publicidad** es publicidad incluida en programas que la muestran después de instalados. Algunos de ellos tienen licencia shareware o freeware e incluyen publicidad para subvencionarse, de forma que si el usuario quiere una versión sin publicidad puede optar por pagar la versión con licencia registrada. El problema viene cuando estos programas actúan como **spyware**, incluyendo código para recoger información personal del usuario (información que no necesariamente tiene por qué usarse de forma maliciosa: a veces se trata de conocer los gustos de los usuarios, pero puede pasar a otras entidades sin su autorización).

Hijackers o **secuestradores**

Son programas que **"secuestran"** a otros programas para usar sus derechos o para modificar su comportamiento. El caso más habitual es el ataque a un navegador, modificando la página de inicio y redireccionando las páginas de búsqueda sin el consentimiento del usuario.

Conoce

Más terminología

Además del software malicioso, debes conocer otros conceptos relacionados con la seguridad:

Hackers

Son delincuentes expertos informáticos que, en principio, sólo se plantean retos intelectuales. No tienen por qué pretender causar daños; de hecho, existen empresas de **hacking ético** (o **white hacking**), que ayudan a personas y empresas a saber cuál es su nivel de seguridad frente a los hackers maliciosos. A los hackers se los confunde a veces con los **piratas informáticos** (o **black hackers**), que intentan atentar contra la seguridad de sistemas en la Red y lucrarse con ello.

Crackers

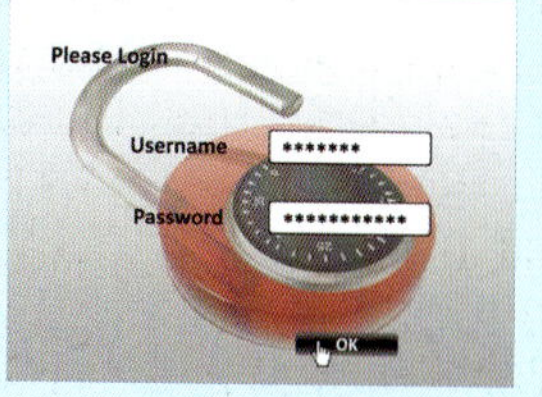

Son personas que se dedican a cambiar el funcionamiento de un programa comercial o bien a realizar aplicaciones que obtengan números de serie válidos en ese tipo de programas con el fin de **usarlos sin licencia** (piratearlos).

Pharming

Es una práctica consistente en redirigir un nombre de dominio a otra máquina distinta, de forma que un usuario que introduzca una URL acceda a la página web del atacante. De este modo, por ejemplo, éste puede **suplantar** la página web de un banco para obtener claves de la víctima.

Cookies

Son **archivos de texto** que se almacenan en el ordenador a través del navegador cuando visitamos una página web, para que esa web los lea en visitas posteriores. No son un riesgo ni una amenaza mientras sólo pretendan facilitarnos el acceso al sitio. Así, es habitual, por ejemplo, que la segunda vez que visitemos una web de compras on-line desde el mismo ordenador ya estén completados algunos parámetros, tengamos la configuración que habíamos seleccionado en la visita anterior o incluso tengamos un saludo de bienvenida personalizado, todo ello fruto de las cookies almacenadas en la primera visita. Se puede considerar spyware no malicioso.

Spam o correo basura

Son mensajes de correo electrónico que inundan la Red con la finalidad de anunciar productos, a veces de dudosa legalidad, para que los destinatarios los compren. Se envían de forma masiva porque está demostrado que uno de cada doce millones de los correos enviados obtiene una respuesta positiva. Los estudios indican que actualmente el spam supone el 80% del tráfico de correo electrónico en el mundo.

Hoaxes

Son **cadenas de correo** iniciadas por empresas para poder recopilar las direcciones de correo electrónico de muchos de los usuarios y posteriormente hacer mailings (que constituirán a su vez spam). Se aprovechan de la bondad, la credulidad y la superstición de las personas. Es una práctica no ilegal en la actualidad. Una cadena empieza cuando una empresa envía un mensaje del tipo "Niño perdido" o "¡Cuidado, virus peligroso!" a millones de direcciones inventadas (las que no den mensaje de error es que existen y ya pueden utilizarse); algunos de estos destinatarios reenviarán con buena fe el mensaje y se formará así la cadena; después de muchos envíos, llegará de nuevo a la empresa que lo inició, ahora repleto de direcciones válidas.

Software para proteger la máquina: seguridad informática

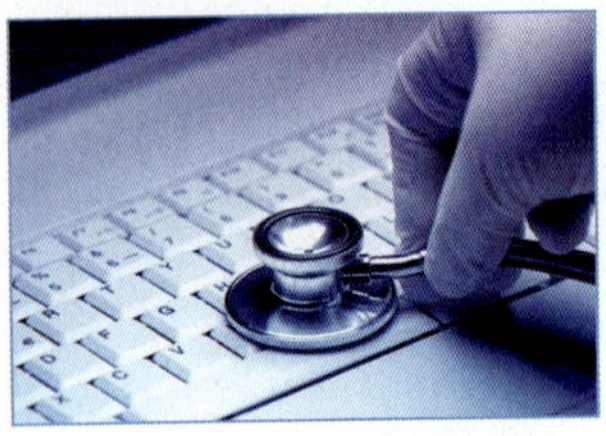

La seguridad informática consiste en identificar qué partes del sistema son vulnerables y establecer medidas que minimicen el riesgo. Mantener al día la seguridad de nuestro equipo es una labor fundamental para evitar ataques al mismo y pérdidas de información.

El software y los elementos de prevención del equipo son:

- **Antivirus.** Un antivirus es un **programa** que analiza las distintas unidades y dispositivos, así como el flujo de datos entrantes y salientes, revisando el código de los archivos y buscando fragmentos de caracteres. Utiliza una base de datos con cadenas de caracteres característicos de distintos virus. El antivirus puede detectar virus y sólo a veces identificarlos. Aunque la creación de virus es rápida y siempre va a ir por delante de la protección de los fabricantes de antivirus, podemos estar tranquilos si tenemos uno instalado y actualizado. En realidad, los antivirus protegen contra virus, troyanos y gusanos, y la mayor parte contienen también antispyware e incluso filtros antispam.
- **Cortafuegos** o **firewall**. Se trata de un sistema de defensa que **controla y filtra el tráfico** de entrada y salida a una red. El cortafuegos se configura para que controle el tráfico de los puertos (las conexiones de nuestro ordenador se hacen a través de ellos) y nos muestre alertas para pedir confirmación de cualquier programa que utilice la conexión a Internet. Por ello, es muy importante realizar esta configuración con criterio. Normalmente están incorporados en los sistemas operativos y existen además otros de software libre o de pago.
- **Proxy.** Es un **software** instalado en el PC que funciona como puerta de entrada; se puede configurar como cortafuegos o como limitador de páginas web.

- **Contraseñas.** Pueden ayudar a proteger la seguridad en un archivo, una carpeta o un ordenador dentro de una red local o en Internet. Se recomienda que tengan entre seis y ocho caracteres para que no se puedan vulnerar fácilmente, aunque el nivel de seguridad será distinto en nuestra clave de usuario del ordenador que en un router Wi-Fi, por ejemplo.
- **Criptografía.** Es el cifrado de información utilizado para proteger archivos, comunicaciones y claves.

Prevención de ataques

Como en tantos otros aspectos de la vida, la mayor seguridad es la **prevención**. Unas sencillas medidas de prevención serán suficientes para utilizar con seguridad nuestro equipo de uso educativo o doméstico, eso sí, teniendo en cuenta que no existe la seguridad absoluta. Es aconsejable:

- Realizar periódicamente **copias de seguridad** (o **backups**) del sistema que permitan restaurarlo si es necesario.
- Utilizar **contraseñas seguras** en todos los dispositivos y aplicaciones.
- Usar solamente **redes Wi-Fi abiertas** que sean de confianza para intercambiar datos privados.
- Tener instalado y actualizado un programa **antivirus** (y conocer sus **funciones y limitaciones**).
- Tener actualizado el **sistema operativo**.
- Revisar sistemáticamente los **dispositivos** introducidos en el equipo.
- Llevar cuidado con las **descargas de archivos** con programas del tipo P2P o *peer to peer* (eMule, Ares, BitTorrent, etc.), que son una nueva vía de entrada de archivos desconocidos que pueden contener virus.
- Tener cuidado a la hora de configurar el **cortafuegos** para permitir la comunicación de estos programas.
- Prestar atención también a las **descargas gratuitas** de programas.

3. Seguridad en las personas

En la seguridad, lo más importante es proteger a las personas. Los daños a la máquina no dejan de ser daños materiales, pero los daños causados a las personas permanecen en el tiempo y trascienden a otros aspectos de la vida. Nos centraremos en la **seguridad en el uso de Internet**, aunque la seguridad hacia las personas abarca muchas otras áreas, como por ejemplo la seguridad postural frente al ordenador o el riesgo de adicciones al ordenador.

Amenazas a la persona o a su identidad

Todos somos vulnerables, y nuestra vulnerabilidad aumenta cuanto más nos exponemos. En Internet nos mostramos a los demás en mayor o menor medida. Entre los peligros que pueden amenazarnos están:

- El **acceso involuntario** a información ilegal o perjudicial.
- La **suplantación** de la identidad, los robos y las estafas. Por ejemplo, el **phishing** es un delito informático de estafa que consiste en adquirir información de un usuario (datos bancarios, claves, etc.) a través de técnicas de engaño para usarlos de forma fraudulenta. Su nombre alude al hecho de "pescar" passwords y contraseñas (en inglés, *pescar* es *to fish*). El ejemplo más habitual es el de un correo que llega al usuario suplantando una comunicación de un banco y pidiéndole sus claves de acceso bajo una falsa amenaza de seguridad.
- La **pérdida** de nuestra intimidad o el **perjuicio** a nuestra identidad o imagen.
- El **ciberbullying** o **ciberacoso**, que es un tipo de acoso que consiste en amenazas, chantajes, etc., entre iguales a través de Internet, el teléfono móvil o los videojuegos.

Pon atención si usas la webcam

1. Puede engañarte. Permite que te vean, pero tú no ves quién te ve.
2. Pueden grabarte sin que lo sepas.
3. Muestra información relevante sobre ti y el lugar en que te encuentras.
4. Puede ser activada sin que tú te des cuenta.

Software para proteger a la persona

Existen programas que facilitan el **control parental** del uso de Internet. Pueden limitar las búsquedas, permitir o bloquear sitios web, controlar los programas de mensajería instantánea, establecer filtros según la edad del menor, etc. Son ejemplos de programas de control parental: **KidsWatch** (*www.kidswatch.com*) y **K9 Web Protection** (*www1.k9webprotection.com*).

Nuestra actitud, la mejor protección

Además del software a nuestra disposición, debemos tener claro que la mayor protección que podemos tener somos nosotros mismos y los adultos de confianza: padres, profesores y especialistas.

En la página siguiente te ofrecemos unas recomendaciones básicas para protegerte, que pueden considerarse un código básico de circulación por la Red para los jóvenes.

Hábitos orientados a la protección de la intimidad y de la persona

1. **Habla con tus padres** respecto a la navegación por Internet, ellos siempre van a ayudarte. Si recibes algo **raro o desagradable**, habla de ello con un adulto o **denúncialo**.
2. **No solicites ni entregues** por Internet **datos** como direcciones, contraseñas, números de teléfono, lugar de estudios, sitios donde habitualmente te reúnes o cualquier otra información que pueda identificarte. Utiliza **alias** o nicks que no contengan tu fecha de nacimiento o datos sobre ti.
3. **No te relaciones con desconocidos** y ten presente que no siempre las personas son lo que dicen que son. Desconfía de la persona que quiere saber demasiado sobre ti. Recuerda que existen otras formas más seguras de hacer nuevos amigos.
4. **Gira la cámara** hacia un ángulo muerto o **tápala** con una pegatina cuando no la estés usando, para impedir que capture imágenes. Recuerda que **la cámara web puede ser manipulada de forma remota usando software malicioso**. Desde hace años, la Policía alerta de que a menudo las imágenes que creemos que vienen de la webcam de otra persona son en realidad imágenes trucadas por ella.
5. **No publiques** fotos o vídeos tuyos **a la ligera**; si decides publicar algo, que sea en sitios con acceso restringido y siempre que no dañen tu imagen actual o futura y con el permiso de tus padres. Recuerda que no puedes publicar imágenes de nadie sin su consentimiento. Sé **respetuoso** con los demás.
6. **Mantente al día** con la tecnología y **limita el tiempo de navegación** por Internet.
7. **Respeta la edad mínima** para poder acceder a los sitios. Esta edad se encuentra en las **condiciones de uso** de la página que debemos leer antes de pulsar el botón "Acepto". Si lo pulsamos sin leer, podemos estar autorizando a los propietarios del sitio a usar nuestros datos, nuestras imágenes, etc..
8. **Infórmate sobre los sitios.** En algunos sitios no es posible "darse de baja", así que hay que tener cuidado con los contenidos que introducimos en ellos, pues a veces cedemos nuestros datos para siempre.
9. Nunca intercambies datos privados en **redes Wi-Fi abiertas** que no sean de confianza. Tanto el administrador como alguno de los usuarios conectados pueden utilizar técnicas para robarte información.

En definitiva: **usa el sentido común y no hagas en el ordenador cosas que no harías en tu vida cotidiana.**

Las redes sociales y la seguridad

Una **red social** es un sitio web que permite intercambios de distintos tipos (financieros, amistosos, de temas especializados...) entre individuos y se basa en la relación entre los miembros de la red. Cuando usamos una red social, debemos tener presentes nuestra **seguridad** y el **respeto** a los demás. Por lo demás, las redes sociales cumplen la función para la que han sido diseñadas y no tienen por qué representar un peligro. Eso sí, ten en cuenta lo siguiente:

- Para poder acceder a las redes sociales es necesario tener una **edad mínima**. Esta edad se encuentra en las condiciones de uso de la página, las cuales debemos leer antes de pulsar el botón de aceptar.
- Al pulsar dicho botón, estamos aceptando tanto las **condiciones de uso** como la **política de privacidad**. Si lo pulsamos sin leer las condiciones, puede ocurrir que estemos dando autorización a los propietarios de la red social para que usen nuestros datos, nuestras imágenes, etc.
- Una vez que nos hemos dado de alta, nos suelen solicitar **datos muy personales**, como creencias religiosas, ideología política, etc., que no debemos facilitar. Ni debemos tampoco proporcionar datos como nuestro número de teléfono o el centro donde estudiamos, ya que permiten que nos puedan localizar.
- En algunas redes no es posible **darse de baja**. Los datos quedan para siempre a disposición de la empresa propietaria y el usuario solamente puede desactivar la cuenta (pero no la elimina), así que hay que tener cuidado con los contenidos que difundimos en la Red.

4. La identidad digital. Certificados digitales

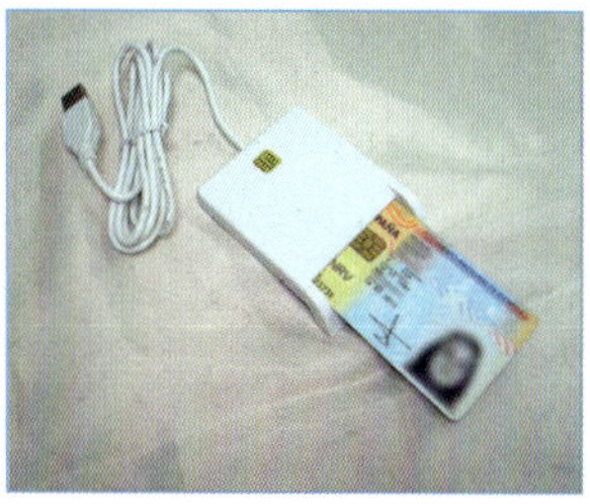

Todo lo que hacemos en Internet deja rastro, una **huella digital** que habla de ti. Esa información es tu **identidad digital**. Es tu deber cuidarla y las leyes te protegen para ese fin. Además de las precauciones que hemos visto a lo largo del tema, existen otros mecanismos que pueden ayudarnos a proteger nuestra identidad en Internet y evitar el **fraude**, como es el caso de los certificados digitales.

Un **certificado digital** (o **electrónico**) es un documento en formato digital que contiene datos identificativos de una persona validados de forma electrónica y que pueden ser utilizados como medio para identificar al firmante.

El certificado digital permite realizar gestiones desde el ordenador personal con seguridad, las veinticuatro horas del día, sin necesidad de desplazarse o de hacer colas.

En particular, se llama **firma electrónica** al tipo de certificado digital que tiene la misma validez que la firma manuscrita. Otro certificado digital es el **DNI electrónico**, que lo expide el Ministerio del Interior.

Cualquier certificado digital permite acceder a los servicios públicos de forma que las dos partes implicadas en una gestión (el usuario y una administración pública) puedan identificarse mutuamente con la seguridad de que son ellos los que están interactuando. Además, evita que otras personas puedan conocer la información que se intercambia.

¿Qué puedo hacer con un certificado digital?

- Tramitar becas y ayudas
- Presentar la declaración de la renta
- Consultar los puntos y las sanciones de tráfico
- Solicitar certificaciones

Obtener un certificado electrónico es gratuito; para hacerlo, se ha de seguir el siguiente procedimiento:

1. En un ordenador con acceso a Internet, solicitar el certificado a un prestador de servicios de certificación.
2. Acreditar la identidad mediante personación física en una oficina de registro.
3. Descargar el certificado desde Internet.

¿Cómo saber si tenemos un certificado digital instalado en el ordenador?

Para ver el certificado digital una vez instalado en un navegador, debemos ir a **Herramientas / Opciones de Internet**. En la pestaña **Contenido**, pulsamos el botón **Certificados** y, una vez en la nueva ventana, hacemos clic en **Ver**. Se nos mostrará una pantalla con la relación de certificados personales instalados en nuestro navegador.

5. La propiedad y la distribución del software y la información

Internet puede proporcionarnos mucha información y servicios de interés. También podemos encontrar en la Red software de todo tipo que nos puede interesar conseguir.

Es muy importante conocer que el software, al igual que otras creaciones artísticas, como libros, canciones, obras pictóricas, etc., está protegido por la ley de propiedad intelectual.

Los **derechos de autor** son un conjunto de normas y principios que regulan los derechos morales y patrimoniales que la ley reconoce a los autores por la creación de una obra publicada o inédita. La **propiedad intelectual** agrupa todos los derechos del autor sobre la disposición y explotación de su creación.

Cuando accedemos a una página web para descargarnos alguna aplicación, es muy importante que conozcamos con qué tipo de licencia se corresponde el software que queremos descargar. No todas las descargas son ilegales o atentan contra la propiedad intelectual.

Licencias informáticas

Todo el software que el usuario usa o adquiere a través de distintas vías (tiendas, descargas, Internet, etc.) tiene una **licencia de uso**, es decir, un contrato, con una serie de términos y condiciones que se deben cumplir.

Software comercial	Software de una empresa que se comercializa con ánimo de lucro. A veces se le llama **software propietario**, aunque no todo el software propietario es comercial. Ejemplos: Microsoft Office, Windows 8.
Freeware	Software gratuito pero no libre. Es software propietario. Ejemplos: Internet Explorer, Adobe Flash Player.
Software libre	Se puede usar, copiar, modificar y redistribuir libremente. Su código fuente está disponible, lo que se conoce como **código abierto**. Ejemplos: LibreOffice, GIMP, Audacity.
Copyleft	Licencia de uso que acompaña al software libre para poder ser modificado y redistribuido.
Licencia GNU/GPL (licencia pública general)	Licencia que acompaña a los paquetes distribuidos por el proyecto GNU. El autor conserva los derecchos y permite la redistribución y modificación bajo la misma licencia.

Intercambio de archivos: redes P2P

Una de las formas más extendidas para obtener software en la red son las llamadas **redes P2P** (redes *peer to peer* o redes entre iguales). Los ordenadores que componen estas redes se comportan como iguales entre sí, actuando a la vez como clientes (solicitantes de información) y servidores (proveedores de información). Esto posibilita el intercambio directo de información entre los equipos que forman parte de la red. Las redes P2P optimizan el ancho de banda de todos los usuarios de la Red, aprovechando la conectividad entre ellos.

La información se trocea y se envía por la red. Los usuarios intercambian esos paquetes de información, que son reconstruidos cuando el usuario ha recibido todos los componentes. Esto posibilita el intercambio de archivos grandes y es una de las características que han popularizado su uso.

Sin embargo, el hecho de que el intercambio de información se produzca de forma directa entre los usuarios ha propiciado que se distribuyan de esta forma aplicaciones cuya difusión no es gratuita, lo que ha generado mucha controversia sobre la legalidad o no del intercambio de contenidos protegidos por la ley de propiedad intelectual y los derechos de autor.

Este extremo merece una reflexión: debemos valorar objetivamente el esfuerzo y el trabajo de los creadores para obtener una obra (software, música, libros, etc.) y el perjuicio causado cuando esa obra es apropiada indebidamente por otros sin satisfacer los derechos de los autores.

En Internet existen gran cantidad de sitios desde los cuales puedes descargar contenidos de forma legal, e incluso, en muchos de ellos, gratuitamente.

Práctica 1. Tu huella en Internet

Todo lo que hacemos en Internet deja rastro, una huella digital que habla de ti. Esa información es tu identidad digital; es tu deber cuidarla y las leyes te protegen para ese fin.

Ejercicio 1. Conocer tu IP en Internet

Hemos visto que cada vez que nos conectamos a Internet nos identificamos a través de una dirección única asignada a nuestro ordenador, llamada *dirección IP.* Vamos a ver qué fácil es conocer la IP que tenemos asignada.

1. Abre un navegador y entra en *www.google.es*. Escribe la búsqueda "conocer nuestra IP pública".
2. Entra en cualquier enlace, busca la dirección IP con la que estás navegando y apúntala (será algo similar a la figura 1).
3. Repite la operación entrando en otro enlace y comprueba que detecta la misma IP.

Algunos sitios, además de la IP, detectan otras informaciones, como puedes comprobar en la figura 1.

Fig. 1

Ejercicio 2. Conocer el navegador para protegerte

1. Abre cualquier navegador. Pulsa la combinación de teclas **Shift + Ctrl + Supr**. Se abrirá una ventana en la que podrás borrar tus datos de navegación (figuras 2 y 3).
2. Pulsando el botón **Eliminar** podrás borrar todo lo que hayas seleccionado. Sin embargo, habrá términos que no entiendas.
3. Haz clic en "Acerca de la eliminación del historial de exploración" si tienes Internet Explorer (figura 2) o en la opción correspondiente de otros navegadores. Se abrirá una web en la que explican qué son las cookies, los formularios, etc.
4. En un documento de texto, haz una tabla como la siguiente y complétala con el significado de los términos que encuentres.

Historial de exploración	Explicación
Cookies	Información que los sitios almacenan en el ordenador para recordar tus preferencias, como qué páginas has visitado, qué te gusta, qué sueles hacer o tu ubicación.
Datos de formularios	
Historial	
Historial de descargas	

NO ESCRIBIR AQUÍ

5. A continuación busca información en Internet y contesta a la siguiente pregunta en el documento: ¿qué es la navegación privada?
6. No olvides que los móviles también tienen un navegador: cuando navegues con el móvil, revisa los ajustes de privacidad.

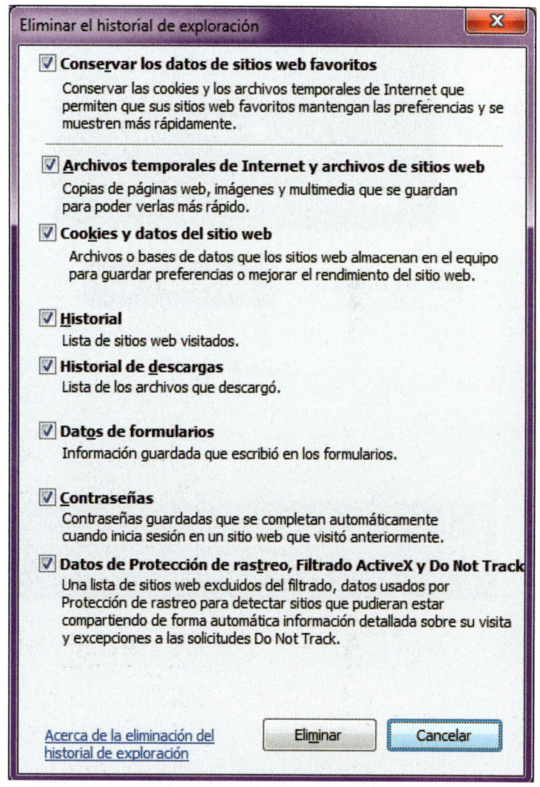

Fig. 2. Ajustes de privacidad en Internet Explorer.

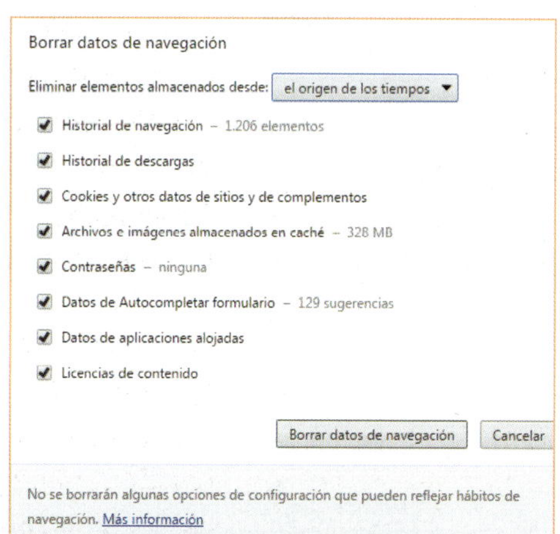

Fig. 3. Ajustes de privacidad en Google Chrome.

Ejercicio 3. Cuidar tu información

1. La mayor huella que puedes dejar es la que tú subes a Internet. Desarrolla esta afirmación en el documento con tu opinión.
2. Guarda el archivo como **P1_nombreapellido**.

Práctica 2. Hablar del ciberbullying es combatirlo

Prezi

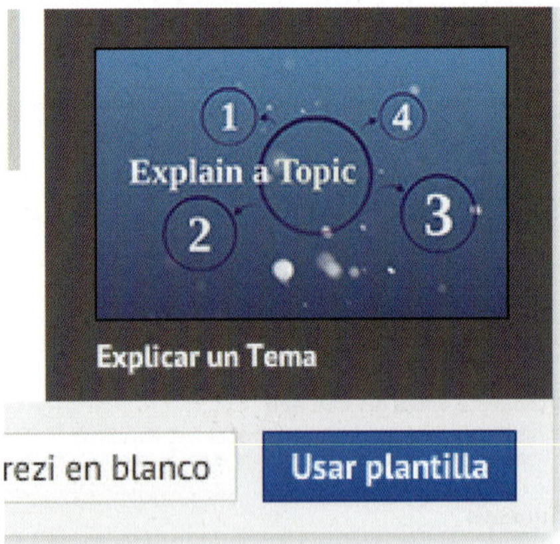

Fig. 4

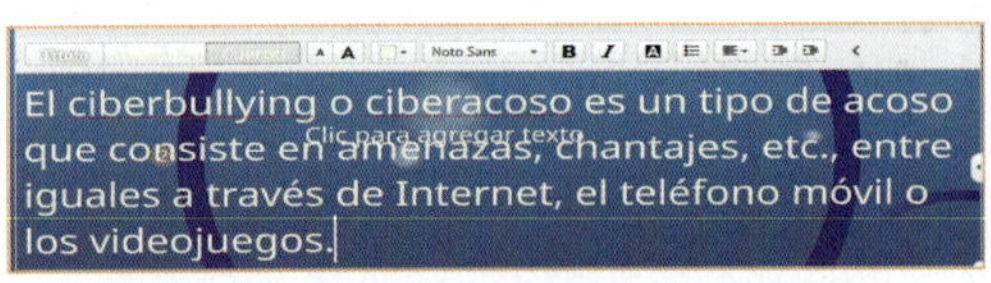

Fig. 5

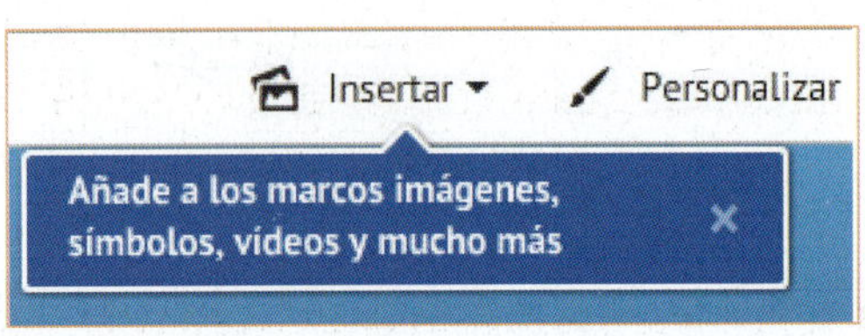

Para hacer esta práctica deberás tener el consentimiento de tus padres o tutores legales.

Vamos a elaborar con **Prezi** una presentación titulada "Combatir el ciberbullying". Prezi es una herramienta online para crear presentaciones. El único requisito es que te registres.

1. Entra en *prezi.com* y pulsa el botón **Entra** o **Comienza**, según si estás ya registrado o no. Si no lo estás, date de alta en Prezi Public (opción gratuita). Una vez que te encuentres en la pantalla principal, selecciona **Crea tu primer Prezi**.
2. Elige una plantilla similar a la de la figura 4 (que se llama "Explicar un tema") y pulsa **Usar plantilla**. Se abrirá el escritorio de trabajo con la plantilla que te mostrará algunas indicaciones de cómo usar Prezi.
3. Sitúate en la primera diapositiva y agrega el título "Combatir el ciberbullying".
4. Ve a la segunda diapositiva y escribe: "El ciberbullying o ciberacoso es un tipo de acoso que consiste en amenazas, chantajes, etc., entre iguales a través de Internet, el teléfono móvil o los videojuegos".
5. Vamos a insertar una imagen. Para ello, despliega **Insertar** y elige **Imagen**. Selecciona una imagen que encuentres en Internet y que se parezca a la de la figura 5.
6. Ve insertando imágenes o texto en cada una de las diapositivas, hasta completar las que vengan en la plantilla por defecto. Tu presentación debe contener información sobre los siguientes puntos, que debes desarrollar:
   - Caso Jokin (2004)
   - Gravedad de las consecuencias del ciberacoso, su alta prevalencia
   - Dificultad para detectarlo
7. A continuación, inserta el vídeo sobre ciberbullying que tienes en la web *pantallasamigas.net*, copiando su enlace.
8. La última diapositiva debe contener el siguiente texto: "Acabemos con el ciberbullying. Si lo sufres, denúncialo. Si ves que alguien lo sufre, denúncialo. Tu solidaridad es imprescindible".
9. Por último, vamos a definir la ruta u orden en que se van a mostrar los objetos o diapositivas del escritorio de trabajo. Pulsa **Editar ruta** (abajo a la izquierda) y ve moviendo las rutas numeradas para ponerlas en el orden deseado.
10. Comprueba cómo queda tu presentación pulsando **Presentar**.
11. Guarda tu presentación, sal de la pantalla de edición pulsando **Salir** y, sin salir de Prezi, pulsa **Descargar** para guardar una copia en tu carpeta local con el nombre **P2_nombreapellido.zip**.

Práctica 3. Póster de seguridad: "Amenazas y soluciones"

Abre un programa de presentaciones (PowerPoint o Impress) y, poniendo en práctica lo aprendido en la unidad 2, elabora un póster similar al que aquí te mostramos. Guarda el archivo como **P3_nombreapellido**.

AMENAZAS

- La **suplantación de la identidad**.
- El **phishing**. Es un delito informático de estafa que consiste en adquirir información de un usuario (datos bancarios, claves, etc.) a través de técnicas de engaño para usarla de forma fraudulenta.
- La **pérdida de nuestra intimidad**.
- El **perjuicio a nuestra identidad o imagen**.
- El ciberbullying o ciberacoso. Es un tipo de acoso que consiste en amenazas, chantajes, etc., entre iguales a través de Internet, el teléfono móvil o los videojuegos.

- **Virus y troyanos**

Son programas que se instalan en el ordenador sin el permiso del usuario con el objetivo de causar daños. Pueden autorreplicarse e infectar a otros ordenadores. Se instalan en el sistema al abrir el archivo que los contiene.

- **Spyware o software espía**

Es el software que trata de obtener datos de los usuarios. No todos los programas espía son malintencionados.

- **Piratas informáticos** (*black hackers*)

Son delincuentes expertos informáticos que intentan atentar contra la seguridad de sistemas en la Red y lucrarse con ello.

SOLUCIONES

A LA PERSONA

Nuestra actitud, la mejor protección

AL ORDENADOR

Antivirus. Un antivirus es un programa que protege del ataque de virus, troyanos y gusanos.

Cortafuegos o firewall. Se trata de un sistema de defensa que controla y filtra el tráfico de entrada y salida a una red, a través de los puertos de nuestro ordenador. Nos muestra alertas para pedir confirmación de cualquier programa que utilice la conexión a Internet.

Hacking ético (*white hacking*). Es la actividad de quienes ayudan a personas y empresas a saber cuál es su nivel de seguridad frente a los hackers maliciosos.

Criptografía. Es el cifrado de información para proteger archivos, comunicaciones y claves.

Contraseñas. Pueden ayudar a proteger la seguridad en un archivo, una carpeta o un ordenador dentro de una red local o en Internet. El nivel de seguridad será distinto en nuestra clave de usuario del ordenador que en un router Wi-Fi, por ejemplo.

Práctica 4. Exponer con Padlet: "¡Atacan mi ordenador!"

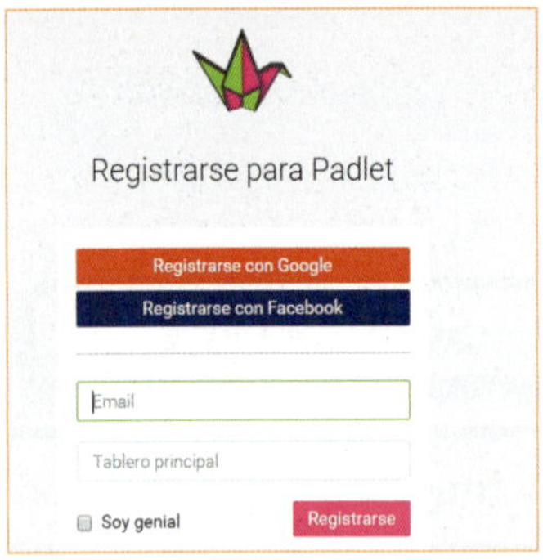

Fig. 6

Fig. 7

Fig. 8

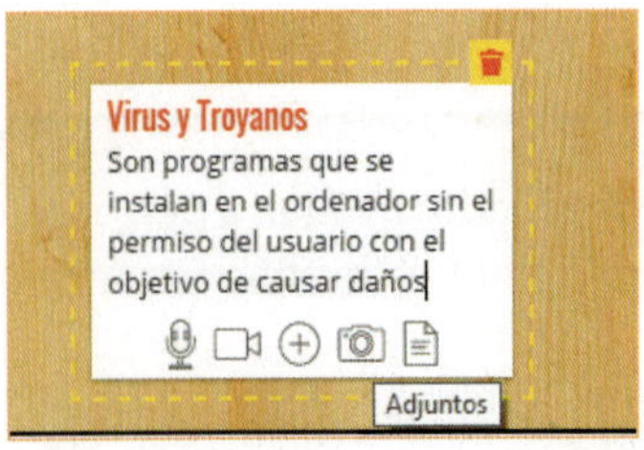

Fig. 9

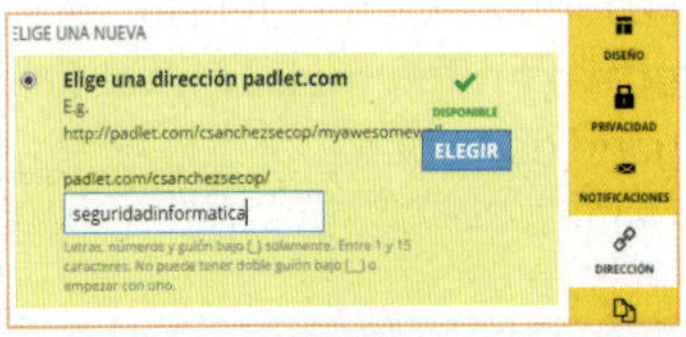

Fig. 10

Para hacer esta práctica deberás tener consentimiento de tus padres o tutores legales.

En esta práctica vas a utilizar Padlet para explicar a tus compañeros qué amenazas de Internet pueden atacar tu ordenador. Necesitarás las imágenes guardadas en el CD virtual (carpeta de la unidad 4).

1. Abre el navegador y accede a Padlet en la dirección *es.padlet.com*. Haz clic en **Registrarse** y regístrate con tu cuenta de Gmail (figura 6). Si no tienes cuenta de Gmail, puedes crearte una cuenta de Padlet.
2. Una vez registrado, aparece una pantalla en blanco con una barra de herramientas a la derecha.
3. Haz clic en el icono **Configuración** y, en la pestaña **Información básica**, elige una imagen para el retrato. Escribe como título "¡Atacan mi ordenador!" y como descripción teclea "Amenazas a los equipos en Internet" (figura 8).
4. A continuación ve a la pestaña **Papel tapiz** y elige **Wood**.
5. En la pestaña **Diseño**, selecciona **Forma libre**.
6. Ahora haz doble clic en el papel tapiz de la pantalla, para empezar a publicar entradas. Como título de la primera entrada escribe "Virus y troyanos" y copia la información que aparece en el apartado "Conoce" de esta unidad acerca de los virus y troyanos (figura 9). Haz clic en el icono de la **cámara de fotos** y sube la imagen **P4_Virus.jpg** del CD virtual.
7. Repite el proceso con la información y las imágenes relativas al spyware y a los piratas informáticos.
8. Crea ahora otra entrada para incluir un vídeo de seguridad en Internet. Teclea como título de esta entrada "Vídeos de seguridad" y como descripción "Virus". Haz clic en el icono de la **cámara de vídeo** y pega la dirección del vídeo que encontrarás en el archivo de texto **P4_Direcciones_videos_seguridad** del CD virtual.
9. Haz la misma operación para incluir el vídeo de software espía.
10. Haz clic en la pestaña **Dirección** y modifica la dirección de tu padlet. Teclea como dirección "seguridadinformática" (figura 10). Abre una nueva pestaña en el navegador y teclea la dirección completa para ver el resultado.
11. En la barra de herramientas selecciona **Compartir** / **Exportar** (figura 7). Observa que puedes enviar tu padlet por correo, insertarlo en un sitio web o exportarlo a un archivo PDF, entre otras opciones.
12. Elige la opción **Trasladar** y copia el código QR generado. Escanea el código con un lector de códigos para ver el resultado. Pégalo en un procesador de texto y guarda el documento como **P4_nombreapellido**.

Práctica 5. Vídeo con PowToon. Tu actitud, la mejor protección

Para hacer esta práctica deberás tener el consentimiento de tus padres o tutores legales.

En esta práctica vas a crear una presentación animada de PowToon para explicar a todos tus compañeros cómo protegerte al navegar por Internet o al utilizar el móvil.

1. Entra en *www.powtoon.com*. Ve a la opción **Crear** y haz clic en **Start from Scratch** (figura 11). Para acceder, es necesario que te registres y crees una cuenta. O puedes acceder con tu cuenta de Gmail.

2. Una vez que hayas accedido, debes elegir uno de los temas o plantillas. Escoge **Picto** y haz clic en **Go**. En el escritorio de PowToon aparecerá una diapositiva vacía. En el menú de la derecha, en **Characters**, elige la imagen de la chica **Stand** y arrástrala sobre la diapositiva.

3. A continuación, en la categoría **Props**, haz clic en **More** y selecciona la imagen de un bocadillo para añadir texto. Arrástralo al lado de la imagen de la chica y ajústalo al tamaño de ella, desplazando el cursor sobre los bordes del bocadillo. En el lateral de la izquierda, abajo, selecciona **Flip** para que el bocadillo se muestre como en un espejo (figura 12).

4. En el lateral derecho selecciona **Text**. Aparece un cuadro para escribir sobre la diapositiva. Teclea "Protégete en Internet". Selecciona tamaño de texto **22** y ajusta el cuadro de texto para que ocupe el espacio del bocadillo (figura 13).

5. Bajo la diapositiva aparecen la línea de tiempo y los elementos de la diapositiva (figura 14). Aumenta la línea de tiempo hasta 16 segundos con el signo +. Selecciona la imagen de la chica y observa las flechas que aparecen. Desplaza la primera flecha a **0,5** segundos y la última a **2** segundos. Para el bocadillo, desplaza la primera flecha a **1** segundo y la última a **2**. Realiza la misma operación con el texto.

6. Del menú **Animation** de la derecha, arrastra sobre la diapositiva la figura **Presenting**. Ajusta las líneas de tiempo y sitúa la primera en **2,5** segundos y la segunda en **11,5** segundos. En el menú de la izquierda, selecciona los efectos de entrada y salida como **Fade** (figura 15).

7. Ve a la categoría **Text** y teclea el punto que te parezca más importante del apartado "Hábitos orientados a la protección de la intimidad y de la persona" (de la parte de teoría de esta unidad).

8. Vuelve a seleccionar **Text** y teclea "En Internet, usa el sentido común". Selecciona tamaño **36**. Elige **Hand Writing** en el icono de efectos de texto y ajusta los tiempos entre **12** y **16** segundos (figura 17).

9. Observa la presentación haciendo clic en el icono **Preview** (figura 18). Complétala con más información y guarda el archivo con el título **Protégete en Internet**.

10. Puedes subir el vídeo a YouTube siguiendo esta ruta: **Tablero de control / Export / Upload to YouTube**. Te llegará un mensaje de correo a tu cuenta de Gmail con el enlace para ver el vídeo en YouTube.

11. Pega el enlace en un documento de texto y guárdalo como **P5_nombreapellido**.

Fig. 11

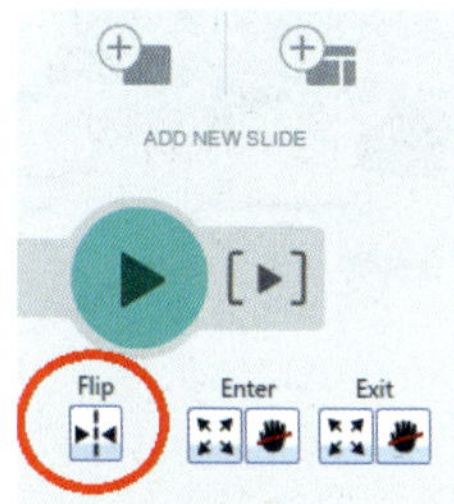

Fig. 12

Fig. 13

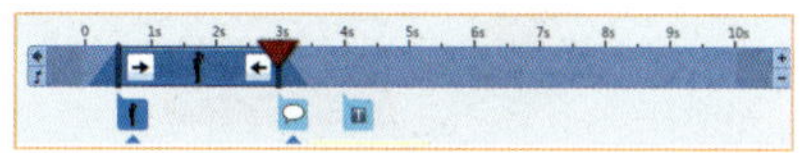

Fig. 14

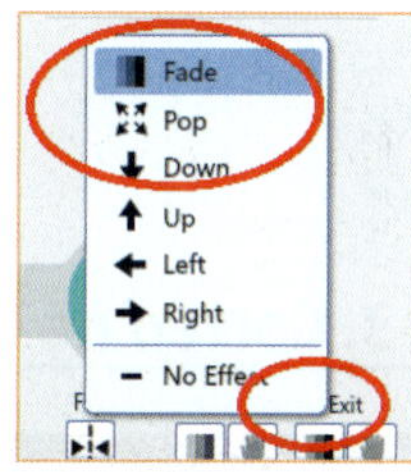

Fig. 15

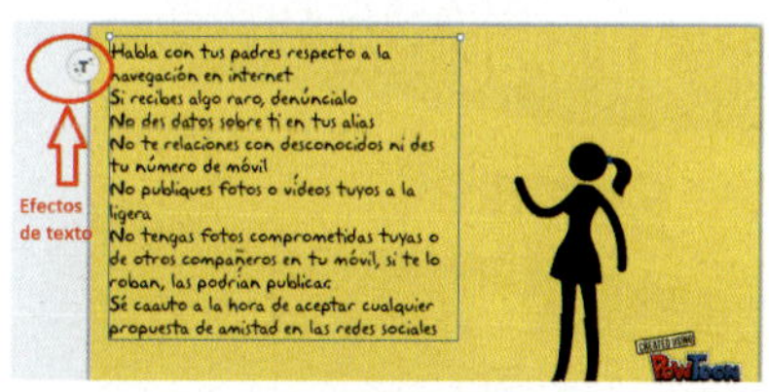

Fig. 16

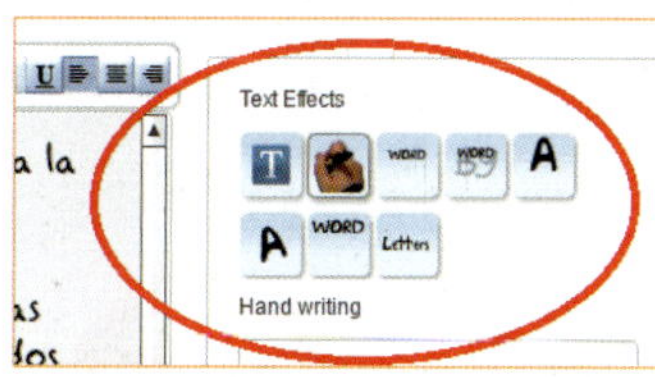

Fig. 17

Fig. 18

Práctica 6. Seguridad en el correo electrónico

Ejercicio 1. Elegir un nombre de usuario apropiado

Cuando elegimos un nombre de usuario al crear una cuenta de correo, debemos tener presente para qué queremos usar ese correo. Puede ser formal (del tipo *nombre.apellido*, o con la inicial del nombre y el apellido entero, por ejemplo), si lo vamos a utilizar en un ámbito académico o profesional; o puede ser más "divertido" o informal si es para los amigos. En cualquier caso, no debes poner nunca un nombre de usuario del tipo Gabriel96, que informa del año en que naciste y permite conocer fácilmente tu edad.

1. Abre en la unidad 4 del CD virtual el archivo **P6_E1_Nombresdeusuario** y contesta las preguntas que se plantean en él.
2. Guarda el archivo como **P6_E1_nombreapellido**.

Ejercicio 2. Edad mínima para crear una cuenta de correo

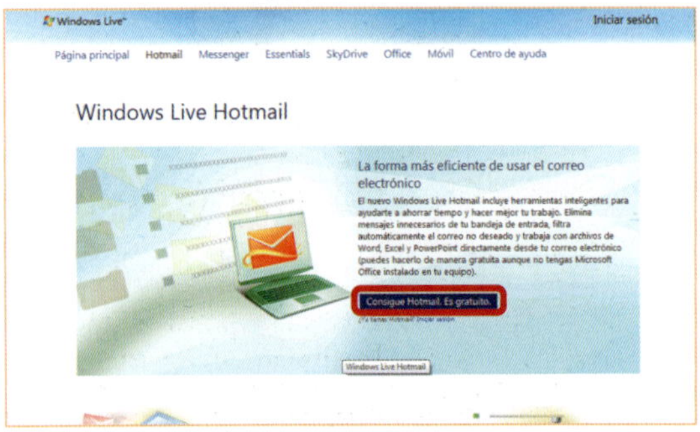

¿Sabes cuál es la edad mínima para poder crear una cuenta de correo? ¿Dónde crees que puedes obtener esa información?

1. Entra en la configuración de Gmail y busca los apartados "Privacidad" y "Condiciones".
2. Busca en esos textos la edad mínima necesaria para poder tener una cuenta. Haz una captura de la pantalla donde la has encontrado, pulsando la tecla **Impr pant** (imprimir pantalla) de tu teclado, pega la imagen en un documento de texto y guarda este archivo como **P6_E2_nombreapellido**.
3. En el mismo documento, redacta un breve comentario sobre lo fácil o difícil que resulta encontrar esta información.

Ejercicio 3. Correo no deseado (spam) y cadenas de falsos rumores (hoaxes)

Con frecuencia recibimos en nuestro ordenador o dispositivo móvil dos tipos de mensajes maliciosos: el correo no deseado (spam) y las cadenas de falsos rumores (hoaxes). Para combatir el spam, los proveedores de cuentas de correo (Gmail, Hotmail, Yahoo!, etc.) disponen de sistemas que permiten evitarlo. Los antivirus también suelen incorporar filtros antispam. El problema de los hoaxes es que normalmente provienen de direcciones de correo conocidas, con lo cual los filtros anteriores se muestran ineficaces, ya que se trata de remitentes válidos. Para tratar de evitar esta tendencia, existen páginas en Internet que recopilan información de estos rumores y a las que es recomendable acudir antes de reenviar un mensaje "solidario" a todos los contactos de nuestra libreta de direcciones.

1. Entra en tu cuenta de Gmail e investiga dónde se guarda el spam. Haz una captura de pantalla en que se vea, pega la imagen en un documento de texto y guarda este archivo como **P6_E3_nombreapellido**.
2. En este mismo documento, explica si alguna vez te ha llegado un hoax al ordenador o al móvil.

Práctica 7. Seguridad en YouTube

YouTube es un sitio web que permite a los usuarios compartir vídeos digitales a través de Internet. Actualmente es propiedad de Google.

Para colgar un vídeo en YouTube es necesario crearse una cuenta gratuita. La edad mínima para hacerlo es de 14 años. Si intentas crear una cuenta con una fecha de nacimiento correspondiente a una edad menor, aparecerá el siguiente mensaje de error: "Lo sentimos. Según la información que nos has proporcionado, no te puedes registrar en YouTube.com".

1. Entra en *www.youtube.com*.
2. Busca las **condiciones del servicio** y la **política de privacidad** e intenta encontrar en estos documentos la edad mínima necesaria. Si lo consigues, captura la pantalla con la tecla **Impr pant**, pega la imagen en un documento de texto y guarda este archivo como **P7_nombreapellido**.
3. En el mismo documento, redacta un breve comentario sobre lo fácil o difícil que resulta encontrar esta información.
4. En la política de privacidad intenta entender qué datos personales puede recoger Google y cómo puede utilizarlos. ¿Te es fácil entender esta información? ¿Crees que con la edad mínima de registro se es capaz de decidir acerca de esos datos?
5. Busca el apartado **Normas de la comunidad YouTube**. Lee el apartado **Respeta la comunidad de YouTube**. Haz una captura de la pantalla y pégala en el mismo documento del texto.

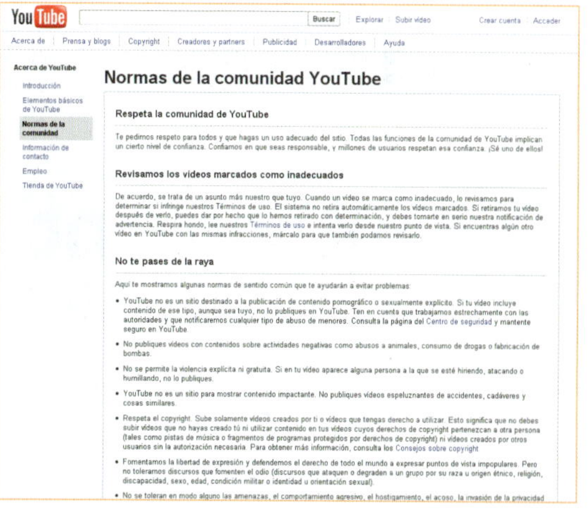

Restricciones de edad en Cuentas de Google

A continuación, presentamos los requisitos de edad mínima para poder tener una cuenta de Google:

- **Estados Unidos:** 13 años o más
- **España:** 14 años o más
- **Corea del Sur:** 14 años o más
- **Países Bajos:** 16 años o más
- **Otros países:** 13 años o más

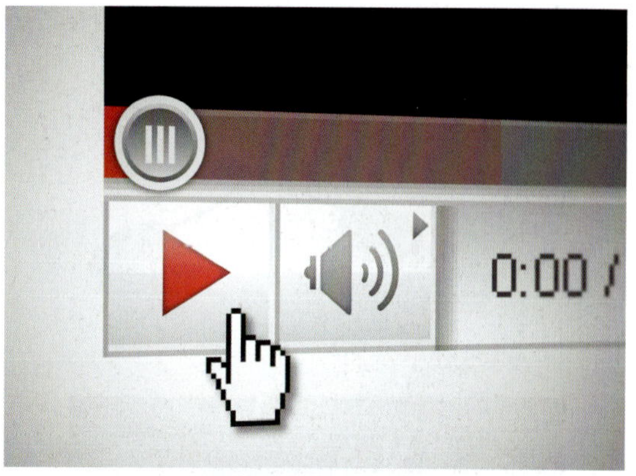

6. ¿Crees que puedes subir imágenes de otras personas sin su consentimiento? Redacta un comentario sobre las consecuencias que puede tener el difundir imágenes de otras personas.
7. ¿Has pensado alguna vez que existe información que no se ve a simple vista pero que puede ayudar a identificar a una persona? Por ejemplo: nombres de calles, nombres de centros de estudios, uniformes de colegios o de equipos de fútbol... ¿Piensas que esa información puede llegar a manos de personas que podrían hacer un mal uso de ella?
8. ¿Cuánto tiempo crees que puede estar colgado un vídeo en YouTube? ¿Qué pasa si una persona sube un vídeo a su cuenta con nuestro consentimiento y dentro de unos años nos damos cuenta de que es inapropiado?
9. Haz un comentario sobre YouTube y los derechos de autor. Recoge todas tus respuestas en el mismo documento y guárdalo de nuevo.

Práctica 8. Seguridad en las redes P2P

Las redes P2P (redes *peer to peer* o redes entre iguales), como ya hemos visto, permiten el intercambio de información entre los equipos que las forman y posibilitan la descarga de archivos puestos a nuestra disposición por otros usuarios.

Para acceder a las redes P2P, debemos instalar un programa que conecte nuestro ordenador con los otros para el intercambio de los archivos. Este intercambio puede presentar distintos riesgos que debemos tener presentes antes de realizarlo.

Contesta a las siguientes preguntas en un documento de texto:

ARESGALAXY™ GESTOR DE DESCARGAS P2P

BitTorrent™

1. ¿Cuántos programas de intercambio de archivos conoces? ¿Has utilizado alguna vez uno de ellos? ¿Para qué?
2. Si instalas un programa para utilizar redes P2P, estás permitiendo a otras personas que accedan a tu ordenador. ¿Cuántas personas crees que pueden conectarse a la vez a través de un programa de intercambio de archivos?
3. Ya que otras personas acceden a tu ordenador personal, es necesario conocer muy bien los programas y tener mucho cuidado para saber qué estás compartiendo. En los ordenadores de casa puede haber datos bancarios, de salud, de la declaración de la renta..., así como otras cosas personales. Así, pues, es fundamental compartir sólo una carpeta y tener cuidado de no compartir todo el disco duro. ¿Has pensado alguna vez que usando este tipo de programas puedes permitir que otros usuarios accedan a archivos privados tuyos o compartir carpetas que no querías compartir?
4. Los archivos que descargas no siempre son lo que tú te esperas. Incluso a veces hay contenidos que pueden resultar molestos u ofensivos. ¿Sabes qué tienes que hacer si te ves en esta situación?
5. A veces, las descargas están infectadas con virus, spyware o adware. Es importante tener actualizado el antivirus y antispyware, así como el firewall activado, antes de comenzar a participar en una red P2P. También es necesario eliminar todos los programas que el antivirus detecte como amenazas y escanear los archivos descargados para comprobar si contienen malware o no. ¿Quién crees que contamina los archivos de descarga con spyware o adware? ¿Con qué finalidad?

6. Algunos programas de descarga permanecen activos aunque se cierre la ventana del programa; no se corta la conexión a la red y ésta permanece activa de forma que otros usuarios puedan copiar archivos en cualquier momento. Para evitar esta situación, conviene configurar el programa de uso compartido para evitar que se abra automáticamente cuando encendemos el ordenador. ¿Qué más podemos hacer?
7. ¿Estás de acuerdo en que debemos valorar objetivamente el esfuerzo y el trabajo de los creadores para obtener una obra (software, música, libros, etc.) y el perjuicio causado cuando esa obra es apropiada indebidamente por otros sin satisfacer los derechos de los autores? Realiza una pequeña reflexión sobre ello.
8. Cuando hayas respondido todas las preguntas, guarda el archivo como **P8_nombreapellido**.

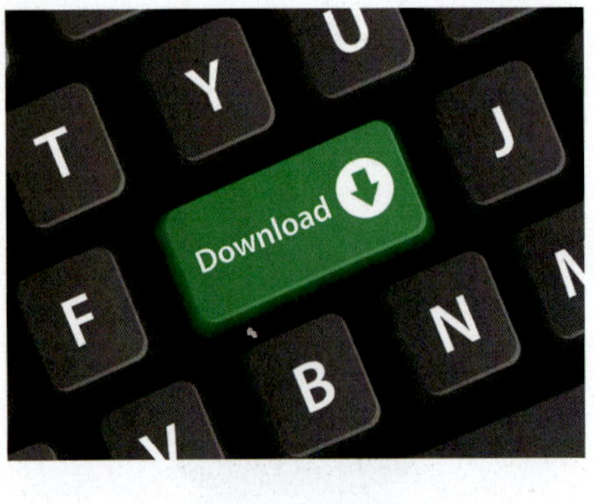

Práctica 9. Comprobar la seguridad de un equipo

Vamos a aprender a comprobar los elementos de seguridad para nuestro ordenador.

Crea en un procesador de texto una tabla como la mostrada a continuación y luego sigue las indicaciones sobre cada uno de sus elementos:

	Elemento	Estado	Comentarios
1	Antivirus		
2	Actualizaciones		
3	Cortafuegos		
4	Windows Defender		
5	Red		
6	Navegador		

NO ESCRIBIR AQUÍ

1. **Antivirus.** Comprueba que el ordenador dispone de antivirus. Para ello, localiza su carpeta en **Inicio / Todos los programas**. Si hay antivirus, escribe "Instalado" en la columna **Estado**, y en **Comentarios** pon "Última fecha de actualización:". Para conocer esta fecha, accede al panel de control del antivirus desde su icono en la barra de estado y busca el dato; luego añádelo en la columna. Si no hay antivirus, escribe "No instalado" en **Estado**, y en **Comentarios** pon "Instalar antivirus".

2. **Actualizaciones.** Verifica que el equipo tiene configuradas las actualizaciones automáticas del sistema operativo. Para ello, accede al **centro de seguridad** desde el panel de control. Indica en **Estado** si están activas las actualizaciones y en **Comentarios** el tipo de configuración ("Notificar", "Descargar y notificar", etc.).

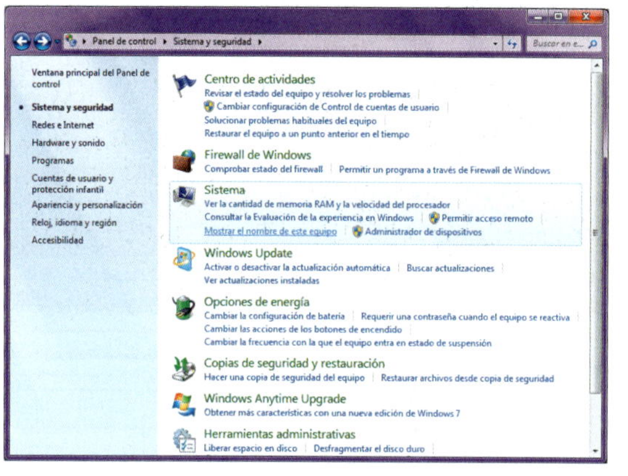

3. **Cortafuegos.** Desde el mismo **centro de seguridad** puedes acceder a la configuración del firewall para comprobar que esté activo. Indica en **Estado** si lo está o no y en **Comentarios** las excepciones establecidas.

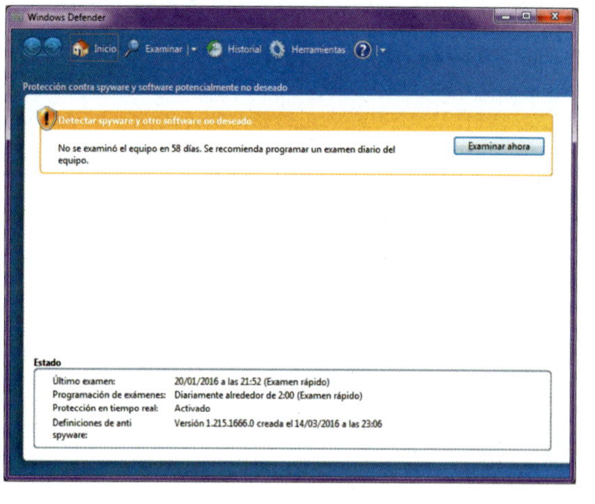

4. **Windows Defender.** Comprueba que esta utilidad está instalada. Para ello, localiza su icono en **Inicio / Todos los programas**. Indica en **Estado** si está activo o no y en **Comentarios** las fechas de actualización y la de la última revisión. Si no está instalado, apunta en **Comentarios** "Instalar".

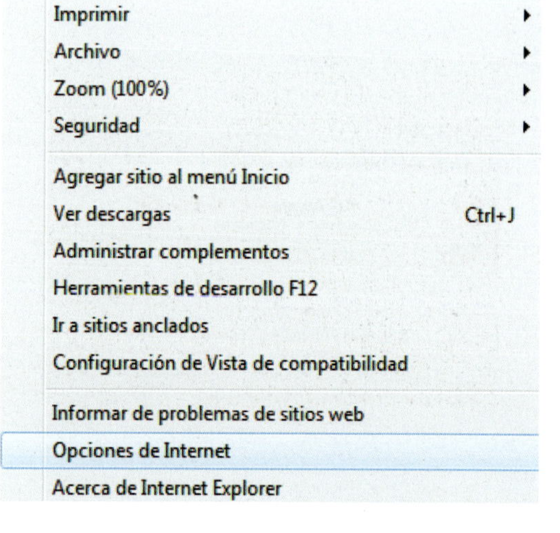

5. **Red.** Comprueba las carpetas compartidas de tu equipo. Para ello, busca tu equipo en **Redes e Internet** y comprueba las carpetas listadas. Apunta las carpetas en **Comentarios** y verifica sus permisos.

6. **Navegador.** Accede a **Herramientas / Opciones** y comprueba la información sobre seguridad y privacidad. Apunta en la columna **Comentarios** la configuración del uso de cookies, contraseñas, instalación de componentes, etc.

Cuando hayas completado la tabla, guarda el archivo como **P9_nombreapellido**.

Práctica 10. Software de protección

Ejercicio 1. Antivirus gratuito

Si no tienes un programa antivirus instalado en tu ordenador, puedes optar por utilizar uno gratuito para uso doméstico como **Avast!**, **Avira**, **Bitdefender**, etc. En esta práctica descargaremos e instalaremos el antivirus Avast! en español.

1. Entra en *www.avast.com/es-ww/free-antivirus-download*.
2. Descarga la última versión disponible del programa.
3. Una vez descargado, haz doble clic sobre el archivo para iniciar la instalación y sigue los pasos indicados por el asistente. Para poder instalarlo, debes cumplir los términos de la licencia indicados por el fabricante. Finalizada la instalación, te pregunta si quieres que, una vez reiniciado el equipo, se lleve a cabo una búsqueda inicial de virus en el sistema. Es recomendable indicar que sí, para asegurarnos de que no hay ningún virus en nuestro equipo (este proceso se realizará durante el reinicio y su tiempo estimado es de unos 10 minutos).
4. Haz una captura de pantalla del asistente de instalación y pégalo en un documento de texto. Guarda el archivo como **P10_nombreapellido**.

Ejercicio 2. Windows Defender

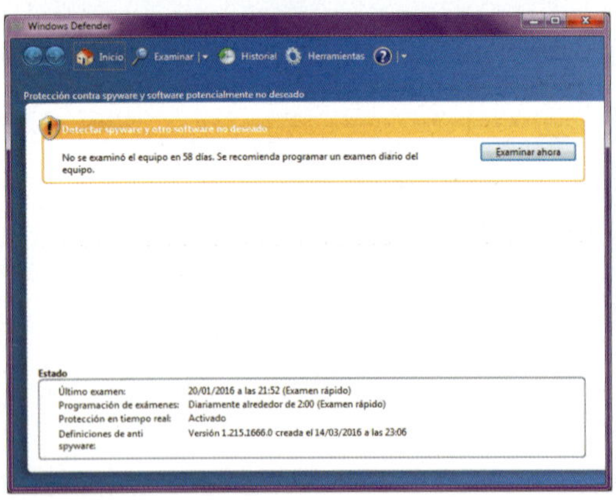

Además de los programas antivirus, existe software específico para la detección y eliminación de otras clases de software malintencionado.

1. Para abrir **Windows Defender**, haz clic en el botón **Inicio**. En el cuadro de búsqueda, escribe **Defender** y pulsa **Intro**.
2. Haz clic en **Examinar ahora** para ver si tu equipo está protegido contra el software malintencionado.
3. Una vez completado el examen, haz una captura de pantalla de los resultados y guárdala en el documento de texto del ejercicio 1.

Ejercicio 3. Antispyware: Lavasoft Ad-Aware

1. Entra en *www.adaware.es*. Pulsa **Descargar** y sigue las instrucciones para obtener la versión gratuita de esta herramienta.
2. Finalizada la descarga, ejecuta el archivo para comenzar la instalación. Selecciona el idioma y sigue los pasos del asistente. Pulsa **Finalizar** para completar la instalación y automáticamente se abrirá una ventana de descarga de actualizaciones de Ad-Aware. Una vez acabado este proceso, se reiniciará el equipo para hacer efectivos los cambios.
3. Tras reiniciarse el sistema, abre el programa Ad-Aware haciendo doble clic sobre el icono de la barra de tareas y selecciona la opción **Analizar sistema**. Si se detecta alguna incidencia, sigue las recomendaciones indicadas por la herramienta para solucionar la infección.
4. Una vez completado el examen, haz una captura de pantalla de los resultados y guárdala en el mismo documento de texto.

Práctica 11. Proteger contenidos

Para proteger contenidos cuando subimos un archivo a la Red (por ejemplo, a un blog), tenemos la opción de utilizar contraseñas.

Ejercicio 1. Comprimir con contraseña

1. Si no tienes un compresor de archivos, puedes obtener uno entrando en *www.winrar.es/descargas*. Consulta las condiciones de licencia. Una vez descargado el programa, haz doble clic sobre el archivo para comenzar la instalación y sigue los pasos del asistente hasta finalizar.
2. Crea una carpeta que se llame **P8_nombreapellido** y guarda un archivo cualquiera dentro de ella. A continuación, abre el explorador de archivos y sitúate en un nivel superior a la carpeta creada, que es el directorio que quieres proteger. Haz clic sobre la carpeta con el botón derecho y elige la opción **Añadir al archivo...** En la solapa **Avanzado**, pulsa el botón **Establecer contraseña**.
3. Pulsa **Aceptar** para generar un archivo comprimido (RAR) con todo el contenido del directorio. Una vez hecho esto, puedes borrar el directorio que has comprimido.
4. A partir de este momento, cuando hagamos doble clic sobre el archivo RAR, antes de mostrarnos el contenido nos solicitará la contraseña que hemos establecido.

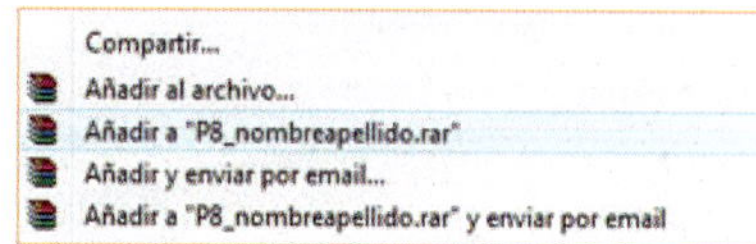

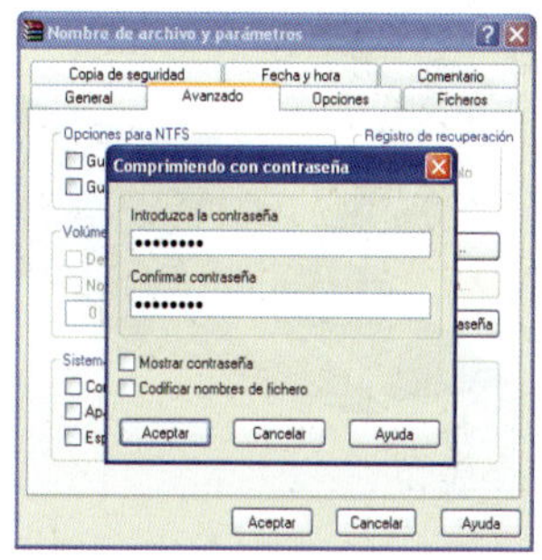

Ejercicio 2. Contraseñas en procesadores de texto

Prácticamente todos los programas que puedes utilizar en tu ordenador ofrecen dentro de sus herramientas de seguridad la opción de proteger archivos con contraseña. Veamos dos ejemplos:

Microsoft Word

1. Abre un documento. Ve a **Archivo** / **Información** / **Permisos** y haz clic en **Proteger el documento**. Selecciona **Cifrar con contraseña**.
2. Escribe la contraseña "Estrella" en el cuadro **Cifrar documento** que aparece. Luego haz clic en **Aceptar**.
3. Escribe de nuevo la contraseña y haz clic en **Aceptar**.

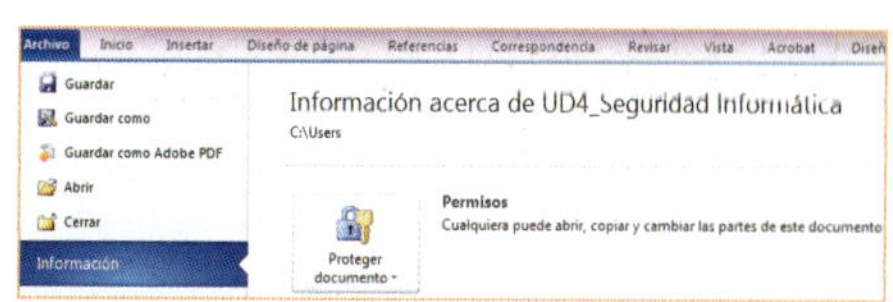

LibreOffice Writer

1. Abre un documento. Ve a **Archivo** / **Guardar como**.
2. Activa la opción **Guardar** con contraseña y haz clic en **Guardar**.
3. Escribe la contraseña "Estrella" y la confirmación de contraseña, y haz clic en **Aceptar**.

Guarda los archivos en la carpeta **P11_nombreapellido** y después prueba a abrirlos.

Práctica 12. Protocolos seguros. Evitar el fraude en el comercio electrónico

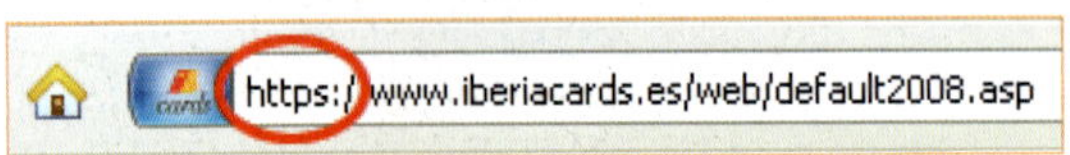

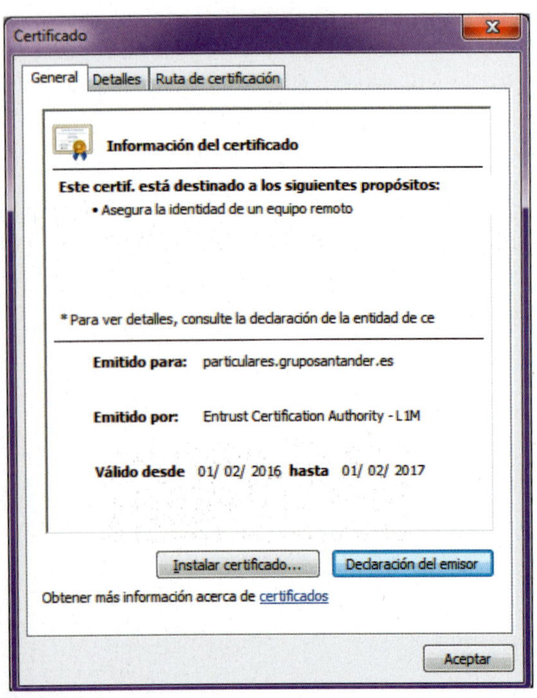

El **comercio electrónico** permite la compra y la venta de productos y servicios entre empresas y particulares a través de Internet. El pago se puede realizar mediante tarjetas o cuantas bancarias, por lo que es necesario disponer de herramientas que garanticen la seguridad en la transacción.

En Internet podemos encontrar páginas que utilizan una conexión segura: emplean un protocolo criptográfico seguro, llamado **HTTPS** (*hypertext transfer protocol secure*). El cifrado de estas páginas se basa en certificados de seguridad SSL (*secure sockets layer*), creando un canal codificado que no puede ser interpretado en el caso de que alguien intercepte la conexión. Además de utilizarse en el comercio electrónico, se usa en entidades bancarias y cualquier tipo de servicio que requiera el envío de datos personales o contraseñas.

1. Accede a la web de una entidad bancaria. Vamos a comprobar que la página tiene una conexión segura.
2. Observa que la dirección de la página web empieza por **https** en lugar de por *http*. En función de la versión del navegador y del tipo de certificado de seguridad, puede aparecer también la barra de direcciones en otro color para indicar conexión segura (a veces no aparece directamente en la página principal sino en la de acceso para clientes).
3. Busca en la barra de herramientas o en la barra de estado un icono con un **candado cerrado**. Haz una captura de la pantalla, pégala en un documento de texto y guarda este archivo como **P12_nombre-apellido**.
4. Haz clic en el icono del candado y accederás a la ventana de identificación del sitio web. Pulsa el botón **Ver certificado** para acceder a la información de dicho sitio web. Aquí puedes consultar información como la entidad emisora del certificado o las fechas de emisión y expiración. Haz una nueva captura de pantalla y pégala en el documento de texto.
5. Finalmente, crea en el mismo archivo una tabla como la mostrada a continuación. Escribe en ella cinco productos que se compran habitualmente por Internet, la web con su URL y, si la web tiene certificado, el nombre del emisor. Tienes un ejemplo en la primera fila.

	Producto	URL	Emisor
1	Viajes	Amazon (*www.amazon.es*)	Symantec Class 3 Secure Server
2			
3			
4			
5			

NO ESCRIBIR AQUÍ

Amplía 1. No quiero ser un phonbie

Entra en *www.protegeles.com* o en *www.thephonbies.com* y busca qué es un phonbie. Después, basándote en la práctica 5, crea con PowToon un vídeo en el que expliques todo lo que has averiguado: qué son los phonbies, cómo te pueden afectar, qué puedes hacer para evitar ser uno de ellos, etc.

Amplía 2. Compartir los problemas: conocerlos, evitarlos

Esta práctica se puede hacer de forma individual y luego ponerla en común o bien, si el profesor comparte un documento con toda la clase a través de Drive, podéis elaborar una presentación común, incluso entrando todos a la vez. Esto permite recopilar mucha información en poco tiempo.

1. Desde tu cuenta de Gmail, haz clic en **Aplicaciones** (en el menú superior derecho) y en el menú emergente selecciona **Drive**.
2. Despliega el menú **Nuevo** y selecciona la opción **Diapositivas de Google**. Se abrirá un documento en una ventana nueva.
3. Escribe en el documento tu nombre y un caso real, que conozcas personalmente, que coincida con el contenido que hemos visto acerca de las amenazas a la persona. En la descripción, no pongas a quién le ha pasado, tanto si eres tú como si es alguien que conoces. Cuando acabes, pulsa **Guardar ahora** y guarda el archivo con el nombre **Compartir los problemas: conocerlos, evitarlos**.
4. Comparte el archivo con tres compañeros usando la opción **Compartir**. Si tu profesor lo cree conveniente, comparte el documento con él.
5. A continuación, ve a tu correo de Gmail y abre un archivo que hayan compartido contigo. Comprueba que puedes escribir en él.

Amplía 3. Criptografía

La criptografía es el cifrado de información para proteger archivos, comunicaciones y claves. Una opción para proteger documentos es utilizar herramientas de encriptación. Esto se puede hacer con el programa **PixelCryptor**, que permite encriptar y desencriptar ficheros utilizando como clave de encriptación una imagen (que es una clave fácil de recordar por nosotros y a la vez difícil de identificar por potenciales intrusos).

PixelCryptor es una herramienta gratuita para uso personal.

Averigua cómo funciona, recoge los resultados en un documento de texto y guarda el archivo como **A3_nombreapellido**.

PixelCryptor
Encryption the easy way

RESUMEN DE LA UNIDAD

- La **seguridad activa** es el conjunto de acciones encaminadas a proteger el ordenador y su contenido (por ejemplo, usar contraseñas seguras, tener actualizado un antivirus, etc.). La **seguridad pasiva** es la que pretende minimizar el impacto de un posible daño informático (por ejemplo, realizar copias de seguridad periódicas).
- Si vamos a utilizar el ordenador en una red, deberemos:
  - **Saber utilizarlo** (no usaremos a la ligera herramientas que no conozcamos, sobre todo en Internet).
  - **Conocer las herramientas de seguridad** de que disponemos (así sabremos si estamos protegidos frente a virus, spam y páginas de contenido indeseado).
  - **Aplicar una serie de normas básicas de seguridad** que rigen nuestra interacción con otros usuarios de la Red.
- Se llama **malware**, **software malicioso** o **software malintencionado** al software elaborado con fines maliciosos, como virus, troyanos, gusanos, spyware, etc.
- Los **virus** y **troyanos** son programas que se instalan en el ordenador sin el permiso del usuario con el objetivo de causar daños.
- El **spyware** o **software** espía es el software que trata de obtener datos de los usuarios.
- El **keylogger** es un tipo de software que se encarga de obtener y memorizar las pulsaciones que se realizan en un teclado.
- Los **piratas informáticos** (*black hackers*) son delincuentes expertos informáticos que intentan atentar contra la seguridad de sistemas.
- Las **cookies** son archivos de texto que se almacenan en el ordenador a través del navegador cuando visitamos una página web, para que esa web los lea en visitas posteriores.
- Un **cortafuegos** o **firewall** es un sistema de defensa que controla y filtra el tráfico de entrada y salida a una red.
- La **criptografía** es el cifrado de información utilizado para proteger archivos, comunicaciones y claves.
- El **phishing** es un delito informático de estafa que consiste en adquirir información de un usuario (datos bancarios, claves, etc.) a través de técnicas de engaño para usarla de forma fraudulenta.
- El **ciberbullying** o **ciberacoso** es un tipo de acoso que consiste en amenazas, chantajes, etc., entre iguales a través de Internet, el teléfono móvil o los videojuegos.
- Cuando usamos Internet, debemos tener presentes nuestra **seguridad** y el **respeto** a los demás. Las leyes nos protegen.
- Además del software de que podamos disponer, debemos tener claro que la mayor protección que podemos tener somos nosotros mismos y los adultos de confianza: padres, profesores y especialistas.
- Usa el sentido común y **no hagas en el ordenador cosas que no harías en tu vida cotidiana**.

EN LA RED: ENLACES DE INTERÉS

www.pantallasamigas.net
Pantallas Amigas es una iniciativa para la promoción del uso seguro y saludable de las nuevas tecnologías y el fomento de la ciudadanía digital responsable en la infancia y la adolescencia.

denuncia-online.org
Web con información para los internautas interesados en los delitos en la Red, con recursos para denunciar las situaciones que detecten o sufran directa o indirectamente.

www.agpd.es
Sitio de la Agencia Española de Protección de Datos, con información referente a todos nuestros derechos en cuanto al tratamiento de nuestros datos personales, tanto en Internet como fuera de la Red.

www.gdt.guardiacivil.es
Web del Grupo de Delitos Telemáticos de la Guardia Civil, con información sobre seguridad en la Red y ayuda para hacer denuncias.

www.osi.es
Web de la Oficina de Seguridad del Internauta, con información y soporte para los problemas que puedan surgir en Internet.

ACTIVIDADES DE REFUERZO

Después de estudiar el tema, realiza en tu cuaderno los siguientes ejercicios:

1. ✦ Define los siguientes conceptos: identidad digital, certificado digital, DNI electrónico.
2. ✦ Explica qué es el fraude en Internet y cómo se puede evitar.
3. ✦ Explica la diferencia entre seguridad activa y seguridad pasiva.
4. ✦ ¿Cuáles son los síntomas de que nuestro ordenador está siendo atacado?
5. ✦ Explica las diferentes medidas de prevención para proteger la máquina que hemos visto en la unidad.
6. ✦✦ Relaciona en tu cuaderno los elementos de estas dos columnas:

Amenaza	Solución
1. Virus	a) Criptografía
2. Troyanos	b) Cortafuegos
3. Piratas informáticos	c) Antivirus
4. Ciberbullyng	d) Contraseñas
5. Software espía	e) Denunciar
6. Pérdida de intimidad	f) Hacking ético
7. Suplantación de identidad	g) Cuidar la privacidad

7. ✦✦ Di si las siguientes afirmaciones sobre seguridad en Internet son verdaderas o falsas y razona tu respuesta:
   a) Se puede publicar una foto de otra persona en Internet sin su consentimiento, siempre que la persona no esté realizando una actividad que pueda perjudicar su imagen.
   b) Si tenemos la webcam apagada, no tenemos que preocuparnos por que nos graben.
   c) Observando una fotografía o un vídeo, a veces es posible extraer más información personal de lo que en un principio parece.
8. ✦✦ Abre en la unidad 4 del CD virtual el archivo **Refuerzo8_repasando.doc** y comprueba tus conocimientos sobre seguridad completando la tabla sin consultar el libro. Después, corrígela y complétala releyendo los contenidos de la unidad. Guarda el archivo como **Refuerzo8_nombreapellido.doc**.

ACTIVIDADES EN INTERNET

Sitios web que te protegen

Existen diferentes portales especializados en la protección de los menores. En cualquiera de ellos encontrarás información específica relativa a la seguridad en Internet, además de muchos temas que pueden interesarte.

1. Abre en la unidad 4 del CD virtual el archivo **Internet1_Sitiosweb.doc** y completa la tabla después de visitar las webs que se indican en ella.
2. Guarda el archivo como **Internet1_nombreapellido.doc**.

Vídeos de seguridad

1. Entra en *www.pantallasamigas.net* (o en *www.youtube.com/user/pantallasamigas*) y visualiza los siguientes vídeos: "Cuida tu imagen on-line", "Netiqueta joven para redes sociales", "Cuidado con la webcam: sus usos positivos y riesgos" y "Sexting: ¡no lo produzcas!".
2. En un procesador de texto, escribe la idea principal que se expone en cada vídeo. Guarda el archivo como **Internet2_nombreapellido.doc**.

5 Internet. Redes sociales

Conoce

1. ¿Qué es Internet?

Internet es una red mundial de ordenadores, descentralizada, que permite que multitud de ordenadores se conecten entre sí mediante una serie de protocolos de comunicación, por medio de cables de cobre, cables de fibra óptica, conexiones inalámbricas y otros medios.

Esta red mundial de ordenadores nos proporciona una serie de servicios variados:

- **Navegación en páginas web** (WWW, World Wide Web), un sistema de documentos o archivos enlazados que se pueden visualizar por medio de un navegador. Es, como sabemos, uno de los servicios más utilizados. Las páginas web suelen contener hipervínculos que nos permiten ir a otras páginas, abrir vídeos, fotos, audios, documentos, etc.

- **Correo electrónico (e-mail)**, que permite el envío de mensajes entre usuarios. Puede ser de dos tipos:

  - **Asíncrono (correo POP)**. Los mensajes recibidos se almacenan en el servidor hasta que nos conectamos, momento en el que podemos descargarlos en nuestro ordenador y no necesitamos estar constantemente conectados para consultarlos. Algunos de los programas más habituales para gestionar de esta forma el correo son Microsoft Outlook y Mozilla Thunderbird.

  - **Síncrono (correo web)**. En este caso, mediante un navegador se accede a una página web en la que se puede consultar el correo siempre on-line (en línea, es decir, con conexión a Internet) sin necesidad de descargarlo en el ordenador. Los más habituales son Gmail, Hotmail, Yahoo!, Terra y Mixmail).

- **Grupos de noticias (*news*), foros, mensajería instantánea (chat), etc.**, que son espacios de debate e intercambio de experiencias. Un **foro** permite a los usuarios compartir información, discutir o mandarse mensajes en torno a un tema propuesto por el moderador o coordinador. Encontramos ejemplos en: *foros.net, todoslosforos.com, forosdelweb.com, forosweb-gratis.com,* etc. Un **chat** es una forma de **mensajería instantánea** que se usa para enviar y recibir mensajes y para mantener conversaciones de voz y videoconferencia en tiempo real.

- **Transferencia de archivos** de forma rápida mediante **FTP** (*file protocol transfer*) e **intercambio de archivos** en las llamadas **redes P2P** (*peer to peer*). En los últimos años han aparecido innumerables programas que nos permiten transferir archivos de gran tamaño, algunos de los cuales se basan en el protocolo **FTP**. Entre los más utilizados destacan: WeTransfer, MediaFire, File Dropper, MyGigaMail, GigaSize, eSnips, etc. Algunas aplicaciones **P2P** que nos permiten intercambiar ficheros son: eMule, Ares, BitTorrent, Kazaa, Pando, Dropbox, etc.

- **Comunicación por medio de voz** (voz sobre IP, VoIP) o de **videoconferencias**. Consiste en la conversión de voz en paquetes de datos bajo el protocolo de Internet IP, para que pueda ser transmitida a través de una red de datos privada o pública (como Internet). La convergencia de datos y voz permite realizar llamadas y videoconferencias gratis entre equipos o dispositivos móviles con programas como Skype, WhatsApp, Line, etc., y también hace posibles las llamadas desde el ordenador a teléfonos fijos o entre teléfonos fijos con aplicaciones como FreeCall, VoipBuster o X-Lite.

- **Radio, televisión y prensa on-line**.

- **Otros**: compras de todo tipo, acceso a las cuentas bancarias, realización de cursos a distancia, búsqueda de trabajo, matriculación en colegios y universidades, etc.

2. Cómo viaja la información por Internet

Navegador

www.bde.com

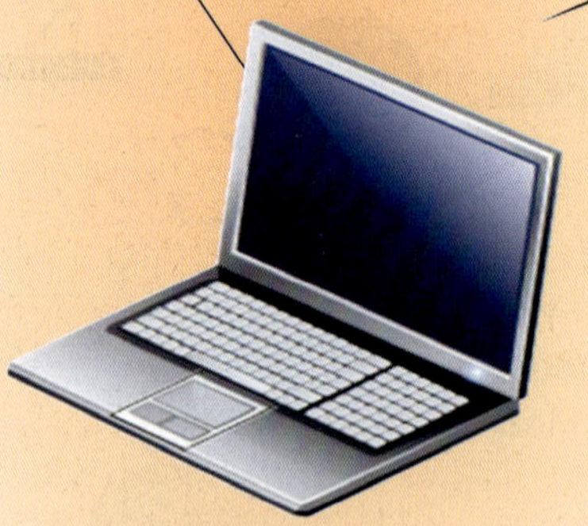

1 **Un usuario escribe una dirección web (dominio) en su navegador.**

El protocolo **HTTP** de comunicación es el protocolo de hipertexto usado en cada transacción de la World Wide Web.

Router

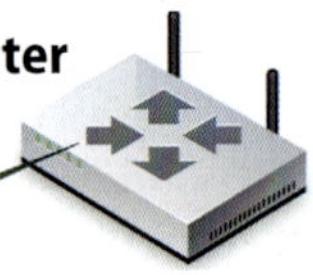

2 **El router envía la solicitud al ISP (*Internet service provider*, proveedor de acceso a Internet).**

El **cliente** envía un encabezado indicando la acción que desea que se efectúe sobre el recurso indicado.

El **servidor** envía un código de respuesta indicando si se puede realizar la transacción o se produce algún error.

Protocolo HTTP

Navegador

www.bde.com

HTML

7 **El navegador web del usuario recibe la información y procesa el HTML para que se muestre como una página web visual.**

HTML es el lenguaje que se emplea para el desarrollo de páginas de Internet. Está compuesto por una serie de etiquetas. El navegador interpreta esas etiquetas y les da forma en la pantalla.

Conoce

ISP: proveedor de acceso a Internet

El **ISP** es la compañía que ofrece acceso a Internet (Movistar, Orange, Vodafone, Jazztel, etc.).

3

La solicitud se enruta a otra máquina, que es el servidor de nombres de dominio (DNS, *domain name system*).

Servidor DNS

El cliente pregunta qué dirección IP tiene el servidor *www.bde.es*.

El servidor DNS responde que tiene la dirección 77.73.203.21.

4

Los servidores de nombres de dominio se encargan de traducir (resolver) los nombres de dominio (por ejemplo, www.bde.es) y obtener sus identificadores binarios asociados (direcciones IP) con objeto de localizar y direccionar estos equipos (77.73.203.21 en el ejemplo).

10010111

11100111

10101010

11001100

11000011

Protocolo TCP/IP

5

El protocolo TCP/IP envía los paquetes de información al servidor de destino, que alberga el sitio web.

El **TCP** (*transmission control protocol*, protocolo de control de transmisión) divide el mensaje en paquetes y en ellos especifica un orden y la dirección del ordenador al que se dirigen (**IP**). Al llegar a su destino, el TCP recibe los paquetes, los ordena de nuevo y revisa que no se haya producido ningún error por el camino. Esto hace que la información no tenga que viajar toda necesariamente por la misma vía, sino que puede dividirse y enviarse por distintos caminos.

Servidor

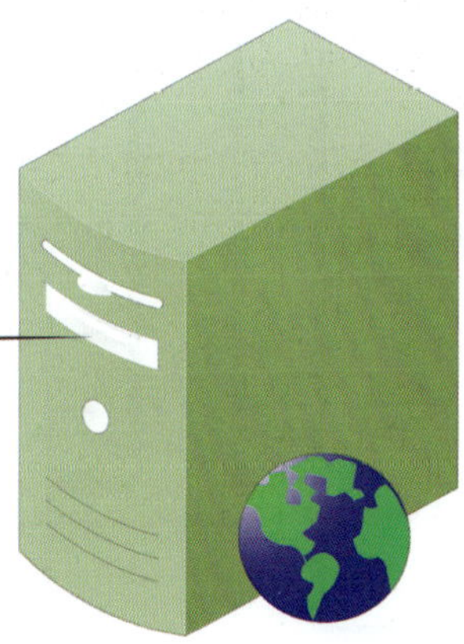

6

El servidor host ejecuta entonces la solicitud y devuelve código HTML en el PC del cliente.

Dirección IP: 77.73.203.21 (*Internet Protocol*)
En Internet, cada ordenador está identificado con una dirección IP única e irrepetible.
El protocolo IP es responsable de dirigir esa información a lo largo de la red.

Para que la información que viaja por Internet pueda ser enviada y recibida por todos los ordenadores del mundo, se crearon una serie de reglas denominadas *protocolos*. El protocolo TCP/IP es un conjunto de protocolos.

3. El mundo electrónico

Internet nos permite acceder a infinidad de recursos y hacer cosas que antes requerían mucho tiempo y desplazamientos. Hoy en día resulta de lo más normal realizar muchas de las siguientes actividades por Internet (en las siguientes páginas haremos ejercicios prácticos con todas ellas):

Comercio electrónico. Es la compraventa de productos o servicios a través de un sistema informático. El pago puede ser contra reembolso, por transferencia, con tarjeta de crédito o a través de PayPal. Conviene usar sistemas de pago seguro, que incluyen confirmación por teléfono móvil.

Administración electrónica. Ofrecen servicios al usuario algunas administraciones públicas, como la Agencia Tributaria, los ministerios o el BOE. Muchas de ellas requieren un certificado o un DNI electrónico.

Formación a distancia. Pueden ser estudios oficiales de la comunidad autónoma o estudios sin reglar. Ejemplos: *educalab.es/intef*, *educared.net*, *www.uned.es*, etc.

Búsqueda de empleo. Existen diferentes páginas o redes sociales que unen a los usuarios con las empresas: *infojobs.net*, *laboris.net*, *linkedin.com*, etc.

Comunicarse. No sólo mediante chats y foros sino también por videoconferencia: Skype, FreeCall, VoipBuster, Google Hangouts, WhatsApp, Line, Telegram, Viber, etc.

Redes sociales. Para relacionarnos: Facebook, Twitter, LinkedIn, Google+, Hi5, MySpace, Ning, Flickr, Instagram, etc.

Servicios multimedia. Podemos escuchar la radio en directo (en webs de emisoras como *cadena100.es*, *los40.com*, etc.), ver programas de televisión (en *rtve.es*, *antena3.com*, etc.), leer la prensa (en *elpais.com*, *elmundo.es*, etc.)...

Descarga e intercambio de información. Podemos intercambiar o descargar información con programas como eMule, Ares, BitTorrent, Kazaa, etc. También podemos enviar archivos por FTP o usar programas como WeTransfer, Dropbox, Drive o Media Fire.

4. Herramientas colaborativas: repositorios de documentos

Los **repositorios de documentos** (o **de archivos**) son sitios web donde se almacenan y se comparten archivos e información digital de prácticamente cualquier tipo.

Por otro lado, tenemos las **suites ofimáticas y aplicaciones on-line**, que nos permiten el acceso a esa información de trabajo y el tratamiento de esos archivos, independientemente de si estamos en el ordenador de casa, en el trabajo o en un cibercafé, ya que podemos utilizarlas sin tenerlas instaladas en nuestro ordenador.

Cada vez es más evidente que nos encaminamos a una realidad en la que los ordenadores no necesitan un disco duro muy grande, sino que los documentos se encuentran subidos en repositorios y en discos duros virtuales en Internet, y en la que para el trabajo colectivo se comparten estos documentos.

Las ventajas de esta forma de trabajo son muchas: evitamos los errores que ocasiona el hecho de tener varias versiones de los documentos (siempre trabajamos sobre la última), todos los miembros de un equipo trabajan a la vez sobre la misma versión, podemos distribuir y publicar fácilmente nuestros documentos, etc.

5. Redes sociales

Una **red social** es una estructura que permite intercambios de distintos tipos (financieros, amistosos, de temas especializados...) entre individuos y se basa en la relación entre los miembros de la red.

Podemos clasificar las redes sociales en dos **tipos**:

- **Horizontales** o **generalistas**: son aquellas de propósito general, como Facebook, Tuenti, MySpace, Twitter o Hi5.
- **Verticales** o **especializadas**: son aquellas en que se agrupan personas que tienen un propósito determinado:
    - Perfiles profesionales: por ejemplo, LinkedIn o Xing.
    - Educativas: por ejemplo, Ning o EducaRed.
    - Para menores: por ejemplo, Mi Cueva.

Marcadores sociales

Una **etiqueta** es una palabra clave que se asocia a un elemento (una fotografía, un vídeo, una página web, una canción, etc.) para describirlo, de forma que resulte más fácil para cualquier persona encontrar esa información.

Los **marcadores sociales** son una forma de etiquetar, almacenar, compartir y buscar enlaces de páginas interesantes relativas a un tema. Nos permiten, por tanto, gestionar los sitios web, recursos o contenidos que nos han parecido interesantes desde cualquier ordenador, e incluso compartirlos con grupos de personas.

6. Ejemplos de repositorios de documentos

Dos buenas páginas que mantienen actualizados los cientos de programas que van surgiendo son *www.softonic.com* y *www.softpedia.com*.

Imágenes

Google Fotos (antes Picasa) permite el inventariado de todos los archivos gráficos de los ordenadores y dispositivos móviles, así como su clasificación y ordenación, e incluye además herramientas de edición y retoque fotográfico. Instalado en dispositivos móviles, permite la sincronización de las fotos que se vayan realizando.

Flickr nos permite alojar fotografías, compartirlas con otras personas, incorporarnos a grupos por temas, hacer contactos y amigos, escribir comentarios sobre las fotografías... Tiene algunas herramientas técnicas que permiten editar fotografías en línea y también admite vídeos.

Panoramio nos permite almacenar fotos en nuestra área personal. Podemos crear nuestro propio mapa del mundo situando las fotos en el lugar donde fueron realizadas, etiquetarlas, etc. En 2014 pasó a integrarse en Google Maps.

Pinterest es una plataforma para compartir imágenes que permite organizarlas en tableros temáticos y tiene como finalidad conectar los tableros de los distintos usuarios entre sí.

Ipernity nos permite alojar no sólo imágenes sino también blogs, documentos, vídeos y archivos de audio. Podemos identificarnos con nuestra cuenta de correo o a través de un servidor OpenID.

Instagram es una red social para subir fotos y vídeos. Se pueden aplicar efectos fotográficos a las imágenes y compartirlas en otras redes sociales.

Otros: Free Image Hosting, Pictiger, Shareapic, Snap Shack, OurPictures, Photobucket, Imgur...

Vídeo

Fundado en 2005, **YouTube** es un lugar de enorme popularidad en el que se pueden descubrir, reproducir, subir y compartir vídeos. También ofrece un foro para comunicarse entre los usuarios.

Vimeo es una comunidad on-line donde se pueden compartir archivos multimedia con personas y organizaciones de todo el mundo. Permite compartir los vídeos en alta definición, lo que ha hecho de Vimeo el mayor competidor de YouTube. También permite crear grupos de interés, y tiene una activa comunidad de seguidores.

Otros: SchoolTube, TeacherTube, Yappr...

Conoce

Presentaciones

SlideShare es un espacio donde se pueden subir presentaciones, infografías, archivos PDF e incluso algún audio o vídeo. Nos permite compartirlos o insertarlos en un blog o una wiki.

AuthorStream es una plataforma que permite subir presentaciones de hasta 100 MB, compartirlas y crear una comunidad de usuarios. También permite exportarlas a YouTube dejándolas disponibles en forma de vídeo.

SlideRocket permite crear presentaciones on-line y almacenar hasta 250 MB en archivos no superiores a 15 MB, de forma gratuita.

Prezentit es una aplicación on-line para crear, compartir, mostrar y almacenar presentaciones en la web (públicas o privadas).

Prezi permite crear presentaciones on-line de forma similar a PowerPoint o Impress y almacenar hasta 100 MB (500 MB para estudiantes y profesores).

SlideSix permite subir y compartir presentaciones y, además, agregar elementos multimedia o una narración de audio en ellas, así como compartirlas en diferentes sitios.

Otros: Slide, SlideBoom, Keynote (sólo para Mac)...

Documentos

Scribd nos permite subir y mostrar documentos de diferentes formatos (DOC, XLS, PDF, PPT...) para poder compartirlos.

Issuu permite subir a Internet documentos PDF, DOC, PPT, ODT... de forma gratuita y convertirlos en una revista interactiva en formato Flash, con opción de zoom y efectos de pasar página.

Otros: Calaméo...

Música

Podomatic es un servicio gratuito para crear podcasts (archivos de audio), grabarlos, almacenarlos en Internet y compartirlos en una web, un blog, etc.

Odeo es un sitio web que permite grabar audios on-line y almacenarlos en Internet, así como publicarlos en un blog, una wiki, una página web, etc.

Rockola FM es una web para escuchar música y radio por Internet. Es una comunidad donde puedes crear tu propia emisora y compartirla con tu red de amigos.

Spotify es una popular aplicación para escuchar canciones vía streaming (con conexión a Internet, sin descargar). Permite crear listas de distribución.

Otros: Blip.fm, AccuRadio...

7. Herramientas colaborativas: aplicaciones y suites ofimáticas on-line

Existen numerosas herramientas on-line (que no requieren ser instaladas), gratuitas, que nos permiten sustituir muchos de los programas que tenemos instalados en nuestro ordenador, y con las que además podemos almacenar nuestros trabajos en Internet, compartirlos con otros usuarios y distribuirlos.

Podemos encontrar aplicaciones para retocar imágenes, para crear presentaciones, para grabar vídeos o audios, e incluso para convertir y distribuir todo tipo de documentos.

También existe una amplia gama de aplicaciones ofimáticas, como las que veremos a continuación, que nos permitirán crear y compartir en línea archivos de texto, hojas de cálculo, presentaciones, calendarios, etc.

8. Ejemplos de aplicaciones y suites ofimáticas on-line

Google Docs es una de las más extendidas formas de crear y compartir documentos on-line. Permite crear documentos de texto, hojas de cálculo, presentaciones, dibujos, formularios, calendarios, etc.

Los archivos se suben a Internet asociados a una cuenta de correo de Gmail, de forma que son accesibles desde cualquier lugar.

También tenemos la posibilidad de compartirlos y añadir colaboradores para poder trabajar en grupo.

Zoho es una aplicación ofimática alternativa a Google Docs que, además de un procesador de texto, una hoja de cálculo, un gestor de bases de datos y un creador de presentaciones, incluye la herramienta Meeting, que permite mantener reuniones on-line, compartir el escritorio, utilizar un planificador, etc.

Los documentos se guardan en Internet y permite el trabajo colaborativo.

Evernote es una aplicación que permite organizar la información personal mediante el archivo de notas, fotos, documentos, audios y páginas web. Tiene la ventaja de que se sincroniza en todas las plataformas que utiliza el usuario.

ZCubes es una plataforma web que dispone de un navegador web, un procesador de imágenes, un editor de texto y páginas web, un programa de dibujo, un visualizador de vídeos, etc.

Nos permite integrar todas las herramientas e interactuar entre diferentes documentos solamente arrastrando y soltando (*drag and drop*).

OfficeZilla es un software de trabajo on-line constituido por una serie de herramientas que pueden ser compartidas, como calendario, lista de tareas, contactos, gestión de proyectos, accesos directos, almacenamiento de archivos, etc. Se podría decir que es una herramienta similar a Microsoft Outlook.

EyeOS es un escritorio virtual web al que se accede desde un navegador. Incluye una suite ofimática y varias aplicaciones colaborativas. Es de código libre y gratuito, y no requiere instalar ningún software.

Otras: BrOffice.org, Buzzword...

9. Ejemplos de redes sociales

Generales

Facebook es una red social muy popular que permite agregar amigos para enviarles mensajes, compartir enlaces, fotos y vídeos, chatear, etc. Se autodefine como "una herramienta para compartir tu vida".

WhatsApp es una aplicación de mensajería instantánea para móviles y ordenadores que permite crear grupos y compartir imágenes, vídeos y mensajes de audio.

MySpace es una red social de grupos de amigos, blogs, fotos, vídeos, música... muy extendida en Estados Unidos.

Twitter, más que una red social, es en realidad un microblog que permite publicar mensajes de hasta 140 caracteres.

Hi5, creada en 2003, es una red social muy extendida en América Latina.

Periscope es una herramienta propiedad de Twitter para la transmisión de vídeo por streaming. Permite enviar vídeos en vivo a otros usuarios de esta aplicación

Perfiles profesionales

LinkedIn es una red social orientada a los negocios, la búsqueda de empleo, las relaciones sociales de trabajo y la ayuda entre expertos.

Xing es una red social de ámbito profesional dedicada a gestionar contactos y establecer conexiones entre profesionales de cualquier sector.

Educativas

Ning es una plataforma que permite crear redes sociales específicas (por ejemplo, de educación).

LibraryThing es una comunidad de más de un millón de personas apasionadas por los libros.

EducaRed es una red social educativa de la Fundación Telefónica.

Otras: SocialGO, HigherEdSpace, Teachers Network...

Marcadores

Delicious es un servicio que permite agregar los marcadores que antes se guardaban en los navegadores y categorizarlos.

Otras: Mister Wong, Diigo, BlinkList, RawSugar...

Práctica 1. Correo electrónico

Ejercicio 1. Crear una cuenta de correo electrónico

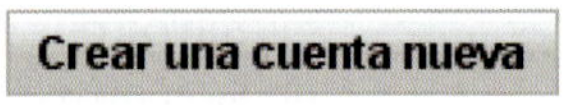

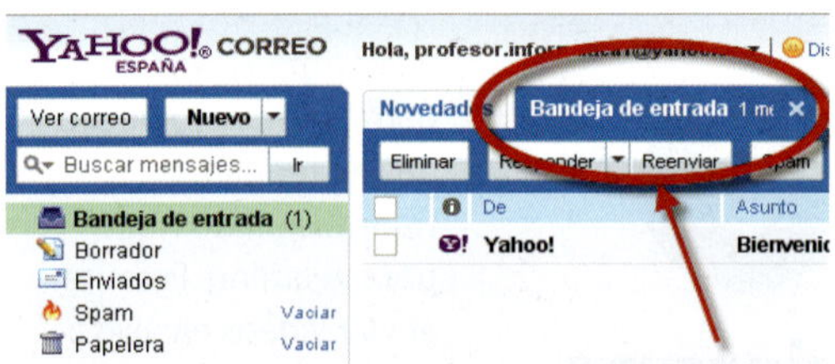

Vamos a crear una cuenta en Yahoo!, para poder acceder a una serie de servicios que nos ofrece en su portal, aunque para realizar esta práctica podemos utilizar otros, como Gmail o Hotmail.

Recuerda que los menores de edad siempre deben solicitar y obtener el permiso de sus padres, de su tutor o de su representante legal antes de crear una cuenta de correo y acceder a los servicios que ofrecen estos portales.

1. Entra en *www.yahoo.es* y selecciona la opción **Correo**. Sigue las instrucciones para crear una cuenta nueva. Rellena el formulario teniendo especial cuidado de comprobar la disponibilidad de la dirección de correo que escoges (la ID debe ser única). Procura que la contraseña que introduzcas aparezca como "muy fuerte"; te resultará más sencillo lograrlo si tiene números, letras y caracteres especiales.
2. Una vez creada la cuenta, ve a la pestaña **Bandeja de entrada** para acceder a los mensajes recibidos; comprobarás que tienes un mensaje de bienvenida. Observa que en la barra lateral de la izquierda aparece un menú con las distintas ubicaciones de los mensajes: **Bandeja de entrada**, **Borrador**, **Enviados**, **Spam** (correo basura) y **Papelera** (mensajes eliminados).

Ejercicio 2. Enviar mensajes a varios destinatarios

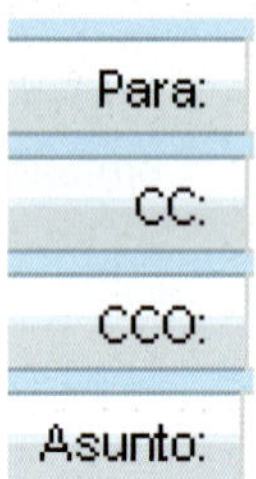

Cuando se envían mensajes a muchos destinatarios, debe utilizarse la opción **CCO** (con copia oculta) para que no se muestre la dirección de correo de todos los destinatarios, y evitar así que todas esas direcciones circulen por Internet y podamos ser víctimas de envíos masivos de correo basura.

Para enviar un e-mail a varios destinatarios podemos utilizar las opciones **CC** y **CCO**. El campo **CC** sirve para enviar una copia del mensaje a otras personas, como ya has visto en el ejercicio anterior; en este caso, todos los destinatarios del correo verán a quiénes va dirigido el mensaje, ya que se mostrarán todas las direcciones de correo.

1. Pulsa **Nuevo** y selecciona **Correo electrónico**.
2. Haz clic en la opción **Mostrar CCO** y comprobarás que aparece una línea más, con el campo **CCO**. Escribe en ella la dirección de varios compañeros.
3. Por último, escribe en **Asunto** "Prueba de correo con múltiples destinatarios" y envía el mensaje.

Ejercicio 3. Adjuntar documentos

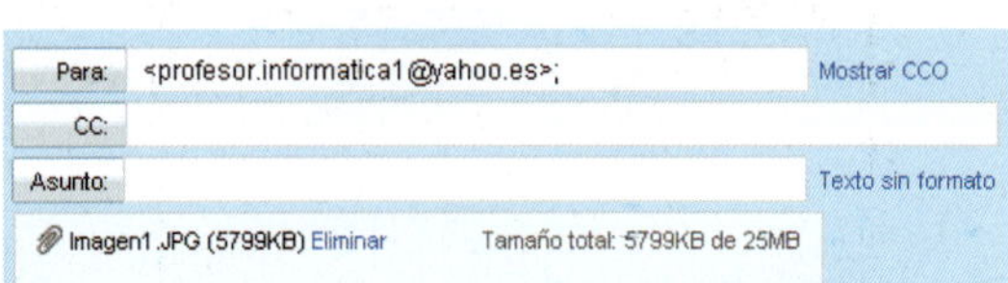

1. Pulsa **Nuevo** y selecciona **Correo electrónico**.
2. Haz clic en el botón **Adjuntar** y luego en **Examinar** y selecciona un archivo cualquiera de tu carpeta **Mis documentos** (si no hay ninguno, entra en la unidad 5 del CD virtual y selecciona **P1_E3_Imagen.jpg**).
3. Podrás comprobar que el archivo ha quedado adjuntado y que puedes añadir otros más (el tamaño máximo de los archivos que puedes adjuntar, en el caso del correo de Yahoo!, es de 25 MB).
4. Envía el mensaje a un compañero y comprobad que ha llegado con el archivo adjunto.

Práctica 2. Enviar o compartir archivos pesados

El correo electrónico nos permite enviar archivos de hasta un determinado tamaño. Este tamaño máximo viene determinado por la empresa que nos presta el servicio de correo; por ejemplo, Gmail, Hotmail y Yahoo! nos permiten enviar y recibir mensajes de hasta 25 MB, mientras que el resto de los correos comerciales, por lo general, no admiten más de 10 MB.

Por esta razón, cuando enviamos un e-mail, debemos tener en cuenta no sólo la capacidad de nuestro correo sino también la del correo de la persona que lo ha de recibir.

Para enviar archivos pesados, tenemos opciones mejores que el correo electrónico, como Dropbox o WeTransfer.

Ejercicio 1. Compartir un archivo o carpeta con Dropbox

Existen webs, como Dropbox o Fiabee, que nos permiten almacenar, sincronizar y compartir archivos y carpetas que alojaremos en Internet.

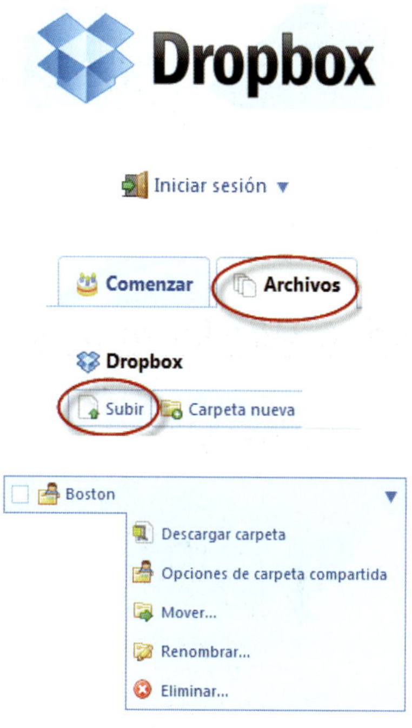

1. Entra en *www.dropbox.com*. Pulsa el botón **Iniciar sesión**, en la parte superior, selecciona la opción **Crear una cuenta** y completa el formulario para crear tu cuenta.
2. Crea una nueva carpeta con la opción **Carpeta nueva**, en la pestaña **Archivos**.
3. Para subir un archivo en la pestaña **Archivos**, sitúate sobre una carpeta. Haz clic sobre la opción **Subir** y selecciona un archivo cualquiera de tu carpeta **Mis documentos** (si no hay ninguno, entra en la unidad 5 del CD virtual y selecciona **P2_E1_Imagen.jpg**).
4. Para compartir la carpeta, haz clic en **Compartir una carpeta** y escribe la dirección de correo de uno o varios compañeros. Desde ese momento, todas las personas que tú selecciones podrán aceptar tu deseo de compartir la carpeta y, así, acceder a los archivos de esa carpeta (descargarlos, modificarlos, etc.) y subir otros archivos.

Ejercicio 2. Enviar un archivo con WeTransfer

WeTransfer es una plataforma on-line de almacenamiento en la nube que permite enviar archivos de gran tamaño.

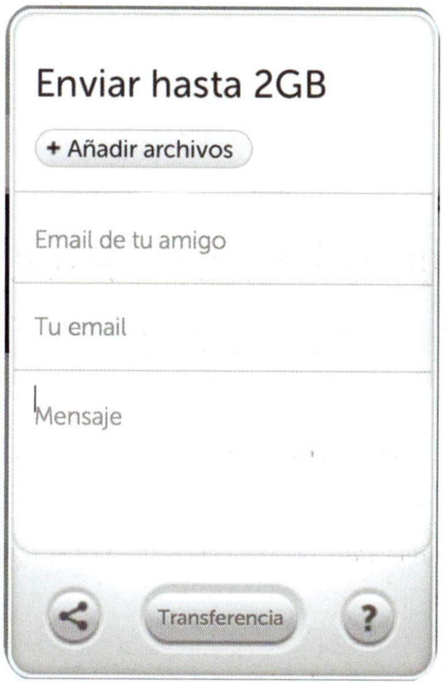

1. Entra en *www.wetransfer.com*.
2. Haz clic en el signo + y selecciona un archivo cualquiera (si no hay ninguno, selecciona el archivo **P2_E2_Imagen.jpg** de la unidad 5 del CD virtual).
3. Escribe las direcciones de correo electrónico de varios compañeros (hasta 20 destinatarios como máximo). Puedes incluir también la de tu profesor si así te lo índica.
4. Escribe tu dirección de correo como remitente y, debajo, el mensaje que quieras que reciban tus compañeros (es opcional).
5. Pulsa el botón **Transferencia** y los archivos se cargarán desde tu ordenador personal a los servidores de WeTransfer.
6. Una vez que los archivos hayan sido descargados por cada uno de los destinatarios, tú recibirás un correo electrónico en que se te informará de que dichos archivos se han entregado con éxito.

Práctica 3. Internet y los medios de comunicación

Prensa

Igual que existe una muy variada oferta de publicaciones de prensa escrita, en Internet podemos acceder a una cantidad prácticamente ilimitada de publicaciones.

1. Entra en *www.elpais.com* o *www.elmundo.es*. Ve a la sección "Tecnología".
2. Selecciona una noticia que te parezca interesante por su alcance, lee detenidamente el artículo y haz en tu procesador de texto un breve resumen (de un máximo de cinco líneas).
3. Guarda el documento como **P3_E1_nombreapellido**.
4. Ahora repite este ejercicio con un artículo de *www.nytimes.com* o de *www.thetimes.co.uk*.

Radio

Cada vez más, las emisoras que emiten por radiofrecuencia lo hacen también por Internet. De hecho, la ventaja de Internet es que no sólo podemos escuchar las principales emisoras de todo el mundo sino también algunas que únicamente retransmiten a través de Internet.

1. En tu procesador de texto, elabora una tabla con las principales emisoras de ámbito nacional de España. En la primera columna, pon el nombre de la emisora; en la segunda, indica si la podemos escuchar en Internet, sólo por la radio o de ambas formas; y, en la tercera, escribe la dirección de la página web. Debes incluir al menos las siguientes: Cadena SER, Cadena COPE, Radio Nacional, Onda Cero, M80, Los 40 Principales, Cadena 100.
2. Entra en alguna de ellas para comprobar su funcionamiento.
3. Elabora una segunda tabla, con las mismas columnas, en la que incluyas siete emisoras de lengua inglesa o francesa.
4. Guarda el documento como **P3_E2_nombreapellido**.

Televisión

A través de Internet podemos ver documentales, series y todo tipo de programas emitidos en las distintas cadenas de televisión. Además, existe la posibilidad de ver canales de cualquier lugar del mundo, películas, etc.

1. Abre en la unidad 5 del CD virtual el archivo **P3_E3_Television.doc**.
2. En la primera columna de la tabla encontrarás los nombres de varias cadenas de televisión. Complétala hasta llegar a diez canales, incluyendo televisiones autonómicas. Busca información en Internet para completar las siguientes columnas.
3. Guarda el documento como **P3_E3_nombreapellido**.

Práctica 4. Servicios de la Administración pública. Formación a distancia

Ejercicio 1. Servicios de la Administración pública

Las administraciones prestan cada vez más servicios que nos permiten a los ciudadanos hacer trámites que antes obligaban a largos desplazamientos y tiempos de espera de días o semanas.

Hoy en día, con nuestro carnet electrónico o nuestra firma digital podemos realizar de forma muy sencilla tareas como hacer la declaración de la renta (Agencia Tributaria), tramitar una solicitud de empleo (INEM), pedir cita previa para la consulta del médico, consultar los datos de nuestra vivienda, etc.

Vamos a realizar una breve incursión en el mundo de la administración, para que simplemente tengas unas pequeñas nociones de por dónde comenzar a buscar.

1. Entra en *www.dnielectronico.es* y ve a la sección **Servicios disponibles**.
2. Abre en la unidad 5 del CD virtual el archivo **P4_E1_Administraciones.doc**.
3. Completa las columnas respondiendo exactamente a lo que se te pregunta (tienes la primera fila de ejemplo). Incluye información de:
   - Cinco administraciones generales del Estado
   - Tres servicios de las comunidades autónomas
   - Un servicio de una Administración local
   - Un servicio del sector privado

   (También puedes consultar el portal *www.060.es*.)
4. Guarda el archivo como **P4_E1_nombreapellido**.

Ejercicio 2. Formación a distancia

Prácticamente todas las universidades nos ofrecen un campus virtual donde se pone a disposición del alumnado material didáctico. Por su parte, algunas administraciones nos permiten realizar determinados cursos reglados on-line y obtener certificados oficiales (lógicamente, realizando pruebas finales presenciales).

Para estas clases virtuales necesitamos una plataforma donde desarrollar los contenidos, como Moodle, Dokeos o ATutor.

1. Abre en tu procesador de texto un documento nuevo en blanco y contesta a las siguientes preguntas de forma concisa (en menos de cinco líneas):
   a. ¿En qué consisten Moodle y Dokeos?
   b. Busca información en *educalab.es/intef* y *www.cidead.es* sobre los cursos reglados que puedes realizar (describe al menos tres).
   c. Busca en tu comunidad autónoma al menos dos cursos oficiales que puedas realizar a distancia.
2. Guarda el archivo como **P4_E2_nombreapellido.doc**.

En Internet podemos encontrar cursos de formación a distancia de entidades particulares o formación reglada de instituciones públicas como universidades o consejerías de educación de las comunidades autónomas.

Práctica 5. Compartir fotos

Ejercicio 1. Compartir imágenes con Google Fotos (antes Picasa)

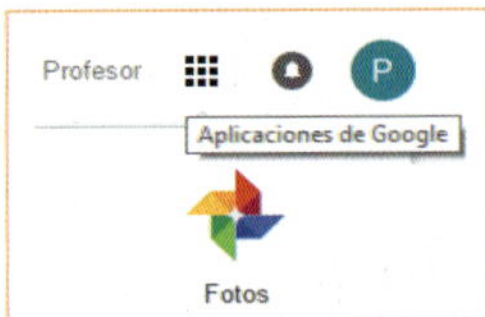

Para realizar este ejercicio necesitas tener una cuenta de Gmail.

1. Desde tu cuenta de Gmail, haz clic en **Aplicaciones de Google** (en el menú superior derecho) y, en el menú emergente, selecciona **Fotos** (si no aparece entre los iconos que se muestran, haz clic en **Más** / **Aún más**, hasta que lo encuentres).
2. En el menú de la izquierda, haz clic en **Fotos**.
3. Haz clic sobre el icono de la nube (**Subir fotos**), situado en la parte superior de la pantalla. Selecciona en la unidad 5 del CD virtual las imágenes **P5_Campo.jpg**, **P5_Ciudad.jpg**, **P5_Desierto.jpg**, **P5_Montaña.jpg** y **P5_Playa.jpg** y súbelas. Si quieres subir más imágenes, puedes usar la opción **Añadir fotos**.
4. La primera vez te preguntará en qué calidad se deben guardar las fotos. Selecciona **Alta calidad (almacenamiento gratuito ilimitado)**.
5. Comprobarás que se han subido todas las imágenes.
6. Ahora vamos a crear un collage. En el menú de la izquierda, haz clic en **Asistente** y elige **Collage**. Selecciona las cinco fotos y haz clic en **Crear**.
7. Vuelve al menú principal y elige **Asistente** / **Álbum compartido**. Selecciona de nuevo las cinco fotos y ponle al álbum el título "Vacaciones". Pulsa **Compartir**.
8. En la ventana emergente, para compartir, nos da las opciones de hacerlo en una red social (Google+, Facebook o Twitter) o bien copiar un enlace. Haz clic en **Copiar** y luego en **Listo**.
9. Ve al correo electrónico, pega dicho enlace y envíaselo a dos de tus compañeros para que puedan ver las fotos.

Ejercicio 2. Compartir imágenes mediante Flickr

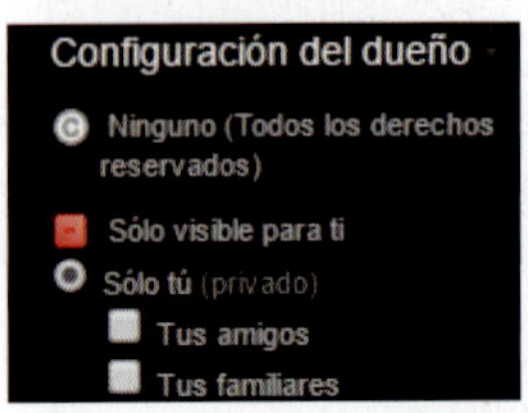

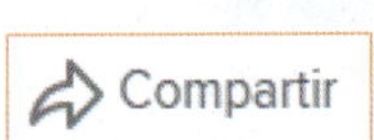

Flickr es un sitio web que permite almacenar, ordenar, buscar, vender y compartir fotografías o vídeos en línea.

1. Entra en *www.flickr.com* y regístrate.
2. Una vez registrado, pulsa el icono de la nube (**Subir fotos**), situado en la parte superior de la pantalla, y selecciona las mismas fotos del ejercicio anterior.
3. Aparecerá una previsualización de las fotos que se van a subir.
4. Con todas las fotos seleccionadas, utiliza el menú de la izquierda para activar la opción **Sólo visible para ti**. Debes tener mucho cuidado con esta opción, ya que por defecto tus fotos serán visibles para todo el mundo (verás que el color cambia a rojo).
5. Haz clic en **Cargar fotos** y después en **Subir fotos**.
6. Ve a **Carrete fotográfico**. Comprobarás que aparecen todas las fotos que has subido. Selecciona una de ellas y haz clic en **Compartir**, en la parte inferior.
7. Copia el enlace y envíaselo a un compañero por correo electrónico. Comprobarás que solamente pueden ver las fotos aquellas personas que tengan el enlace.

Práctica 6. Twitter

Para hacer esta práctica deberás tener el consentimiento de tus padres o tutores legales. Asimismo, recuerda leer detenidamente todas las condiciones de prestación de servicios.

Vamos a imaginar una situación de partida en la que toda la clase lleva un diario de trabajo (para explicar la evolución de sus actividades de informática) y debe informar de forma rápida al profesor sobre las tareas.

1. Para crear una cuenta en Twitter, entra en *twitter.com*, completa los campos de nombre, dirección de correo y contraseña, y haz clic en **Regístrate en Twitter**.
2. Si todos los datos están correctos, pulsa **Crear mi cuenta**.
3. Sigue los pasos hasta que llegues a **Añadir carácter**. Pulsa **Subir imagen** y elige una imagen que te guste o te represente. Cuando se haya subido, pulsa **Listo**.
4. Confirma la cuenta que acabas de crear siguiendo el enlace de confirmación que Twitter te envía a tu correo. Una vez confirmada la cuenta, puedes empezar a tuitear.
5. Imagina que empiezas un nuevo tema en la clase de informática. Escribe tu primer tweet en la caja **Publicar un nuevo tweet**, contando en él lo que has hecho el primer día de taller. Recuerda que debe ser de 140 caracteres o menos. Luego pulsa **Twittear** y verás como aparece en tu página. Desde ahí puedes eliminarlo si no te gusta el resultado. Los tweets que escribes pueden ser públicos o privados, según los configures. Si son privados sólo podrán ser leídos por las personas que autorices.
6. Intercambia tu usuario de Twitter con dos compañeros para poder seguiros y tener seguidores. Para ello pulsa **Buscar amigos** y luego, en la caja **Busca personas en Twitter**, escribe el usuario y pulsa **Buscar en Twitter**. Así podríais ver el proceso de construcción de otros compañeros.
7. Sitúate sobre uno de los tweets que sigues y pulsa **Retwittear**. Con esta acción mandas este tweet a tus seguidores.
8. Observa si ves algún nombre tipo **@usuario** en los tweets que sigues. Significa que se menciona a un usuario en un tweet y si lo pulsas aparece el Twitter de ese usuario.
9. Observa si ves algún nombre tipo **#hashtag** en los tweets que sigues. Es una etiqueta para identificar temas comunes, y si lo pulsas te saldrán los tweets de cualquier usuario que haya añadido el mismo hashtag. Añade un hashtag, algo como **#claseinformatica**.
10. Cierra sesión y ahora accede a tu usuario pero, en lugar de registrándote, escribiendo en la barra de direcciones la dirección de Twitter y tu nombre de usuario, separados por una barra: *twitter.com/nombredeusuario*. Observa que, aunque no puedas añadir tweets, sí puedes verlos. Esto permite que un alumno siga un proyecto en Twitter y los demás miembros del grupo puedan verlo sin registrarse.
11. Para que el profesor pueda comprobar tu trabajo, pulsa la tecla **Impr pant** para capturar la imagen de las entradas que has hecho en Twitter, pega la imagen capturada en un documento de texto y guarda este documento en tu carpeta local con el nombre **P6_nombreapellido**.

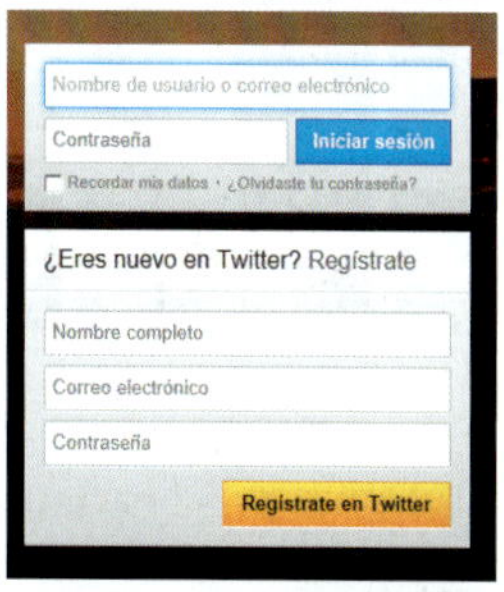

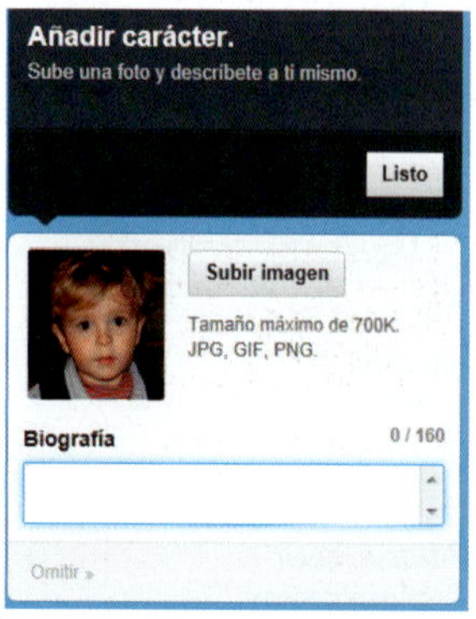

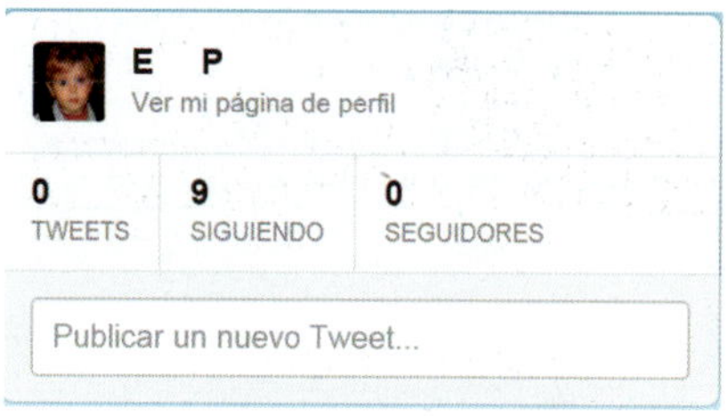

Práctica 7. Pinterest

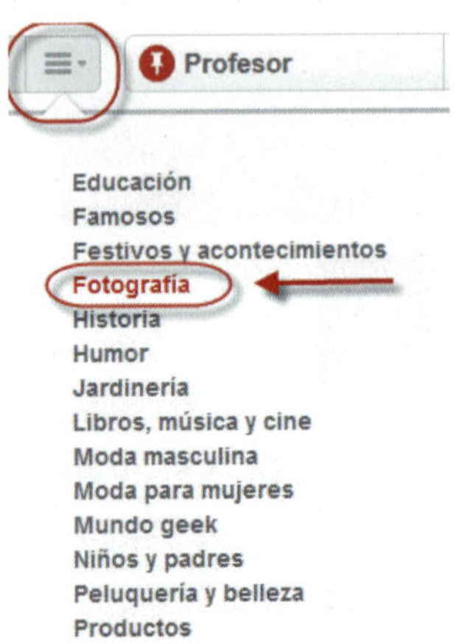

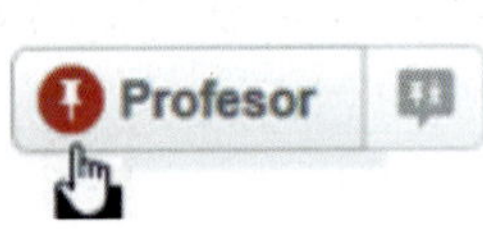

Para hacer esta práctica deberás tener el consentimiento de tus padres o tutores legales. Asimismo, recuerda leer detenidamente todas las condiciones de prestación de servicios.

Pinterest es una red social en la que se comparten, se crean y se administran imágenes. Cada usuario crea tableros en los que puede situar las imágenes que mejor se adaptan a sus intereses.

Crear una cuenta

1. Entra en *es.pinterest.com*. Puedes acceder directamente con una cuenta de Facebook o crear una cuenta de Pinterest (para crearla, teclea una dirección de correo y una contraseña y sigue las instrucciones).
2. Elige cinco de los temas que se muestran en el panel inicial. Serán tus primeros temas, más adelante podrás modificar tu selección.
3. Di que sí a la opción de instalar el botón **Pinterest** para tu navegador. Así te resultará más fácil seleccionar las imágenes que más te gusten y mostrarlas en los tableros de Pinterest.
4. Observa el feed de inicio; incluye una selección de imágenes relacionadas con los cinco temas que has elegido.

Pinear y crear tableros

1. Pinear es señalar con un pin alguna imagen que te guste y quieras guardar. Las imágenes de Pinterest se guardan en tableros que crean los usuarios. Selecciona una de las imágenes del feed de inicio y haz clic en **Pin it**.
2. Aparecerá un formulario para crear el primer tablero. En **Nombre** teclea "Informática" y haz clic en **Crear**.
3. En el buscador de la aplicación, teclea ahora "Redes sociales" y observa las imágenes que aparecen. Haz clic en **Pin it** en cualquiera de las imágenes. Comprueba que ahora puedes guardar la imagen en el tablero anterior o crear uno nuevo. Crea uno nuevo y llámalo **Redes sociales**. En **Secreto** selecciona **Sí**, para que sólo tú puedas verlo, y luego haz clic en **Crear**.

"Me gusta" y compartir

Pinterest también permite señalar imágenes interesantes para el usuario sin necesidad de que aparezcan en ningún tablero. Para ello, haz clic en el icono situado a la derecha de la barra de búsquedas y selecciona la categoría **Fotografía**. Sitúate sobre la primera imagen y haz clic en el **corazón**. Prueba también a compartir la imagen por correo electrónico con un compañero haciendo clic en **Enviar**.

Seguir otros tableros

1. Teclea "Humor" en el buscador de la aplicación. Selecciona la opción **Tableros**. Elige el primer tablero que se muestre y haz clic en **Seguir**.
2. Haz clic en el pin situado junto a tu nombre para acceder a tu perfil. Comprueba cuántos tableros tienes, cuántas personas te siguen y a cuántas sigues tú.
3. Haz una captura de pantalla de esta imagen y pégala en un documento de texto. Guarda el documento como **P7_nombreapellido**.

Amplía y profundiza

Amplía 1. Compartir archivos de más de 25 MB en Drive

1. Abre un procesador de texto y crea un documento nuevo en blanco.
2. Investiga cómo puedes subir archivos de más de 25 MB con tu cuenta de Drive. Puede ayudarte la imagen de la derecha. Recuerda que hemos visto cómo se usa Drive en otros temas y cómo se pueden subir archivos pesados con Dropbox en la práctica 2.
3. Recoge en el documento de texto los pasos que hay que seguir para subir esos archivos en Drive.
4. Guarda el archivo como **A1_nombreapellido**.

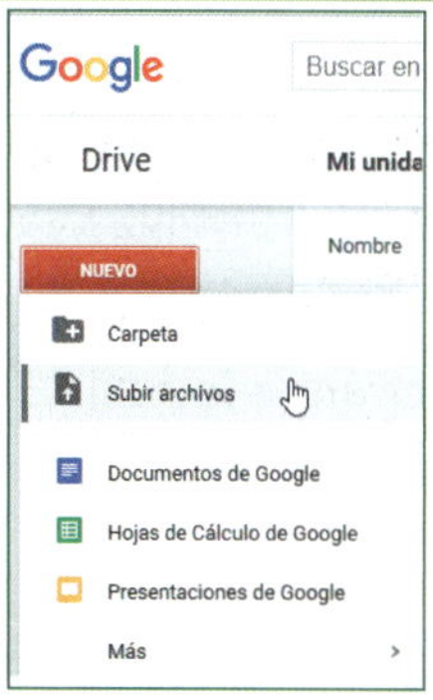

Amplía 2. Búsqueda de empleo

Existen numerosas páginas que nos permiten buscar empleo por Internet. Podemos encontrar algunas oficiales, como la del Instituto Nacional de Empleo (*www.inem.es*) o de sitios web que actúan como intermediarios entre las empresas y los trabajadores.

1. Abre en la unidad 5 del CD virtual el archivo **A2_Busquedaempleo.doc**.
2. Completa las columnas respondiendo exactamente a lo que se te pregunta. Para ello deberás visitar cada uno de los sitios web y recopilar la información necesaria sin registrarte.
3. Guarda el documento como **A2_nombreapellido**.

Amplía 3. Promociona tu instituto o colegio en Facebook

Facebook es una red social de propósito general que además se utiliza como medio de promoción de muchas empresas.

1. Entra en *www.facebook.com* y regístrate.
2. Edita tu perfil para que no se muestre información de contacto.
3. Crea una entrada en la que expliques cómo es tu instituto o colegio y añade alguna foto.
4. Busca a algún amigo y agrégalo.
5. Haz una captura de pantalla donde se muestre la pantalla principal y pégala en un documento de texto. Guarda el documento como **A3_nombreapellido**.

Amplía 4. Crea tableros en Pinterest

1. Siguiendo los pasos de la práctica 7, crea un tablero que se llame "Seguridad y redes sociales".
2. Utilizando el buscador, añade a tu tablero cinco pines que te resulten interesantes.
3. A continuación, crea otro tablero de alguna temática que te guste especialmente y añade al menos cinco pines. En todos estos pines se debe haber hecho repin al menos veinte veces (puedes ver el número en la parte superior derecha de cada uno de ellos).
4. Haz una captura de pantalla donde se muestren ambos tableros y pégala en un documento de texto. Guarda el documento como **A4_nombreapellido**.

RESUMEN DE LA UNIDAD

- **Internet** es una red mundial de ordenadores, descentralizada, que permite que multitud de ordenadores se conecten entre sí mediante una serie de protocolos de comunicación, por medio de cables de cobre, cables de fibra óptica, conexiones inalámbricas y otros medios. Los principales servicios que nos proporciona Internet son:
  - Navegación en páginas web (WWW, World Wide Web)
  - Correo electrónico (e-mail)
  - Redes sociales
  - Grupos de noticias (*news*), foros, mensajería instantánea (chat), etc.
  - Transferencia e intercambio de archivos (FTP, redes P2P)
  - Comunicación por medio de voz o de videoconferencias
  - Radio, televisión y prensa on-line
  - Otros: comercio electrónico, formación a distancia, búsqueda de empleo...
- Los **repositorios de documentos** (o **de archivos**) son sitios web donde se almacenan y se comparten archivos e información digital de prácticamente cualquier tipo.
- Una **red social** es una estructura que permite intercambios de distintos tipos (financieros, amistosos, de temas especializados...) entre individuos y se basa en la relación entre los miembros de la red.
- Ejemplos de repositorios de documentos:
  - **Imágenes**: Google Fotos (antes Picasa), Flickr, Panoramio, Pinterest, Ipernity, Instagram.
  - **Vídeo:** YouTube, Vimeo.
  - **Presentaciones:** SlideShare, AuthorStream, SlideRocket, Prezentit, Prezi, SlideSix.
  - **Documentos:** Scribd, Issuu.
  - **Música:** Podomatic, Odeo, Rockola FM, Spotify.
  - **Aplicaciones y suites ofimáticas online:** Google Docs, Zoho, Evernote, ZCubes, OfficeZilla, EyeOS.
  - **Redes sociales generales:** Facebook, WhatsApp, MySpace, Twitter, Hi5, Periscope.
  - **Redes sociales profesionales:** LinkedIn, Xing.
  - **Redes sociales educativas:** Ning, LibraryThing, Educared.

EN LA RED: ENLACES DE INTERÉS

www.adictosalared.com
Aquí encontrarás las últimas tendencias y aplicaciones.

educalab.es/recursos
Página de recursos TIC del Instituto Nacional de Tecnologías Educativas y de Formación del Profesorado (INTEF).

www.wikisaber.es
Portal educativo fundamentado en la enseñanza y el aprendizaje colaborativos.

www.tecnotic.com
Completo portal de TIC.

Actividades

ACTIVIDADES DE REFUERZO

Después de estudiar el tema, realiza en tu cuaderno los siguientes ejercicios:

1. ✦ Explica qué es Internet.
2. ✦✦✦ ¿En qué consiste el servicio WWW?
3. ✦ Indica qué dos tipos de correos existen y señala las diferencias entre ellos.
4. ✦ ¿Cuál es la diferencia entre un foro y un chat?
5. ✦✦ ¿En qué consiste la voz sobre IP? ¿Qué programas conoces para hacer videoconferencias?
6. ✦✦✦ Explica qué es lo que ocurre desde que escribimos una URL (dirección de una página web) en nuestro navegador hasta que se muestra dicha página en la pantalla del ordenador.
7. ✦✦ ¿En qué consiste el protocolo TCP/IP? ¿Cómo funciona?
8. ✦✦ ¿Qué es el protocolo HTTP?
9. ✦✦ Describe qué relación hay entre las DNS y las direcciones IP.
10. ✦ Explica en qué consiste la administración electrónica y que requiere por parte del usuario.
11. ✦ ¿Qué son las suites ofimáticas online? ¿Cuáles son las más utilizadas?
12. ✦ Enumera tres redes sociales de carácter general y tres redes sociales especializadas.
13. ✦ Describe para qué sirve cada una de las siguientes aplicaciones o webs: Twitter, LinkedIn, Instagram, Prezi, Spotify.

ACTIVIDADES EN INTERNET

Crear y compartir un calendario

1. Con Gmail podemos compartir un calendario entre varios usuarios para repartir tareas, para conocer fechas de exámenes, de entrega de trabajos, de cumpleaños, etc. Pulsa **Calendar** en la parte superior de la ventana.
2. Pulsa la opción **Mes** para poder ver todos los días del mes. En el menú de la izquierda, escribe debajo de la opción **Otros calendarios** la dirección de correo de algún compañero.
3. Crea algún evento haciendo doble clic sobre un día y comprueba que a las entradas de cada persona se les asigna un color para poder compartir el calendario.
4. Haz una captura de pantalla y pégala en un documento de texto. Guarda el archivo como **Internet1_nombreapellido**.

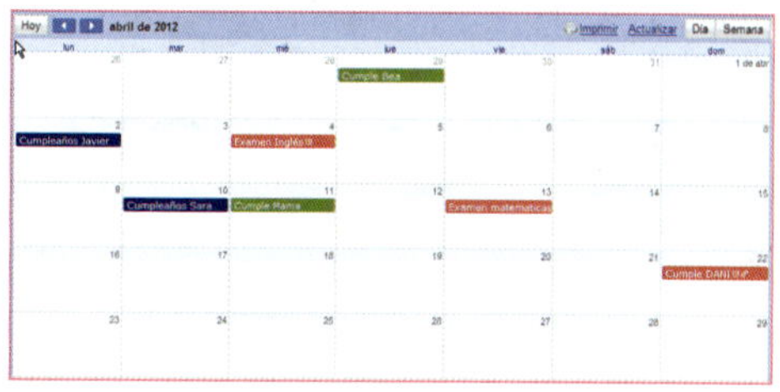

Voz y vídeo sobre IP con Skype

La **voz sobre IP** o **VoIP** (*voice over Internet protocol*) consiste en la conversión de voz o vídeo en paquetes de datos bajo el protocolo de Internet para que pueda ser trasmitida a través de una red de datos privada o pública (como Internet).

Para la siguiente práctica necesitamos un micrófono y/o una webcam (sólo para videoconferencia).

1. Entra en *www.skype.es*. Descarga Skype y sigue los pasos para instalarlo en tu ordenador. (Si no tienes permisos para instalar programas en el ordenador, utiliza la versión de Skype que no requiere instalación: Skype Portable.)
2. Crea una nueva cuenta de usuario y rellena los campos que te va pidiendo el programa.
3. Utiliza la opción **Encontrar a esta persona** en la pestaña **Contactos** para añadir la dirección de un compañero. Escribe las direcciones de algunos de tus compañeros. Te aparecerá una lista con el grupo de personas con esas características; elige la que corresponda y haz clic en **Agregar contacto Skype**.
4. Una vez agregado, sólo tienes que seleccionarlo en la pestaña **Contactos** y hacer clic en el **botón verde** de llamar. Pruébalo con tus compañeros.

6 Publicación y difusión de contenidos

1. **Páginas web**
   Clasificación
   Funcionamiento

2. **Herramientas de publicación: gestores de contenidos**

3. **El lenguaje HTML**

4. **Editores de páginas web**

5. **Alojamiento y transferencia de ficheros**
   Alojamiento de sitios web
   Transferencia de ficheros

6. **Criterios de diseño. Estándares de publicación**
   Estándares de publicación y accesibilidad de la información

1. Páginas web

Lo que habitualmente llamamos **web** o **página web** es en realidad un **sitio web** (*website*), es decir, un conjunto de documentos (páginas web) enlazados entre sí, a los cuales se accede a través de una dirección común.

Los documentos que constituyen un sitio web son archivos y carpetas que contienen texto, fotografías, botones, iconos, animaciones, hipervínculos, multimedia, gráficos, tablas, etc., y que se han creado para ser vistos por usuarios con ordenadores y navegadores de distintas características.

Para acceder a las páginas web usamos un **navegador** (Mozilla Firefox, Internet Explorer, Google Chrome, etc.), que se encarga de comunicar el ordenador con los servidores que albergan las páginas web, descargar las páginas y mostrarlas.

La página inicial a la que se accede cuando ponemos la dirección en el navegador es la **página principal** del sitio web (*home page*).

El **lenguaje** básico que se usa para crear los documentos que conforman el sitio web es el **HTML**.

En una página web, la organización de la información es **hipertextual**. Esto significa que al hacer clic sobre una palabra se amplía la información acerca de ella, accediendo a otra página relacionada. De esa forma se enlazan los documentos que componen el sitio web y, por lo tanto, la información.

Clasificación

Las páginas web se clasifican en estáticas y dinámicas:

- **Estáticas**. Son aquellas que no cambian, que muestran siempre el mismo contenido cada vez que las cargamos. Se realizan en lenguaje HTML.
- **Dinámicas**. Son páginas que el servidor interpreta en cada caso, de forma que, sin hacer cambios en el código, devolverán diferentes resultados en función de la actuación del usuario. Por ejemplo, un buscador es una página dinámica que devuelve un resultado u otro según cuál sea la petición del usuario. Se realizan combinando HTML con lenguajes dinámicos como ASP.NET (Active Server Pages), Java, PHP o JavaScript.

En esta unidad nos centraremos en la creación de páginas web estáticas, ya que las dinámicas requieren conocer, además del HTML, un lenguaje de los citados anteriormente.

Páginas estáticas

El usuario no puede modificar los contenidos ni el diseño, ni realizar peticiones.

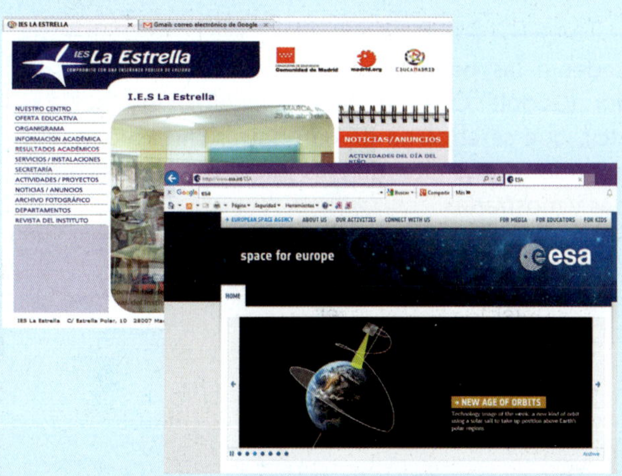

HTML

Páginas dinámicas

El usuario puede modificar el diseño, y los contenidos son dinámicos, es decir, responden en función de las peticiones del usuario.

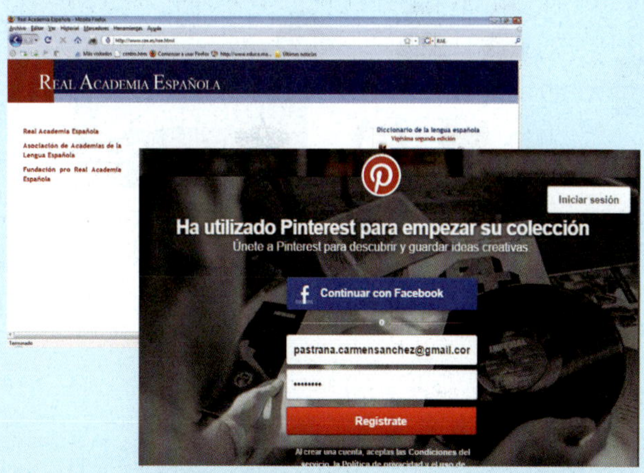

HTML + lenguajes dinámicos:

- **ASP.NET**
- **Java**
- **PHP**
- **JavaScript**

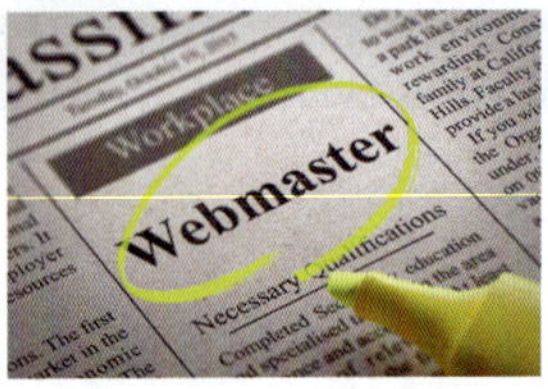

Funcionamiento

Los sitios web son creados por **programadores** y **diseñadores**. Una vez creados, las personas encargadas de mantenerlos se llaman **administradores** (o **webmasters**, en inglés).

El proceso de trabajo habitual de un administrador es crear en su ordenador el conjunto de archivos que conforman la web (llamado **sitio local**). El administrador manipula estos archivos y también dispone de un espacio donde guardar la página en un sitio accesible a todos los usuarios de Internet (llamado **sitio remoto**). Ese sitio está en un ordenador especial que se llama **servidor**, y el proceso se denomina **alojamiento**.

Los **servidores** son ordenadores que alojan las páginas web y las ponen a disposición de toda la red.

El proceso de alojamiento de un sitio web y su funcionamiento es el siguiente:

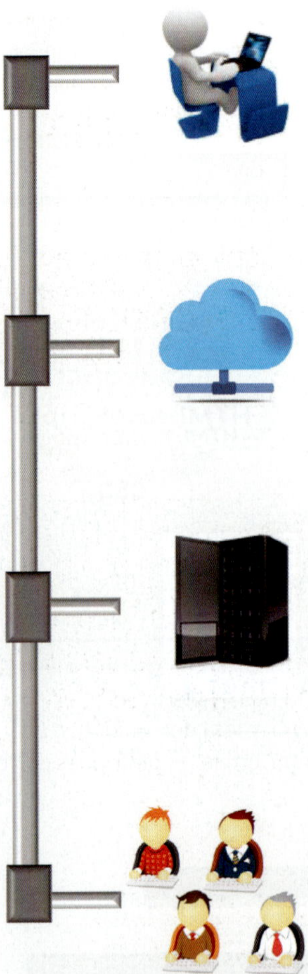

1 Administrador en el sitio local: Es la persona responsable de mantener el sitio web y actualizar los contenidos, así como de transferirlos al servidor.

2 Programas de transferencia de ficheros (FTP): Son los programas encargados de comunicar el ordenador local con el servidor que brinda alojamiento, de forma que ese conjunto de archivos que componen el sitio web y que manipula el administrador en su ordenador local puedan sustituir, cuando sea necesario, a los que aloja el servidor.

3 Sitio remoto alojado en el servidor: Para que la página web que tiene el administrador pueda ser vista por otros usuarios, debe estar situada en un servidor de Internet, ofrecido normalmente por empresas privadas.

4 Usuarios: Para acceder a las páginas web, los usuarios utilizan un navegador (Google Chrome, Mozilla Firefox, Internet Explorer, etc.), que se encarga de comunicar cada ordenador con los servidores que albergan las páginas web, descargar las páginas y mostrarlas.

2. Herramientas de publicación: gestores de contenidos

Las **herramientas de publicación** son herramientas relativamente fáciles de usar que permiten al usuario crear sus propios contenidos y publicarlos en Internet sin la necesidad de contar con conocimientos técnicos de diseño o programación. De acuerdo con las características de los contenidos que se vayan a tratar, se pueden utilizar distintas herramientas, como vimos en la unidad anterior. En esta unidad nos centraremos en los gestores de contenidos.

Un **gestor de contenidos** es una herramienta de publicación que permite generar contenidos web y editarlos y actualizarlos online sin necesidad de contar con conocimientos técnicos de diseño o programación. En inglés se conoce como **CMS** (*content management system*).

Los gestores de contenidos se basan en plantillas ya definidas que el usuario puede adaptar y personalizar según sus gustos, lo cual abarata los costes de creación de las páginas web y ahorra tiempo en su elaboración. Además, el uso de plantillas proporciona un diseño común y una apariencia homogénea a todos los contenidos publicados, con lo cual el resultado es una web coherente. El usuario puede acceder a ellos mediante un navegador.

Con un gestor de contenidos podemos crear **blogs y wikis**:

- Una **wiki** es un sitio web de construcción colectiva sobre un tema específico. Facilita la discusión sobre temas diversos y puede ser editada por cualquier usuario desde la Web (añadiendo, modificando o eliminando contenidos). La más conocida mundialmente es **Wikipedia**.
- Los **blogs**, que son como diarios en Internet, constituyen otra herramienta de expresión y comunicación. En ellos se publican de manera instantánea entradas (también llamadas *artículos* o *posts*) que se organizan cronológicamente empezando por la más reciente. Los lectores pueden publicar comentarios en cada una de las entradas.

	Algunos gestores de contenidos
	WordPress Aunque permite elaborar cualquier tipo de sitios web, se utiliza principalmente para la creación de blogs. Está desarrollado en lenguaje PHP. Por su facilidad de uso, es el CMS más utilizado actualmente.
	Joomla También desarrollado en lenguaje PHP, es menos eficiente que WordPress para la creación de blogs pero resulta muy atractivo para el diseño de revistas digitales.
	Drupal Está desarrollado en lenguaje PHP por una comunidad de desarrolladores. Es una opción muy recomendable si nuestra página web va a recibir muchas visitas, porque admite más que WordPress. Está orientado a comunidades y permite definir varios perfiles de usuarios con permisos y accesos diferentes. Es muy seguro.

3. El lenguaje HTML

HTML5 es la quinta revisión importante del lenguaje en el que se escriben las páginas web. Se adapta a las diferentes necesidades de los sitios webs actuales, como puede ser la de integrar elementos multimedia. Sólo puede ser interpretado por los navegadores más modernos.

El uso de gestores de contenido facilita la creación de páginas web para un usuario poco experto. Sin embargo, los diseñadores de páginas web se centran en la creación de páginas a partir del lenguaje en que están escritas: el **lenguaje HTML** (***h****yper****t****ext* ***m****arkup* ***l****anguage*, lenguaje de marcas hipertextuales) o su versión XHTML (la X es de *e**x**tensible*).

La función de los navegadores que utilizamos habitualmente (Chrome, Firefox, Explorer, etc.) es interpretar ese lenguaje y transformarlo en la página web que se nos muestra.

> El **HTML** es el lenguaje usado para la construcción de páginas web. Por convención, los archivos de formato HTML usan la extensión **.htm** o **.html**.

Una página web se puede crear directamente escribiendo en este código en cualquier editor de textos y guardándolo con la extensión adecuada (**.htm** o **.html**), pero no se suele hacer así más que con fines educativos. En la práctica, se utilizan **editores de páginas web**, que permiten diseñar webs de una forma más sencilla e intuitiva.

Las **características básicas** del lenguaje HTML son las siguientes:

1. El lenguaje HTML se escribe en forma de **etiquetas** entre corchetes angulares (**<>**). Pueden ser de **apertura** (por ejemplo: **<body>**) o de **cierre** (por ejemplo: **</body>**); ésta se distingue de la primera por la barra (**/**).
2. El código HTML siempre empieza con la etiqueta de apertura **<html>** y siempre acaba con la etiqueta de cierre **</html>**.
3. Un sencillo documento creado en HTML tiene el aspecto de la figura. En un documento HTML se distinguen dos partes principales:
   - El **encabezado**, comprendido entre las etiquetas **<head>** y **</head>**, que constituye una instrucción de cabecera del documento, como el título.
   - El **cuerpo**, comprendido entre las etiquetas **<body>** y **</body>**, que constituye el contenido de la página.
4. Las etiquetas se completan con **atributos**, que son parámetros que definen las propiedades o el comportamiento de la etiqueta; están siempre en la etiqueta de apertura y su valor va siempre entre comillas. En el siguiente ejemplo, **color** es un atributo de la etiqueta **<font>**:

<font color="red"> <etiqueta atributo="valor">

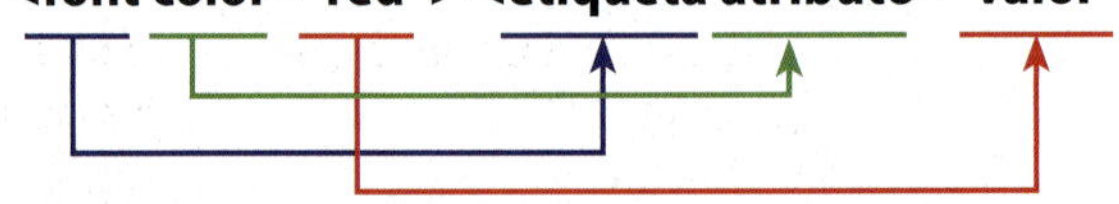

5. Un **elemento** de HTML está compuesto de dos etiquetas (la de apertura y la de cierre). A continuación se recogen dos ejemplos de elementos y se muestra cómo será su visualización una vez interpretados por un navegador:

Elemento	En el navegador se verá así:
<b>Texto en negrita</b>	**Texto en negrita**
<i>Texto en cursiva</i>	*Texto en cursiva*

```
<html>

<head>
<title>
        Mi primera página web
</title>
</head>

<body>
        Estoy escribiendo código
</body>

<html>
```

Estructura básica de una página web en HTML.

```
<html> apertura del código

<head> apertura de la cabecera
<title> apertura del nombre
        del documento
        Mi primera página web
</title> cierre del nombre
        del documento
</head> cierre de la cabecera

<body> apertura del cuerpo
        del documento
        Estoy escribiendo código
</body> cierre del cuerpo
        del documento

<html> cierre del código
```

Función de las etiquetas principales.

Así se verá en el navegador

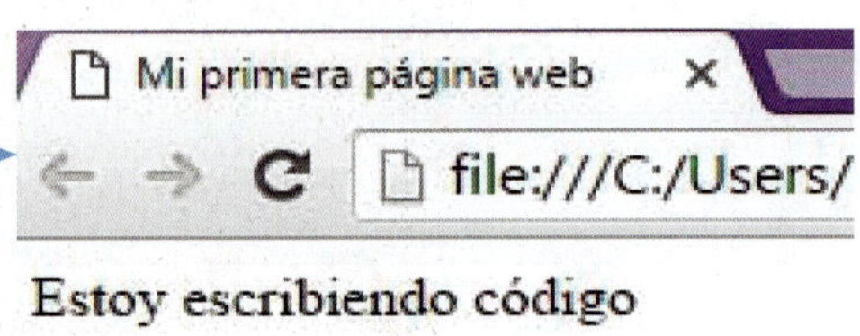

Conoce

En la siguiente tabla se muestran algunas de las etiquetas del lenguaje HTML:

Etiquetas y atributos del lenguaje HTML		
<html> y </html>		Apertura y cierre del código
<head> y </head>		Cabecera del documento
<title> y </title>		Establece el nombre del documento, dentro de <head>
<body> y </body>		Cuerpo del documento
<h1>, <h2>... y </h1>, </h2>...		Encabezado de primer orden, segundo orden..., dentro de <body>
<table> y </table>		Inserta una tabla
	align (center, right, left)	Alinea la tabla (al centro, a la derecha o a la izquierda)
	bgcolor	Establece el color de fondo de la tabla
	border	Establece un borde para la tabla
	cellpadding	Separación entre el borde de la tabla y el contenido
	cellspacing	Separación entre las celdas
	width	Establece el ancho de la tabla
	height	Establece el alto de la tabla
<tr> y </tr>		Fila de una tabla
	class	Especifica una clase del fichero de estilos CSS
	similares a los de tabla	
<td> y </td>		Columna de una tabla
	similares a los de tabla y fila	
** **		Salto de línea
<div> y </div>	**class**	Capa, con o sin clase del fichero de estilos CSS de la capa
<p> y </p>		Párrafo alineado
	align (left, center, right, justify)	Alinea el párrafo (a la izquierda, al centro, a la derecha o justificado)
<li> y </li>		Lista
<font> y </font>		Fuente y formato de la fuente
	face, size, color	Nombre, tamaño (de 1 a 7), color

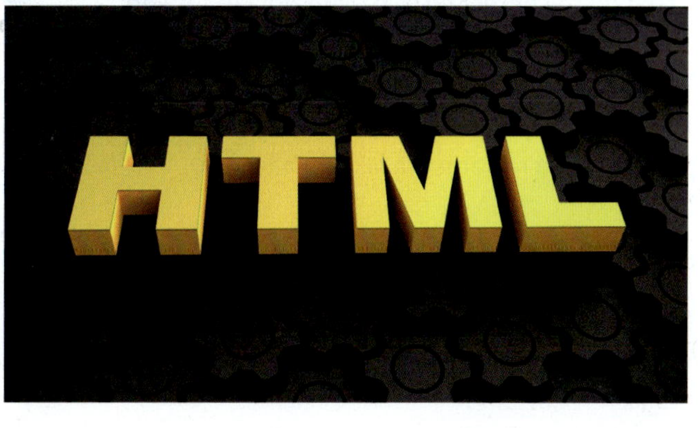

4. Editores de páginas web

Los **editores de páginas web** son aplicaciones que permiten crear páginas web. A grandes rasgos, existen editores de dos tipos:

- **Editores WYSIWYG** (*what you see is what you get*). Son aquellos que nos permiten confeccionar una web como si estuviéramos escribiendo un documento con un procesador de texto y generan automáticamente el código fuente en HTML. Editores de este tipo son: **Adobe Dreamweaver** (anteriormente, Macromedia Dreamweaver), **Microsoft Expression Web** (que sustituye a FrontPage desde que se dejó de comercializar en el 2006 [última versión: FrontPage 2003]), **KompoZer** (software libre y multiplataforma) y **NVU** (también software libre y multiplataforma). Estos dos últimos son muy similares y los utilizaremos en esta unidad.
- **Editores que trabajan directamente con HTML**. Están menos extendidos que los anteriores porque requieren un conocimiento avanzado del lenguaje HTML. Editores de este tipo son: **Komodo Edit** (software libre), **Sublime Text** y **Arachnophilia** (gratuito).

5. Alojamiento y transferencia de ficheros

Alojamiento de sitios web

El último paso para que la página web que hemos creado pueda ser vista por otros usuarios es situarla en un servidor de Internet. Desde ese momento debemos mantener el sitio web y actualizar sus contenidos en la medida en que sea necesario.

Generalmente, las empresas que ofrecen servicios de Internet incluyen espacios para sus clientes. Algunos son gratuitos, como *007sites.com*, *webs.com* o *awardspace.com*; en tal caso, suelen mostrar banners de publicidad en la página que alojemos. Otros servicios de alojamiento web no incluyen publicidad pero tienen condiciones limitadas o bien esperan que los usuarios acaben contratando planes de pago con mayores posibilidades.

Para que en el alojamiento se identifique la página principal, el archivo que la constituye debe llamarse de una forma especial que deberemos comprobar en el alojamiento (normalmente será **index.html**).

En estos sitios nos debemos conformar con la URL que nos asignen para nuestra página, pero también tenemos la posibilidad de comprar un **dominio** con el nombre que queramos, algo usual para la mayoría de las empresas e incluso muchos particulares.

Transferencia de ficheros

Los **programas de transferencia de ficheros** (FTP) son los encargados de comunicar nuestro ordenador con el servidor que nos brinda alojamiento, de forma que ese conjunto de archivos que componen nuestro sitio web y que manipulamos en nuestro ordenador local puedan sustituir, cuando sea necesario, a los que aloja el servidor.

En el tema usaremos **FileZilla**, programa de transferencia de ficheros libre y multiplataforma. El navegador Mozilla Firefox también sirve como programa de transferencia de ficheros si se le añade un complemento que se llama FireFTP, y algunos editores, como NVU o KompoZer, permiten publicar directamente las páginas web.

6. Criterios de diseño. Estándares de publicación

El diseño de las páginas web es tan importante como el funcionamiento técnico. A la hora de diseñar una web hay que atender a cuestiones tan elementales como el contraste del texto con el fondo, el tamaño de los caracteres o la elección de los colores. Todos podemos distinguir una web elaborada por un profesional de una hecha por un aficionado. En nuestro caso, el aspecto de la web dependerá de nuestros gustos y conocimientos, y, como estamos aprendiendo, deberemos tomar buenos ejemplos e intentar que la web que diseñemos parezca lo más "profesional" posible.

En esta fase de diseño entran en juego dos conceptos diferenciados: la maquetación y la interfaz.

- La **maquetación** se encarga de organizar espacios y contenidos escritos, visuales y audiovisuales. Abarca los aspectos semánticos y formales de una aplicación digital.
- La **interfaz** es el conjunto de comandos y métodos que facilitan la interacción entre el usuario y el sistema (el sitio web).

Estándares de publicación y accesibilidad de la información

Existe un compromiso para que los sitios web cumplan unas normas que les permitan ser visitados y utilizados por el mayor número posible de personas. Se trata de minimizar el efecto de las limitaciones físicas y técnicas de los posibles visitantes.

Según la legislación española, las páginas web de **organismos públicos** deben satisfacer los **estándares de publicación** referidos a navegabilidad y accesibilidad para personas con discapacidades. Estos criterios, llamados **criterios de accesibilidad**, están recogidos por el World Wide Web Consortium (W3C).

La WAI (*web accessibility initiative*) es una rama del W3C que establece **niveles de accesibilidad (A, AA y AAA)** para las webs en función del grado de cumplimiento de dichos criterios, desde los más básicos hasta los más exigentes. La mayoría de los sitios web que visitamos tienen asignado el nivel AA, y muy pocos tienen el AAA. Incluir el icono en una web no es una certificación externa sino un compromiso de cumplir el nivel de accesibilidad.

W3C WAI-A WCAG 1.0

W3C WAI-AA WCAG 1.0

W3C WAI-AAA WCAG 1.0

La adopción de criterios de accesibilidad a la hora de diseñar una web implica numerosos beneficios, como aumentar el número de visitantes, reducir el tiempo de carga de la página o disminuir el número de errores. Para principiantes, intentar cumplir las normas básicas de accesibilidad es un objetivo a medio plazo; comprender los consejos de la W3C (y más aún cumplirlos) requiere un alto nivel de especialización.

Los **estándares de publicación más básicos** son:

- Utilizar **hojas de estilo**.
- Asegurarse de que la página se ve bien en **distintos navegadores**.
- Usar las etiquetas de **texto alternativo** para describir la función de los elementos visuales.
- Facilitar la **transcripción** de los ficheros de sonido y la **descripción** de los vídeos.
- Realizar **tablas** de manera que se puedan leer **línea a línea**.

Práctica 1. Creación del sitio "Apps educativas" con WordPress

Para hacer esta práctica deberás tener el consentimiento de tus padres o tutores legales. Asimismo, recuerda leer detenidamente todas las condiciones de prestación de servicios.

Ejercicio 1. Crear una página web

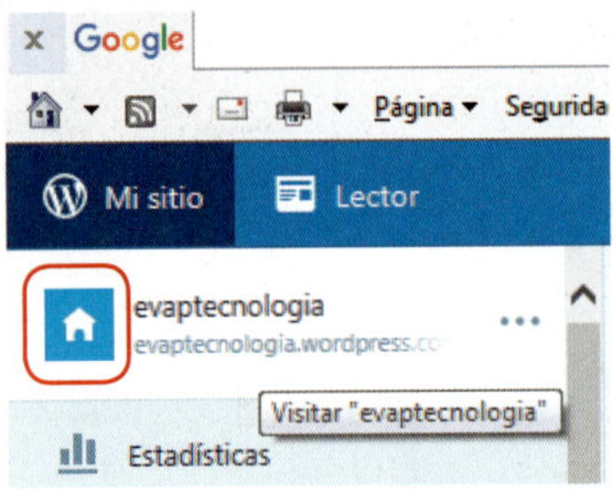

Fig. 1

1. Accede a WordPress (*es.wordpress.com*) en tu navegador y haz clic en **Crear sitio web**.
2. Escoge el diseño **Edin**. Elige como nombre de dominio tu nombre y apellido. Tendrá la forma **nombreapellido.wordpress.com**.
3. A continuación selecciona el plan gratuito e introduce tu dirección de correo electrónico. Escribe una contraseña y haz clic en **Crear mi cuenta**. Recibirás en tu cuenta de correo electrónico un mensaje de confirmación de la página creada, que tendrás que activar.
4. Sigue el enlace que te llevará a **Mi sitio**. Ahí, haz clic en el icono de la parte superior para ver la apariencia de tu página (figura 1).

Ejercicio 2. Completar el sitio web "Apps educativas"

1. Abre otra pestaña en el navegador y escribe tu dominio seguido de "wp-admin" (es decir, **nombreapellido.wordpress.com/wp-admin**). De esta manera, tendrás dos pestañas: una con la página web y otra con el escritorio del gestor de contenidos (para poder ver al instante los cambios que hagas en la página web). Todas las modificaciones se harán en la pestaña del escritorio del gestor de contenidos.
2. En la pestaña del escritorio, ve a **Apariencia / Temas**. En el buscador de temas escribe "Twenty Fourteen" y haz clic en **Activar** para seleccionar ese tema. Observa la apariencia de tu página ahora en la otra pestaña del navegador (figura 2).
3. Por defecto, WordPress crea una página llamada **About**. Vamos a cambiarle el nombre. Para ello, ve a **Páginas / Todas las páginas** y, en la página **About**, haz clic en **Editar**. Cambia el nombre **About** por **Apps educativas** y pulsa **Actualizar** (figura 3).
4. Crea ahora tres páginas nuevas. Se llamarán **Mirando el cielo**, **Apps de electricidad** y **Apps matemáticas**. Para ello, en el escritorio de WordPress, accede a **Páginas / Todas las páginas / Añadir nueva** y después de escribir el nombre haz clic en **Publicar** (figuras 4 y 5).
5. Ve ahora a **Apariencia / Menús**. Teclea como nombre de menú "Apps" y haz clic en **Crear menú**. En la parte izquierda, selecciona todas las páginas creadas y haz clic en **Añadir al menú**.
6. Dentro de **Opciones del menú**, en el apartado **Ubicación del tema**, marca la opción **Menú principal** y haz clic en **Guardar menú**.
7. En el escritorio del gestor, en el menú de la izquierda, ve a **Configuración / Lectura**. En **Página frontal muestra** elige **Una página estática**. Como página inicial, selecciona la página **Apps educativas**; como página de entradas, la página **Mirando el cielo**. De esta forma, la página **Apps educativas** será la página de partida y en la página **Mirando el cielo** podrás escribir sobre apps relacionadas con el cielo. Haz clic en **Guardar cambios**.
8. Edita cada una de las páginas. Accede a **Páginas / Todas las páginas**, selecciona una página y haz clic en **Editar**. Busca información sobre las apps educativas indicadas y escribe textos en cada apartado. Modifica a tu gusto el texto con los atributos que aparecen: color, tipo de letra, etc. Pulsa **Añadir multimedia** y sube imágenes a las páginas.
9. Captura la pantalla de una página de tu sitio web y pégala en un procesador de texto. Guarda el documento como **P1_nombreapellido**.

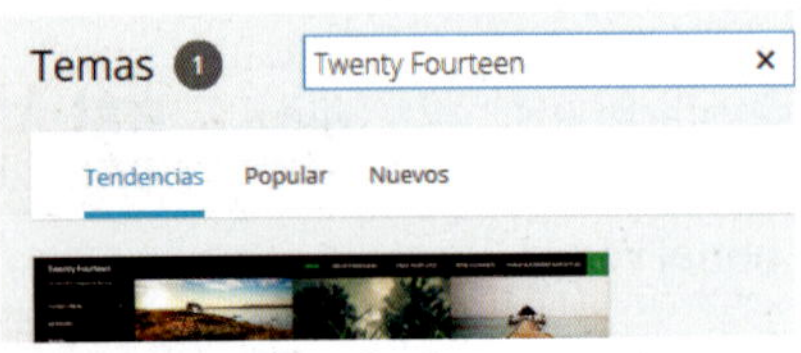

Fig. 2

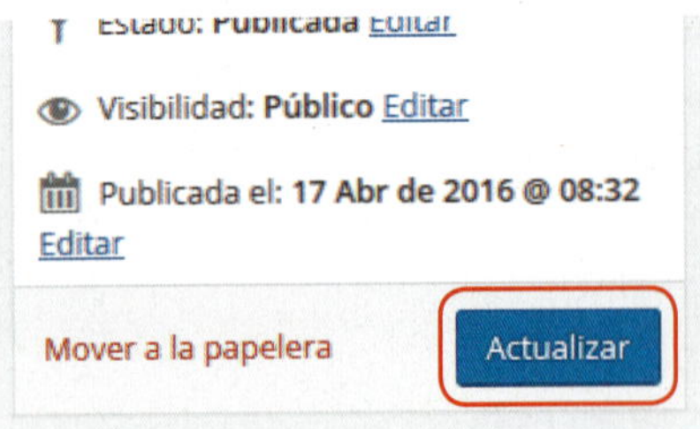

Fig. 3

Fig. 4

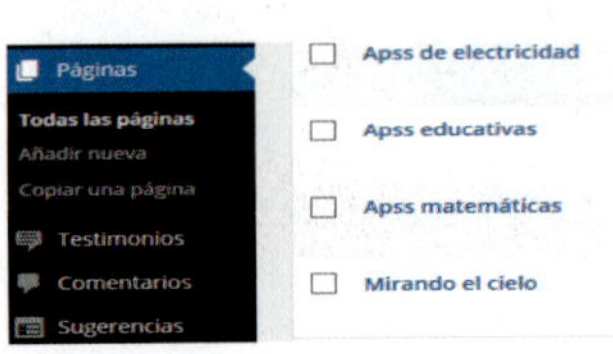

Fig. 5

Práctica 2. Creación del blog "Un curso de TIC" con Blogger

Para hacer esta práctica deberás tener el consentimiento de tus padres o tutores legales. Asimismo, recuerda leer detenidamente todas las condiciones de prestación de servicios.

Ejercicio 1. Empezar con Blogger

1. Accede a Blogger desde tu correo de Gmail pulsando la opción **Aplicaciones**, luego **Más** y por último **Blogger**. Vuelve a introducir la contraseña de Gmail cuando te lo solicite.
2. En la siguiente pantalla puedes modificar los elementos de tu perfil, poner una imagen, etc. Pulsa **Continuar en Blogger**.
3. Haz clic en **Nuevo blog**. Asigna un título al blog (por ejemplo, "Un curso de TIC") y una dirección (URL) que esté disponible (por ejemplo, **uncursodeTIC.nombreapellido.blogspot.com**). Blogger te indicará si es posible poner ese nombre o no está disponible (si el nombre que quieres poner ya está cogido, deberás elegir una URL diferente a la que aparece por defecto, añadiendo algún número o letra, para que te la acepte).
4. En la misma pantalla, elige una plantilla y pulsa **Crear blog**.

Blogger

Gmail

Ejercicio 2. Publicar una entrada

1. Haz clic en el icono **Crear entrada nueva** (icono de un lápiz que aparece arriba a la derecha) o en **Empezar a publicar entradas** (son acciones equivalentes).
2. En la ventana de edición puedes iniciar la creación de entradas. Para ello, escribe en **Título de la entrada** "Bienvenidos a mi blog" y en el cuerpo pon "Aquí comienza mi blog sobre los contenidos que hemos visto en el curso de Tecnologías de la Información y la Comunicación, en el que mostraré algunos de los trabajos que he ido realizando". Usando la barra de herramientas, dale formato al texto (fuente, color, tamaño, viñetas, etc.).
3. A continuación haz clic en **Vista previa** y visualiza tu primera entrada. Se te abrirá el blog en una nueva pestaña del navegador, para que compruebes cómo se verá en la web.
4. Vuelve a la ventana de edición. Busca el corrector ortográfico y comprueba la ortografía de tu texto. No olvides hacer esto siempre antes de publicar una entrada.
5. Por último, haz clic en **Publicar**.

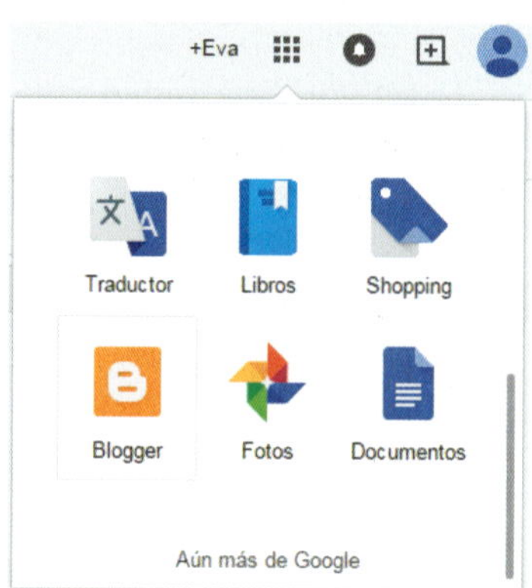

Ejercicio 3. Enlaces, fotos, vídeos

1. En la ventana de edición, busca el icono que te permite insertar enlaces a otros sitios web, el icono de insertar imágenes y el icono de insertar vídeos. Inserta un contenido de cada tipo relacionado con los trabajos que has realizado en la asignatura y publica el contenido.
2. Para que el profesor pueda comprobar tu trabajo, pulsa la tecla **Impr pant** para capturar la imagen de las entradas que has hecho en Blogger, pega la imagen capturada en un documento de texto y guarda este documento en tu carpeta local con el nombre **P2_nombreapellido**.

Práctica 3. Creación de la web "Los coches inteligentes" con Google Sites

Google sites

Gmail

Para hacer esta práctica deberás tener el consentimiento de tus padres o tutores legales. Asimismo, recuerda leer detenidamente todas las condiciones de prestación de servicios.

Cuando hacemos una web, permanece en el tiempo tal y como la diseñamos. Una vez finalizada, podremos cambiar, ajustar o actualizar los contenidos; pero el concepto de la permanencia de la información es más estático de lo que hemos visto hasta ahora en otro tipo de sitios web (blogs).

Ejercicio 1. Crear un sitio web: "Los coches inteligentes"

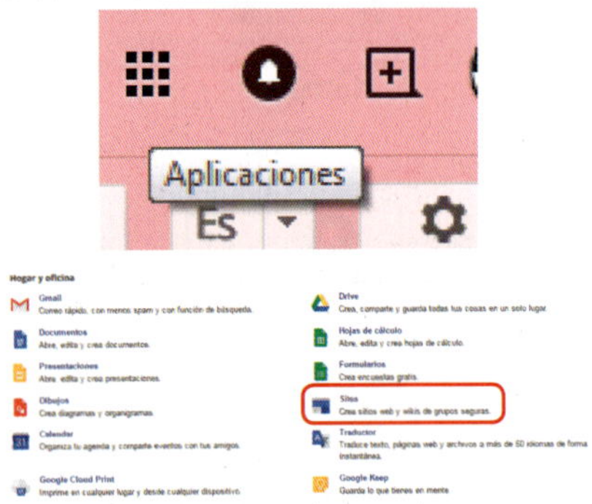

1. Entra en Google Sites desde tu correo de Gmail pulsando la opción **Aplicaciones**, luego **Más** y luego **Aún más de Google**. Por último, busca en el grupo **Hogar y oficina** la opción **Sites**.
2. Pulsa **Crear** para comenzar a fabricar tu propia web. Te ofrecerá una plantilla para usar en tu sitio web. Escoge la **Plantilla en blanco**.
3. En la misma página, indica un nombre para tu sitio web (por ejemplo, "Los coches inteligentes"). Anota la URL completa en tu cuaderno (si el nombre que quieres poner ya está cogido, deberás elegir una URL diferente a la que aparece por defecto, añadiendo algún número o letra, para que te la acepte).
4. Introduce el código captcha que te pide y haz clic en **Crear sitio**. Las demás opciones las puedes configurar más adelante.

Ejercicio 2. Crear una página y editar páginas nuevas

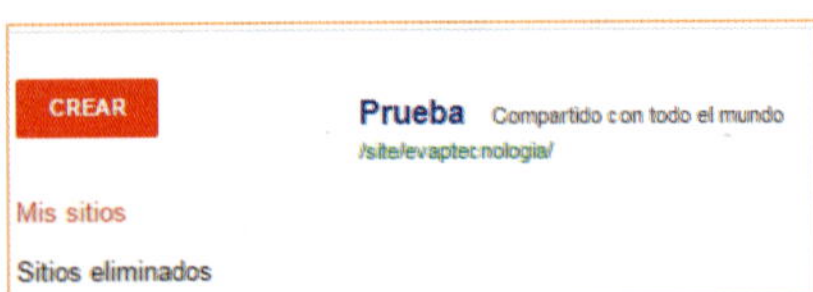

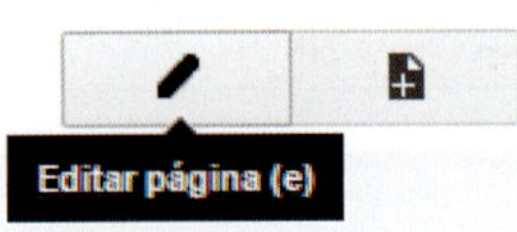

1. En la página principal verás que se ha añadido un buscador para el sitio y que tienes los botones **Editar página** y **Crear página**.
2. Haz clic en **Editar página** y aparecerá un editor similar al que has utilizado en Drive en otras unidades.
3. Teclea un texto de presentación en el recuadro principal; por ejemplo: "Esta es la página principal de mi web sobre los coches inteligentes, los coches del futuro". Busca información relacionada para completar la página principal y luego haz clic en **Guardar**.
4. Para crear la segunda página del sitio, haz clic en **Crear página** y selecciona la plantilla **Página web**. Titúlala "Conducción autónoma". Haz clic en el botón **Crear** para empezar a editarla.
5. Haz clic en **Diseño** (en el menú superior izquierdo) y comienza a diseñar a tu gusto esta página, en la cual deberás incluir contenidos sobre la conducción autónoma de los coches del futuro.
6. Completa otras páginas, cada una con los siguientes títulos y contenidos propuestos que pueden guiarte:
   - **Dispositivos**: radares, cámaras y escáneres láser.
   - **Viajando**: paneles táctiles y realidad aumentada.
   - **Datos en la nube**: localización, tráfico... ¡e infracciones!
7. Cuando hayas acabado, accede a un navegador y escribe la URL que has anotado en el ejercicio anterior. Verás tu web publicada.
8. Guarda la URL en un documento de texto que se llame **P3_nombre-apellido**.

Práctica 4. Creación de una wiki de fotografía con Wikispaces

Para hacer esta práctica deberás tener el consentimiento de tus padres o tutores legales. Asimismo, recuerda leer detenidamente todas las condiciones de prestación de servicios.

Wikispaces

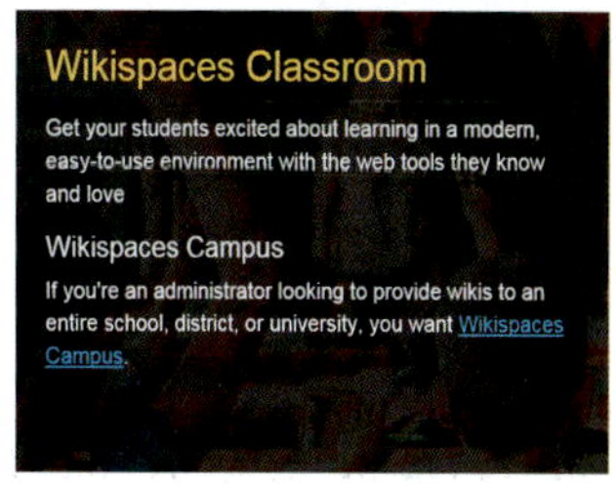

Una wiki es un sitio web colaborativo que puede ser editado por varios usuarios, los cuales pueden crear, editar o borrar contenidos.

Este ejercicio se puede realizar de forma individual o bien colectiva. En este último caso, el profesor o un alumno crea una wiki y los demás pueden ir añadiendo páginas o entradas en ella para completarla.

Ejercicio 1. Crear el sitio

1. Entra en *www.wikispaces.com* y selecciona la opción **Education** como tipo de wiki. En la siguiente pantalla, selecciona la solapa **Teachers** y escribe un nombre de usuario, tu correo y una contraseña (posteriormente tendrás que confirmar desde tu correo que tu cuenta es correcta). Pulsa el botón **Create Classroom**.

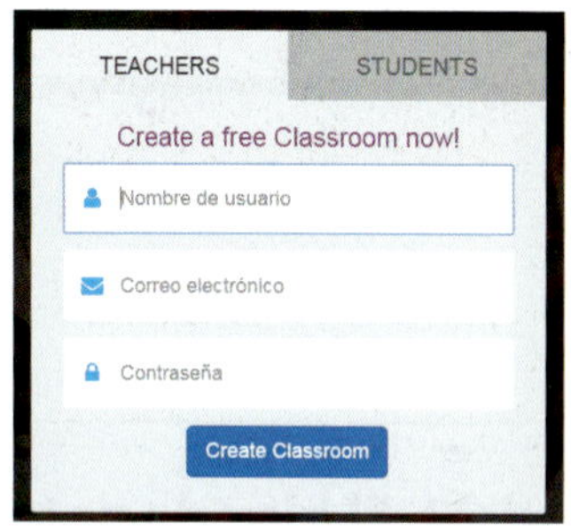

2. En la siguiente pantalla, escribe el nombre de la wiki. Es importante ponerle un nombre representativo del tema de que va a tratar, la fotografía. Puedes escribir también tu curso. Pulsa **Crear**.
3. Ya tenemos la wiki creada. La dirección que escribiremos en el navegador para acceder será *http://**nombredelawiki**.wikispaces.com*.

Ejercicio 2. Crear una página wiki

Hasta ahora sólo hemos creado el espacio wiki y únicamente disponemos de la página principal (*home*).

1. En el menú de iconos que hay en la página, selecciona **Página** (icono de una página de documento).
2. Escribe el nombre de la nueva página (por ejemplo, "Retoque fotográfico"). Las etiquetas (*tags*) ayudan a catalogar la página y saber de qué tema tratan. Escribe "mapa de bits" y "retoque". Pulsa **Crear**.

3. Se abre la página de edición. Aquí vamos a poder escribir el texto y darle formato. Añade textos, links e imágenes sobre el tema "Retoque fotográfico" (en qué consiste, principales programas...). Pulsa el botón **Save** (que está a la derecha) y comprueba cuál es la apariencia final.

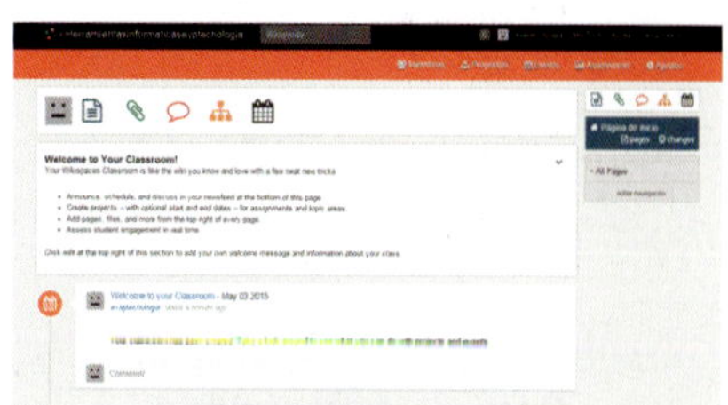

4. La finalidad de una wiki es que sea construida por un colectivo de personas de forma colaborativa. Pulsa **Miembros**, para invitar a otros usuarios, e invita a varios compañeros de clase.
5. Completa (o completad) otras páginas dentro de la misma wiki, cada una con los siguientes títulos y contenidos, y con muchas imágenes:
   - **GIMP**: principales herramientas de edición.
   - **Tipos de fotografía**: retrato, paisaje, submarina, aérea, selfies...
   - **Planos fotográficos**: general, entero, americano, primer plano...
   - **Parámetros básicos**: luminosidad, tiempo de exposición y sensibilidad.
   - **Cámaras fotográficas**: cámara réflex y cámaras compactas.
   - **Fotógrafos famosos** de los siglos XX y XXI.
6. Copia la URL de tu wiki en un documento de texto y guarda el archivo como **P4_nombreapellido**.

Práctica 5. Empezando con HTML

Empezar a trabajar con HTML no es complicado, pero hay que ser muy cuidadoso a la hora de introducir etiquetas y atributos. Cualquier error hará que la página que estamos construyendo no se visualice correctamente en el navegador. Cuando esto te ocurra, analiza el código e intenta localizar el error. Equivocarse al principio es la mejor forma de aprender.

Ejercicio 1. Cómo son las páginas web por dentro

Podemos conocer fácilmente cómo es el lenguaje en que está escrita una página web. Para ello basta con seguir estas sencillas instrucciones:

1. Abre cualquier navegador (por ejemplo, Internet Explorer).
2. Accede a cualquier web (por ejemplo, la de la Agencia Espacial Europea: *www.esa.int*).
3. Sitúa el ratón en cualquier parte de la web (que no sea una imagen o un enlace) y pulsa el botón derecho. Aparecerá un menú emergente con varias opciones. Selecciona **Ver código fuente**.
4. A continuación se abrirá una pantalla en la que podrás ver el aspecto del código HTML con que está escrita esta página.

Ejercicio 2. El bloc de notas para crear un documento HTML

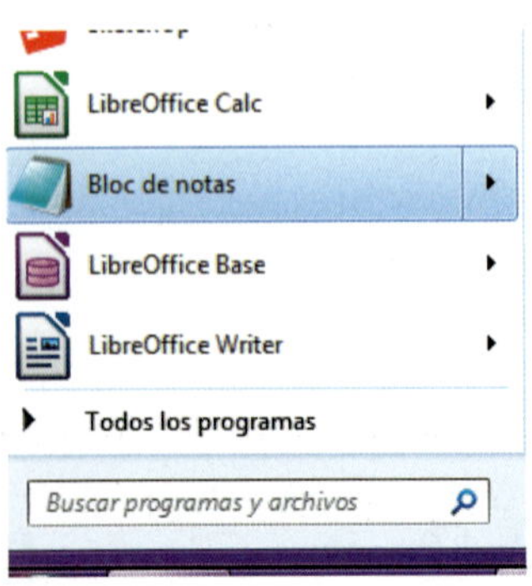

1. Abre el bloc de notas yendo a **Inicio** / **Todos los programas** / **Accesorios** / **Bloc de notas**.
2. Copia en el bloc de notas las etiquetas básicas que siempre debe tener una página. Respeta el orden y los huecos. Añade el título ("Mi primera página", sin comillas) entre las etiquetas **<title>** y **</title>**. Luego añade el contenido de la página ("Aprendiendo HTML", sin comillas) entre las etiquetas **<body>** y **</body>**. El resultado lo tienes en la figura 6.
3. En el menú **Archivo** elige la opción **Guardar como**. En la opción **Tipo** selecciona **Todos los archivos** y en **Nombre** escribe "**P5_nombre-apellido.htm**". Es tu primer archivo de código fuente. Ten cuidado de no guardarlo como **.txt**.
4. Accede a la carpeta donde está guardado.
5. Haz doble clic sobre el archivo que acabas de crear. Se abrirá el navegador que tengas establecido como predeterminado y te deberá aparecer el resultado de la figura 7.
6. Observa que el texto que está entre las etiquetas **<head>** y **</head>** aparece en la barra de títulos del navegador. Observa dónde aparece el contenido.
7. No cierres ni el bloc de notas ni el navegador para continuar con la práctica siguiente.

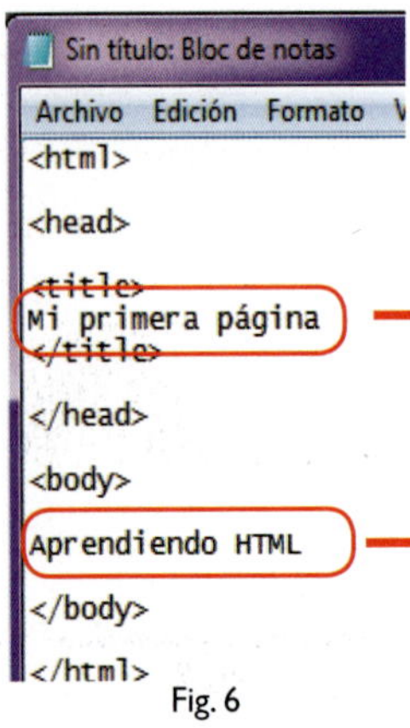

Fig. 6

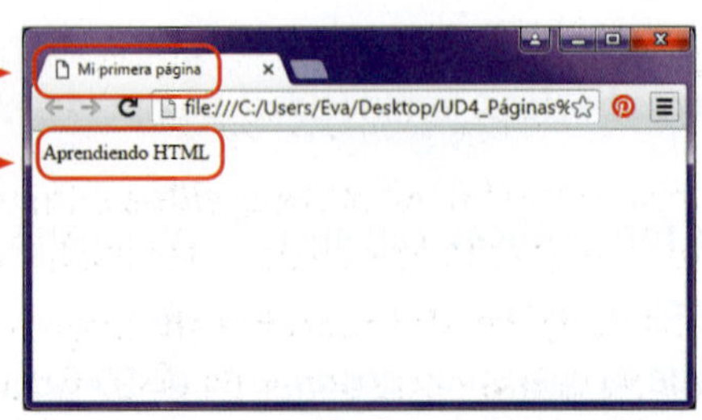

Fig. 7

Práctica 6. Mi primera página web con HTML: me presento

Continuamos con el archivo HTML generado en la práctica anterior.

Ejercicio 1. Encabezados y color de fuente

1. Vamos a añadir un encabezado al texto, es decir, vamos a hacer que se vea un título en la página web. Para ello introduce el siguiente elemento justo después de la etiqueta **<body>**, como en la figura 8:

   <h1> Me presento </h1>

2. Guarda el archivo. Actualiza la página web en el navegador pulsando **F5** y observa el resultado.
3. Sin cerrar ni el bloc de notas ni el navegador, vamos a modificar la etiqueta anterior haciendo que el encabezado aparezca en rojo. Para ello introduce la etiqueta **<font>** con su atributo **color** con la sintaxis adecuada, como se indica a continuación:

   <h1><font color="blue"> Me presento </font></h1>

4. Observa que los valores de los atributos se escriben entre comillas y después del signo igual. Y fíjate en que para cada etiqueta de apertura hay una de cierre.
5. Guarda el archivo. Actualiza la página web y observa el resultado.
6. Sin cerrar ni el bloc de notas ni el navegador, vamos a introducir un párrafo y alinearlo a la derecha. Para ello introduce las etiquetas **<p align="right">** y **</p>** antes y después del texto "Aprendiendo HTML", es decir:

   <p align="right"> Aprendiendo HTML </p>

   El código de dentro del cuerpo (*body*) debe quedarte así:

```
<body>

<h1><font color="blue"> Me presento </font></h1>

<p align="right"> Aprendiendo HTML </p>

</body>
```

7. Añade un texto de presentación después de la etiqueta **</p>**, dentro del cuerpo (antes de </body>). Algo así como "Me llamo Saúl y me gusta la informática".
8. Guarda el archivo. Actualiza la página web y observa el resultado.

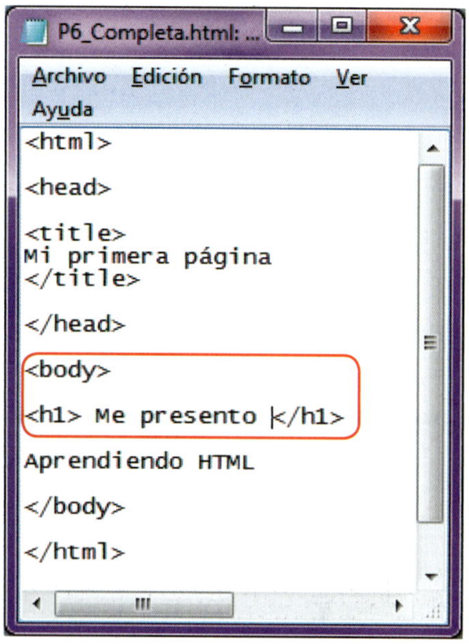

Fig. 8

Ejercicio 2. Crear el sitio

1. Vamos a colocar una imagen. Puedes usar una tuya o bien la imagen **P6.jpg** que tienes en el CD virtual. Para ello guarda la imagen que hayas elegido en la misma carpeta donde está el documento **P5_nombreapellido.htm** y con el mismo nombre que viene en el CD. Este paso es imprescindible para que funcione.
2. Escribe lo siguiente justo después de la etiqueta **</p>**:

   <img src="P6.jpg"/>

3. Guarda el archivo como **P6_nombreapellido.htm**. Actualiza la página web y observa el resultado, que debe ser similar al de la figura 9.
4. Si tienes alguna duda, puedes consultar el código completo en el archivo **P6_Completa.html** que tienes en el CD virtual. Por supuesto, deberás abrirlo con el bloc de notas.

Fig. 9

Práctica 7. Mi primera web con KompoZer: viajes increíbles

Ejercicio 1. Obtener e instalar KompoZer

Fig. 10

1. Entra en la web *kompozer.net/download.php* y pulsa **Download KompoZer for Windows**. Se abrirá otra página en la que deberás pulsar **Click here** para comenzar la descarga. Pulsa **Guardar**. En esa pantalla puedes descargarte el programa en el idioma que quieras.
2. Descomprime la carpeta que acabas de guardar. El editor KompoZer no necesita ser instalado. Haz clic en su archivo ejecutable, **kompozer.exe**, que contiene el icono de la figura 10. Si te es más cómodo, puedes crear un acceso directo.

Ejercicio 2. Primeros pasos con el editor

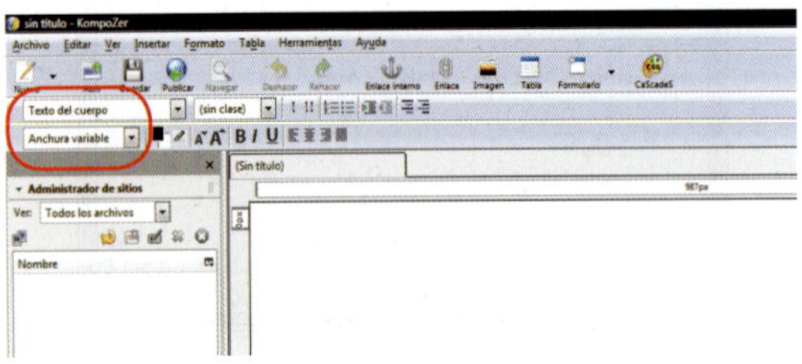
Fig. 11

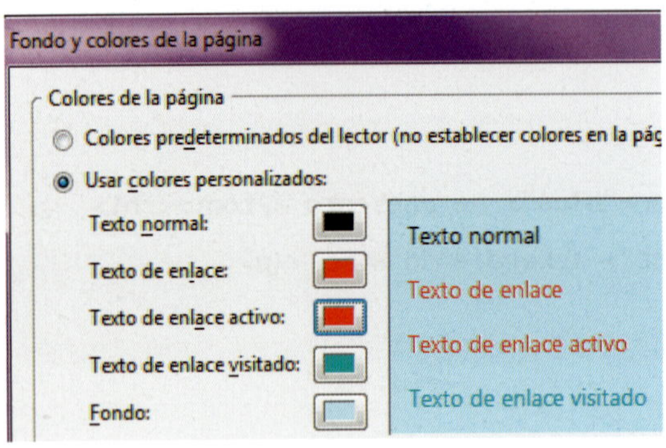

Fig. 12

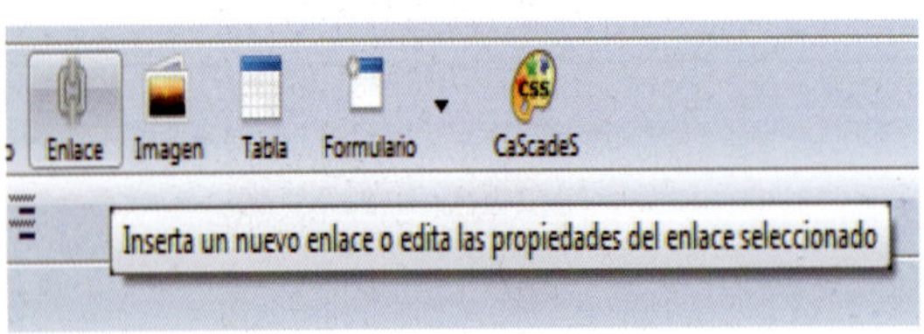

1. Comenzamos elaborando la página principal de nuestro sitio web. Escribe en la zona de trabajo el siguiente texto, que corresponde a una famosa canción de Bruno Mars:

   Count on Me

   If you ever find yourself
   stuck in the middle of the sea
   I'll sail the world to find you

   If you ever find yourself
   lost in the dark and you can't see
   I'll be the light to guide you
2. Da formato al texto como si se tratara de un procesador de texto: pon el título en negrita y el texto en cursiva.
3. Para estructurar el texto, selecciona con el ratón el título y en la barra de herramientas despliega el menú de la figura 11 y asigna la opción **Título 1**. Repite la operación con el resto del texto para asignar la opción **Párrafo**.
4. Para cambiar los colores del texto y el fondo accede al menú **Formato**, selecciona la opción **Colores y fondo de la página** y luego marca la opción **Usar colores personalizados**. Elige los colores necesarios para que te quede como en la figura 12.
5. Busca en YouTube la canción y copia el enlace debajo del texto. Una vez copiado, selecciona la dirección con el ratón y pulsa el botón **Enlace** de la barra de redacción. Pulsa **Aceptar** en la ventana emergente.
6. Guarda el archivo con el nombre **cuentaconmigo** (tendrá automáticamente la extensión **.html**) dentro de una carpeta que llames **P7_nombreapellido**. Ábrelo con un navegador y comprueba que funciona el enlace al vídeo.
7. Consulta el resultado en las dos solapas del modo de edición: **Código fuente** y **Diseño**. Puedes realizar cambios en el código HTML y se verán en el diseño, y viceversa.

Ejercicio 3. Estructura de tablas para crear el archivo index

Aunque todavía no lo hemos hecho así, la mejor forma de distribuir el contenido de la página que vamos a crear es usar tablas.

1. Crea la segunda página (sin cerrar la anterior), seleccionando en el desplegable **Nuevo** la opción **Página en una nueva pestaña**. Así tendremos las dos páginas visibles y accesibles en solapas. Guarda el archivo con el nombre **index** (tendrá automáticamente la extensión **.html**) dentro de una carpeta.
2. En la nueva página del sitio, pulsa el icono **Tabla**. Se abre una ventana que permite una primera configuración de la tabla, que se podrá cambiar posteriormente.
3. En la pestaña **Rápido** podemos definir el número de filas y columnas que va a tener la tabla. Arrastra hasta que selecciones 5 × 4 (es decir, 5 filas y 4 columnas); al hacer clic se insertará la tabla. Combina las celdas necesarias para que te quede la forma de la figura 13; para ello, selecciónalas con el ratón, haz clic con el botón derecho y elige la opción **Unir celdas seleccionadas** (figura 14).
4. Estira la tabla desde la esquina inferior derecha para que ocupe toda la pantalla. Acabas de crear el "esqueleto" de tu página. Si más adelante quieres cambiar las propiedades de la tabla, haz clic con el botón derecho y elige **Propiedades de celda de tabla**. La ventana emergente tiene dos solapas: **Tabla** y **Celdas**. En ambas puedes modificar el tamaño de las celdas, la alineación del contenido, el estilo de celda y el color de fondo, entre otras opciones.
5. Ahora vamos a completar cada una de las celdas con textos e imágenes. Sigue las instrucciones para que la página te quede como en la figura 15. En el CD virtual tienes el archivo **P7_Index.jpg**, donde puedes ver los detalles de esa imagen.
6. Para elegir el color de fondo de las celdas, selecciónalas con el ratón, haz clic con el botón derecho y elige la opción **Color de fondo de la tabla o celda**. Elige un azul similar al de la figura. Pon cero píxeles al borde de la tabla para que no se vea la estructura en el navegador.
7. Escribe los textos y ponles el formato correspondiente.

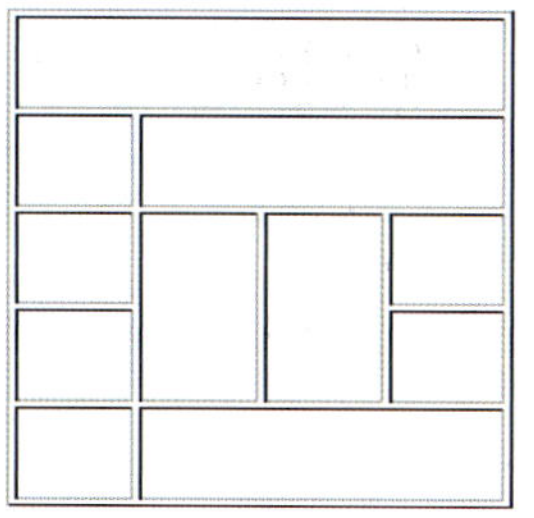
Fig. 13

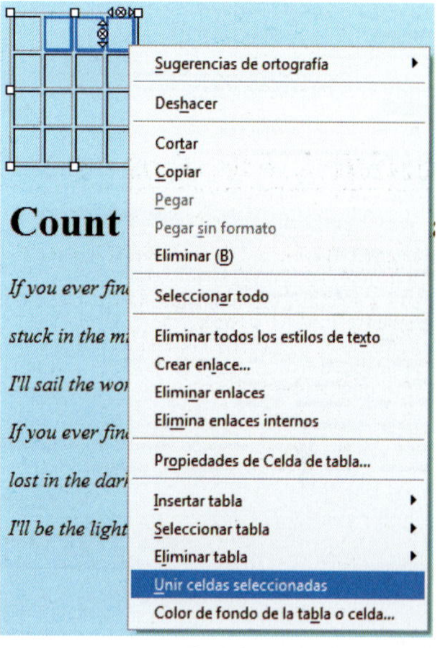

Fig. 14

Ejercicio 4. Insertar imágenes

1. Para insertar imágenes conviene que éstas se encuentren en la misma carpeta que nuestra página. Guarda en la carpeta **P7_nombreapellido** cuatro imágenes similares en tamaño y contenido a las de la figura 15. Estas imágenes deben ser del tamaño aproximado del hueco que vayan a ocupar y han de tener extensión **.jpg** o **.gif**.
2. Sitúate en la celda correspondiente y pulsa el icono **Imagen**. En la ventana emergente haz clic sobre la carpeta y busca la imagen para que se escriba su ruta. El texto alternativo es opcional. En la solapa **Apariencia** puedes situar las imágenes respecto al texto; en nuestro caso no hace falta porque están en una celda sin texto.
3. Guarda el archivo y pulsa el botón **Navegar** para ver los resultados.

Atención: Recuerda que el nombre de los archivos no contenga ni espacios, ni eñes, ni acentos, ni caracteres especiales en general.

Ejercicio 5. Crear otras páginas y enlazarlas

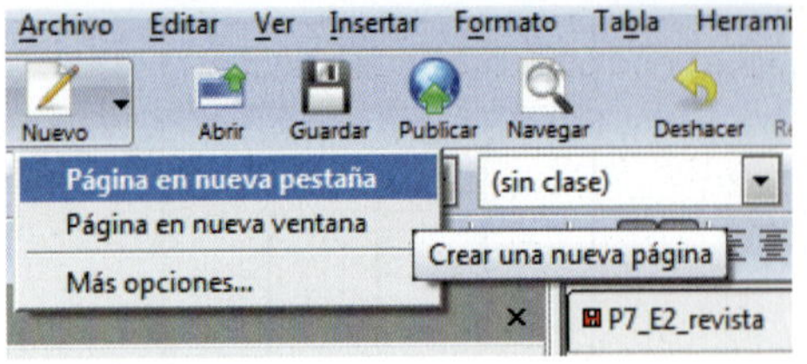

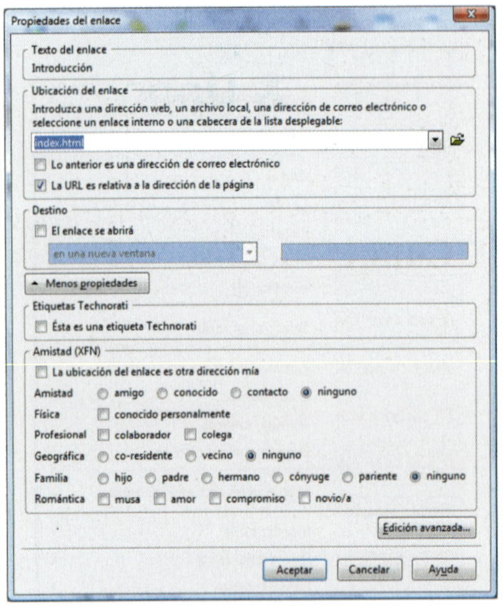

1. Finalmente, inventa y elabora a tu gusto cada una de las páginas que faltan: Asia, Australia y América. Respeta la estructura en forma de tabla y el diseño para todas ellas (los colores, los textos, etc.). Busca e inserta imágenes bonitas. Cada página deberá vincularse a las demás, así que el menú de la izquierda tendrá que ser común a todas. Puedes copiar la estructura que tienes hecha en la página principal y pegarla en la nueva página, para posteriormente modificar los elementos que sean distintos entre ellas. De esta forma es más rápido construir las demás páginas, con el beneficio de que además serán uniformes entre sí en lo que a diseño se refiere.
2. El nombre del resto de las páginas será, por comodidad para enlazarlas, su título (sin acentos), es decir: **america.html**, **asia.html** y **australia.html**.
3. Terminadas las cinco páginas de la web (**cuentaconmigo.html**, **index.html**, **america.html**, **asia.html** y **australia.html**), vamos a enlazarlas todas, de forma que desde cada una de ellas se pueda acceder al resto. Para ello crearemos enlaces relativos, que se hacen con el mismo botón del menú con el que hemos creado el enlace del ejercicio 2. Sitúate en la página **index.html**, señala con el ratón las palabras "Count on me" del menú, pulsa el botón **Enlace** y, en la ventana **Propiedades del enlace**, busca el archivo **cuentaconmigo.html** (creado en el ejercicio 2). Pulsa **Aceptar**. La opción **La URL es relativa a la dirección de la página** se marcará sola; puedes comprobarlo al abrir de nuevo la ventana **Propiedades del enlace**.
4. Repite el proceso con todos los enlaces y todas las páginas y guarda los cambios. Comprueba que funcionan pulsando el botón **Navegar**.

Fig. 15

Práctica 8. Alojamiento y transferencia de ficheros

Ejercicio 1. Obtener un alojamiento

Las páginas web que hemos realizado en las prácticas 6 y 7, es decir, con el bloc de notas o el editor, sólo podemos visualizarlas en el sitio local. Una vez que tenemos nuestra web completa en el sitio local funcionando correctamente, podemos alojarla en un servidor, si deseamos que puedan verla otros usuarios a través de Internet. Para ello, vamos a obtener una cuenta en uno de los servidores gratuitos que existen, como *007sites.com*, *webs.com* o *awardspace.com*. Estos servicios requieren que nos registremos y nos ofrecen espacios gratuitos del orden de 1 GB.

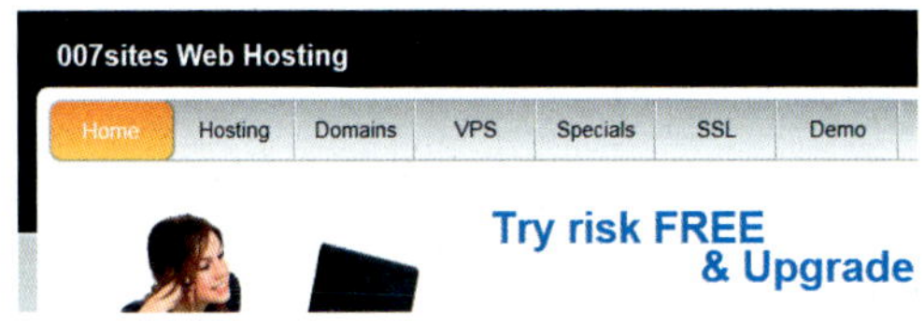

AWARDSPACE

Haremos la práctica con el primer alojamiento, pero ten en cuenta que, debido a que es gratuito, no siempre va todo sobre ruedas. Si pruebas con otro de los servicios de alojamiento propuestos, los pasos serán similares. Sobre todo, no desistas en este punto, ya que es importante que veas tu web en Internet.

La dirección (URL) de tu web será **viajesincreibles.nombreapellido.atwebpages.com** en este alojamiento. Como eres menor de edad, es necesario que para los siguientes pasos cuentes con la supervisión de un adulto.

1. Entra en *007sites.com* y pulsa la opción **Signup for free**.
2. Completa los campos obligatorios del registro.
3. Una vez creada la cuenta, activa el servicio a través del enlace que te habrán mandado por correo electrónico.
4. Accede al panel de control a través del enlace indicado en el correo (*007sites.com/login.html*) e introduciendo el nombre de usuario que te habrán indicado en el correo y la contraseña que has elegido en el punto 2.
5. Accede a **Gestión de dominios** y luego haz clic en **Crea un subdominio gratuito**. Llámalo **viajesincreibles.nombreapellido**.

Los **datos fundamentales** que hay que tener presentes para poder alojar la web y visualizarla posteriormente en el navegador son:

- **Servidor FTP (*hostname*)**
- **Usuario FTP (*username*)**
- **Contraseña FTP (*password*)**
- **Puerto FTP (*port*)**: por defecto es el 21
- **URL**

Ejercicio 2. FTP con FileZilla

Ahora aprenderemos a subir ficheros mediante el programa libre de transferencia de archivos (FTP) llamado FileZilla.

1. Descarga FileZilla accediendo a la web *filezilla-project.org* y pulsando la opción **Download FileZilla Client**.
2. Una vez descargado, haz doble clic en el ejecutable; tras la instalación, se abrirá la aplicación.
3. Introduce los datos de tu servidor, obtenidos en el correo del ejercicio 1:
   - Servidor: **viajesincreibles.nombreapellido.atwebpages.com**
   - Usuario: el que te hayan asignado en el correo
   - Contraseña: la que elegiste
   - Puerto: 21
4. Pulsa el botón **Conexión rápida**.
5. Accede a los archivos que quieres subir (los que componen la web que hayas hecho en la práctica 7), en el árbol de directorios de la izquierda.
6. En el sitio remoto, haz doble clic para abrir la carpeta **viajesincreibles.nombreapellido.atwebpages.com**. Haz clic sobre cada uno de los documentos que componen la práctica y arrástralos todos dentro de la carpeta mencionada en el sitio remoto. Para que todo funcione correctamente es necesario que:
   - La página principal se llame **index.html**.
   - El resto de los nombres de archivos no contengan espacios ni caracteres especiales.
   - Subamos todos los archivos correspondientes (fotos, etc.); para ello mantendremos la estructura y jerarquía con la que se han creado.
7. Para finalizar, pulsa **Desconectar**.
8. Accede a tu web (*viajesincreibles.nombreapellido.atwebpages.com*) desde el navegador y comprueba que todo ha ido bien.
9. Realiza una captura de pantalla de tu web en el navegador y pégala en un archivo llamado **P8_nombreapellido**.

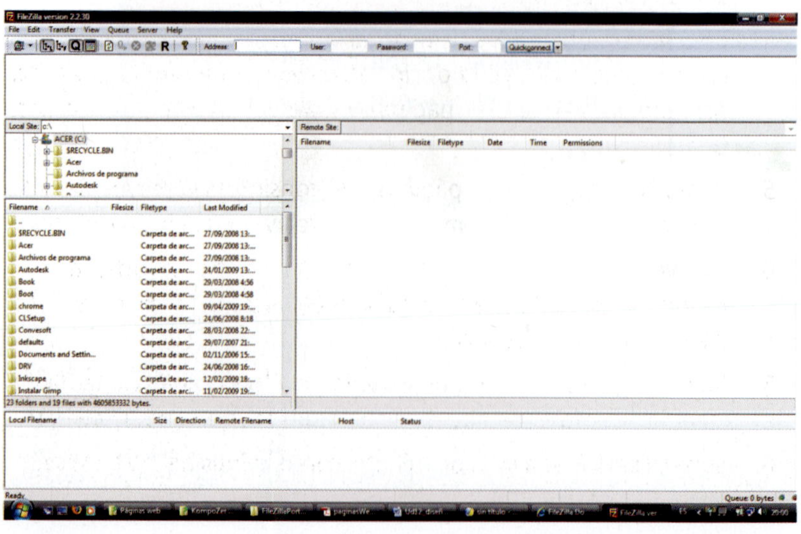

Amplía 1. Crear la página web de tu película favorita con HTML

Crea la página web de tu película favorita utilizando directamente lenguaje HTML y el bloc de notas, tal y como hemos aprendido en las prácticas 5 y 6.

1. Llama a tu documento **A1_nombreapellido.htm**.
2. Te recordamos algunas etiquetas y objetos que debes usar:
   - Etiquetas principales
   - Encabezado con el título de la película y con la etiqueta **<h1>**
   - Etiqueta **<font>** con su atributo **color**, para poner el título de la película con color
   - Párrafo con un breve resumen de la película y con la etiqueta **<palign="center">**
3. Busca en Internet una imagen relacionada y guárdala, con el nombre **A1.jpg**, en la misma carpeta donde está el documento **A1_nombreapellido.htm**. Recuerda que este paso es *imprescindible* para que funcione.
4. Introduce en el código lo siguiente:

   <img src="A1.jpg"/>
5. Añade a la etiqueta **<body>** el atributo **bgcolor** de la siguiente forma:

   <body bgcolor="green">
6. Abre el archivo con un navegador y comprueba el resultado. ¿Has visto qué modifica el atributo **bgcolor**? Cambia el color a tu gusto, en consonancia con la película y la imagen.

Amplía 2. ¿Quién dijo que los jóvenes no eran emprendedores?

Vamos a imaginar que tienes una empresa y quieres elaborar su web.

1. Abre el editor KompoZer y confecciona la primera página. Para ello crea una tabla, introduce los textos correspondientes (los puedes haber preparado anteriormente con un procesador de texto) y asígnales el tipo de texto correspondiente.
2. Inserta imágenes e iconos.
3. Guarda la página como **index.html**. Esto es importante a la hora de publicar la web, pues la página principal debe llamarse siempre así. El nombre del resto de las páginas será su título, por comodidad para enlazarlas.
4. Crea la segunda página (sin cerrar la anterior), seleccionando en el desplegable **Nuevo** la opción **Página en una nueva pestaña**. Así tendremos todas las páginas visibles y accesibles en solapas. Guarda la página.
5. Repite los pasos con las páginas que consideres convenientes. No pongas acentos en el nombre de los archivos que crees o utilices.
6. Una vez terminadas las páginas, vamos a enlazarlas todas, de forma que desde cada una de ellas se pueda acceder al resto. Para ello crearemos enlaces relativos.
7. Repite el proceso con todos los enlaces y las páginas y guarda los cambios. Comprueba que funcionan pulsando el botón **Navegar**.
8. Sube tu sitio web a un alojamiento, como hemos hecho en la práctica 8.

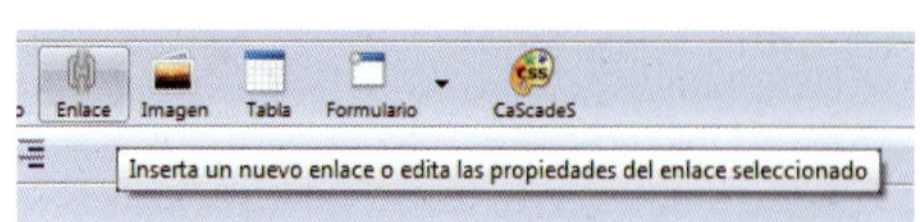

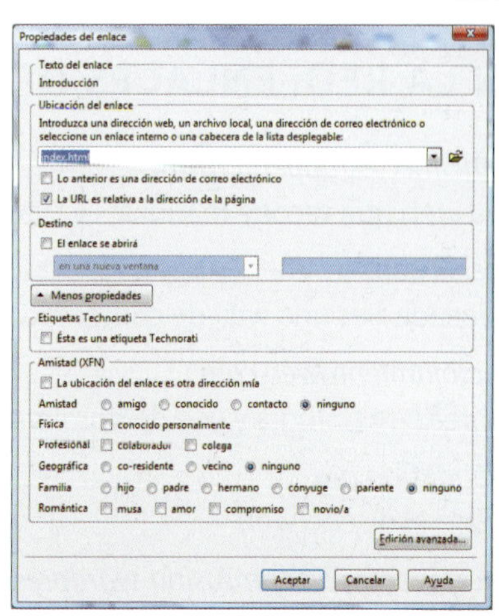

RESUMEN DE LA UNIDAD

- Un **sitio web** está formado por un conjunto de **páginas web** enlazadas entre sí, a las cuales se accede a través de una dirección común.
- Los **documentos** que constituyen un sitio web son archivos y carpetas que contienen texto, fotografías, botones, iconos, animaciones, hipervínculos, multimedia, gráficos, tablas, etc.
- Cada uno de los documentos o páginas que constituyen un sitio web es un archivo de extensión **.html** o **.htm**.
- Las páginas web se crean en **lenguaje HTML** (*hypertext markup language*, lenguaje de marcas hipertextuales), o bien combinando HTML con lenguajes dinámicos como ASP.NET (Active Server Pages), Java, PHP o JavaScript.
- El lenguaje HTML se escribe en forma de etiquetas entre corchetes angulares (<>). Pueden ser de apertura (por ejemplo: **<body>**) o de cierre (por ejemplo: **</body>**).
- Para acceder a las páginas web, los usuarios utilizan un **navegador** (Google Chrome, Mozilla Firefox, Internet Explorer, etc.), que se encarga de comunicar cada ordenador con los servidores que albergan las páginas web, descargar las páginas y mostrarlas.
- Un **gestor de contenidos** es una herramienta de publicación que permite generar contenidos web y editarlos y actualizarlos online sin necesidad de contar con conocimientos técnicos de diseño o programación. En inglés se conoce como CMS (*content management system*).
- Los **editores de páginas web** son aplicaciones que permiten crear páginas web. Los **editores WYSIWYG** (*what you see is what you get*) son aquellos que nos permiten confeccionar una web como si estuviéramos escribiendo un documento con un procesador de texto y generan automáticamente el código fuente en HTML.
- Los **programas de transferencia de ficheros (FTP)** son los encargados de comunicar el ordenador local con el servidor que brinda **alojamiento**, de forma que ese conjunto de archivos que componen el sitio web y que manipula el administrador en su ordenador local puedan sustituir, cuando sea necesario, a los que aloja el servidor
- La **maquetación** se encarga de organizar espacios y contenidos escritos, visuales y audiovisuales. Abarca los aspectos semánticos y formales de una aplicación digital.
- La **interfaz** es el conjunto de comandos y métodos que facilitan la interacción entre el usuario y el sistema (el sitio web).
- Según la legislación española, las páginas web de **organismos públicos** deben satisfacer los **estándares de publicación** referidos a navegabilidad y accesibilidad para personas con discapacidades. Estos criterios, llamados **criterios de accesibilidad**, están recogidos por el World Wide Web Consortium (W3C).

EN LA RED: ENLACES DE INTERÉS

roble.pntic.mec.es/apuente/html
Fabulosa web que recoge manuales y tutoriales de HTML por niveles, todos ellos realizados por Ángel Puente.

es.wikiversity.org
La Wikiversidad es una wiki de contenido académico libre en la que se encuentran interesantes cursos de HTML.

www.tualojamientoweb.com
Web sobre terminología y uso de dominios, host y alojamiento gratuito (con y sin publicidad) y de pago.

www.webdesign.org
Todo sobre el diseño web.

en.support.wordpress.com/using-wordpress-to-create-a-website
Ayuda de WordPress para crear un sitio web.

ACTIVIDADES DE REFUERZO

Después de estudiar el tema, realiza en tu cuaderno los siguientes ejercicios:

1. ✦ Define los siguientes conceptos: página web estática y página web dinámica. A continuación, explica qué lenguajes utiliza cada una de estas páginas.
2. ✦✦ ¿En qué consiste la organización hipertextual de la información en las páginas web?
3. ✦ Observa el gráfico que representa el funcionamiento de un sitio web, incluido en la unidad, y explícalo.
4. ✦✦ ¿Qué es un gestor de contenidos? ¿Qué gestores de contenidos son los más utilizados?
5. ✦✦ Explica los siguientes conceptos relativos al HTML: etiqueta, atributo, elemento. Pon ejemplos de cada uno de ellos.
6. ✦ Copia en tu cuaderno la estructura básica de partida de un documento HTML y, a continuación, explica para qué sirve cada una de las etiquetas.
7. ✦ Enumera tres etiquetas de HTML que hayas usado en la unidad y no estén en el ejercicio anterior. Di para qué sirve cada una de ellas.
8. ✦ Explica qué es un editor de páginas web y cuáles son sus ventajas e inconvenientes.
9. ✦ ¿Qué significan las siglas FTP? ¿A qué proceso se refieren? ¿Con qué programas o aplicaciones se puede llevar a cabo dicho proceso?
10. ✦ ¿Qué es el alojamiento web?
11. ✦✦ ¿Qué datos son fundamentales para transferir un archivo a un alojamiento mediante FTP?
12. ✦✦ Explica qué son los estándares de publicación y qué organismo los recoge.
13. ✦✦ ¿Qué son los niveles de accesibilidad? ¿Cuántos hay? ¿Qué organismo los establece?

ACTIVIDADES EN INTERNET

Registrar un dominio

En España, el organismo que se encarga de gestionar el registro de nombres de dominio en Internet bajo el código del país es Red.es, a través de agentes registradores como 1&1 Internet, Arsys o Piensa Solutions, entre otros.

1. Accede a la página de registro de dominios en España: *www.dominios.es/dominios*.
2. Comprueba, en el menú **Busca y registra tu dominio**, si están registrados los siguientes dominios: cinco marcas comerciales, tu nombre y apellido, el nombre y apellido de tres amigos, y tres palabras que te gustaría registrar.
3. Guarda esta información en un documento llamado **Internet1_nombreapellido**.

Hojas de estilo

Las hojas de estilo pueden usarse en distintas páginas web, e incluso existen hojas de estilo libres a nuestra disposición en Internet.

1. Accede a un buscador e infórmate sobre las hojas de estilo: qué son, para qué sirven... Recoge esta información en un archivo de texto. Guarda el archivo como **Internet2_nombreapellido**.
2. Busca en Internet hojas de estilo libres. Todas ellas tienen la extensión **.css**. Descarga tres de ellas y guárdalas en una carpeta que se llame **Internet2_nombreapellido**. Mete dentro de esta carpeta el archivo del punto 1.